中國佛教思想資料選編

（全十冊，附索引）

石　峻　樓宇烈　方立天　許抗生　樂壽明 編

五

隋唐五代卷（四）

中華書局

目　录

慧　能

【簡介】　慧能,俗姓盧,生於公元六三八年（唐太宗貞觀十二年）,死於公元七一三年(唐玄宗先天二年),原籍河北范陽,後其父被貶官嶺南，就落户在廣東新會。他是中國佛教禪宗的創始人。慧能三歲喪父,幼年生活窮困,曾隨母砍柴爲生。在當時佛教盛行的社會,慧能耳濡目染,於是發生了信仰。

大約在咸亨(公元六七〇——六七四年)年間，他決計離家去湖北黄梅參見名僧弘忍。他此時已年過三十,但没有立即出家,只是以"行者"的身份住在弘忍寺中,被分配在碓房舂米,得暇也隨衆聽法學習。據説慧能平時不怎麽好説話,但由於他初見弘忍時對答機智,還是受到弘忍的關注，並得到特別指導。以後，弘忍決定公開選拔繼承人,大弟子神秀公布他的傳法偈,慧能斷然提出了不同的見解,更得到了弘忍的賞識。相傳,由此而弘忍祕密傳法與慧能，並付予一領袈裟以爲憑證。隨即慧能辭别南歸。但由於當時佛教宗派内部争奪正統地位的鬥争十分激烈,慧能回到南方後，長期祕而不宣。

大約十六年後，有一次他在南海(今廣州)遇到印宗法師講涅槃經,慧能聽後提出了批評意見,印宗和他接談後十分佩服,同時又瞭解到他的來歷,就自願奉他爲師。於是慧能的名聲就傳開了。也就在這時,他才正式出家受戒,公開從事傳教活動。

以後,他又回到韶州,住曹溪寶林寺，當時的韶州刺史韋璩特地請他到城内大梵寺講演摩訶般若法，經他弟子法海等記録,就成了最早的壇經。此書經過後人不斷的補充和修訂，出現了各種不同的版本。目前保留下來較早的是敦煌寫本，全名爲南宗頓教最上大乘摩訶般若波羅蜜經六祖慧能大師於韶州大梵寺施法壇經，僅一卷，分作五十七小節，約一萬二千餘字。但流行最廣的是元世祖至元末年僧人宗寶的改編本，題名六祖大師法寶壇經，一卷分爲十品，文字比敦煌寫本多一倍左右。這個本子由於文字經過潤色，比較流暢，同時内容上又含有某些後期禪宗的思想，因而長期以來，幾乎成了壇經的唯一流通本。所以本書在選錄敦煌本同時，也選錄了一種經過近人丁福保校正的宗寶本。

此外，還應提到的，也有一定代表性的兩個本子。一是經唐僧惠昕改編過的六祖壇經，分上下卷，共十一門，五十七節，約一萬四千餘字，這是現存壇經的第二個古本（有宋刻本）。二是没有署編者姓名的六祖大師法寶壇經曹溪原本，一卷十品，兩萬多字（有明刻本），其實是五代末宋初僧人契嵩的改編本。

相傳，慧能是一個文盲，這不一定可靠，但可以肯定他的文化水平是不高的，他也没有其他著作。他在曹溪住了三十年，後來名聲越來越大。他的同學，當時禪宗北派領袖神秀，可能曾向朝廷薦舉過他，於是有武則天、中宗召他入京的傳説，但他並没有應命，而終老曹溪。

往後一般學者都是僅憑壇經一書來研究慧能本人的思想，這多少存在着問題，因爲各種版本的壇經，都在不同程度上經過後人的增訂，是需要仔細鑑別的。但作爲中國佛教禪宗一派的重要思想資料，則是肯定無疑的。

壇經的最早本子，既是慧能弟子根據他的講法記錄下來的，則在慧能在世時就已經有了。他的弟子神會，只不過是根據它加以發揮而已。過去胡適曾認爲壇經是由神會一手創作的，這種假設恐怕不能成立。據有關史料看,神會原本是用金剛經傳宗的(參看本書神會部分三)。但到了他的門下,却改以壇經傳宗,則是事實。

從五祖弘忍以後出現的禪宗南北派正統之争,到神會死後三十六年,唐德宗貞元十二年(公元七九六年),朝廷正式立神會爲七祖以後,大體上告一段落。從此,以慧能爲首的南宗影響愈益擴大,凡是已往曾去過曹溪參學的人,都自我標榜爲禪宗正統。

慧能門下得法者甚衆,但大體可分荷澤(神會)、南嶽、青原三系。除了神會外,真正得到發展的,乃是南嶽與青原。南嶽是指住在湖南衡山般若寺的懷讓(公元六七七——七四四年)和他的弟子馬祖道一(公元七〇九——七八八年),以及再傳弟子百丈懷海(公元七二〇——八一四年)一系。青原則是南宗的另一系,指行思(?——公元七四〇年)和他的弟子石頭希遷(公元七〇〇——七九〇年)等。

南嶽一系在百丈懷海門下有潙山靈祐(公元七七一——八五三年),再傳弟子仰山慧寂(公元八〇七——八八三年),形成了後來所謂的潙仰宗。

百丈懷海的另一門人黃蘗希運(?——公元八五五年),再傳臨濟義玄(?——公元八六七年),形成了後來所謂的臨濟宗。至宋,又分爲黃龍和楊岐兩派。

青原一系,自石頭希遷開始,其門下有天皇道悟(公元七四八——八〇七年),再傳德山宣鑑(公元七八二——八六五年),雪峯義存(公元八二二——九〇八年),雪峯弟子甚多,門下有雲門文偃(公元八六四——九四九年),由此傳承,就構成了後來所謂的雲門宗。

石頭希遷的另一支爲藥山惟儼(生卒年不詳),傳雲巖曇晟(公元七八二——八四一年），下傳洞山良价（公元八〇七——八六九年），再傳曹山本寂（公元八四〇——九〇一年），形成了後來所謂的曹洞宗。

其後雪峯義存的另一門人玄沙師備（公元八三五——九〇八年），傳法地藏桂琛（公元八六七——九二八年），再傳清涼文益（公元八八五——九五八年），因文益諡號法眼，後來就稱這一系爲法眼宗。

這樣，禪宗南宗先後共形成了五派（宗），但是這五派的思想，一般説來在本質上没有多大差别，只是由於門庭設施不同，特別是接引後學的方式各有一套，從而形成不同的“門風”而已。

本書除選刊少數成本的作品外，從宋代頤藏主所集古尊宿語錄和釋普濟（宋刊作慧明）撰五燈會元等書中選錄部分資料，附錄於後，大體上可以反映南宗一派後期禪學的基本思想。

一、南宗頓教最上大乘摩訶般若波羅蜜經六祖慧能大師於韶州大梵寺施法壇經

〔一〕慧能大師，於大梵寺講堂中，昇高座，説摩訶般若波羅蜜法，授無相戒。原本授作受。其時座下僧尼道俗一萬餘人，韶州刺史韋璩，原本韋璩作等據。及諸官寮三十餘人，儒士三十餘人，原本無三十字。同請大師説摩訶般若波羅蜜法。刺史遂令門人法海集記，流行後代，原本代作伐。與學道者，承此宗旨，遞相傳授，有所依約，原本依作於。以爲稟承，説此壇經。

〔二〕能大師言，善知識，淨心念摩訶般若波羅蜜法。大師不

語，自身淨心。良久乃言，善知識，淨聽，慧能慈父，本貫范陽，原本范陽下有官字。左降遷流嶺南，原本無嶺字。作新州百姓。原本無作字。慧能幼少，父又早亡；原本又作小。老母孤遺，移來南海。原本無南字。艱辛貧乏，原本乏作之。於市賣柴。原本賣作買。忽有一客買柴，遂令慧能送至於官店。原本令作領，無送字。客將柴去，慧能得錢。却向門前，忽見一客讀金剛經，慧能一聞，心明便悟。原本明作名。乃問客曰，原本問作聞。從何處來持此經典？客答曰，我於新州黄梅縣東馮墓山，原本縣作懸。禮拜五祖弘忍和尚，見今在彼，原本今作令。門人有千餘衆，我於彼聽見大師勸道俗，但持金剛經一卷，原本持作特。即得見性，直了成佛。慧能聞説，宿業有緣，便即辭親，往黄梅馮墓山，禮拜五祖弘忍和尚。

〔三〕 弘忍和尚問慧能曰：汝何方人，來此山禮拜吾，汝今向吾邊復求何物？慧能答曰：弟子是嶺南人，原本嶺作領。新州百姓，今故遠來禮拜和尚，不求餘物，唯求作佛法。原本作佛法作佛法作。大師遂責慧能曰：汝是嶺南人，原本嶺作領。又是獦獠，若爲堪作佛？慧能答曰：人即有南北，佛性即無南北，原本性作姓。獦獠身與和尚不同，佛性有何差別？原本性作姓。大師欲更共議，議恐當作語。見左右在傍邊，大師更不言，遂發遣慧能，令隨衆作務。時有一行者，遂差慧能於碓房，踏碓八箇餘月。

〔四〕 五祖忽於一日喚門人盡來，門人已集。原本已集作集記。五祖曰：吾向汝説，原本汝作與。世人生死事大，汝等門人，終日供養，只求福田，不求出離生死苦海，汝等自性若迷，原本性作姓，無若字。福何可救？原本福下有門字，衍。汝等總且歸房自看，原本等作汝。有智惠者，自取本性般若之知，原本性作姓，之知作知之。各作一偈呈吾，吾看汝偈，若悟大意者，原本悟作吾。付汝衣法，禀爲六代，原本代作伐。火急急。

〔五〕　門人得處分，却來各至自房，遞相謂言，我等不須澄心用意作偈，將呈和尚。原本澄作呈。神秀上座是教授師，秀上座得法後，自可依止，原本依作於。偈不用作。原本偈作請。諸人息心，盡不敢呈偈。時大師堂前有三間房廊，於此廊下供養，欲畫楞伽變相，原本無相字。並畫五祖大師傳授衣法，流行後代，爲記。畫人盧珍看壁了，明日下手。

〔六〕　上座神秀思惟，諸人不呈心偈，緣我爲教授師，我若不呈心偈，五祖如何得見我心中見解深淺？我將心偈上五祖呈意，求法即善，原本求法即善作即善求法。覓祖不善，却同凡心奪其聖位；若不呈心偈，原本無偈字。終不得法。原本終作修。良久思惟，甚難甚難。原本作甚甚難難，甚甚難難。夜至三更，不令人見，遂向南廊下中間壁上題作呈心偈，欲求於法。若五祖見偈言，此偈語，若訪覓我，我宿業障重，不合得法，聖意難測，若五祖見偈言云云，有脫文，興聖寺本曰：神秀思惟，五祖明日見偈歡喜，出見和尚，即言秀作；若言不堪，自是我迷，宿業障重，不合得法，聖意難測。我心自息。原本自作白。秀上座三更於南廊下中間壁上，秉燭題作偈，人盡不知。偈曰：

　　　　身是菩提樹，　　　　　心如明鏡臺；
　　　　時時勤拂拭，　　　　　莫使有塵埃。

〔七〕　神秀上座，題此偈畢，歸房臥，並無人見。五祖平旦遂喚盧供奉來，原本喚作換。南廊下畫楞伽變相。原本無相字。五祖忽見此偈請記，乃謂供奉曰：弘忍與供奉錢三十千，深勞遠來，不畫變相也。金剛經云："凡所有相，皆是虛妄"，不如留此偈，原本留作流。令迷人誦，依此修行，不墮三惡道，原本無道字。依法修行人，有大利益。大師遂喚門人盡來，焚香偈前，令衆人見，原本令作人。皆生敬心。汝等盡誦此，悟此偈者，原本無悟此二字。方得見性，依此修行，原本依作於。即不墮落。門人盡誦，皆生敬心，喚言善哉！五祖遂喚秀上座於堂內，原本祖作褐。問是汝作偈否？原本問作門。若是汝作，應得我法。秀上座言：罪過，實是神秀作，不敢求祖，願和尚慈悲，看弟子有小智惠識大意否？五祖曰：原本祖作褐。汝作此偈，見即未到，原本未作來。只到門前，尚未得入。凡夫依此偈修行，原本依作於。即不墮落；作此見解，若覓無上菩提，即未可得。須入得門，見自本性。原本自作白，性作姓。汝且去，一兩日來思惟，更作一偈來呈吾，若入得門，見自本性，原本自作白，性作姓。當付汝衣法。秀上座去數日作不得。

〔八〕　有一童，於碓房邊過，唱誦此偈。慧能一聞，知未見性，即識大意。能問童子言，原本無言字。適來誦者是何偈？原本何下有言字。童子答能曰：儞不知大師言，生死事大，原本事作是。欲傳於法，令門人等各作一偈來呈看，悟大意即付衣法，稟爲六代祖。原本祖作褐。有一上座名神秀，忽於南廊下書無相偈一首，五祖令諸門人盡誦，原本祖作褐。悟此偈者，即見自性，原本性作姓。依此修行，即得出離。慧能答曰：我此踏碓八箇餘月，未至堂前，望上人引慧能至南廊下，見此偈禮拜，亦願誦取結來生緣，願生佛地。童子引能至南廊下，能即禮拜此偈。爲不識字，請一人讀，慧能聞已，原本無能字，聞作問。即識大意。慧能亦作一偈，又請得一解書人，於西間壁上提著，呈自本心。不識本心，學法無益；識心見性，原本性作姓。即悟大意。原本悟作吾。慧能偈曰：

菩提本無樹，　　　　　　明鏡亦無臺；

佛性常清淨，原本性作姓。　　何處有塵埃。

又偈曰：

心是菩提樹，　　　　　　身爲明鏡臺；

明鏡本清淨，　　　　　　何處染塵埃。

院內徒衆，原本徒作從。見能作此偈盡怪。慧能却入碓房，五祖忽見慧能但即善知識大意，原本祖作褐。恐衆人知；五祖乃謂衆人曰，此亦未得了。

〔九〕　五祖夜至三更，原本至作知。喚慧能堂内，説金剛經。慧
能一聞，言下便悟。原本悟作伍。其夜受法，人盡不知，便傳頓法及
衣，汝爲六代祖；原本代作伐。衣將爲信稟，代代相傳，法以心傳心，當
令自悟。五祖言：慧能，自古傳法，氣如懸絲，興聖寺本通行本並氣作命。
若住此間，有人害汝，汝即須速去。

〔一〇〕　能得衣法，三更發去，五祖自送能於九江驛，登時便
悟祖處分，汝去努力將法向南，三年勿弘，此法難起，原本起作去。在
後弘化，善誘迷人，若得心開，與吾無別，原本與吾作汝悟。辭違已了，
便發向南。

〔一一〕　兩月中間，至大庾嶺，不知向後有數百人來，欲擬頭
慧能奪於法，頭字可疑，恐誤。來至半路，盡總却廻。唯有一僧，姓陳，
名惠順，先是三品將軍，性行粗惡，直至嶺上，來趁犯著。慧能即還
法衣，又不肯取。言：原本無言字。我故遠來求法，不要其衣，能於嶺
上，便傳法惠順，惠順得聞，言下心開，能使惠順即却向北化人來。

〔一二〕　慧能來依此地，原本依作衣。與諸官寮道俗，原本寮作奪。
亦有累劫之因，教是先聖所傳，原本聖作性。不是慧能自知，願聞先聖
教者，原本聖作性。各須淨心，聞了願自除迷於先代悟。（下是法）原本自
除作白餘。慧能大師喚言：善知識，菩提般若之知，世人本自有之，原
本自作白。即緣心迷，不能自悟，原本自作白。須求大善知識示道見性，
善知識，遇悟即成智。

〔一三〕　善知識，我此法門，以定惠爲本。第一勿迷言定惠
別，原本定惠作惠定。定惠體一不二，即定是惠體，即惠是定用，即惠之
時定在惠，即定之時惠在定。善知識，此義即是定惠等。原本無定
字。學道之人作意，莫言先定發惠，先惠發定，定惠各別，作此見者，
法有二相，口説善心不善，定惠不等。原本定惠作惠定。心口俱善，内

外一種，原本一下有衆字。定惠卽等。自悟修行，不在口諍，若諍先後，卽是迷人。原本無迷字。不斷勝負，却生法我，不離四相。

〔一四〕　一行三昧者，於一切時中，行住坐臥，原本坐作座。常行直心是。原本行直作眞眞。淨名經云: 直心是道場，原本直作眞。直心是淨土，原本直作眞。莫心行諂曲，原本曲作典。口說法直。口說法直興聖寺本通行本並作口但說直。口說一行三昧，不行直心，原本直作眞。非佛弟子。但行直心，原本直作眞。於一切法，無有執著，原本無下有上字。名一行三昧。迷人著法相，執一行三昧，直言坐不動，原本直言作眞心，坐作座。除妄不起心，卽是一行三昧。原本一行作一切。若如是，此法同無情，原本情作清。却是障道因緣。道須通流，原本須作順。何以却滯，心不住法卽通流，原本不住法作住在。住卽被縛。原本被作彼。若坐不動是，原本坐作座。維摩詰不合呵舍利弗宴坐林中。原本坐作座。善知識，又見有人教人坐，原本坐作座。看心看淨，不動不起，從此置功，迷人不悟，便執成顛，卽有數百般以如此教道者，故知大錯。原本知作之。

〔一五〕　善知識，定惠猶如何等，如燈光，有燈卽有光，無燈卽無光，燈是光之體，原本無燈字，之作知。光是燈之用，名卽有二，原本無名字。體無兩般，此定惠法，亦復如是。

〔一六〕　善知識，法無頓漸，人有利鈍，迷卽漸契，原本迷作明，契作勸。悟人頓修，自識本心，原本此句作識白本。自見本性，原本自作是。悟卽元無差別，不悟卽長劫輪廻。

〔一七〕　善知識，我此法門，原本此作自。從上已來，頓漸皆立無念爲宗，原本爲作無。無相爲體，原本爲作無。無住爲本。原本住下有無字。何名爲相？原本名作明。無相者於相而離相，原本無者字。無念者於念而不念，無住者，爲人本性。念念不住，前念今念後念，原本今作念。念念相續，原本續作讀。無有斷絕，若一念斷絕，法身卽是離色身。念念時中，於一切法上無住，一念若住，念念卽住，名繫縛。於

一切上，念念不住，卽無縛也，此是以無住爲本。原本無此是二字。善
知識，但離一切相，是無相，但能離相，性體清淨，此是以無相爲體。
原本此作是。於一切境上不染，原本境作鏡。名爲無念，於自念上離境，
原本境作鏡。不於法上生念。原本重不字，生念作念生。若百物不思，原本
若作莫。念盡除却，一念斷卽死，原本死作無。別處受生。學道者，用
心，莫不思法意，原本思作息。自錯尚可，更勸他人迷，不自見迷，原本
自作白。又謗經法，是以立無念爲宗。卽緣迷人於境上有念，原本迷
作名，境作鏡。念上便起邪見，原本起作去。一切塵勞妄念，從此而生。
然此教門立無念爲宗，世人離見，不起於念，若無有念，無念亦不
立。無者無何事，念者念何物？原本無何上之念字。無者離二相諸塵
勞，念者念眞如本性，原本無念者念眞如本性七字。眞如是念之體，念是
眞如之用。自性起念，原本無自字，性作姓。雖卽見聞覺知，原本知作之。
不染萬境，原本境作鏡。而常自在。原本自作白。維摩經云：外能善分
別諸法相，內於第一義而不動。

〔一八〕　善知識，原本知作諸。此法門中，坐禪元不著心，原本坐
作座。亦不著淨，亦不言不動，原本言下無不字。若言看心，心元是妄，妄
如幻故，無所看也。若言看淨，人性本淨，原本性作姓。爲妄念故，蓋
覆眞如，離妄念本性淨，原本性作姓。不見自性本淨，起心看淨，原本起
心作心起。却生淨妄，妄無處所，故知看者却是妄也。原本者下有看字。
淨無形相，却立淨相，言是功夫，作此見者，障自本性，原本障作章，
却被淨縛。若修不動者，原本無修字。不見一切人過患，原本無不字。
是性不動。迷人自身不動，開口卽說人是非，與道違背，看心看淨，
却是障道因緣。

〔一九〕　今既如是，原本既如作記汝。此法門中，何名坐禪，原本坐
作座。此法門中，一切無礙，外於一切境界上念不起爲坐，原本起作
去。見本性不亂爲禪。原本性作姓。何名爲禪定？外離相曰禪，內不

亂曰定。外若著相，内心即亂，外若離相，内性不亂，原本外若著相云云十六字作外若有相，内性不亂。本性自淨自定，原本無性字。只緣境觸，觸即亂。離相不亂即定，外離相即禪，内不亂即定，原本内下有外字。外禪内定，故名禪定。維摩經云：即時豁然，原本時作是。還得本心。菩薩戒經云：原本無經字。我本元自性清淨，原本無我字，元作須，性作姓。善知識，見自性自淨，原本性作姓。自修自作自性法身，原本性作姓。自行佛行，自作自成佛道。

〔二〇〕善知識，總須自體，與授無相戒，原本授作受。一時逐慧能口道，令善知識見自三身佛。於自色身歸依清淨法身佛，原本依作衣。於自色身歸依千百億化身佛，原本依作衣。於自色身歸依當來圓滿報身佛。（已上三唱）原本依作衣。色身者是舍宅，不可言歸，向者三身在自法性，世人盡有，爲迷不見，原本迷作名。外覓三身如來，原本無身字。不見自色身三身佛。原本身作性。善知識，聽汝善知識説，今善知識於自色身，原本於作衣。見自法性有三身佛，原本身作世。此三身佛從性上生。何名清淨法身佛？原本無法字。善知識，世人性本自淨，萬法在自性。原本自性作自姓。思量一切惡事，原本無惡字。即行於惡，原本於作衣。思量一切善事，便修於善行，如是一切法，原本如上有知字。盡在自性。原本性作姓。自性常清淨，原本性作姓。日月常明，原本明作名。只爲雲覆蓋，上明下暗，原本明作名。不能了見日月星辰，原本星作西。忽遇惠風吹散卷盡雲霧，萬像森羅，原本森作參。一時皆現。世人性淨，猶如清天，惠如日，智如月，知惠常明。原本明作名。於外著境，原本著境作看敬。妄念浮雲蓋覆，自性不能明。原本性作姓。故遇善知識開真法吹却迷妄，原本迷作名。内外明徹，原本明作名。於自性中，原本性作姓。萬法皆見，一切法自在性，原本性作姓。名爲清淨法身。自歸依者，原本依作衣。除不善行，是名歸依。原本依作衣。何名千百億化身？不思量性即空寂，思量即是自化。思量惡法化爲地獄，思量善法化爲天堂,毒害化爲畜生,慈悲化爲菩薩,知惠化爲上界,愚癡化爲下方,自性變化甚多,原本性作姓,多作名。迷人自不知見。一念善知惠卽生,此名自性化身。何名圓滿報身?原本無此名自性化身,何名圓滿報身十二字,今據興聖寺本補之。一燈能除千年闇,一智惠能滅萬年愚,莫思向前,常思於後,常後念善,名爲報身。一念惡報却千年善亡,原本亡作心。一念善報却千年惡滅,無常已來後念善,名爲報身。從法身思量,卽是化身。念念善卽是報身。自悟自修,卽名歸依也。原本依作衣。皮肉是色身,色身是舍宅,原本無色身二字。不言歸依也。原本言作在。但悟三身,卽識大意。原本意作億。

〔二一〕　今既自歸依三身佛已,與善知識,發四弘大願。善知識,一時逐慧能道,衆生無邊誓願度,煩惱無邊誓願斷,法門無邊誓願學,無上佛道誓願成。(三唱)善知識,衆生無邊誓願度,不是慧能度,善知識,心中衆生,各於自身自性自度。原本性作姓。何名自性自度,原本性作姓。自色身中,邪見煩惱,愚癡迷妄,原本迷作名。自有本覺性,將正見度。既悟正見,般若之智,除却愚癡迷妄衆生,各各自度。邪來正度,原本來作見。迷來悟度,愚來智度,惡來善度,煩惱來菩提度,原本提作薩。如是度者,是名真度。煩惱無邊誓願斷,自心除虛妄。法門無邊誓願學,學無上正法。無上佛道誓願成,常下心行,恭敬一切,遠離迷執覺知,生般若,除却迷妄,卽自悟佛道成,行誓願力。

〔二二〕　今既發四弘誓願,説與善知識無相懺悔,滅三世罪障。原本無滅字。大師言,善知識,前念後念及今念,念念不被愚迷染,原本不重念字。從前惡行,一時自性若除,原本性作姓。卽是懺悔。前念後念及今念,念念不被遇癡染,原本無不字。除却從前諂誑心永斷,名爲自性懺。前念後念及今念,念念不被疽疾染,除却從前嫉妬心,原本妬作垢。自性若除卽是懺。(已上三唱)善知識,何名懺悔?懺者終身不爲，_{原本無懺字。}悔者知於前非惡業，恆不離心，諸佛前口説無益，我此法門中，永斷不作，名爲懺悔。

〔二三〕　今既懺悔已，與善知識，授無相三歸依戒。_{原本授作受。}大師言，善知識，_{原本知作智。}歸依覺兩足尊，_{原本依作衣。}歸依正離欲尊，_{原本依作衣，無尊字。}歸依淨衆中尊，_{原本依作衣。}從今已後，稱佛爲師，更不歸依餘邪迷外道，_{原本依作衣，迷作名。}願自三寳慈悲證明。_{原本證明作燈名。}善知識，<u>慧能</u>勸善知識歸依三寳。_{原本重善字，依作衣。}佛者覺也，法者正也，僧者淨也。自心歸依覺，邪迷不生。_{原本迷作名。}少欲知足，離財離色，名兩足尊。自心歸正，念念無邪故，即無愛著，_{原本無作元。}以無愛著，名離欲尊。自心歸淨，一切塵勞妄念，雖在自性，_{原本性作姓。}自性不染著，_{原本性作姓。}名衆中尊。凡夫不解，從日至日，受三歸依戒。_{原本無不字。}若言歸佛，佛在何處，若不見佛，即無所歸，既無所歸，言却是妄。善知識，各自觀察，莫錯用意，經中只即言自歸依佛，不言歸依他佛，_{原本無依字。}自性不歸，_{原本性作姓。}無所依處。_{原本無依字。}

〔二四〕　今既自歸依三寳，_{原本依作衣。}總各各至心，與善知識，説摩訶般若波羅蜜法，善知識，雖念不解，<u>慧能</u>與説，各各聽。摩訶般若波羅蜜者，<u>西國</u>梵語，<u>唐</u>言大智惠彼岸到，此法須行，不在口念，_{原本重口字。}不行如幻如化，_{原本無幻字。}修行者法身與佛等也。何名摩訶？摩訶者是大，心量廣大，猶如虛空。若空心坐，_{原本若空作莫定，坐作座。}即落無記空。_{原本記作既。}虛空能含日月星辰，大地山河，_{原本無虛空二字，河作何。}一切草木，惡人善人，惡法善法，天堂地獄，盡在空中，世人性空，亦復如是。

〔二五〕　性含萬法是大，萬法盡是自性，_{原本性作姓。}見一切人及非人，惡之與善，_{原本之作知。}惡法善法，盡皆不捨，不可染著，由如虛空，名之爲大，此是摩訶。_{原本訶下有行字。}迷人口念，智者心行，原本無行字。又有迷人，原本迷作名。空心不思，名之爲大，此亦不是。心量大，不行是少，莫口空説，不修此行，非我弟子。

〔二六〕 何名般若？般若是智惠，一切時中，原本無切字。念念不愚，常行智惠，即名般若行。原本重若字。一念愚即般若絶，一念智即般若生，世人心中常愚，原本無世人二字。自言我修般若。原本無自言二字。般若無形相，原本無般若二字。智惠性即是。何名波羅蜜？此是西國梵音，唐言彼岸到。原本無唐字。解義離生滅，著境生滅起，原本境作竟，起作去。如水有波浪，即是爲此岸。原本爲作於。離境無生滅，如水承長流，故即名到彼岸，故名波羅蜜。原本波作般。迷人口念，智者心行，當念時有妄，有妄即非真有，念念若行，是名真有。悟此法者，悟般若法，修般若行，不修即凡，一念修行，自身等佛。原本自作法。善知識，即煩惱是菩提，原本提下有捉字。前念迷即凡，後念悟即佛。善知識，摩訶般若波羅蜜，最尊最上第一，無住無去無來，三世諸佛從中出，將大智惠到彼岸，原本智作知。打破五陰煩惱塵勞。最尊最上第一，讚最上最上乘法，修行定成佛，無去無住無來往，是定惠等，不染一切法。三世諸佛從中，變三毒爲戒定惠。

〔二七〕 善知識，我此法門，從一般若生八萬四千智惠，原本無一般若生四字。何以故？爲世有八萬四千塵勞，若無塵勞，般若常在，不離自性。原本性作姓。悟此法者，即是無念無憶無著，莫起誑妄，原本起証作去誰。即自是真如性。原本性作姓。用智惠觀照，於一切法不取不捨，即見性成佛道。

〔二八〕 善知識，若欲入甚深法界入般若三昧者，直修般若波羅蜜行。但持金剛般若波羅蜜經一卷，即得見性入般若三昧。當知此人功德無量，經中分明讚歎，原本明作名。不能具説。此是最上乘法，爲大智上根人説，少根智人，若聞法，心不生信。何以故？譬如大龍，若下大雨，雨於閻浮提，原本於作衣。城邑聚落，悉皆漂流，原本無城邑聚落，悉皆漂流八字。如漂草葉，若下大雨，雨於大海，原本於作放。不增不減。若大乘者，聞説金剛經，心開悟解，故知本性自有般若之智，自用智惠觀照，原本智作知。不假文字。譬如其雨水不從天有，原本天作無。元是龍王於江海中，原本元作無。將身引此水，令一切衆生，一切草木，一切有情無情，悉皆蒙潤，原本蒙作像。諸水衆流，却入大海，海納衆水，合爲一體，衆生本性般若之智，亦復如是。

〔二九〕 少根之人，聞説此頓教，猶如大地草木根性自小者，原本小作少。若被大雨一沃，悉皆自倒，原本倒作到。不能增長。少根之人，亦復如是。有般若之智之，與大智之人，亦無差別，因何聞法卽不悟，緣邪見障重，煩惱根深。猶如大雲，蓋覆於日，不得風吹，日無能現。般若之智，亦無大小，爲一切衆生，自有迷心，外修覓佛，未悟自性，原本未作來。卽是小根人。聞其頓教，不假外修，原本假作信。但於自心，令自本性常起正見，煩惱塵勞衆生，當時盡悟。猶如大海，納於衆流，小水大水，合爲一體，卽是見性。內外不住，來去自由，能除執心，通達無礙，能修此行，原本能作心。卽與般若波羅蜜經，本無差別。

〔三〇〕 一切經書，及諸文字，原本無諸字。小大二乘，十二部經，皆因人置，原本無人字。因智惠性故，故然能建立。若無世人，原本若上有我字，世作智。一切萬法，本元不有，原本元作無。故知萬法本因人興，一切經書，因人説有，緣在人中有愚有智。原本愚上重有字。愚爲小人，原本小人作少故。智爲大人，迷人問於智者，原本迷人問作問迷人。智人與愚人説法，令彼愚者悟解心解，原本彼作使，心作染。迷人若悟解心開，與大智人無別。故知不悟卽是佛是衆生，一念若悟，卽衆生是佛。原本生下有不字。故知一切萬法，盡在自身中，何不從於自心頓現真如本性。原本性作姓。菩薩戒經云：我本元自性清淨，原本元作顧，性作姓。識心見性，自成佛道。維摩經云：原本無維摩經云四字。卽時豁然，還得本心。

〔三一〕　善知識，我於忍和尚處，一聞言下大悟，_{原本悟作伍。}頓見真如本性。是故將此教法流行後代，_{原本將此作汝，代作伐。}令學道者頓悟菩提，_{原本令作今，悟作伍。}令自本性頓悟。若不能自悟者，_{原本無不字。}須覓大善知識，示道見性。_{原本示作亦，性作姓。}何名大善知識？_{原本無識字。}解最上乘法，直示正路，_{原本示作是。}是大善知識，是大因緣，所謂化道令得見性，_{原本謂作爲，性作佛。}一切善法，皆因大善知識，能發起故。三世諸佛，十二部經，亦在人性中，本自具有。不能自悟，_{原本自下有姓字。}須得善知識示道見性，若自悟者，不假外善知識，若取外求善知識，望得解脫，_{原本脫作說。}無有是處。識自心內善知識，即得解脫。_{原本無脫字。}若自心邪迷，妄念顛倒，外善知識，即有教授，救不可得。_{原本無救不可得四字。}汝若不得自悟，當起般若觀照，剎那間，妄念俱滅，即是自真正善知識，一悟即知佛也。自性心地，以智惠觀照，內外明徹，_{原本明作名。}識自本心。若識本心，即是解脫，既得解脫，即是般若三昧，悟般若三昧，即是無念。何名無念？無念法者，見一切法，不著一切法，遍一切處，不著一切處，常淨自性，使六識從六門走出，_{原本識作賊。}於六塵中，不離不染，來去自由，即是般若三昧，自在解脫，名無念行。若百物不思，_{原本若作莫。}當令念絕，即是法縛，即名邊見。悟無念法者，萬法盡通，悟無念法者，見諸佛境界，悟無念頓法者，至佛位地。

〔三二〕　善知識，後代得吾法者，_{原本代作伐，吾作悟。}常見吾法身不離汝左右。善知識，將此頓教法門，於同見同行，_{原本無於字。}發願受持，如事佛，_{原本事作是。}故終身受持而不退者，欲入聖位。然須傳受將從上已來默然而付於法，_{原本傳作縛。}發大誓願，不退菩提，即須分付。若不同見解，無有志願，在在處處，忽妄宣傳，損彼前人，究竟無益，若遇人不解，謗此法門，百劫萬劫千生，斷佛種性。

〔三三〕　大師言：善知識，聽吾説無相頌，原本吾作悟，頌作訟。令汝迷者罪滅，原本迷作名。亦名滅罪頌。頌曰：

愚人修福不修道，　　　　謂言修福而是道；原本無道字。

布施供養福無邊，　　　　心中三惡元來造。原本造作在。

若將修福欲滅罪，　　　　後世得福罪元在；原本在作造。

若解向中除罪緣，　　　　各自性中真懺悔；原本性作世，悔作海。

若悟大乘真懺悔，原本悔作海。除邪行正即無罪；

學道之人能自觀，　　　　即與悟人同一類。原本類作例。

大師令傳此頓教，　　　　願學之人同一體；

若欲當來見本身，　　　　三毒惡緣心中洗；

努力修道莫悠悠，　　　　忽然虚度一世休；

若遇大乘頓教法，　　　　虔誠合掌至心求。原本至作志。

大師説法了，韋使君官寮僧衆道俗，讚言無盡，昔所未聞。

〔三四〕　使君禮拜，白言：原本白作自。和尚説法，實不思議，弟子今有少疑，原本今作當。欲問和尚，望意和尚大慈大悲，爲弟子説。大師言：有疑即問，原本疑作議。何須再三。使君問：法可不是西國第一祖達磨祖師宗旨乎？原本重不字，無乎字。大師言：是。使君問：原本無使君問三字。弟子見説，達磨大師化梁武帝，原本化作伐，帝作諦。帝問達磨，原本無帝字。朕一生已來，原本已作未。造寺布施供養，有功德否？原本重有字。達磨答言：並無功德。武帝惆悵，遂遣達磨出境，未審此言，請和尚説。六祖言：實無功德，使君勿疑達磨大師言，原本君下有朕字。武帝著邪道，不識正法。使君問：何以無功德？和尚言：造寺布施供養，只是修福，不可將福以爲功德，功德在法身，原本無功德二字。非在於福田。自法性有功德，平直是德，内見佛性，原本無内見二字。外行恭敬。若輕一切人，吾我不斷，原本吾作悟。即自無功德，自性虚妄，法身無功德。念念德行，平等直心，原本直作真。德即不輕，常行於敬，自修身是功，自修心是德。原本修下有身字。功德自心作，福與功德別，武帝不識正理，非祖大師有過。

〔三五〕 使君禮拜，又問，弟子見僧俗原本僧下有道字。常念阿彌陀佛，原本陀作大。願往生西方，願和尚説得生彼否？原本得作德。望爲破疑。大師言：使君 聽 慧能與説，世尊在舍衛國，説西方引化，經文分明，去此不遠。只爲下根説遠，原本遠作近。説近只緣上智，原本近作遠。人有兩種，原本有作自，種作重。法無不一，原本無一字。迷悟有殊，原本迷作名。見有遲疾。迷人念佛生彼，悟者自淨其心，所以佛言，隨其心淨則佛土淨。使君東方人，原本無人字。但淨心無罪，西方心不淨有愆迷人，願生東方，兩者所在處，原本兩作西。並皆一種。心但無不淨，西方去此不遠；心起不淨之心，念佛往生難到。除十惡即行十萬，原本除下無十字。無八邪即過八千，但行直心，原本直作真。到如彈指。原本彈作禪。使君但行十善，何須更願往生？不斷十惡之心，何佛即來迎請？若悟無生頓法，見西方只在刹那，不悟頓教大乘，念佛往生路遙，如何得達？六祖言：慧能與使君，移西方刹那間，原本間作問。目前便見，原本目作日。使君願見否？使君禮拜，若此得見，何須往生，願和尚慈悲爲現西方，大善。大師言：唐見西方無疑，即散。大衆愕然，莫知何是。大師曰：大衆作意聽，世人自色身是城，眼耳鼻舌身即是城門，外有五門，原本五作六。内有意門。心即是地，性即是王，性在王在，性去王無，性在身心存，性去身心壞，原本無心字。佛是自性作，莫向身外求，原本無外字。自性迷佛即衆生，自性悟衆生即是佛。慈悲即是觀音，喜捨名爲勢至，能淨是釋迦，平直是彌勒，原本直作真。人我是須彌，邪心是大海，煩惱是波浪，毒心是惡龍，塵勞是魚鱉，虛妄即是神鬼，三毒即是地獄，愚癡即是畜生，十善是天堂。無人我須彌自倒，原本無人我作我無人。除邪心海水竭，煩惱無波浪滅，毒害除魚龍絶。自心地上覺性如來，放大智惠

光明，原本放作施。照曜六門，清淨照破六欲諸天下。原本破作波。自
性內照，原本無自性內三字。三毒若除，地獄一時消滅，內外明徹，不異
西方，不作此修，如何到彼。座下聞説，原本聞作問。讚聲徹天，應是
迷人了然便見。原本了作人。使君禮拜讚言，善哉善哉，普願法界衆
生，聞者一時悟解。

〔三六〕　大師言，善知識，若欲修行，在家亦得，不由在寺，在
寺不修，如西方心惡之人，在家若修行，如東方人修善，但願自家修
清淨，即是西方。原本西作惡。使君問：和尚，原本無尚字。在家如何
修，願爲指授？大師言：善知識，原本知作智。惠能與道俗作無相頌，
盡誦取，依此修行，原本依作衣。常與惠能一處無別。原本能下有説字。
頌曰：

説通及心通，　　　　如日處虛空；
惟傳頓教法，　　　　出世破邪宗。
教即無頓漸，　　　　迷悟有遲疾，
若學頓教法，　　　　愚人不可悉。原本悉作迷。
説即須萬般，　　　　合離還歸一；
煩惱暗宅中，　　　　常須生惠日。
邪來因煩惱，　　　　正來煩惱除；
邪正悉不用，原本悉作疾。清淨至無餘。
菩提本清淨，　　　　起心即是妄；
淨性在妄中，原本在作於。但正除三障。
世間若修道，　　　　一切盡不妨；
常見自己過，原本見自作現在。與道即相當。
色類自有道，　　　　離道別覓道；
見道不見道，　　　　到頭還自惱。
若欲見真道，原本見真作貪見。行正即是道；

自若無正心，	暗行不見道。
若真修道人，	不見世間過；原本過作恩。
若見世間非，	自非却是左。
他非我無罪，原本無作有。	我非自有罪；
但自去非心，	打破煩惱碎。
若欲化愚人，	是須有方便；
勿令彼有疑，原本彼有作破彼。	即有菩提現。原本現作見。
法元在世間，	於世出世間；
勿離世間上，	外求出世間。
邪見是世間，原本是作出。	正見出世間；
邪正悉打却，	菩提性宛然。原本無此句。
此但是頓教，	亦名爲大乘；
迷來經累劫，	悟則刹那間。

〔三七〕　大師言：善知識，汝等盡誦取此偈，依偈修行，去慧能千里，常在能邊；此不修，對面千里。各各自修，法不相待。原本待作持。衆人且散，慧能歸曹溪山，衆生若有大疑，來彼山問，爲汝破疑，同見佛世。合座官寮道俗，原本寮作尊。禮拜和尚，無不嗟嘆，善哉大悟，昔所未聞，原本聞作問。嶺南有福，生佛在此，誰能得智？一時盡散。

〔三八〕　大師住曹溪山，原本住作佳。韶廣二州，行化四十餘年。若論門人，僧之與俗，三五千人，説不盡。若論宗旨，原本旨作指。傳授壇經，以此爲依約，原本依作衣。若不得壇經，即無禀受。須知去處年月日姓名，原本去作法，姓作性。遞相付囑，原本遞作遍。無壇經禀承，非南宗弟子也。原本弟作定。未得禀承者，雖説頓教法，未知根本，終不免静。原本終作修。但得法者，只勸修行，静是勝負之心，與道違背。

〔三九〕　世人盡言南能北秀，原本言作傳，南下有宗字，北作比。未知根本事由，且秀禪師，於南荆府當陽縣玉泉寺住持修行，原本府作符，持作時。慧能大師，於韶州城東三十五里曹溪山住，法即一宗，人有南北，原本北作比。因此便立南北。何以漸頓，法即一種，見有遲疾，見遲即漸，見疾即頓。法無漸頓，人有利鈍，故名漸頓。

〔四〇〕　神秀師常見人說慧能法疾直指路，原本指作旨。秀師喚門人志誠曰：原本喚作換。汝聰明多智，汝與吾至曹溪山，到慧能所，禮拜但聽，莫言吾使汝來，所聽得意旨，原本得作德。記取却來與吾說，看慧能見解與吾誰疾遲，汝第一早來，勿令吾恠。原本恠作姃。志誠奉使歡喜，遂半月中間，即至曹溪山，見慧能和尚，禮拜即聽，不言來處。志誠聞法，原本誠作城。言下便悟，即契本心。起立即禮拜。自言：和尚，弟子從玉泉寺來，秀師處，不得契悟，原本得作德。聞和尚說，便契本心。和尚慈悲，願當教示。原本教作散。慧能大師曰，汝從彼來，原本彼作被。應是細作。原本細作紐。志誠曰，未說時即是，說了即不是。原本說了即不是作說乃了即是。六祖言：煩惱即是菩提，亦復如是。

〔四一〕　大師謂志誠曰：吾聞汝禪師教人，原本汝作與。唯傳戒定惠，汝和尚教人戒定惠如何？原本汝作與。當爲吾說。志誠曰：原本誠作城。秀和尚言：戒定惠，諸惡莫作名爲戒，諸善奉行名爲惠，自淨其意名爲定，此即名爲戒定惠。彼作如是說，不知和尚所見如何？慧能和尚答曰：此說不可思議，慧能所見又別。志誠問：原本誠作城。何以別？慧能答曰：見有遲疾。志誠請和尚說所見戒定惠。原本誠作城。大師言：汝聽吾說，原本汝上有如字，吾作悟。看吾所見處，原本吾作悟。心地無非自性戒，原本無下有疑字，性作姓。心地無亂自性定，原本亂下有是字，性作姓。心地無癡自性惠。原本性惠作姓是。慧能大師言，汝師戒定惠，原本無師字。勸小根智人，原本智作諸。吾戒定惠，勸上人，得悟自性，原本悟作吾，無性字。亦不立戒定惠。志誠言：原本誠作城。請大師説，不立如何？大師言：自性無非無亂無癡，原本性作姓。念念般若觀照，常離法相，原本常作當。有何可立。自性頓修，原本性作姓。亦無漸契，所以不立。原本亦無漸契，所以不立作立有漸此，契以不立。志誠禮拜，便不離漕溪山，即爲門人，不離大師左右。

〔四二〕　又有一僧名法達，常誦法華經七年，心迷不知正法之處，經上有疑，大師智惠廣大，願爲決疑。原本決作時。大師言：法達，法卽甚達，汝心不達，經上無疑，汝心自疑，原本無汝心自疑四字。汝心自邪，而求正法，吾心正定，卽是持經。吾一生已來，不識文字，汝將法華經來，對吾讀一遍，吾聞卽知。原本聞作問，知作之。法達取經到，對大師讀一遍，六祖聞已，原本聞作問。卽識佛意，便與法達説法華經。原本與作汝。六祖言：法達，法華經無多語，七卷盡是譬喻因緣，原本因作内。如來廣説三乘，只爲世人根鈍，經文分明，原本文分作閔公。無有餘乘，唯一佛乘。大師言：原本無言字。法達，汝聽一佛乘，莫求二佛乘，迷却汝性。原本性作聖。經中何處是一佛乘，與汝説。原本與汝作汝與。經云：諸佛世尊，唯以一大事因緣故，原本以作汝。出現於世，(已上十六字是正法)原本字作家。此法如何解，原本無此字。此法如何修，汝聽吾説。人心不思本源空寂，離却邪見，卽一大事因緣，原本事作是。内外不迷，卽離兩邊，外迷著相，原本著作看。内迷著空，於相離相，於空離空，卽是内外不迷。原本内外不迷作不空迷。悟此法，原本悟作吾。一念心開，出現於世，心開何物？開佛知見，佛猶如覺也。分爲四門，開覺知見，示覺知見，悟覺知見，入覺知見。開示悟入，從一處入，原本從作上。卽覺知見，見自本性，卽得出世。大師言：法達，吾常願一切世人，原本吾作語。心地常自開佛知見，莫開衆生知見。世人心邪，原本無邪字。愚迷造惡，自開衆生知見；世人心正，起智惠觀照，自開佛知見。原本知作智。莫開衆生知見，原本知作智。開佛知見卽出世。原本知作智。大師言：**法達**，此是**法華經**一乘法，原本華作達。向下分三，爲迷人故，原本迷作名。汝但依一佛乘。原本依作於。大師言：**法達**，心行轉**法華**，不行**法華**轉，心正轉**法華**，心邪**法華**轉。開佛知見**轉法華**，原本知作智。開衆生知見被**法華**轉。原本知作智。大師言：努力依法修行，卽是轉經。**法達**一聞，言下大悟，涕淚悲泣，白言：原本自作自。和尚，實未曾轉**法華**，原本曾作僧。七年被法華轉，已後轉法華，念念修行佛行。大師言：卽佛行是佛。其時聽人無不悟者。

〔四三〕時有一僧名**智常**，來曹溪山，禮拜和尚，問四乘法義。原本問作閭。**智常**問和尚曰：原本問作閭。佛説三乘，又言最上乘，弟子不解，望爲教示。原本教作敬。**慧能**大師曰：汝向自身見，原本向自身作自身心。莫著外法相，元無四乘法，人心不唯四等，原本唯作量。法有四乘。見聞讀誦是小乘，悟法解義是中乘，原本無法字。依法修行是大乘，原本依作衣。萬法盡通，萬行俱備，原本行作幸。一切無雜，原本雜作離。且離法相，原本且作但。作無所得，原本得作德。是最上乘。最上乘是最上行義，原本乘上無最上二字。不在口諍，汝須自修，莫問吾也。原本吾作悟。

〔四四〕又有一僧名**神會**，南陽人也，至曹溪山禮拜。問言：和尚坐禪，原本坐作座。見亦不見？大師起把打**神會**三下，却問**神會**，吾打汝，痛不痛？**神會**答言：亦痛亦不痛。六祖言曰：吾亦見亦不見。**神會**又問大師，何以亦見亦不見？大師言：吾亦見者，原本無者字。常見自過患，故云亦見；亦不見者，不見天地人過罪。所以亦見亦不見也。原本不下無見字。汝亦痛亦不痛如何？**神會**答曰：若不痛卽同無情木石，若痛卽同凡夫，原本無夫字。卽起於恨。大師言：**神會**向前，見不見是兩邊，痛不痛是生滅，原本無不痛二字。汝自性且不見，敢來弄人。**神會**禮拜，原本神會作禮拜。更不敢言。原本無敢字。大師又言：原本無又字。汝心迷不見，問善知識覓路，汝心悟自見，原本汝作以。依法修行。汝自迷不見自心，原本迷作名。却來問慧能見否？吾不自知，代汝迷不得，汝若自見，代得吾迷，何不自修，問吾見否。神會作禮，便爲門人，不離曹溪山中，常在左右。

〔四五〕　大師遂喚門人法海、志誠、法達、智常、志通、志徹、志道、法珍、法汝、神會，大師言：汝等拾弟子，近前，汝等不同餘人，吾滅度後，汝各爲一方頭，吾教汝説法不失本宗。舉三科法門，原本無三字。動用三十六對，原本無用字。出没卽離兩邊，説一切法，莫離於性相，若有人問法，出語盡雙，皆取對法，原本對法作法對。來去相因，究竟二法盡除，更無去處。三科法門者，蔭界入。蔭是五蔭，界是十八界，原本無是字。入是十二入。原本是上無入字。何名五蔭？色蔭受蔭想蔭行蔭識蔭是。原本想作相。何名十八界？六塵六門六識。何名十二入？外六塵中六門。何名六塵？色聲香味觸法是。原本味觸作未獨。何名六門？眼耳鼻舌身意是。法性起六識，眼識耳識鼻識身識意識，六門六塵。自性含萬法，名爲含藏識，思量卽轉識，生六識，出六門，見六塵，原本無見字。是三六十八。由自性邪，起十八邪，若自性正，原本若作含，無正字。起十八正。若惡用卽衆生，原本若作含。善用卽佛。用由何等，原本由作油。由自性。原本由作油。

〔四六〕　對，外境無情對有五：天與地對，日與月對，暗與明對，陰與陽對，水與火對。語言法相對有十二對：原本語下有與字，言下有對字，法下有與字。有爲無爲、有色無色對，有相無相對，有漏無漏對，色與空對，動與静對，原本静作淨。清與濁對，凡與聖對，原本聖作性。僧與俗對。老與少對，大與小對：原本重大字，重小字。長與短對，高與下對。自性起用對有十九對：原本性下有居字。邪與正對，癡與惠對，愚與智對，亂與定對，戒與非對，直與曲對，原本曲作典。實與虛對，嶮與平對，煩惱與菩提對，慈與害對，原本害作空。喜與嗔對，捨與慳對，進與退對，生與滅對，常與無常對，法身與色身對，化身與報身對，體與用對，性與相對，有情無親對。原本情作清。言語與法相有十二對，内外境有無五對，恐當作外境無情有五對。三身有三對，恐當作自性起用有十九對。都合成三十六對法也。此三十六對法，解用通一切經，出入即離兩邊。如何自性起用三十六對？共人言語，出外於相離相，原本於下無相字。入内於空離空。著空即惟長無明，原本明作名。著相即惟長邪見，原本無即長二字。謗法直言不用文字。既云不用文字，人不合言語，言語即是文字，自性上説空正語言，本性不空迷自惑，語言除故。暗不自暗，以明故暗，原本明作名。暗不自暗，可疑，此句恐當作明不自明，以暗故明。以明變暗，原本明作名，變恐當作顯。以暗現明，來去相因。三十六對，亦復如是。此一段誤脱不少，難訂正，當從興聖寺本。

〔四七〕　大師言：十弟子，已後傳法，遞相教授一卷壇經，原本壇作檀。不失本宗。不稟授壇經，原本壇作檀。非我宗旨，如今得了，遞代流行，得遇壇經者，原本壇作檀。如見吾親授。拾僧得教授已，寫爲壇經，原本壇作檀。遞代流行，原本代作伐。得者必當見性。

〔四八〕　大師先天二年八月三日滅度，七月八日，喚門人告别，大師先天元年，原本無先字。於新州國恩寺造塔。原本新作檀。至先天二年七月告别，大師言：汝衆近前，吾至八月，原本吾作五。欲離世間，汝等有疑早問，爲汝破疑，原本汝作外。當令迷者盡，使汝安樂，原本汝作與。吾若去後，無人教汝。原本人作入，汝作與。法海等衆僧聞已，涕淚悲泣，唯有神會，不動，亦不悲泣。六祖言：神會小僧，却得善不善等毁譽不動，原本無善二字。餘者不得，原本餘作除。數年山中，更修何道。汝今悲泣，更有阿誰，憂吾不知去處在，若不知去處，終不别汝。汝等悲泣，即不知吾去處，原本無去字。若知去處，即不悲泣。性本無生無滅，原本本作聽。無去無來，汝等盡坐，原本坐作座。吾與汝一偈真假動静偈，原本汝作如，静作淨。汝等盡誦取，原本汝作與。

見此偈意，與吾意同，原本與作汝，吾下無意字。依此修行，原本依作於。不
失宗旨。僧衆禮拜，請大師留偈，敬心受持。原本持作特。偈曰：

一切無有真，　　　　　不以見於真；

若見於真者，原本於作衣。　是見盡非真。

若能自有真，　　　　　離假即心真；

自心不離假，　　　　　無真何處真。

有情即解動，原本情作性。　無情即不動；原本情作性。

若修不動行，　　　　　同無情不動。

若見真不動，　　　　　動上有不動；

不動是不動，　　　　　無情無佛種。原本種作衆。

能善分別相，　　　　　第一義不動；

若悟作此見，　　　　　則是真如用。

報諸學道者，　　　　　努力須用意；

莫於大乘門，　　　　　却執生死智。

前頭人相應，　　　　　即共論佛義；原本義作語。

若實不相應，　　　　　合掌令歡喜。原本喜作善。

此教本無諍，　　　　　無諍失道意；

執迷諍法門，　　　　　自性入生死。

〔四九〕　衆僧既聞，識大師意，更不敢諍，依法修行，一時禮
拜，即知大師不永住世。原本知作之。上座法海向前言：大師，大師去
後，衣法當付何人？大師言：法即付了，汝不須問，吾滅後二十餘
年，邪法撩亂，原本撩作遼。惑我宗旨，有人出來，不惜身命，定佛教是
非，原本定作第。竪立宗旨，即是吾正法。衣不合傳，原本傳作轉。汝不
信，吾與誦先代五祖傳衣付法頌。原本代作伐，頌作誦。若據第一祖
達磨頌意，即不合傳衣，聽吾與汝頌。原本吾作五。頌曰：
第一祖達磨和尚頌曰：

吾本來唐國，原本本作大。　　傳教救迷情，原本教作㪿，迷情作名清。

一花開五葉，　　　　　　　　結菓自然成。

第二祖惠可和尚頌曰：

本來緣有地，　　　　　　　　從地種花生，

當本元無地，原本元作顯。　　花從何處生？

第三祖僧璨和尚頌曰：

花種雖因地，　　　　　　　　地上種花生，原本花作化。

花種無生性，原本生性作性生。　於地亦無生。

第四祖道信和尚頌曰：

花種有生性，　　　　　　　　因地種花生，

先緣不和合，　　　　　　　　一切盡無生。

第五祖弘忍和尚頌曰：

有情來下種，　　　　　　　　無情花卽生，

無情又無種，　　　　　　　　心地亦無生。

第六祖慧能和尚頌曰：

心地含情種，　　　　　　　　法雨卽花生，

自悟花情種，原本悟作吾。　　菩提菓自成。

〔五〇〕　能大師言：汝等聽吾作二頌，取達磨和尚頌意，汝迷
人依此頌修行，必當見性。第一頌曰：

心地邪花放，　　　　　　　　五葉逐根隨，

共造無明業，原本業作葉。　　見被業風吹。原本業作葉。

第二頌曰：

心地正花放，　　　　　　　　五葉逐根隨，原本根作恨。

共修般若惠，　　　　　　　　當來佛菩提。

六祖説偈已了，放衆生散，門人出外思惟，卽知大師不久住世。

〔五一〕　六祖後至八月三日，食後，大師言：汝等著位坐，原本著

作善，坐作座。吾今共汝等別。_{原本吾作五，汝作與。}**法海問言：**_{原本問作聞。}此頓教法傳受，從上已來至今幾代？_{原本代作伐。}**六祖言：**初傳受七佛，**釋迦牟尼佛**第七，**大迦葉**第八，**阿難**第九，**末田地**第十，_{原本末作未。}**商那和修**第十一，**優婆掬多**第十二，**提多迦**第十三，**佛陁難提**第十四，**佛陁蜜多**第十五，**脇比丘**第十六，**富那奢**第十七，**馬鳴**第十八，**毗羅尊者**第十九，_{原本尊作長。}**龍樹**第二十，**迦那提婆**第廿一，**羅睺羅**第廿二，**僧迦那提**第廿三；**僧迦耶舍**第廿四，_{原本耶作耶那。}**鳩摩羅馱**第廿五，**闍耶多**第廿六，**婆須盤多**第廿七，**摩拏羅**第廿八，**鶴勒那**第廿九，**師子比丘**第三十，**舍那婆斯**第三十一，**優婆堀**第三十二，**僧迦羅**第三十三，**須婆蜜多**第三十四，**南天竺國**王子第三子**菩提達摩**第三十五，**唐國僧惠可**第三十六，**僧璨**第三十七，**道信**第三十八，**弘忍**第三十九，**慧能**自身當今受法第四十。_{原本四十作四十。}**大師言：**今日已後，遞相傳授，須有依約，莫失宗旨。

〔五二〕　**法海又白：**大師今去，留付何法，令後代人如何見佛。_{原本令作今，代作伐。}**六祖言：**汝聽，後代迷人，_{原本代作伐。}但識衆生，即能見佛，若不識衆生，覓佛萬劫不得見也。吾今教汝識衆生見佛，_{原本吾作五。}更留見真佛解脫頌，迷即不見佛，悟者即見法。**法海**願聞，代代流傳，_{原本代作伐。}世世不絕。**六祖言**，汝聽，吾與汝説，_{原本與汝作汝與。}後代世人，_{原本代作伐。}若欲見佛，但識佛心衆生，即能識佛，即緣有衆生，_{原本無生字。}離衆生無佛心。

迷即佛衆生，	悟即衆生佛；
愚癡佛衆生，	智惠衆生佛。
心險佛衆生，_{原本險作劍。}	平等衆生佛；
一生心若險，_{原本險作劍。}	佛在衆生中。
一念吾若平，	即衆生自佛；
我心自有佛，	自佛是真佛；

自若無佛心，　　　　　　向何處求佛？

〔五三〕 大師言：汝等門人好住，吾留一頌，名自性真佛解脱頌，後代迷人識此頌意，原本代作伐，人識作門，重意字。即見自心自性真佛，與汝此頌，吾共汝別。頌曰：

真如淨性是真佛，

邪見三毒是真魔；原本魔作摩。

邪見之人魔在舍，原本魔作摩。

正見知人佛則過。

性中邪見三毒生，原本中作衆。

即是魔王來住舍；原本魔作摩。

正見忽除三毒心，原本除作則，心作生。

魔變成佛真無假。原本魔作摩。

化身報身及法身，原本法作淨。

三身元本是一身；

若向身中覓自見，

即是成佛菩提因。原本無成字。

本從化身生淨性，原本化作花。

淨性常在化身中；原本化作花。

性使化身行正道，原本化作花。

當來圓滿真無窮。

婬性本是清淨因，原本是作身。

除婬即無淨性身；原本婬即作即婬。

性中但自離五欲，原本五作吾。

見性刹那即是真。

今生若悟頓教門，原本悟作吾。

悟即眼前見世尊；原本世作性。

若欲修行云覓佛，

不知何處欲求真；

若能心中自見真，_{原本見作有。}

有真即是成佛因。

自不求真外覓佛，

去覓總是大癡人；

頓教法者是西流，

救度世人須自修。_{原本敎作求。}

今報世間學道者，_{原本報作保。}

不於此見大悠悠。_{原本見作是。}

大師說偈已了，遂告門人曰：汝等好住，今共汝別，吾去已後，莫作世情，悲泣而受人弔問錢帛，著孝衣，_{原本問作門。}即非正法，_{原本正作聖。}非我弟子。如吾在日一種，一時端坐，但無動無靜，_{原本靜作淨。}無生無滅，無去無來，無是無非，無住無往，_{原本無無往二字。}坦然寂靜，_{原本坦作但，靜作淨。}即是大道。吾去已後，但依修行，_{原本依作衣。}共吾在日一種。吾若在世，汝違教法，吾住無益。大師言此語已，_{原本言作云。}夜至三更，奄然遷化，大師春秋七十有六。

〔五四〕　大師滅度，諸日寺內異香氳氳，經數日不散，山崩地動，_{原本崩作朋。}林木變白，日月無光，風雲失色。八月三日滅度，至十一月，迎和尚神座於曹溪山葬。在龍龕之內，白光出現，直上衝天，二日始散，韶州刺史韋璩立碑，_{原本璩作處。}至今供養。

〔五五〕　此壇經，法海上座集，上座無常，付同學道漈，道漈無常，付門人悟真，悟真在嶺南曹溪山法興寺，見今傳授此法。

〔五六〕　如付此法，_{原本此作山。}須得上根知，_{原本得作德，根作恨。}心信佛法，立大悲，持此經，以爲依承，_{原本依作衣。}於今不絕。

〔五七〕　和尚本是韶州曲江縣人也，_{原本縣作懸。}如來入涅槃，原本槃作盤。法教流東土，共傳無住，卽我心無住，此真菩薩。説直示，原本直作真。行實喻，喻字可疑。唯教大智人，是旨依。原本依作衣。凡度誓，修修行行，遭難不退，遇苦能忍，福德深厚，方授此法。如根性不堪，材量不得須求此法，原本材作林。達立不得者，原本得作德。不得妄付壇經，告諸同道者，令識蜜意。原本令識作今諸。

（據日本一九三四年森江書店鈴木真太郎、公田連太郎校訂燉煌本）

二、六祖大師法寶壇經

行由品第一

時大師至寶林，韶州韋刺史與官僚入山，請師出，於城中大梵寺講堂，爲衆開緣説法。師升座次，刺史官僚三十餘人，儒宗學士三十餘人，僧尼道俗一千餘人，同時作禮，願聞法要。大師告衆曰：善知識，菩提自性，本來清淨，但用此心，直了成佛。善知識，且聽慧能行由得法事意。

慧能嚴父，本貫范陽，左降流於嶺南，作新州百姓。此身不幸，父又早亡，老母孤遺，移來南海，艱辛貧乏，於市賣柴。時有一客買柴，使令送至客店，客收去，慧能得錢，却出門外，見一客誦經。慧能一聞經語，心卽開悟。遂問客誦何經？客曰：金剛經。復問從何所來？持此經典。客云：我從蘄州黃梅縣東禪寺來，其寺是五祖忍大師在彼主化，門人一千有餘，我到彼中禮拜，聽受此經。大師常勸僧俗，但持金剛經，卽自見性，直了成佛。慧能聞説，宿昔有緣，乃蒙一客，取銀十兩，與慧能，令充老母衣糧，教便往黃梅參禮五祖。

慧能安置母畢，卽便辭違，不經三十餘日，便至黃梅，禮拜五祖。祖問曰？汝何方人，欲求何物？慧能對曰：弟子是<u>嶺南</u><u>新州</u>百姓，遠來禮師，惟求作佛，不求餘物。祖言：汝是<u>嶺南</u>人，又是<u>獦獠</u>，若爲堪作佛？<u>慧能</u>曰：人雖有南北，佛性本無南北，獦獠身與和尚不同，佛性有何差別？五祖更欲與語，且見徒衆，總在左右，乃令隨衆作務。<u>慧能</u>曰：<u>慧能</u>啟和尚，弟子自心常生智慧，不離自性，卽是福田，未審和尚教作何務？祖云：這獦獠根性大利，汝更勿言，著槽廠去。<u>慧能</u>退至後院，有一行者，差<u>慧能</u>破柴踏碓，經八月餘。祖一日忽見<u>慧能</u>，曰：吾思汝之見可用，恐有惡人害汝，遂不與汝言，汝知之否？<u>慧能</u>曰：弟子亦知師意，不敢行至堂前，令人不覺。

　　祖一日喚諸門人總來，吾向汝說，世人生死事大，汝等終日只求福田，不求出離生死苦海，自性若迷，福何可救？汝等各去自看智慧，取自本心般若之性，各作一偈，來呈吾看，若悟大意，付汝衣法，爲第六代祖，火急速去，不得遲滯。思量卽不中用，見性之人，言下須見，若如此者，輪刀上陣，亦得見之。衆得處分，退而遞相謂曰：我等衆人，不須澄心用意作偈，將呈和尚，有何所益？<u>神秀</u>上座，現爲教授師，必是他得；我輩謾作偈頌，枉用心力，諸人聞語，總皆息心。咸言我等已後，依止<u>秀</u>師，何煩作偈。

　　<u>神秀</u>思惟，諸人不呈偈者，爲我與他爲教授師，我須作偈將呈和尚，若不呈偈，和尚如何知我心中見解深淺；我呈偈意，求法卽善，覓祖卽惡，却同凡心，奪其聖位奚別？若不呈偈，終不得法，大難大難。五祖堂前，有步廊三閒，擬請供奉<u>盧珍</u>畫楞伽經變相，及五祖<u>血脈圖</u>，流傳供養。<u>神秀</u>作偈成已，數度欲呈，行至堂前，心中恍惚，遍身汗流，擬呈不得，前後經四日，一十三度呈偈不得。<u>秀</u>乃思惟，不如向廊下書著，從他和尚看見，忽若道好，卽出禮拜，云是<u>秀</u>作；若道不堪，枉向山中數年，受人禮拜，更修何道。是夜三更，不使人知，自執燈，書偈於南廊壁閒，呈心所見。偈曰：

身是菩提樹，　　　　心如明鏡臺，

時時勤拂拭，　　　　勿使惹塵埃。

秀書偈了，便却歸房，人總不知。秀復思惟，五祖明日，見偈歡喜，即我與法有緣，若言不堪，自是我迷，宿業障重，不合得法，聖意難測。房中思想，坐卧不安，直至五更。

祖已知神秀入門未得，不見自性。天明，祖喚盧供奉來，向南廊壁閒繪畫圖相，忽見其偈。報言，供奉却不用畫，勞爾遠來。經云："凡所有相，皆是虛妄"，但留此偈，與人誦持，依此偈修，免墮惡道，依此偈修，有大利益，令門人炷香禮敬，盡誦此偈，即得見性。門人誦偈，皆歎善哉！祖三更喚秀入堂，問曰：偈是汝作否？秀言：實是秀作，不敢妄求祖位，望和尚慈悲，看弟子有少智慧否？祖曰：汝作此偈，未見本性，只到門外，未入門內，如此見解覓無上菩提，了不可得，無上菩提，須得言下識自本心，見自本性，不生不滅，於一切時中，念念自見，萬法無滯；一真一切真，萬境自如如，如如之心，即是真實，若如是見，即是無上菩提之自性也。汝且去一兩日思惟，更作一偈，將來吾看，汝偈若入得門，付汝衣法。神秀作禮而出，又經數日，作偈不成，心中恍惚，神思不安，猶如夢中，行坐不樂。

復兩日，有一童子，於碓坊過，唱誦其偈，慧能一聞，便知此偈未見本性，雖未蒙教授，早識大意，遂問童子曰：誦者何偈？童子曰：爾這獦獠不知，大師言：世人生死事大，欲得傳付衣法，令門人作偈來看，若悟大意，即付衣法，爲第六祖。神秀上座於南廊壁上書無相偈，大師令人皆誦，依此偈修，免墮惡道，依此偈修，有大利益。慧能曰：我亦要誦此，結來生緣。上人，我此踏碓八個餘月，未曾行到堂前，望上人引至偈前禮拜。童子引至偈前禮拜。惠能曰：慧能不識字，請上人爲讀。時有江州別駕，姓張名曰用，便高聲讀，慧能聞已，遂言：亦有一偈，望別駕爲書。別駕言：汝亦作偈，其事希有。慧能向別駕言：欲學無上菩提，不可輕於初學，下下人有上上智，上上人有没意智；若輕人，卽有無量無邊罪。別駕言：汝但誦偈，吾爲汝書，汝若得法，先須度吾，勿忘此言。慧能偈曰：

菩提本無樹，　　　明鏡亦非臺，

本來無一物，　　　何處惹塵埃。

書此偈已，徒衆總驚，無不嗟訝。各相謂言，奇哉！不得以貌取人，何得多時使他肉身菩薩。祖見衆人驚怪，恐人損害，遂將鞋擦了偈，曰亦未見性。衆以爲然。

次日，祖潛至碓坊，見能腰石春米，語曰：求道之人，爲法忘軀，當如是乎！乃問曰：米熟也未？慧能曰：米熟久矣，猶久篩在。祖以杖擊碓三下而去。慧能卽會祖意，三鼓入室，祖以袈裟遮圍，不令人見，爲説金剛經，至應無所住而生其心，慧能言下大悟一切萬法，不離自性。遂啟祖言：何期自性本自清淨，何期自性本不生滅，何期自性本自具足，何期自性本無動搖，何期自性能生萬法。祖知悟本性，謂慧能曰：不識本心，學法無益，若識自本心，見自本性，卽名大夫、天人師、佛。三更受法，人盡不知，便傳頓教及衣鉢，云：汝爲第六代祖，善自護念，廣度有情，流布將來，無令斷絕，聽吾偈曰：

有情來下種，　　　因地果還生；

無情亦無種，　　　無性亦無生。

祖復曰：昔達磨大師，初來此土，人未之信，故傳此衣，以爲信體，代代相承，法則以心傳心，皆令自悟自解。自古佛佛惟傳本體，師師密付本心，衣爲争端，止汝勿傳，若傳此衣，命如懸絲，汝須速去，恐人害汝。慧能啟曰：向甚處去？祖云：逢懷則止，遇會則藏。慧能三更領得衣鉢，云：能本是南中人，素不知此山路，如何出得江口？

五祖言,汝不須憂,吾自送汝。祖相送直至九江驛,祖令上船,五祖把艣自搖。慧能言:請和尚坐,弟子合搖艣。祖云:合是吾渡汝。慧能曰:迷時師度,悟了自度,度名雖一,用處不同。慧能生在邊方,語音不正,蒙師傳法,今已得悟,只合自性自度。祖云:如是如是,以後佛法,由汝大行,汝去三年,吾方逝世。汝今好去,努力向南,不宜速説,佛法難起。

　　慧能辭違祖已,發足南行,兩月中間,至大庾嶺,逐後數百人來,欲奪衣鉢。一僧俗姓陳,名惠明,先是四品將軍,性行粗糙,極意參尋,爲衆人先,趁及慧能。慧能擲下衣鉢於石上,曰:此衣表信,可力爭耶?能隱草莽中。惠明至,提掇不動,乃喚云:行者行者,我爲法來,不爲衣來。慧能遂出,盤坐石上。惠明作禮云:望行者爲我説法。慧能云:汝既爲法而來,可屏息諸緣,勿生一念,吾爲汝説。明良久,慧能云:不思善,不思惡,正與麽時,那個是明上座本來面目?惠明言下大悟。復問云:上來密語密意外,還更有密意否?慧能云:與汝説者,即非密也。汝若返照,密在汝邊。明曰:惠明雖在黃梅,實未省自己面目,今蒙指示,如人飲水,冷暖自知,今行者即惠明師也。慧能曰:汝若如是,吾與汝同師黃梅,善自護持。明又問:惠明今後向甚處去?慧能曰:逢袁則止,遇蒙則居。明禮辭。

　　慧能後至曹溪,又被惡人尋逐,乃於四會,避難獵人隊中,凡經一十五載,時與獵人隨宜説法。獵人常令守網,每見生命,盡放之。每至飯時,以菜寄煮肉鍋。或問,則對曰:但喫肉邊菜。

　　一日思惟,時當弘法,不可終遯,遂出至廣州法性寺,值印宗法師講涅槃經。時有風吹旛動,一僧曰風動,一僧曰旛動,議論不已。慧能進曰:不是風動,不是旛動,仁者心動。一衆駭然。印宗延至上席,徵詰奧義,見慧能言簡理當,不由文字。宗云:行者定非常人，久聞黃梅衣法南來，莫是行者否？ 慧能曰: 不敢。宗於是作禮，告請傳來衣鉢，出示大衆。宗復問曰: 黃梅付囑，如何指授？ 慧能曰: 指授即無，惟論見性，不論禪定、解脱。宗曰: 何不論禪定解脱？ 慧能曰: 爲是二法，不是佛法，佛法是不二之法。宗又問: 如何是佛法不二之法？慧能曰: 法師講涅槃經，明佛性是佛法不二之法，如高貴德王菩薩白佛言: 犯四重禁，作五逆罪，及一闡提等，當斷善根佛性否？ 佛言: 善根有二，一者常，二者無常，佛性非常非無常，是故不斷，名爲不二; 一者善，二者不善，佛性非善非不善，是名不二; 蘊之與界，凡夫見二，智者了達，其性無二，無二之性，即是佛性。印宗聞説，歡喜合掌，言某甲講經，猶如瓦礫; 仁者論義，猶如真金。

　　於是爲慧能薙髮，願事爲師。慧能遂於菩提樹下，開東山法門。慧能於東山得法，辛苦受盡，命似懸絲，今日得與使君官僚僧尼道俗同此一會，莫非累劫之緣，亦是過去生中供養諸佛，同種善根，方始得聞如上頓教，得法之因，教是先聖所傳，不是慧能自智，願聞先聖教者，各令淨心。聞了各自除疑，如先代聖人無別。一衆聞法，歡喜作禮而退。

般若品第二

　　次日，韋使君請益。師陞座，告大衆曰: 總淨心念摩訶般若波羅蜜多。復云: 善知識，菩提般若之智，世人本自有之，只緣心迷，不能自悟，須假大善知識，示導見性。當知愚人智人，佛性本無差別，只緣迷悟不同，所以有愚有智。吾今爲説摩訶般若波羅蜜法，使汝等各得智慧，志心諦聽，吾爲汝説。善知識，世人終日口念般若，不識自性般若，猶如説食不飽，口但説空，萬劫不得見性，終無有益。善知識，摩訶般若波羅蜜是梵語，此言大智慧到彼岸，此須心行，不在口念，口念心不行，如幻如化，如露如電。口念心行，則心口相應，本性是佛，離性無別佛。

何名摩訶？摩訶是大，心量廣大，猶如虛空，無有邊畔，亦無方圓大小，亦非青黄赤白，亦無上下長短，亦無瞋無喜，無是無非，無善無惡，無有頭尾，諸佛刹土，盡同虛空。世人妙性本空，無有一法可得，自性真空，亦復如是。善知識，莫聞吾説空便即著空，第一莫著空，若空心静坐，即著無記空。善知識，世界虛空，能含萬物色像，日月星宿，山河大地，泉源溪澗，草木叢林，惡人善人，惡法善法，天堂地獄，一切大海，須彌諸山，總在空中，世人性空，亦復如是。善知識，自性能含萬法是大，萬法在諸人性中，若見一切人惡之與善盡皆不取不捨，亦不染著，心如虛空，名之爲大，故曰摩訶。善知識，迷人口説，智者心行。又有迷人，空心静坐，百無所思，自稱爲大，此一輩人，不可與語，爲邪見故。

善知識，心量廣大，偏周法界，用即了了分明，應用便知一切，一切即一，一即一切，去來自由，心體無滯，即是般若。善知識，一切般若智，皆從自性而生，不從外入，莫錯用意，名爲真性自用。一真一切真，心量大事，不行小道，口莫終日説空，心中不修此行，恰似凡人，自稱國王，終不可得，非吾弟子。

善知識，何名般若？般若者，唐言智慧也。一切處所，一切時中，念念不愚，常行智慧，即是般若行。一念愚即般若絶，一念智即般若生。世人愚迷，不見般若，口説般若，心中常愚，常自言我修般若，念念説空，不識真空。般若無形相，智慧心即是，若作如是解，即名般若智。

何名波羅蜜？此是西國語，唐言到彼岸，解義離生滅。著境生滅起，如水有波浪，即名爲此岸；離境無生滅，如水常通流，即名爲彼岸，故號波羅蜜。

善知識，迷人口念，當念之時，有妄有非，念念若行，是名真性，悟此法者，是般若法；修此行者，是般若行。不修即凡，一念修行，自身等佛。善知識，凡夫即佛，煩惱即菩提，前念迷即凡夫，後念悟即佛，前念著境即煩惱，後念離境即菩提。善知識，摩訶般若波羅蜜最尊最上最第一，無住無往亦無來，三世諸佛從中出，當用大智慧打破五蘊煩惱塵勞，如此修行，定成佛道，變三毒爲戒定慧。

善知識，我此法門，從一般若生八萬四千智慧。何以故？爲世人有八萬四千塵勞，若無塵勞，智慧常現，不離自性。悟此法者，即是無念，無憶無著，不起誑妄，用自真如性，以智慧觀照。於一切法，不取不捨，即是見性成佛道。

善知識，若欲入甚深法界，及般若三昧者，須修般若行，持誦金剛般若經，即得見性，當知此經功德，無量無邊，經中分明讚歎，莫能具説。此法門是最上乘，爲大智人説，爲上根人説。小根小智人聞，心生不信，何以故？譬如天龍下雨於閻浮提，城邑聚落，悉皆漂流，如漂草葉；若雨大海，不增不減。若大乘人，若最上乘人，聞説金剛經，心開悟解，故知本性自有般若之智，自用智慧，常觀照故，不假文字。譬如雨水，不從無有，元是龍能興致，令一切衆生，一切草木，有情無情，悉皆蒙潤，百川衆流，却入大海，合爲一體，衆生本性般若之智，亦復如是。

善知識，小根之人聞此頓教，猶如草木，根性小者，若被大雨，悉皆自倒，不能增長，小根之人，亦復如是。元有般若之智，與大智人更無差別，因何聞法不自開悟？緣邪見障重，煩惱根深。猶如大雲覆蓋於日，不得風吹，日光不現，般若之智亦無大小，爲一切衆生自心迷悟不同，迷心外見，修行覓佛，未悟自性，即是小根，若開悟頓教，不執外修，但於自心常起正見，煩惱塵勞，常不能染，即是見性。善知識，內外不住，去來自由，能除執心，通達無礙，能修此行，與般若經本無差別。

善知識,一切修多羅及諸文字,大小二乘,十二部經,皆因人置,因智慧性,方能建立,若無世人,一切萬法本自不有,故知萬法本自人興。一切經書,因人說有,緣其人中有愚有智,愚爲小人,智爲大人。愚者問於智人,智者與愚人說法,愚人忽然悟解心開,即與智人無別。善知識,不悟即佛是衆生,一念悟時,衆生是佛,故知萬法盡在自心,何不從自心中,頓見真如本性。菩薩戒經云:我本元自性清淨,若識自心見性,皆成佛道。淨名經云:即時豁然,還得本心。善知識,我於忍和尚處,一聞言下便悟,頓見真如本性,是以將此教法流行,令學道者頓悟菩提,各自觀心,自見本性,若自不悟,須覓大善知識,解最上乘法者,直示正路,是善知識有大因緣,所謂化導令得見性。一切善法,因善知識能發起故。三世諸佛、十二部經、在人性中本自具有,不能自悟。須求善知識,指示方見,若自悟者,不假外求,若一向執謂須他善知識望得解脱者,無有是處。何以故? 自心內有知識自悟,若起邪迷,妄念顛倒,外善知識雖有教授,救不可得。若起正真般若觀照,一刹那間,妄念俱滅,若識自性,一悟即至佛地。

善知識,智慧觀照,內外明徹,識自本心。若識本心,即本解脱,若得解脱,即是般若三昧,般若三昧,即是無念。何名無念? 知見一切法,心不染著,是爲無念。用即徧一切處,亦不著一切處,但淨本心,使六識出六門,於六塵中無染無雜,來去自由,通用無滯,即是般若三昧,自在解脱,名無念行。若百物不思,當令念絶,即是法縛,即名邊見。善知識,悟無念法者,萬法盡通,悟無念法者,見諸佛境界;悟無念法者,至佛地位。

善知識,後代得吾法者,將此頓教法門,於同見同行,發願受持,如事佛故,終身而不退者,定入聖位。然須傳授從上以來默傳分付,不得匿其正法,若不同見同行,在別法中,不得傳付,損彼前人,究竟無益。恐愚人不解,謗此法門,百劫千生,斷佛種性。善知識,吾有一無相頌,各須誦取,在家出家,但依此修,若不自修,惟記吾言,亦無有益,聽吾頌曰:

說通及心通,　　　　如日處虛空;

唯傳見性法,　　　　出世破邪宗。

法卽無頓漸,　　　　迷悟有遲疾;

只此見性門,　　　　愚人不可悉。

說卽雖萬般,　　　　合理還歸一;

煩惱暗宅中,　　　　常須生慧日。

邪來煩惱至,　　　　正來煩惱除;

邪正俱不用,　　　　清淨至無餘。

菩提本自性,　　　　起心卽是妄;

淨心在妄中,　　　　但正無三障。

世人若修道,　　　　一切盡不妨;

常自見己過,　　　　與道卽相當。

色類自有道,　　　　各不相妨惱;

離道別覓道,　　　　終身不見道。

波波度一生,　　　　到頭還自懊;

欲得見真道,　　　　行正卽是道。

自若無道心,　　　　闇行不見道;

若真修道人,　　　　不見世間過。

若見他人非,　　　　自非却是左;

他非我不非,　　　　我非自有過。

但自却非心,　　　　打除煩惱破;

憎愛不關心,　　　　長伸兩脚臥。

欲擬化他人,　　　　自須有方便;

勿令彼有疑，	卽是自性現。
佛法在世間，	不離世間覺；
離世覓菩提，	恰如求兔角。
正見名出世，	邪見名世間；
邪正盡打却，	菩提性宛然。
此頌是頓教，	亦名大法船；
迷聞經累劫，	悟則剎那間。

師復曰：今於大梵寺説此頓教，普願法界衆生言下見法成佛。時韋使君與官僚道俗，聞師所説，無不省悟，一時作禮，皆歎善哉！何期嶺南有佛出世。

疑問品第三

一日，韋刺史爲師設大會齋，齋訖，刺史請師陞座，同官僚士庶肅容再拜。問曰：弟子聞和尚説法，實不可思議，今有少疑，願大慈悲特爲解説。師曰：有疑卽問，吾當爲説。

韋公曰：和尚所説，可不是達摩大師宗旨乎？師曰：是。公曰：弟子聞達摩初化梁武帝，帝問云：朕一生造寺度僧，布施設齋，有何功德？達摩言：實無功德。弟子未達此理，願和尚爲説。師曰：實無功德，勿疑先聖之言。武帝心邪，不知正法，造寺度僧，布施設齋，名爲求福，不可將福便爲功德，功德在法身中，不在修福。師又曰：見性是功，平等是德，念念無滯，常見本性，真實妙用，名爲功德。內心謙下是功，外行於禮是德；自性建立萬法是功，心體離念是德；不離自性是功，應用無染是德。若覓功德法身，但依此作，是真功德。若修功德之人，心卽不輕，常行普敬。心常輕人，吾我不斷，卽自無功，自性虛妄不實，卽自無德。爲吾我自大，常輕一切故。善知識，念念無間是功，心行平直是德；自修性是功，自修身是德。善知識,功德須自性內見,不是布施供養之所求也。是以福德與功德別,武帝不識真理,非我祖師有過。

刺史又問曰:弟子常見僧俗念阿彌陀佛,願生西方,請和尚說,得生彼否?願為破疑。師言:使君善聽,慧能與說,世尊在舍衛城中,說西方引化經文,分明去此不遠,若論相說里數,有十萬八千,即身中十惡八邪,便是說遠,說遠為其下根,說近為其上智。人有兩種,法無兩般,迷悟有殊,見有遲疾,迷人念佛求生於彼,悟人自淨其心。所以佛言:隨其心淨,即佛土淨。使君東方人,但心淨即無罪;雖西方人,心不淨亦有愆。東方人造罪,念佛求生西方,西方人造罪,念佛求生何國?凡愚不了自性,不識身中淨土,願東願西,悟人在處一般,所以佛言,隨所住處恒安樂。使君心地但無不善,西方去此不遙;若懷不善之心,念佛往生難到。今勸善知識,先除十惡,即行十萬,後除八邪,乃過八千,念念見性,常行平直,到如彈指,便覩彌陀。使君但行十善,何須更願往生?不斷十惡之心,何佛即來迎請?若悟無生頓法,見西方只在剎那,不悟念佛求生,路遙如何得達。慧能與諸人移西方於剎那間,目前便見,各願見否?衆皆頂禮云:若此處見,何須更願往生,願和尚慈悲,便現西方,普令得見。

師言:大衆,世人自色身是城,眼耳鼻舌是門,外有五門,內有意門,心是地,性是王,王居心地上,性在王在,性去王無,性在身心存,性去身心壞,佛向性中作,莫向身外求。自性迷即是衆生,自性覺即是佛,慈悲即是觀音,喜捨名為勢至,能淨即釋迦,平直即彌陀,人我是須彌,邪心是海水,煩惱是波浪,毒害是惡龍,虛妄是鬼神,塵勞是魚鼈,貪瞋是地獄,愚癡是畜生。善知識,常行十善,天堂便至,除人我,須彌倒;去邪心,海水竭;煩惱無,波浪滅;毒害忘,魚龍絕。自心地上覺性如來,放大光明,外照六門清淨,能破六欲諸天，自性内照，三毒即除，地獄等罪，一時消滅。内外明徹，不異西方。不作此修，如何到彼？

　　大衆聞説，了然見性，悉皆禮拜，俱歎善哉！唱言：普願法界衆生，聞者一時悟解。師言：善知識，若欲修行，在家亦得，不由在寺。在家能行，如東方人心善；在寺不修，如西方人心惡。但心清淨，即是自性西方。

　　韋公又問：在家如何修行，願爲教授。師言：吾與大衆説無相頌，但依此修，常與吾同處無別，若不作此修，剃髮出家，於道何益。頌曰：

心平何勞持戒，	行直何用修禪；
恩則孝養父母；	義則上下相憐。
讓則尊卑和睦，	忍則衆惡無喧；
若能鑽木取火，	淤泥定生紅蓮。
苦口的是良藥，	逆耳必是忠言；
改過必生智慧，	護短心内非賢；
日用常行饒益，	成道非由施錢。
菩提只向心覓，	何勞向外求玄；
聽説依此修行，	天堂只在目前。

師復曰：善知識，總須依偈修行，見取自性，直成佛道。法不相待，衆人且散，吾歸曹溪。衆若有疑，却來相問。時刺史官僚，在會善男信女，各得開悟，信受奉行。

定慧品第四

　　師示衆云：善知識，我此法門，以定慧爲本，大衆勿迷。言定慧別，定慧一體，不是二。定是慧體，慧是定用，即慧之時定在慧，即定之時慧在定，若識此義，即是定慧等學。諸學道人，莫言先定發慧,先慧發定,各別,作此見者,法有二相。口説善語,心中不善,空有定慧,定慧不等。若心口俱善,内外一如,定慧卽等。自悟修行,不在於諍,若諍先後,卽同迷人。不斷勝負,却增我法,不離四相。善知識,定慧猶如何等,猶如燈光,有燈卽光,無燈卽暗,燈是光之體,光是燈之用,名雖有二,體本同一,此定慧法,亦復如是。

師示衆云:善知識,一行三昧者,於一切處行住坐臥,常行一直心是也。淨名經云:直心是道場,直心是淨土。莫心行諂曲,口但説直。口説一行三昧,不行直心。但行直心,於一切法勿有執著。迷人著法相,執一行三昧,直言常坐不動,妄不起心,卽是一行三昧。作此解者,卽同無情,却是障道因緣。善知識,道須通流,何以却滯,心不住法,道卽通流,心若住法,名爲自縛。若言常坐不動是,只如舍利弗,宴坐林中,却被維摩詰訶。善知識,又有人教坐,看心觀静,不動不起,從此置功,迷人不會,便執成顚,如此者衆,如是相教,故知大錯。

師示衆云:善知識,本來正教,無有頓漸,人性自有利鈍,迷人漸修,悟人頓契,自識本心,自見本性,卽無差別,所以立頓漸之假名。善知識,我此法門,從上以來,先立無念爲宗,無相爲體,無住爲本。無相者,於相而離相;無念者,於念而無念;無住者,人之本性,於世間善惡好醜,乃至寃之與親,言語觸刺欺争之時,並將爲空,不思酬害,念念之中,不思前境。若前念今念後念,念念相續不斷,名爲繫縛。於諸法上,念念不住,卽無縛也。此是以無住爲本。善知識,外離一切相,名爲無相。能離於相,則法體清淨,此是以無相爲體。善知識,於諸境上,心不染,曰無念。於自念上,常離諸境,不於境上生心。若只百物不思,念盡除却,一念絶卽死,別處受生,是爲大錯。學道者思之,若不識法意,自錯猶可,更勸他人,自迷不見,又謗佛經,所以立無念爲宗。善知識,云何立無念爲宗?只緣口説見性迷人，於境上有念，念上便起邪見，一切塵勞妄想，從此而生，自性本無一法可得，若有所得，妄説禍福，卽是塵勞邪見，故此法門立無念爲宗。善知識，無者無何事，念者念何物？無者無二相，無諸塵勞之心；念者念眞如本性，眞如卽是念之體，念卽是眞如之用。眞如自性起念，非眼耳鼻舌能念，眞如有性，所以起念，眞如若無，眼耳色聲當時卽壞。善知識，眞如自性起念，六根雖有見聞覺知，不染萬境，而眞性常自在，故經云：能善分別諸法相，於第一義而不動。

坐禪品第五

師示衆云：此門坐禪，元不看心，亦不看淨，亦不是不動。若言看心，心原是妄，知心如幻，故無所看也。若言看淨，人性本淨，由妄念故，蓋覆眞如；但無妄想，性自清淨，起心看淨，却生淨妄，妄無處所，看者是妄，淨無形相，却立淨相，言是工夫，作此見者，障自本性，却被淨縛。善知識，若修不動者，但見一切人時，不見人之是非善惡過患，卽是自性不動。善知識，迷人身雖不動，開口便説他人是非長短好惡，與道違背，若看心看淨，卽障道也。

師示衆云：善知識，何名坐禪？此法門中，無障無礙，外於一切善惡境界心念不起，名爲坐，内見自性不動，名爲禪。善知識，何名禪定？外離相爲禪，内不亂爲定，外若著相，内心卽亂，外若離相，心卽不亂，本性自淨自定。只爲見境思境卽亂，若見諸境心不亂者，是眞定也。善知識，外離相卽禪，内不亂卽定，外禪内定，是爲禪定。菩薩戒經云：我本性元自清淨。善知識，於念念中，自見本性清淨，自修，自行，自成佛道。

懺悔品第六

時大師見廣韶洎四方士庶駢集山中聽法，於是陞座告衆曰：
來，諸善知識，此事須從自性中起，於一切時，念念自淨其心，自修
其行，見自己法身，見自心佛，自度自戒，始得不假到此。既從遠
來，一會於此，皆共有緣，今可各各胡跪。先爲傳自性五分法身香，
次授無相懺悔，衆胡跪。

師曰：一、戒香，卽自心中，無非、無惡、無嫉妒、無貪嗔、無劫
害，名戒香。二、定香，卽覩諸善惡境相，自心不亂，名定香。三、慧
香，自心無礙，常以智慧觀照自性，不造諸惡，雖修衆善，心不執著，
敬上念下，矜恤孤貧，名慧香。四、解脫香，卽自心無所攀緣，不思
善，不思惡，自在無礙，名解脫香。五、解脫知見香，自心既無所攀
緣善惡，不可沈空守寂，卽須廣學多聞，識自本心，達諸佛理，和光
接物，無我無人，直至菩提，真性不易，名解脫知見香。善知識，此
香各自內薰，莫向外覓。

今與汝等授無相懺悔，滅三世罪，令得三業清淨。善知識，各
隨我語，一時道，弟子等，從前念今念及後念，念念不被愚迷染，從
前所有惡業愚迷等罪，悉皆懺悔，願一時銷滅，永不復起。弟子等，
從前念今念及後念，念念不被憍誑染，從前所有惡業憍誑等罪，悉
皆懺悔，願一時消滅，永不復起。弟子等，從前念今念及後念，念念
不被嫉妒染，從前所有惡業嫉妒等罪，悉皆懺悔，願一時消滅，永不
復起。

善知識，已上是爲無相懺悔。云何名懺？云何名悔？懺者，懺
其前愆。從前所有惡業，愚迷憍誑嫉妒等罪，悉皆盡懺，永不復起，
是名爲懺。悔者，悔其後過，從今已後，所有惡業，愚迷憍誑嫉妒等
罪，今已覺悟，悉皆永斷，更不復作，是名爲悔。故稱懺悔。凡夫愚

迷，只知懺其前愆，不知悔其後過，以不悔故，前罪不滅，後過又生，前罪既不滅，後過復又生，何名懺悔？

善知識，既懺悔已，與善知識發四弘誓願，各須用心正聽：自心衆生無邊誓願度，自心煩惱無邊誓願斷，自性法門無盡誓願學，自性無上佛道誓願成。善知識，大家豈不道衆生無邊誓願度，恁麼道，且不是慧能度。善知識，心中衆生，所謂邪迷心、誑妄心、不善心、嫉妒心、惡毒心如是等心，盡是衆生，各須自性自度，是名真度。何名自性自度？即自心中邪見煩惱愚癡衆生，將正見度。既有正見，使般若智打破愚癡迷妄衆生，各各自度。邪來正度，迷來悟度，愚來智度，惡來善度，如是度者，名爲真度。又煩惱無邊誓願斷，將自性般若智除却虛妄思想心是也。又法門無盡誓願學，須自見性，常行正法，是名真學。又無上佛道誓願成，既常能下心，行於真正，離迷離覺，常生般若，除真除妄。即見佛性，即言下佛道成。常念修行是願力法。

善知識今發四弘願了，更與善知識授無相三歸依戒。善知識，歸依覺，兩足尊，歸依正，離欲尊，歸依淨，衆中尊。從今日去，稱覺爲師，更不歸依邪魔外道，以自性三寶常自證明。勸善知識，歸依自性三寶，佛者，覺也；法者，正也；僧者，淨也。自心歸依覺，邪迷不生，少欲知足，能離財色，名兩足尊。自心歸依正，念念無邪見，以無邪見故，即無人我貢高貪愛執著，名離欲尊。自心歸依淨，一切塵勞愛欲境界，自性皆不染著，名衆中尊。若修此行，是自歸依。凡夫不會，從日至夜，受三歸戒。若言歸依佛，佛在何處？若不見佛，憑何所歸？言却成妄。善知識，各自觀察，莫錯用心，經文分明言自歸依佛，不言歸依他佛，自佛不歸，無所依處。今既自悟，各須歸依自心三寶，內調心性，外敬他人，是自歸依也。

善知識，既歸依自三寶竟，各各志心，吾與說一體三身自性佛，令汝等見三身，了然自悟自性，總隨我道，於自色身歸依清淨法身佛，於自色身歸依圓滿報身佛，於自色身歸依千百億化身佛。善知識，色身是舍宅，不可言歸，向者三身佛，在自性中，世人總有，爲自心迷，不見内性，外見三身如來，不見自身中有三身佛。汝等聽説，令汝等於自身中見自性有三身佛。此三身佛，從自性生，不從外得。

何名清淨法身佛？世人性本清淨，萬法從自性生，思量一切惡事，卽生惡行，思量一切善事，卽生善行。如是諸法在自性中，如天常清，日月常明，爲浮雲蓋覆，上明下暗，忽遇風吹雲散，上下俱明，萬象皆現，世人性常浮游，如彼天雲。善知識，智如日，慧如月，智慧常明，於外著境，被自念浮雲蓋復自性，不得明朗，若遇善知識，聞真正法，自除迷妄，内外明徹，於自性中萬法皆現，見性之人，亦復如是，此名清淨法身佛。善知識，自心歸依自性，是歸依真佛，自歸依者，除却自性中不善心、嫉妒心、諂曲心、吾我心、誑妄心、輕人心、慢他心、邪見心、貢高心，及一切時中不善之行，常自見己過，不説他人好惡，是自歸依，常須下心，普行恭敬，卽是見性通達，更無滯礙，是自歸依。

何名圓滿報身？譬如一燈能除千年暗，一智能滅萬年愚，莫思向前，已過不可得，常思於後，念念圓明，自見本性，善惡雖殊，本性無二，無二之性，名爲實性，於實性中，不染善惡，此名圓滿報身佛。自性起一念惡，滅萬劫善因，自性起一念善，得恒沙惡盡，直至無上菩提，念念自見，不失本念，名爲報身。

何名千百億化身，若不思萬法，性本如空，一念思量，名爲變化。思量惡事，化爲地獄，思量善事，化爲天堂。毒害化爲龍蛇，慈悲化爲菩薩，智慧化爲上界，愚癡化爲下方。自性變化甚多，迷人不能省覺，念念起惡，常行惡道，回一念善，智慧卽生，此名自性化身佛。

　　善知識，法身本具，念念自性自見，即是報身佛。從報身思量，即是化身佛，自悟自修自性功德，是真歸依。皮肉是色身，色身是宅舍，不言歸依也。但悟自性三身，即識自性佛。吾有一無相頌，若能誦持，言下令汝積劫迷罪，一時消滅。頌曰：

迷人修福不修道，	只言修福便是道；
布施供養福無邊，	心中三惡元來造。
擬將修福欲滅罪，	後世得福罪還在；
但向心中除罪緣，	各自性中真懺悔。
忽悟大乘真懺悔，	除邪行正即無罪；
學道常於自性觀，	即與諸佛同一類。
吾祖唯傳此頓法，	普願見性同一體；
若欲當來覓法身，	離諸法相心中洗。
努力自見莫悠悠，	後念忽絕一世休；
若悟大乘得見性，	虔恭合掌至心求。

師言：善知識，總須誦取，依此修行，言下見性，雖去吾千里，如常在吾邊。於此言下不悟，即對面千里，何勤遠來，珍重好去。一衆聞法，靡不開悟，歡喜奉行。

機緣品第七

　　師自黃梅得法，回至韶州曹侯村，人無知者。時有儒士劉志略，禮遇甚厚。志略有姑爲尼，名無盡藏，常誦大涅槃經，師暫聽即知妙義，遂爲解説。尼乃執卷問字。師曰：字即不識，義即請問。尼曰：字尚不識，焉能會義？師曰：諸佛妙理，非關文字。尼驚異之，遍告里中耆德云，此是有道之士，宜請供養。有魏武侯玄孫曹叔良及居民，競來瞻禮。時寶林古寺自隋末兵火已廢，遂於故基重建梵宇，延師居之。俄成寶坊，師住九月餘日，又爲惡黨尋逐，師乃遁於前山，被其縱火焚草木，師隱身挨入石中得免。石今有師趺坐膝痕，及衣布之紋，因名避難石。師憶五祖懷會止藏之囑，遂行隱於二邑焉。

僧法海，韶州曲江人也，初參祖師。問曰：即心即佛，願垂指諭。師曰，前念不生即心，後念不滅即佛；成一切相即心，離一切相即佛。吾若具説，窮劫不盡。聽吾偈曰：

即心名慧，　即佛乃定，　定慧等持，　意中清淨。

悟此法門，　由汝習性，　用本無生，　雙修是正。

法海言下大悟，以偈讚曰：

即心元是佛，　不悟而自屈，　我知定慧因，

雙修離諸物。

僧法達，洪州人，七歲出家，常誦法華經，來禮祖師，頭不至地。祖訶曰：禮不投地，何如不禮，汝心中必有一物，蘊習何事耶？曰：念法華經已及三千部。祖曰：汝若念至萬部，得其經意，不以爲勝，則與吾偕行，汝今負此事業，都不知過。聽吾偈曰：

禮本折慢幢，　頭奚不至地，　有我罪即生，

亡功福無比。

師又曰：汝名什麼？曰：法達。師曰：汝名法達，何曾達法？復説偈曰：

汝今名法達，　勤誦未休歇，　空誦但循聲，

明心號菩薩。　汝今有緣故，　吾今爲汝説，

但信佛無言，　蓮花從口發。

達聞偈，悔謝曰：而今而後，當謙恭一切，弟子誦法華經，未解經義，心常有疑，和尚智慧廣大，願略説經中義理。師曰：法達，法即甚達，汝心不達，經本無疑，汝心自疑。汝念此經，以何爲宗？達曰：

學人根性暗鈍，從來但依文誦念，豈知宗趣？師曰：吾不識文字，汝試取經誦一徧，吾當爲汝解説。<u>法達</u>即高聲念經，至譬喻品，師曰止。此經元來以因緣出世爲宗，縱説多種譬喻，亦無越於此。何者因緣？經云：諸佛世尊，唯以一大事因緣故出現於世。一大事者，佛之知見也。世人外迷著相，内迷著空，若能於相離相，於空離空，即是内外不迷。若悟此法，一念心開，是爲開佛知見。佛，猶覺也，分爲四門：開覺知見，示覺知見，悟覺知見，入覺知見。若聞開示，便能悟入，即覺知見，本來真性而得出現。汝慎勿錯解經意，見他道開示悟入，自是佛之知見，我輩無分。若作此解，乃是謗經毀佛也。彼既是佛，已具知見，何用更開。汝今當信佛知見者，只汝自心，更無別佛，蓋爲一切衆生，自蔽光明，貪愛塵境，外緣内擾，甘受驅馳，便勞他世尊，從三昧起，種種苦口，勸令寢息，莫向外求，與佛無二，故云開佛知見。吾亦勸一切人，於自心中，常開佛之知見。世人心邪，愚迷造罪，口善心惡，貪嗔嫉妒，諂佞我慢，侵人害物，自開衆生知見；若能正心，常生智慧，觀照自心，止惡行善，是自開佛之知見。汝須念念開佛知見，勿開衆生知見。開佛知見，即是出世；開衆生知見，即是世間。汝若但勞勞執念，以爲功課者，何異犛牛愛尾。<u>達</u>曰：若然者，但得解義，不勞誦經耶？師曰：經有何過，豈障汝念，只爲迷悟在人，損益由己，口誦心行，即是轉經，口誦心不行，即是被經轉。聽吾偈曰：

心迷法華轉，　心悟轉法華；　誦經久不明，

與義作讎家；　無念念即正，　有念念成邪；

有無俱不計，　長御白牛車。

<u>達</u>聞偈，不覺悲泣，言下大悟，而告師曰：<u>法達</u>從昔已來，實未曾轉法華，乃被法華轉。再啓曰：經云，諸大聲聞乃至菩薩，皆盡思共度量，不能測佛智，今令凡夫但悟自心，便名佛之知見，自非上根，未

免疑謗。又經説三軍，羊鹿牛車、與白牛之車，如何區別？願和尚再垂開示。師曰：經意分明，汝自迷背，諸三乘人，不能測佛智者，患在度量也。饒伊盡思共推，轉加懸遠。佛本爲凡夫説，不爲佛説。此理若不肯信者，從他退席，殊不知坐却白牛車，更於門外覓三車。況經文明向汝道，唯一佛乘，無有餘乘，若二若三，乃至無數方便，種種因緣，譬喻言詞，是法皆爲一佛乘故。汝何不省，三車是假，爲昔時故；一乘是實，爲今時故。只教汝去假歸實，歸實之後，實亦無名，應知所有珍財，盡屬於汝，由汝受用，更不作父想，亦不作子想，亦無用想，是名持法華經，從劫至劫，手不釋卷，從晝至夜，無不念時也。達蒙啓發，踊躍歡喜，以偈讚曰：

經誦三千部，　　曹溪一句亡；　　未明出世旨，

寧歇累生狂；　　羊鹿牛權設，　　初中後善揚；

誰知火宅内，　　元是法中王。

師曰：汝今後方可名念經僧也。達從此領玄旨，亦不輟誦經。

僧智通，壽州安豐人，初看楞伽經約千餘遍，而不會三身四智，禮師求解其義。師曰：三身者，清淨法身，汝之性也；圓滿報身，汝之智也；千百億化身，汝之行也。若離本性，別説三身，即名有身無智；若悟三身無有自性，即名四智菩提。聽吾偈曰：

自性具三身，　　發明成四智；　　不離見聞緣，

超然登佛地；　　吾今爲汝説，　　諦信永無迷；

莫學馳求者，　　終日説菩提。

通再啓曰：四智之義，可得聞乎？師曰：既會三身，便明四智，何更問耶？若離三身，別談四智，此名有智無身，即此有智，還成無智。復説偈曰：

大圓鏡智性清淨，　　　　平等性智心無病；

妙觀察智見非功，　　　　成所作智同圓鏡。

五八六七果因轉，　　　但用名言無實性；

若於轉處不留情，　　　繁興永處那伽定。

通頓悟性智，遂呈偈曰：

三身元我體，　四智本心明；　身智融無礙，

應物任隨形；　起修皆妄動，　守住匪真精；

妙旨因師曉，　終亡染污名。

僧智常，信州貴谿人，髫年出家，志求見性，一日參禮。師問曰：汝從何來，欲求何事？曰：學人近往洪州白峰山禮大通和尚，蒙示見性成佛之義，未決狐疑，遠來投禮，伏望和尚慈悲指示。師曰：彼有何言句，汝試舉看？曰：智常到彼，凡經三月，未蒙示誨，爲法切故，一夕獨入丈室，請問如何是某甲本心本性？大通乃曰：汝見虛空否？對曰：見。彼曰：汝見虛空有相貌否？對曰：虛空無形，有何相貌？彼曰：汝之本性，猶如虛空，了無一物可見，是名正見，無一物可知，是名真知，無有青黃長短，但見本源清淨，覺體圓明，即名見性成佛，亦名如來知見。學人雖聞此説，猶未決了，乞和尚開示？師曰：彼師所説，猶存見知，故令汝未了，吾今示汝一偈：

不見一法存無見，　　　大似浮雲遮日面；

不知一法守空知，　　　還如太虛生閃電。

此之知見瞥然興，　　　錯認何曾解方便；

汝當一念自知非，　　　自己靈光常顯現。

常聞偈已，心意豁然，乃述偈曰：

無端起知見，　著相求菩提；　情存一念悟，

寧越昔時迷；　自性覺源體，　隨照枉遷流；

不入祖師室，　茫然趣兩頭。

智常一日問師曰：佛説三乘法，又言最上乘，弟子未解，願爲教授。師曰：汝觀自本心，莫著外法相，法無四乘，人心自有等差，見聞轉

誦是小乘，悟法解義是中乘，依法修行是大乘，萬法盡通，萬法具備，一切不染，離諸法相，一無所得，名最上乘。乘是行義，不在口爭，汝須自修，莫問吾也。一切時中，自性自如。常禮謝執侍，終師之世。

　　僧志道，廣州南海人也，請益曰：學人自出家，覽涅槃經十載有餘，未明大意，願和尚垂誨。師曰：汝何處未明？曰：諸行無常，是生滅法，生滅滅已，寂滅爲樂，於此疑惑。師曰：汝作麼生疑？曰：一切眾生皆有二身，謂色身法身也。色身無常，有生有滅，法身有常，無知無覺。經云：生滅滅已，寂滅爲樂者，不審何身寂滅，何身受樂？若色身者，色身滅時，四大分散，全然是苦，苦不可言樂；若法身寂滅，即同草木瓦石，誰當受樂？又法性是生滅之體。五蘊是生滅之用，一體五用，生滅是常，生則從體起用，滅則攝用歸體。若聽更生，即有情之類，不斷不滅；若不聽更生，則永歸寂滅，同於無情之物。如是，則一切諸法被涅槃之所禁伏，尚不得生，何樂之有？師曰：汝是釋子，何習外道斷常邪見，而議最上乘法？據汝所說，即色身外別有法身，離生滅求於寂滅，又推涅槃常樂，言有身受用，斯乃執吝生死，耽著世樂。汝今當知佛爲一切迷人，認五蘊和合爲自體相，分別一切法爲外塵相，好生惡死，念念遷流，不知夢幻虛假，枉受輪廻，以常樂涅槃，翻爲苦相，終日馳求。佛愍此故，乃示涅槃真樂，刹那無有生相，刹那無有滅相，更無生滅可滅，是則寂滅現前，當現前時，亦無現前之量，乃謂常樂。此樂無有受者，亦無不受者，豈有一體五用之名？何況更言涅槃禁伏諸法，令永不生，斯乃謗佛毀法。聽吾偈曰：

　　　　無上大涅槃，　圓明常寂照；　凡愚謂之死，
　　　　外道執爲斷；　諸求二乘人，　目以爲無作；
　　　　盡屬情所計，　六十二見本，　妄立虛假名。

何爲眞實義？	惟有過量人，	通達無取捨，
以知五蘊法，	及以蘊中我，	外現衆色像，
一一音聲相，	平等如夢幻；	不起凡聖見，
不作涅槃解，	二邊三際斷，	常應諸根用，
而不起用想；	分別一切法，	不起分別想；
劫火燒海底，	風鼓山相擊，	眞常寂滅樂，
涅槃相如是，	吾今强言説，	令汝捨邪見，
汝勿隨言解，	許汝知少分。	

志道聞偈大悟，踊躍作禮而退。

行思禪師，生吉州安城劉氏，聞曹溪法席盛化，徑來參禮。遂問曰：當何所務，卽不落階級？師曰：汝曾作什麼來？曰：聖諦亦不爲。師曰：落何階級？曰：聖諦尚不爲，何階級之有！師深器之，令思首衆。一日，師謂曰：汝當分化一方，無令斷絶。思既得法，遂回吉州青原山，弘法紹化，諡弘濟禪師。

懷讓禪師，金州杜氏子也，初謁嵩山安國師，安發之曹溪參叩。讓至禮拜。師曰：甚處來？曰：嵩山。師曰：什麼物，恁麼來？曰：説似一物卽不中。師曰：還可修證否？曰：修證卽不無，污染卽不得。師曰：只此不污染，諸佛之所護念，汝既如是，吾亦如是。西天般若多羅讖：汝足下出一馬駒，踏殺天下人，應在汝心，不須速説。讓豁然契會，遂執侍左右一十五載，日臻玄奧，後往南嶽，大闡禪宗，敕諡大慧禪師。

永嘉玄覺禪師，溫州戴氏子，少習經論，精天台止觀法門，因看維摩經，發明心地。偶師弟子玄策相訪，與其劇談，出言暗合諸祖。策云，仁者得法師誰？曰：我聽方等經論，各有師承，後於維摩經，悟佛心宗，未有證明者。策云：威音王已前卽得，威音王已後，無師自悟，盡是天然外道。曰：願仁者爲我證據。策云：我言輕，曹溪有六祖大師，四方雲集，並是受法者，若去，則與偕行。覺遂同策來參，遶師三匝，振錫而立。師曰：夫沙門者，具三千威儀，八萬細行，大德自何方而來，生大我慢。覺曰：生死事大，無常迅速。師曰：何不體取無生，了無速乎？曰：體卽無生，了本無速。師曰：如是如是。玄覺方具威儀禮拜，須臾告辭。師曰：返太速乎？曰：本自非動，豈有速耶？師曰：誰知非動？曰：仁者自生分別。師曰：汝甚得無生之意。曰：無生豈有意耶？師曰：無意誰當分別？曰：分別亦非意。師曰：善哉！少留一宿。時謂一宿覺，後著證道歌，盛行於世，謚曰無相大師，時稱爲真覺焉。

　　禪者智隍，初參五祖，自謂已得正受，庵居長坐，積二十年。師弟子玄策，遊方至河朔，聞隍之名，造庵問云：汝在此作什麼？隍曰：入定。策云：汝云入定，爲有心入耶？無心入耶？若無心入者，一切無情草木瓦石，應合得定。若有心入者，一切有情含識之流，亦應得定。隍曰：我正入定時，不見有有無之心。策云：不見有有無之心，卽是常定，何有出入？若有出入，卽非大定。隍無對，良久，問曰：師嗣誰耶？策云：我師曹溪六祖。隍云：六祖以何爲禪定？策云：我師所説，妙湛圓寂，體用如如，五陰本空，六塵非有，不出不入，不定不亂，禪性無住，離住禪寂，禪性無生，離生禪想，心如虛空，亦無虛空之量。隍聞是説，徑來謁師。師問云：仁者何來？隍具述前緣。師云：誠如所言，汝但心如虛空，不著空見，應用無礙，動靜無心，凡聖情忘，能所俱泯，性相如如，無不定時也。隍於是大悟，二十年所得心，都無影響。其夜河北士庶聞空中有聲云：隍禪師今日得道。隍後禮辭，復歸河北，開化四衆。

　　一僧問師云：黃梅意旨，甚麼人得？師云：會佛法人得。僧云：和尚還得否？師云：我不會佛法。

　　師一日欲濯所授之衣，而無美泉，因至寺後五里許，見山林鬱

茂,瑞氣盤旋,師振錫卓地,泉應手而出,積以爲池,乃膝跪浣衣石
上。忽有一僧來禮拜,云方辯,是西蜀人,昨於南天竺國,見達摩大
師,囑方辯速往唐土,吾傳大迦葉正法眼藏及僧伽梨,見傳六代
於韶州曹溪,汝去瞻禮。方辯遠來,願見我師傳來衣鉢,師乃出示。
次問上人攻何事業?曰,善塑。師正色曰:汝試塑看,辯罔措。過
數日,塑就真相,可高七寸,曲盡其妙。師笑曰:汝只解塑性,不解
佛性。師舒手摩方辯頂,曰:永爲人天福田。師乃以衣酬之。辯取
衣分爲三,一披塑像,一自留,一用椶裹瘞地中。誓曰:後得此衣,
乃吾出世,住持於此,重建殿宇。

有僧舉卧輪禪師偈云:

卧輪有伎俩,　能斷百思想,　對境心不起,

菩提日日長。

師聞之曰:此偈未明心地,若依而行之,是加繫縛。因示一偈曰:

惠能没伎俩,　不斷百思想,　對境心數起,

菩提作麼長。

頓漸品第八

時祖師居曹溪寶林,神秀大師在荆南玉泉寺,於時兩宗盛化,
人皆稱南能北秀,故有南北二宗頓漸之分,而學者莫知宗趣。師謂
衆曰:法本一宗,人有南北,法卽一種,見有遲疾。何名頓漸?法
無頓漸,人有利鈍,故名頓漸。然秀之徒衆,往往譏南宗祖師,不識
一字,有何所長?秀曰:他得無師之智,深悟上乘,吾不如也。且吾
師五祖,親傳衣法,豈徒然哉。吾恨不能遠去親近,虛受國恩,汝等
諸人毋滯於此,可往曹溪參決。一日,命門人志誠曰:汝聰明多智,
可爲吾到曹溪聽法,若有所聞,盡心記取,還爲吾説。志誠稟命至
曹溪,隨衆參請,不言來處。時祖師告衆曰:今有盜法之人,潛在此

會。志誠卽出禮拜,具陳其事。師曰:汝從玉泉來,應是細作。對曰:不是。師曰:何得不是?對曰:未説卽是,説了不是。師曰:汝師若爲示衆?對曰,常指誨大衆,住心觀淨,長坐不卧。師曰:住心觀淨,是病非禪,常坐拘身,於理何益。聽吾偈曰:

生來坐不卧,　死去卧不坐,　一具臭骨頭,

何爲立功課。

志誠再拜曰:弟子在秀大師處,學道九年,不得契悟,今聞和尚一説,便契本心,弟子生死事大,和尚大慈,更爲教示。師曰:吾聞汝師教示學人戒定慧法,未審汝師説戒定慧行相如何,與吾説看?誠曰:秀大師説:諸惡莫作名爲戒,諸善奉行名爲慧,自淨其意名爲定。彼説如此。未審和尚以何法誨人?師曰:吾若言有法與人,卽爲誑汝,但且隨方解縛,假名三昧。如汝師所説戒定慧,實不可思議也。吾所見戒定慧又別。志誠曰:戒定慧只合一種,如何更別?師曰:汝師戒定慧接大乘人,吾戒定慧接最上乘人,悟解不同,見有遲疾。汝聽吾説,與彼同否?吾所説法,不離自性,離體説法,名爲相説,自性常迷,須知一切萬法,皆從自性起用,是真戒定慧法。聽吾偈曰:

心地無非自性戒,　　心地無癡自性慧,

心地無亂自性定,　　不增不減自金剛,

身去身來本三昧。

誠聞偈,悔謝。乃呈一偈曰:

五蘊幻身,　幻何究竟;　迴趣真如,　法還不淨。

師然之。復語誠曰:汝師戒定慧,勸小根智人,吾戒定慧,勸大根智人。若悟自性,亦不立菩提涅槃,亦不立解脱知見,無一法可得,方能建立萬法。若解此意,亦名佛身,亦名菩提涅槃,亦名解脱知見。見性之人,立亦得,不立亦得,去來自由,無滯無礙,應用隨作,應語

隨答，普見化身，不離自性，即得自在神通，遊戲三昧，是名見性。志誠再啟師曰：如何是不立義？師曰：自性無非，無癡無亂，念念般若觀照，常離法相，自由自在，縱橫盡得，有何可立，自性自悟，頓悟頓修，亦無漸次，所以不立一切法，諸法寂滅，有何次第。志誠禮拜，願爲執侍，朝夕不懈。

　　僧志徹，江西人，本姓張，名行昌，少任俠。自南北分化，二宗主雖亡彼我，而徒侶競起愛憎。時北宗門人，自立秀師爲第六祖，而忌祖師傳衣爲天下聞，乃囑行昌來刺師。師心通，預知其事，即置金十兩於座間。時夜暮，行昌入祖室，將欲加害，師舒頸就之，行昌揮刃者三，悉無所損。師曰：正劍不邪，邪劍不正，只負汝金，不負汝命。行昌驚仆，久而方蘇，求哀悔過，即願出家。師遂與金，言汝且去，恐徒衆翻害於汝，汝可他日易形而來，吾當攝受。行昌稟旨宵遁，後投僧出家，具戒精進。一日，憶師之言，遠來禮覲。師曰：吾久念汝，汝來何晚？曰：昨蒙和尚捨罪，今雖出家苦行，終難報德，其惟傳法度生乎？弟子常覽涅槃經，未曉常無常義，乞和尚慈悲，畧爲解說。師曰：無常者，即佛性也；有常者，即一切善惡諸法分別心也。曰：和尚所說，大違經文。師曰：吾傳佛心印，安敢違於佛經。曰：經說佛性是常，和尚却言無常，善惡諸法乃至菩提心，皆是無常，和尚却言是常，此即相違，令學人轉加疑惑。師曰：涅槃經，吾昔聽尼無盡藏讀誦一遍，便爲講說，無一字一義不合經文，乃至爲汝，終無二說。曰：學人識量淺昧，願和尚委曲開示。師曰：汝知否？佛性若常，更說什麽善惡諸法，乃至窮劫，無有一人發菩提心者，故吾說無常，正是佛說真常之道也。又，一切諸法若無常者，即物物皆有自性，容受生死，而真常性有不徧之處，故吾說常者，是佛說真無常義，佛比爲凡夫外道執於邪常，諸二乘人於常計無常，共成八倒，故於涅槃了義教中，破彼偏見，而顯說真常真樂真我真

淨。汝今依言背義,以斷滅無常,及確定死常．而錯解佛之圓妙最後微言,縱覽千徧,有何所益。行昌忽然大悟,説偈曰:

　　因守無常心,　佛説有常性;　不知方便者,

　　猶春池拾礫;　我今不施功,　佛性而現前;

　　非師相授與,　我亦無所得。

師曰:汝今徹也,宜名志徹,徹禮謝而退。

　　有一童子,名神會,襄陽高氏子,年十三,自玉泉來參禮。師曰:知識遠來艱辛,還將得本來否,若有本則合識主,試説看。會曰:以無住爲本,見卽是主。師曰:這沙彌争合取次語。會乃問曰:和尚坐禪,還見不見。師以拄杖打三下,云:吾打汝是痛不痛?對曰:亦痛亦不痛。師曰:吾亦見亦不見。神會問:如何是亦見亦不見?師云:吾之所見,常見自心過愆,不見他人是非好惡,是以亦見亦不見。汝言亦痛亦不痛如何?汝若不痛,同其木石;若痛,則同凡夫,卽起恚恨。汝向前,見不見是二邊,痛不痛是生滅,汝自性且不見,敢爾弄人。神會禮拜悔謝。師又曰:汝若心迷不見,問善知識覓路;汝若心悟,卽自見性,依法修行。汝自迷不見自心,却來問吾見與不見,吾見自知,豈代汝迷?汝若自見,亦不代吾迷,何不自知自見,乃問吾見與不見?神會再禮百餘拜,求謝過愆,服勤給侍,不離左右。一日,師告衆曰:吾有一物,無頭無尾,無名無字,無背無面,諸人還識否?神會出曰:是諸佛之本源,神會之佛性。師曰:向汝道無名無字,汝便喚作本源佛性,汝向去有把茆蓋頭,也只成個知解宗徒。祖師滅後,會入京洛,大宏曹溪頓教,著顯宗記,盛行於世,是爲荷澤禪師。

　　師見諸宗難問,咸起惡心,多集座下,愍而謂曰:學道之人,一切善念惡念,應當盡除,無名可名,名於自性,無二之性,是名實性,於實性上建立一切教門,言下便須自見。諸人聞説,總皆作禮,請事

爲師。

護法品第九

神龍元年上元日，則天中宗詔云：朕請安秀二師宮中供養，萬幾之暇，每究一乘。二師推讓云：南方有能禪師，密授忍大師衣法，傳佛心印，可請彼問。今遣内侍薛簡，馳詔請迎，願師慈念，速赴上京。師上表辭疾，願終林麓。薛簡曰：京城禪德皆云，欲得會道，必須坐禪習定，若不因禪定而得解脱者，未之有也。未審師所説法如何？師曰：道由心悟，豈在坐也。經云：若言如來若坐若卧，是行邪道。何故？無所從來，亦無所去，無生無滅，是如來清淨禪，諸法空寂，是如來清淨坐，究竟無證，豈況坐耶？簡曰：弟子回京，主上必問，願師慈悲，指示心要，傳奏兩宮，及京城學道者。譬如一燈然百千燈，冥者皆明，明明無盡。師云：道無明暗，明暗是代謝之義。明明無盡，亦是有盡，相待立名。故淨名經云：法無有比，無相待故。簡曰：明喻智慧，暗喻煩惱，修道之人，倘不以智慧照破煩惱，無始生死，憑何出離？師曰：煩惱卽是菩提，無二無別，若以智慧照破煩惱者，此是二乘見解，羊鹿等機，上智大根，悉不如是。簡曰：如何是大乘見解？師曰：明與無明，凡夫見二，智者了達，其性無二，無二之性，卽是實性。實性者，處凡愚而不減，在賢聖而不增，住煩惱而不亂，居禪定而不寂。不斷不常，不來不去，不在中間，及其内外，不生不滅，性相如如，常住不遷，名之曰道。簡曰：師說不生不滅，何異外道？師曰：外道所説不生不滅者，將滅止生，以生顯滅，滅猶不滅，生説不生；我説不生不滅者，本自無生，今亦不滅，所以不同外道。汝若欲知心要，但一切善惡都莫思量，自然得入清淨心體，湛然常寂，妙用恒沙。簡蒙指教，豁然大悟，禮辭歸闕，奏師語。其年九月三日，有詔獎諭師曰：師辭老疾，爲朕修道，國之福田。師若淨名，託疾毘耶，闡揚大乘，傳諸佛心，談不二法。薛簡傳師指授如來知見，朕積善餘慶，宿種善根，值師出世，頓悟上乘，感荷師恩，頂戴無已；并奉磨衲袈裟及水晶鉢，敕韶州刺史，修飾寺宇，賜師舊居爲國恩寺焉。

付囑品第十

師一日喚門人法海、志誠、法達、神會、智常、智通、志徹、志道、法珍、法如等，曰：汝等不同餘人，吾滅度後，各爲一方師，吾今教汝說法，不失本宗。先須舉三科法門，動用三十六對，出没卽離兩邊，說一切法，莫離自性。忽有人問汝法，出語盡雙，皆取對法，來去相因，究竟二法盡除，更無去處。

三科法門者，陰、界、入也。陰是五陰，色受想行識是也。入是十二入，外六塵色聲香味觸法、内六門眼耳鼻舌身意是也。界是十八界，六塵六門六識是也。自性能含萬法，名含藏識；若起思量，卽是轉識。生六識，出六門，見六塵，如是一十八界，皆從自性起用。自性若邪，起十八邪；自性若正，起十八正。若惡用卽衆生用，善用卽佛用，用由何等，由自性有。

對法外境，無情五對：天與地對，日與月對，明與暗對，陰與陽對，水與火對，此是五對也。法相語言十二對：語與法對，有與無對，有色與無色對，有相與無相對，有漏與無漏對，色與空對，動與靜對，清與濁對，凡與聖對，僧與俗對，老與少對，大與小對，此是十二對也。自性起用十九對：長與短對，邪與正對，癡與慧對，愚與智對，亂與定對，慈與毒對，戒與非對，直與曲對，實與虛對，險與平對，煩惱與菩提對，常與無常對，悲與害對，喜與瞋對，捨與慳對，進與退對，生與滅對，法身與色身對，化身與報身對，此是十九對也。師言此三十六對法，若解用，卽道貫一切經法，出入卽離兩邊。

自性動用，共人言語，外於相離相，内於空離空。若全著相，卽長邪見，若全執空，卽長無明，執空之人有謗經。直言不用文字，既云不用文字，人亦不合語言，只此語言，便是文字之相。又云：直道不立文字，卽此不立兩字，亦是文字；見人所說，便卽謗他言著文字。汝等須知自迷猶可，又謗佛經，不要謗經，罪障無數。若著相於外，而作法求真，或廣立道場，說有無之過患，如是之人，累劫不可見性，但聽依法修行。又莫百物不思，而於道性窒礙，若聽說不修，令人反生邪念，但依法修行無住相法施。汝等若悟，依此說，依此用，依此行，依此作，卽不失本宗。

若有人問汝義，問有將無對，問無將有對，問凡以聖對，問聖以凡對，二道相因，生中道義。如一問一對，餘問一依此作，卽不失理也。設有人問，何名爲暗？答云：明是因，暗是緣，明没則暗，以明顯暗，以暗顯明，來去相因，成中道義。餘問悉皆如此。汝等於後傳法，依此轉相教授，勿失宗旨。

師於太極元年壬子，延和七月，命門人，往新州國恩寺建塔，仍令促工。次年夏末落成。七月一日，集徒衆曰：吾至八月，欲離世間，汝等有疑，早須相問，爲汝破疑，令汝迷盡。吾若去後，無人教汝。法海等聞，悉皆涕泣。惟有神會，神情不動，亦無涕泣。師云：神會小師，却得善不善等，毁譽不動，哀樂不生，餘者不得。數年山中，竟修何道，汝今悲泣，爲憂阿誰？若憂吾不知去處，吾自知去處；若吾不知去處，終不預報於汝。汝等悲泣，蓋爲不知吾去處，若知吾去處，卽不合悲泣。法性本無生滅去來。汝等盡坐，吾與汝說一偈，名曰真假動静偈，汝等誦取此偈，與吾意同，依此修行，不失宗旨。衆僧作禮，請師作偈，偈曰：

一切無有真，　不以見於真；　若見於真者，
是見盡非真；　若能自有真，　離假卽心真。

```
自心不離假，　無真何處真；　有情卽解動，
無情卽不動；　若修不動行，　同無情不動。
若覓真不動，　動上有不動，　不動是不動，
無情無佛種；　能善分別相，　第一義不動。
但作如此見，　卽是真如用；　報諸學道人，
努力須用意；　莫於大乘門，　却執生死智。
若言下相應，　卽共論佛義，　若實不相應，
合掌令歡喜；　此宗本無諍，　諍卽失道意；
執逆諍法門，　自性入生死。
```

時徒衆聞説偈已，普皆作禮，並體師意，各各攝心，依法修行，更不敢諍。乃知大師不久住世。法海上座再拜問曰：和尚入滅之後，衣法當付何人？師曰：吾於大梵寺説法，以至於今，鈔録流行，目曰法寶壇經。汝等守護，遞相傳授，度諸羣生，但依此説，是名正法。今爲汝等説法，不付其衣。蓋爲汝等信根淳熟，決定無疑，堪任大事。然據先祖達摩大師，付授偈意，衣不合傳。偈曰：

吾本來兹土，　傳法救迷情，　一華開五葉，　結果自然成。

師復曰：諸善知識，汝等各各淨心，聽吾説法：若欲成就種智，須達一相三昧，一行三昧。若於一切處而不住相，於彼相中不生憎愛，亦無取捨，不念利益成壞等事，安閒恬静，虛融澹泊，此名一相三昧。若於一切處，行住坐卧，純一直心，不動道場，真成淨土，此名一行三昧。若人具二三昧，如地有種，含藏長養，成熟其實，一相一行，亦復如是。我今説法，猶如時雨，普潤大地，汝等佛性，譬諸種子，遇兹霑洽，悉皆發生，承吾旨者，決獲菩提，依吾行者，定證妙果。聽吾偈曰：

心地含諸種，　普雨悉皆萌，　頓悟華情已，　菩提果自成。

師説偈已，曰：其法無二，其心亦然，其道清淨，亦無諸相；汝等

慎勿觀靜，及空其心；此心本淨，無可取捨，各自努力，隨緣好去。
爾時徒衆，作禮而退。

　　大師七月八日，忽謂門人曰：吾欲歸新州，汝等速理舟楫，大衆
哀留甚堅。師曰：諸佛出現，猶示涅槃。有來必去，理亦常然。吾
此形骸，歸必有所。衆曰：師從此去，早晚可回？師曰：葉落歸根，
來時無口。又問曰：正法眼藏，傳付何人？師曰：有道者得，無心者
通。又問：後莫有難否？師曰：吾滅後五六年，當有一人來取吾首，
聽吾記曰：頭上養親，口裏須餐，遇滿之難，楊柳爲官。又云：吾去
七十年，有二菩薩，從東方來，一出家，一在家，同時興化，建立吾
宗，締緝伽藍，昌隆法嗣。問曰：未知從上佛祖應現已來，傳授幾
代，願垂開示？師云：古佛應世，已無數量，不可計也。今以七佛爲
始，過去莊嚴劫，毘婆尸佛、尸棄佛、毘舍浮佛，今賢劫拘留孫佛、拘
那含牟尼佛、迦葉佛、釋迦文佛，是爲七佛。釋迦文佛首傳摩訶迦
葉尊者，第二、阿難尊者，第三、商那和修尊者，第四、優婆毱多尊
者，第五、提多迦尊者，第六、彌遮迦尊者，第七、婆須蜜多尊者，第
八、佛馱難提尊者，第九、伏馱蜜多尊者，第十、脅尊者，十一、富那
夜奢尊者，十二、馬鳴大士，十三、迦毘摩羅尊者，十四、龍樹大士，
十五、迦那提婆尊者，十六、羅睺羅多尊者，十七、僧伽難提尊者，十
八、伽耶舍多尊者，十九、鳩摩羅多尊者，二十、闍耶多尊者，二十
一、婆修盤頭尊者，二十二、摩拏羅尊者，二十三、鶴勒那尊者，二十
四、師子尊者，二十五、婆舍斯多尊者，二十六、不如蜜多尊者，二十
七、般若多羅尊者，二十八、菩提達摩尊者，二十九、慧可大師，三
十、僧璨大師，三十一、道信大師，三十二、弘忍大師，慧能是爲三十
三祖。從上諸祖，各有稟承，汝等向後，遞代流傳，毋令乖誤。

　　大師先天二年癸丑歲，八月初三日，於國恩寺齋罷，謂諸徒衆
曰：汝等各依位坐，吾與汝別。法海白言：和尚留何教法，令後代迷

人得見佛性？師言：汝等諦聽，後代迷人，若識衆生，即是佛性；若
不識衆生，萬劫覓佛難逢。吾今教汝識自心衆生，見自心佛性。欲
求見佛，但識衆生，只爲衆生迷佛，非是佛迷衆生。自性若悟，衆生
是佛；自性若迷，佛是衆生。自性平等，衆生是佛；自性邪險，佛是
衆生。汝等心若險曲，即佛在衆生中；一念平直，即是衆生成佛。我
心自有佛，自佛是真佛，自若無佛心，何處求真佛？汝等自心是佛，
更莫狐疑，外無一物而能建立，皆是本心生萬種法。故經云：心生
種種法生，心滅種種法滅。吾今留一偈，與汝等別，名自性真佛偈，
後代之人識此偈意，自見本心，自成佛道。偈曰：

真如自性是真佛，	邪見三毒是魔王；
邪迷之時魔在舍，	正見之時佛在堂。
性中邪見三毒生，	即是魔王來住舍；
正見自除三毒心，	魔變成佛真無假。
法身報身及化身，	三身本來是一身；
若向性中能自見，	即是成佛菩提因。
本從化身生淨性，	淨性常在化身中；
性使化身行正道，	當來圓滿真無窮。
婬性本是淨性因，	除婬即是淨性身；
性中各自離五欲，	見性刹那即是真。
今生若遇頓教門，	忽遇自性見世尊；
若欲修行覓作佛，	不知何處擬求真。
若能心中自見真，	有真即是成佛因；
不見自性外覓佛，	起心總是大癡人。
頓教法門已今留，	救度世人須自修；
報汝當來學道者，	不作此見大悠悠。

師説偈已，告曰：汝等好住，吾滅度後，莫作世情悲泣雨淚。受人弔

問，身著孝服，非吾弟子，亦非正法。但識自本心，見自本性，無動無静，無生無滅，無去無來，無是無非，無住無往。恐汝等心迷，不會吾意，今再囑汝，令汝見性。吾滅度後，依此修行，如吾在日，若違吾教，縱吾在世，亦無有益。復説偈曰：

兀兀不修善，騰騰不造惡，寂寂斷見聞，蕩蕩心無著。

師説偈已，端坐至三更，忽謂門人曰：吾行矣！奄然遷化。於時異香滿室，白虹屬地，林木變白，禽獸哀鳴。十一月，廣韶新三郡官僚，洎門人僧俗，争迎真身，莫決所之，乃焚香禱曰：香煙指處，師所歸焉，時香煙直貫曹溪。十一月十三日，遷神龕併所傳衣鉢而回。次年七月二十五日出龕，弟子方辯以香泥上之。門人憶念取首之記，遂先以鐵葉漆布，固護師頸入塔。忽於塔内白光出現，直上衝天，三日始散。韶州奏聞，奉敕立碑，紀師道行，師春秋七十有六。年二十四傳衣，三十九祝髮，説法利生三十七載，得旨嗣法者，四十三人，悟道超凡者，莫知其數。達摩所傳信衣，中宗賜磨衲寶鉢，及方辯塑師真相，并道具等，主塔侍者尸之，永鎮寶林道場，流傳壇經，以顯宗旨，此皆興隆三寶，普利羣生者。

師入塔後，至開元十年，壬戌八月三日，夜半，忽聞塔中如拽鐵索聲，衆僧驚起，見一孝子從塔中走出，尋見師頸有傷，具以賊事聞於州縣，縣令楊侃，刺史柳無忝，得牒切加擒捉。五日，於石角村捕得賊人，送韶州鞫問，云：姓張，名淨滿，汝州梁縣人，於洪州開元寺，受新羅僧金大悲錢二十千，令取六祖大師首，歸海東供養。柳守聞狀，未即加刑，乃躬至曹溪，問師上足令韜曰：如何處斷？韜曰：若以國法論，理須誅夷，但佛教慈悲，冤親平等，況彼求欲供養，罪可恕矣。柳守加歎曰：始知佛門廣大。遂赦之。上元元年，肅宗遣使就請師衣鉢歸内供養。至永泰元年，五月五日，代宗夢六祖大師請衣鉢。七日，敕刺史楊緘云：朕夢感能禪師請傳衣袈裟，却歸曹溪，今遣鎮國大將軍劉崇景頂戴而送，朕謂之國寶，卿可於本寺如法安置，專令僧衆親承宗旨者，嚴加守護，勿令遺墜。後或爲人偷竊，皆不遠而獲，如是者數四。憲宗謚大鑑禪師，塔曰元和靈照。其餘事蹟，係載唐尚書王維、刺史柳宗元、刺史劉禹錫等碑，守塔沙門令韜録。

（據上海醫學書局丁福保箋註本）

〔附：法海六祖大師法寶壇經略序〕

大師名慧能。父盧氏，諱行瑫，母李氏，誕師於唐貞觀十二年戊戌歲二月八日子時。時毫光騰空，異香滿室。黎明，有二異僧造謁，謂師之父曰：夜來生兒，專爲安名，可上惠下能也。父曰：何名慧能？僧曰：慧者，以法慧施衆生；能者，能作佛事。言畢而出，不知所之。師不飲乳，夜遇神人灌以甘露。

既長，年二十有四，聞經悟道。往黃梅求印可。五祖器之，付衣法，令嗣祖位，時龍朔元年辛酉歲也。

南歸隱遯一十六年，至儀鳳元年丙子正月八日，會印宗法師詰論玄奧，印宗悟契師旨。是月十五日，普會四衆，爲師薙髮。二月八日，集諸名德，授具足戒。西京智光律師爲授戒師，蘇州慧静律師爲羯磨，荆州通應律師爲教授，中天耆多羅律師爲說戒，西國蜜多三藏爲證戒。其戒壇，乃宋朝求那跋陀羅三藏創建。立碑曰：後當有肉身菩薩於此受戒。又、梁天監元年，智藥三藏自西竺國航海而來，將彼土菩提樹一株，植此壇畔。亦預誌曰：後一百七十年，有肉身菩薩於此樹下開演上乘，度無量衆，真傳佛心印之法主也。師至是祝髮受戒，及與四衆開示單傳之法旨，一如昔識。

次年春，師辭衆歸寶林，印宗與緇白，送者千餘人，直至曹溪。

時荆州通應律師，與學者數百人，依師而住。師至曹溪寶林，觀堂宇湫隘，不足容衆，欲廣之，遂謁里人陳亞仙曰：老僧欲就檀越求坐具地，得不？仙曰：和尚坐具幾許闊？祖出坐具示之，亞仙唯然。祖以坐具一展，盡罩曹溪四境，四天王現身，坐鎮四方。今寺境有天王嶺，因兹而名。仙曰：知和尚法力廣大，但吾高祖墳墓並坐此地，他日造塔，幸望存留。餘願盡捨，永爲寶坊。然此地乃生龍白象來脈，只可平天，不可平地。寺後營建，一依其言。

師遊境內，山水勝處輒憩止，遂成蘭若一十三所。今日花果院，隸籍寺門。其寶林道場，亦先是西國智藥三藏，自南海經曹溪口，掬水而飲，香美，異之。謂其徒曰：此水與西天之水無別，溪源上必有勝地，堪爲蘭若。隨流至源上，四顧山水回環，峯巒奇秀。歎曰：宛如西天寶林山也。乃謂曹侯村居民曰：可於此山建一梵刹，一百七十年後，當有無上法寶於此演化，得道者如林，宜號寶林。時韶州牧侯敬中，以其言具表聞奏，上可其請，賜額爲寶林，遂成梵宮，蓋始於梁天監三年也。寺殿前有潭一所，龍常出沒其間，觸撓林木。一日，現形甚巨，波浪洶湧，雲霧陰翳，徒衆皆懼，師叱之曰：你只能現大身，不能現小身，若爲神龍，當能變化，以小現大，以大現小也。其龍忽没，俄頃復現小身，躍出潭面。師展鉢試之，曰：你且不敢入老僧鉢盂裏。龍乃游揚至前，師以鉢舀之，龍不能動。師持鉢歸堂上，與龍説法，龍遂蜕骨而去，其骨長可七寸，首尾角足皆具，留傳寺門。師後以土石堙其潭，今殿前左側有鐵塔處是也。

〔附：元德異壇經序〕

妙道虛玄，不可思議；忘言得旨，端可悟明。故世尊分座於多子塔前，拈華於靈山會上。似火與火，以心印心，西傳四七，至菩提達摩，東來此土，直指人心，見性成佛。有可大師者，首於言下悟入，末上三拜得髓，受衣紹祖，開闡正宗。三傳而至黃梅，會中高僧七百，惟負舂居士一偈，傳衣為六代祖。南遁十餘年，一旦以非風旛動之機，觸開印宗正眼，居士由是祝髮登壇，應跋陀羅懸記，開東山法門，韋使君命海禪者，録其語，目之曰法寶壇經。

大師始於五羊，終至曹溪，説法三十七年，霑甘露味、入聖超凡者莫記其數。悟佛心宗，行解相應，為大知識者，名載傳鐙。惟南嶽青原，執侍最久，盡得無巴鼻故，出馬祖石頭，機智圓明，玄風大震。乃有臨濟溈仰曹洞雲門法眼諸公，巍然而出。道德超羣，門庭險峻，啓迪英靈、衲子，奮志衝關，一門深入，五派同源。歷徧鑪錘，規模廣大。原其五家綱要，盡出壇經。

夫壇經者，言簡義豐，理明事備，具足諸佛無量法門；一一法門，具足無量妙義；一一妙義，發揮諸佛無量妙理。卽彌勒樓閣中，卽普賢毛孔中，善入者卽同善財，於一念間圓滿功德，與普賢等，與諸佛等。惜乎壇經為後人節略太多，不見六祖大全之旨。德異幼年嘗見古本，自後徧求三十餘載，近得通上人尋到全文，遂刊於吳中休休禪庵，與諸勝士同一受用，惟願開卷舉目，直入大圓覺海，續佛祖慧命無窮，斯余志願滿矣。至元二十七年庚寅歲中春日。

〔附：元釋宗寶跋〕

六祖大師平昔所説之法，皆大乘圓頓之旨，故目之曰經。其言近指遠，詞坦義明，誦者各有所獲。明教嵩公常讚云：天機利者得其深，天機鈍者得其淺。誠哉言也。余初入道，有感於斯，續見三本不同，互有得失，其板亦已漫滅，因取其本校讎，訛者正之，略者詳之，復增入弟子請益機緣，庶幾學者得盡曹溪之旨。按察使雲公從龍,深造此道,一日過山房,睹余所編,謂得壇經之大全,慨然命工鋟梓,顯爲流通,使曹溪一派,不至斷絶。

或曰,達摩不立文字,直指人心,見性成佛,盧祖六葉正傳,又安用是文字哉?余曰:此經非文字也,達摩單傳直指之指也。南嶽青原諸大老,嘗因是指以明其心,復以之明馬祖石頭諸子之心,今之禪宗,流布天下,皆本是指,而今而後,豈無因是指而明心見性者耶?問者唯唯,再拜謝曰:予不敏,請併書於經末,以詔來者。至元辛卯夏,南海釋宗寶跋。

〔附〕慧能傳

釋慧能,姓盧氏,南海新興人也,其本世居范陽,厥考諱行瑫,武德中流于新州百姓,終於貶所,略述家系,避盧亭島夷之不敏也。貞觀十二年戊戌歲生能也,純淑迂懷,惠性間出,雖蠻風獠俗,漬染不深,而詭行么形,駮雜難測。父既少失,母且寡居,家亦屢空,業無腴産。能負薪矣,日售荷擔。偶聞鄽肆間誦金剛般若經,能凝神屬垣,遲遲不去。問曰:誰邊受學此經?曰:從蘄州黄梅馮茂山忍禪師勸持此法,云即得見性成佛也。能聞是説,若渴夫之飲寒漿也。忙歸備所須,留奉親老。

咸亨中往韶陽,遇劉志略,略有姑無盡藏恒讀涅槃經,能聽之即爲尼辨析中義,怪能不識文字。乃曰:諸佛理論,若取文字,非佛意也。尼深歎服,號爲行者。有勸於寶林古寺修道,自謂己曰:本誓求師,而貪住寺,取乎道也,何異却行歸舍乎。明日遂行至樂昌縣西石窟,依附智遠禪師侍座談玄。遠曰:行者迨非凡常之見龍,吾不知吾不知之甚矣。勸往蘄春五祖所印證去。吾終於下風請教也。未幾造焉。忍師覩能氣貌不揚,試之曰:汝從何至?對曰:

嶺表來參禮，唯求作佛。忍曰：嶺南人無佛性。能曰：人有南北，佛性無南北。曰：汝作何功德？曰：願竭力抱石而舂，供衆而已。如是勞乎井臼，率淨人而在先，了彼死生與湼槃而平等。

忍雖均養，心何辨知，俾秀唱予，致能和汝。偈辭在壁，見解分歧，揭厲不同，淺深斯別。忍密以法衣寄託曰：古我先師轉相付授，豈徒爾哉。嗚呼，後世受吾衣者，命若懸絲，小子識之。

能計迴生地，隱於四會懷集之間，漸露鋒穎，就南海印宗法師湼槃盛集論風旛之語，印宗辭屈而神伏，乃爲其削椎髻於法性寺。智光律師邊受滿分戒，所登之壇卽南宋朝求那跋摩三藏之所築也。跋摩已登果位，懸記云：後當有肉身菩薩於斯受戒。又梁末眞諦三藏於壇之畔手植菩提樹，謂衆曰：種此後一百二十年有開士，於其下說無上乘度無量衆。至是能爰宅于茲，果於樹陰開東山法門，皆符前識也。

上元中正，演暢宗風，慘然不悅，大衆問曰：胡無情緒耶？曰：遷流不息，生滅無常，吾師今歸寂矣，凶赴至而信，乃移住寶林寺焉。時刺史韋璩命出大梵寺，苦辭入雙峯曹侯溪矣。大龍倏起，飛雨澤以均施；品物攸滋，逐根芟而受益。五納之客，擁塞于門，四部之賓，圍繞其座。時宣祕偈，或舉契經，一切普熏，咸聞象藏。一時登富悉握蛇珠，皆由徑途盡歸圓極。所以天下言禪道者，以曹溪爲口實矣。洎乎九重下聽，萬里懸心，思布露而奉迎，欲歸依而適願。武太后孝和皇帝，咸降璽書，詔赴京闕，蓋神秀禪師之奏舉也。續遣中官薛簡往詔，復謝病不起，子牟之心敢忘鳳闕，遠公之足不過虎溪，固以此辭，非邀君也。遂賜摩納袈裟一緣鉢一口編珠，織成經巾綠質紅暈花縣巾絹五百匹充供養云。又捨新興舊宅爲國恩寺焉。

神龍三年勑韶州可修能所居寺佛殿幷方丈，務從嚴飾，賜改額曰法泉也。延和元年七月，命弟子於國恩寺建浮圖一所，促令速就。以先天二年八月三日俄然示疾，異香滿室，白虹屬地，飯食訖沐浴更衣，彈指不絶，氣微目瞑，全身永謝。爾時，山石傾墮，川源息枯，鳥連韻以哀啼，猿斷腸而叫咽。或唱言曰：世間眼滅，吾疇依乎，春秋七十六矣。以其年十一月遷座於曹溪之原也。

弟子神會若顔子之於孔門也，勤勤付囑，語在會傳。會於洛陽荷澤寺崇樹能之真堂，兵部侍郎宋鼎爲碑焉。會序宗脉，從如來下西域、諸祖外震旦，凡六祖，盡圖繢其影，太尉房琯作六葉圖序。又以能端形不散，如入禪定，後加漆布矣。復次蜀僧方辯，塑小樣真肖同疇昔。

能曾言：吾滅後有善心男子必取吾元，汝曹勿怪。或憶是言，加鐵環纏頸焉。開元十一年，果有汝州人受新羅客購，潛施刀其元，欲函歸海東供養，有聞擊鐵聲而擒之。其塔下葆藏屈眴布鬱多羅僧，其色青黑碧縑複袷，非人間所有物也。屢經盜去，迷倒却行而還褫之。

至德中，神會遣弟子進平，送牙癢和一柄，朝達名公所重，有若宋之問謁能著長篇，有若張燕公説寄香十斤幷詩，附武平一至，詩云：大師捐世去，空留法身在，願寄無礙香，隨心到南海。武公因門人懷讓鑄巨鐘，爲撰銘讚，宋之問書。次廣州節度宋璟來禮其塔，問弟子令韜無生法忍義，宋公聞法歡喜，向塔乞示徵祥，須臾微風漸起，異香褒人，陰雨霏霏，只周一寺耳。稍多奇瑞，詎繁不録。

後肅宗下詔能弟子令韜，韜稱疾不赴，遣明象齎傳法衣鉢進呈畢給還。憲宗皇帝追謐曰大鑒，塔曰元和正真也。追夫唐季劉氏稱制番禺，每遇上元燒燈，迎真身入城爲民祈福。大宋平南海後，韶州盜周思瓊叛换，盡焚其寺，塔將延燎，平時肉身非數夫莫舉，煙熛向逼，二僧對舁，輕如夾紵像焉。太平興國三年今上勑重建塔，改爲南華寺矣。

系曰：五祖自何而識一介白衣，便付衣耶？通曰：一言知心，更無疑貳；況復記心輪間，如指之掌。忍師施一味法，何以在家受鉢乎？秀師則否。通曰：是法寧選緇白，得者則傳，周封諸侯乃分分器，同姓異姓別也。以祖師甄別精粗，以衣爲信，譬如三力士射堅洛叉，一摩捷那射則中而不破，二鉢羅塞建提破而不度，三那羅延箭度而復穿餘物也。非堅洛叉有强弱，但由射勢力不同耳。南能可謂那羅延射而獲賞焉。信衣至能不傳，莫同夏禹之家天下乎？通曰：忍言：受傳衣者命若懸絲，如是忍之意也，又會也稟祖法則有餘，行化行則不足，故後致均部之流，方驗能師之先覺，不傳無私悋之咎矣。故曰，知人則哲也，吁！

（選自金陵刻經處本宋贊寧續高僧傳卷八）

王維：六祖能禪師碑銘

無有可捨，是達有源；無空可住，是知空本；離寂非動，乘化用常。在百法而無得，周萬物而不殆。鼓枻海師，不知菩提之行；散花天女，能變聲聞之身。則知法本不生，因心起見，見無可取，法則常如。世之至人，有證於此，得無漏不盡漏，度有爲非無爲者，其惟我曹溪禪師乎。

禪師俗姓盧氏，某郡某縣人也。名是虛假，不生族姓之家；法無中邊，不居華夏之地。善習表於兒戲，利根發於童心。不私其身，臭味於畊桑之侶；苟適其道，羶行於蠻貊之鄉。

年若干，事黃梅忍大師，願竭其力，卽安於井臼，素刳其心，獲悟於稊稗。每大師登座，學衆盈庭。中有三乘之根，共聽一音之法。禪師默然受教，曾不起予，退省其私，迴超無我。其有猶懷渴鹿之想,尚求飛鳥之跡。香飯未消,弊衣仍覆。皆曰,升堂入室,測海窺天,謂得黃帝之珠,堪受法王之印。大師心知獨得,謙而不鳴。天何言哉!聖與仁豈敢。子曰:賜也,吾與汝弗如。臨終,遂密授以祖師袈裟,而謂之曰:物忌獨賢,人惡出己,吾且死矣,汝其行乎!禪師遂懷寶迷邦,銷聲異域,衆生爲淨土,雜居止於編人;世事是度門,混農商於勞侶。如此積十六載。

南海有印宗法師,講涅槃經,禪師聽於座下,因問大義,質以真乘,既不能酬,翻從請益。乃嘆曰:化身菩薩在此,色身肉眼凡夫,願開慧眼。遂領徒屬,盡詣禪居,奉爲掛衣,親自削髮。於是大興法雨,普灑客塵,乃教人以忍。曰:忍者無生,方得無我,始成於初發心,以爲教首。至於定無所入,慧無所依,大身過於十方,本覺超於三世。根塵不滅,非色滅空;行願無成,卽凡成聖。舉足下足,長在道場;是心是情,同歸性海。商人告倦,自息化城;窮子無疑,直開寶藏。其有不植德本,難入頓門,妄繫空華之狂,曾非慧日之咎。常歎曰:七寶布施,等恒河沙,億劫修行,盡大地墨,不如無爲之運,無礙之慈,弘濟四生,大庇三有。

既而道德遍覆,名聲普聞,泉館卉服之人,去聖歷劫,塗身穿耳之國,航海窮年,皆願拭目於龍象之姿,忘身於鯨鯢之口,駢立於户外,跌坐於牀前。林是栴檀,更無雜樹;花惟薝蔔,不嗅餘香。皆以實歸,多離妄執。九重延想,萬里馳誠。思布髮以奉迎,願叉手而作禮。則天太后、孝和皇帝,並敕書勸諭,徵赴京城。禪師,子牟之心敢忘鳳闕,遠公之足不過虎溪;固以此辭,竟不奉詔。遂送百衲袈裟及錢帛等供養,天王厚禮,獻玉衣於幻人,女后宿因,施金錢於化佛。尚德貴物,異代同符。

至某載月日中,忽謂門人曰:吾將行矣!俄而異香滿室,白虹屬地,飯食訖而敷坐,沐浴畢而更衣,彈指不留,水流燈焰,金身永謝，薪盡火滅，山崩川竭，鳥哭猿啼。諸人唱言：人無眼目，列郡慟哭，世且空虛。某月日，遷神於曹溪，安座於某所。擇吉祥之地，不待青鳥，變功德之林，皆成白鶴。

嗚呼！大師至性淳一，天姿貞素，百福成相，衆妙會心。經行宴息，皆在正受；談笑語言，曾無戲論。故能五天重跡，百越稽首，修虵雄虺，毒螫之氣銷，跳夊彎弓，猜悍之風變。敗漁悉罷，蠱酖知非，多絕羶腥，效桑門之食；悉棄罟網，襲稻田之衣，永惟浮圖之法，實助皇王之化。

弟子曰神會，遇師於晚景，聞道於中年，廣量出於凡心，利智踰於宿學，雖末後供，樂最上乘。先師所明，有類獻珠之願，世人未識，猶多抱玉之悲。謂余知道，以頌見託。偈曰：

五蘊本空，六塵非有，衆生倒計，不知正受。蓮花承足，楊枝生肘，苟離身心，孰爲休咎。至人達觀，與物齊功，無心捨有，何處依空。不著三界，徒勞八風，以茲利智，遂與宗通。愍彼偏方，不聞正法，俯同惡類，將興善業。教忍斷嗔，修慈捨獵，世界一華，祖宗六葉。大開寶藏，明示衣珠，本源常在，妄轍遂殊。過動不動，離俱不俱，吾道如是，道豈在吾。道遍四生，常依六趣，有漏聖智，無義章句。六十二種，一百八喻，悉無所得，應如是住。

　　　　　　　　　　　　（選自上海佛學書局六祖壇經箋註）

神　會

【簡介】　神會，俗姓高，約生於公元六六八年（唐高宗總章元年），死於公元七六〇年（唐肅宗上元元年），湖北襄陽人。神會少年時曾住在華北地區，研習過儒道各家著作，青年時雖曾一度南下，但不久又返回北方，並師事過神秀。大約在公元七〇八年，神會四十歲左右時，又重回韶州，追隨慧能。從此不離左右，直到慧能逝世。可見神會確是慧能晚年的弟子。

慧能死後，神會大概還在曹溪住了十幾年。直到開元十八年（公元七三〇年）左右，他才越過大庾嶺北上，來到東都洛陽，開始對五祖弘忍傳法慧能一事大肆宣揚。此後，他又去滑台（今河南滑縣東）的大雲寺，與當時很有聲名的山東崇遠禪師（北宗），公開進行關於南北禪宗是非邪正的辯論。神會在當時顯然以慧能嫡派自居，竭力攻擊了以神秀爲代表的北宗。他指出北宗並非禪宗正統，而是"傳承是傍，法門是漸"。

這場爭論，在當時並未深入發展下去，事隔十多年之後，神會再回洛陽，才大力弘揚所謂"頓教"，在當時影響極大。因此，神會引起了統治者的疑懼，終於因人誣告而被逐。於天寶十二年（公元七五三年）見黜於弋陽（今河南潢川），最後又被趕回湖北襄荆一帶。

唐玄宗天寶年間，安祿山、史思明相繼叛亂，兩京淪陷，國家財政異常困難，統治者就想盡辦法來搜括錢財，以助軍餉。除公開賣官鬻爵外，還想到了利用國家正式度僧尼收費規定。由於神會在當時可算得上是一位年高望重的僧人，於是就把他請了出來主持這項工作。這樣，他對唐王朝的重建，總算立了一功。但不久他就病死在洛陽的的荷澤寺。

神會的思想資料，除了由獨孤沛在滑台辯論會上記下的菩提達摩南宗定是非論外，敦煌卷子中還保存有南陽和尚頓教解脫禪門直了性壇語殘卷（卽本書選録的答崇遠法師問），此外還有劉澄輯的南陽和尚問答雜徵義，以及一向流行的顯宗論（敦煌卷子中題爲頓悟无生般若頌）。這些作品，過去經胡適和日人鈴木大拙先後輯印爲神會和尚遺集及神會和尚語録，已爲本書全部選録。

神會一系的禪學思想，雖然由後來的華嚴大師，特別是宗密的闡揚，曾經活躍一時，但以後就逐漸消沉了，然而對宋明理學的形成和發展，有一定的影響。

一、荷澤神會禪師語録(並補遺)*

（此文字欠頭，後有博覽道人，尋本續之矣。）

〔一〕　問: 本有今無偈，其義云何？答曰: 據涅槃經義，本有者，本有佛性; 胡適本有今無者三字，可從。今無佛性。問: 既言本有佛性，何故復言今無佛性？　答: 今言無佛性者，爲被煩惱蓋覆不見，所以言無。本無今有者，本無者，本無煩惱; 今有者，今日具有煩惱; 縱

---

　*　到目前爲止，在敦煌卷子中已發現三個神會語録的寫本: 一、胡適所校寫的神會和尚遺集中所收的本子。二、日人石井光雄影印，鈴木貞太郎(大拙)校訂本，卽本書所選者。三、一九五七年日人入矢義高發現的題爲南陽和尚問答雜徵義(劉澄集)的本子 (殘卷)。第三個本子基本上與第二個本子相同，但可補第二個本子的缺佚，胡適本子中有些是第二個本子中沒有的，現都作爲補遺附在後面。——編者。

使恆沙大劫煩惱，亦是今有。故言三世有法，無有是處者，所謂佛性不繫於三世。問：何故佛性不繫三世？答：佛性體常故，非是生滅法。問：是勿是生滅法？答：三世是生滅法。問：佛性與煩惱俱不俱？答：俱，雖然俱，生滅有來去，佛性無來去。以佛性常故，由如虛空。明暗有來去，虛空無來去。以是無來去故，三世無有不生滅法。問：佛性與煩惱既俱，何故獨斷煩惱非本？答：譬如金之與鑛，俱時而生。得遇金師鑪冶烹鍊。金之與鑛，當各自別。金即百鍊百精；鑛若再鍊，變成灰土。湼槃經云：金者喻於佛性，鑛者喻於煩惱。諸大乘經論，具明煩惱爲客塵，所以不得稱之爲本。若以煩惱爲本，煩惱爲是暗，如何得明？湼槃經云：按，云字疑衍。只言以明破暗，不言以暗破得明。若暗破明，即應經論自共傳；胡適本無自字。經論既無，此法從何而立？若以煩惱爲本，若將煩惱爲本，按，此句疑衍。不應斷煩惱而求湼槃。問：何故經云不斷煩惱而入湼槃。計煩惱性，本自無斷。答：指煩惱性即是湼槃，不應勸衆生，具修六波羅密。斷一切惡，修一切善。以煩惱爲本，即是〔棄〕本逐末。按，本上脫一字，姑補棄字而譯。湼槃經云：一切衆生，本來湼槃，無漏智性，本自具足。譬如木性火性，俱時而生，值燧人鑽搖，火之與木，當時各自。經云：木者喻若煩惱，火者喻如佛性。湼槃經云：胡適本有以智火燒煩惱薪，經云：智慧即佛性，故知諸經十八字。具有此文，明知煩惱非本。問曰：何故湼槃經云，按，云字恐衍。第十五梵行品說，本有者，本有煩惱；今無者，今無大般湼槃。本無者，本無摩訶般若，今有者，今有煩惱。答：爲對五蔭色身故，所以説煩惱爲本。又經云：佛言，善男子，爲化度衆生故，而作是説。亦爲聲聞辟支佛，而作是説。又第三十六憍陳如品，梵志問佛，身與煩惱，何者於先？佛言，身在先亦不可，煩惱在先亦不可，胡適本有身與煩惱俱亦不可八字。要因煩惱然始有身，驗此經文，故知煩惱與身爲本，非謂對佛性也。又經云：有佛性故，得稱爲常。以常故，得稱爲本。非是本無今有。第十五卷云：佛性者，無得無生，何以故？非色非不色，不長不短，不高不下，不生不滅故，以不生滅故，得稱爲常。以常故，得稱爲本。第十九云：如暗室中有七寶，人亦不知所，爲暗故不見。智者之人，胡適本智者作有智。然大明燈，持往照燎，悉得見之。是人見此七寶，終言今有，佛性亦非今始有，以煩惱暗故不見。謂言本無今有，亦如盲人，不見日月，得值良醫療之，卽便得見，謂言日月本無今有。以盲故不見，日月本自有之。第卅五云：一切衆生，未來之世，定得阿耨菩提，是名佛性。一切衆生，現在具有煩惱諸結，是故不見，謂言本無。又第十九云：有佛無佛，性相常住，以諸衆生煩惱覆故，不見涅槃，便謂爲無。當知涅槃，是常住法，非本無今有。佛性者，非蔭界入，非本無今有，非已有還無。從善因緣，衆生得見佛性，以得見佛性故，當知本自有之。問：既言本自有之，何不自見，要藉因緣？答：猶如地下有水，若不施功掘鑿，終不能得。亦如摩尼之寶，若不磨治，冶當作治。終不明淨，以不明淨故，謂言非寶。涅槃經云：一切衆生，不因諸佛菩薩善知識方便指授，終不能得。若自見者，無有是處。以不見故，謂言本無佛性。佛性者，非本無今有也。

〔二〕　真法師問：云何是常義？答：無常是常義。又問：今問常義，何故答無常是常義？答：因有無常，而始說常；若無無常，亦無常義。以是義故，得稱爲常。何以故？譬如長因短生，短因長立。若其無長，短亦不立。事既故，事既故三字有誤脫，不可讀。胡適本作事相因故，可從。義亦何殊？又法性體不可得，是常義。又虛空亦是常義。此脫問辭，胡適本有問："何故虛空是常義"？八字。答：虛空以無大小亦無中邊，是故稱爲常義。謂法性體不可得，是有。胡適本是有作是不有，似是。能見不可得體，湛然常寂，胡適本有是不無三字，可從。是爲常義。若准有無而論，則如是。若約法性體中，亦不無於有。此句可疑，胡適本作於無亦不無，於有亦不有，爲勝。恒沙功德，本自具足，此是常義。又不大不小，是常義。謂虛空無大，不可言其大；虛空無小。不可言其小。今言大者，小家之大；今言其小者，乃是大家之小。此者於未了人，則以常無常而論。若約法性理，亦無常，亦無無常，以無無常故，得稱爲常。

〔三〕　戶部尚書王趙公，以偈問三車義。問曰：宅中無三車，露地唯得一，不知何所用，而説此三車？答曰：三車在門外，説卽在宅中。諸子聞説時，已得三車訖。今者在門外，先是乘車出。又問：宅中既得車，出外何須索？答：諸弟子雖得訖，弟字衍。不知車是車，既不自證知，所以門外索。又問曰：何處有人得道果，豈不自知乎？答：下文自證，所得功德，仍不自覺知，以此。問：諸子不自知，容可門外索。父應知子得，何須更與車？答曰：諸子不自知，所以門外索。長者今與車，還是先與者。問：三車本無實，所説乃權宜，與者是舊車，那應得假物？答：長者意在一，方便權説三。前者説三車，三車本是一。問：一車能作三，三車能作一。何不元説一，辛苦説三車？答：若爲迷人得，一便作三車；若約悟人解，卽三本是一。

〔四〕　崔齊公問：禪師坐禪一定已後，得幾時出定？答曰：神無方所，有何定乎？又問：既言無定，何名用心？答曰：我今定上不立，胡適本上作尚。誰道用心？問：心定俱無，若爲是道？答曰：道只没道，亦無若爲道。問：既言無若爲，胡適本爲下有道字。何處得"只没道"？答：今言"只没道"，爲有"若爲道"。若言無"若爲"，"只没"亦不存。

〔五〕　廬山法師問：胡適本法上有簡字。何者是中道義？答曰：邊義卽是。問：今問中道義，何故答邊義是？答曰：今言中道者，要因邊義立; 若其不立邊, 中道亦不立。

〔六〕　禮部侍郎蘇晉問: 云何是"大乘", 何者是 "最上乘"?
答曰: 菩薩即"大乘", 佛即"最上乘"。問曰: "大乘""最上乘", 有
何差別? 答曰: 言"大乘"者, 如菩薩行檀波羅蜜, 觀三事體空, 乃
至六波羅蜜, _{胡適本六作五, 爲勝。}亦復如是, 故名"大乘"。"最上乘"
者, 但見本自性空寂, 即知三事本來自性空, 更不復起觀。乃至亦
度亦然, _{亦度當作六度?} 是名"最上乘"。又問: 假緣起否? 答曰: 此
中不立起緣。_{起緣誤倒。}又問: 若無緣起, 云何得知? 答: 本空寂
體上, 自有般若智能知, 不假緣起。若立緣起, 即有次第。_{胡適本有}
_{問: 然則更不假修一切行耶? 答: 若如此見者, 萬行俱備。二十字。}

又問曰: 見此性人, 若起無明, 成業結否? 答: 雖有無明, 不
成業結。問: 何得不成? 答: 但見本性體不可得, 即業結本自
不生。

〔七〕　潤州刺史李峻問曰: 見有一山 僧 禮拜嵩山安禪師言:
"趁粥道人"。又一授記寺僧禮拜安禪言: _{禪下脫師字。}"措粥道人"。
_{胡適本措粥作惜粥。}問此二若爲? 答: 此二俱遣。問: 作没生遣? 答:
但離即遣。問: 作没生離? 答: 我今只没離, 無作没生離。問: 爲復
心離, 爲是眼離? 答: 只今没離, 亦無心眼離。問: 心眼俱不見, 應
是盲人。答: 自是盲者喝盲, 他家見者, 元來不盲。經云: 是盲者
過, 非日月咎。

〔八〕　張燕公問: 禪師日常説無念法, 勸人修學, 未審無念法
有無? 答曰: 無念法, 不言有, 不言無。問: 何故無念不言有無?
答: 若言其有者, 即不同世有; 若言其無者, 不同世無。是以無
念不同有無。問: 喚作是没勿? _{按, 疑衍没勿之一字。}答: 不喚作勿。
_{按, 勿上恐脱是字。}問: 異 没 時 作 物 生? 答: 亦 不 作 一 物。_{胡適本作}
_{亦不作勿生。}是以無念不可説, 今言説者, 爲對問故; 若不對問, 終

無言説。譬如明鏡，若不對像，鏡中終不現像。爾今言現像者，爲對物故，所以現像。問曰：若不對像照不照？答曰：今言對照者，不言對與不對俱常照。問：既無形像，復無言説，一切有無，皆不可立。今言照者，復是何照？答曰：今言照者，以鏡明故，有自性照以；按，以下恐有脱文。若不然照以當作以照。胡適本有自性，作有此性，無照以二字。若以衆生心淨，自然有大智慧光，照無餘世界。問：既若如此，作没生時得？答：但見無。問：既無，見是物？答：雖見，不喚作是物。問：既不喚作是物，何名爲見？答曰：見無物卽是真見常見。

〔九〕 和上問遠法師言：曾講大般涅槃經不？遠法師言：講大般涅槃數十遍。和上又言：一切大小乘經論，説衆生不解脱者，爲緣有生滅二心。涅槃經：諸行無常，是生滅法，生滅滅已，寂滅爲樂。未審生之與滅，可滅不見滅，爲是將生滅生滅，爲是將滅滅生，爲是生能自滅生，爲是滅能自滅滅？請法師一一具言答。遠法師言：亦見諸經論，作如此説。至於此義，實不能了。禪師若了此義，請爲衆説。和上言：不辭爲説，恐無解者。法師言：道俗有萬餘人，可無一人能解？和上言：看，見不見。遠法師言：見是没。和上言：果然不見。遠法師既得此語，結舌無對，非論一己屈詞，抑亦諸徒失志，勝負既分，道俗嗟散。

〔一〇〕 和上問澄禪師：修何法而得見性？澄禪師答曰：先須學坐修定，得定已後，因定發慧，以智慧故，卽得見性。問曰：修定之時，豈不要須作意否？答言：是。此脱問字。既是作意卽是識定，若爲得見性？答：今言見性者，要須修定，若不修定，若爲見性？問曰：今修定者，元是妄心，妄心修定，如何得定？答曰：今修定得定者，自有內外照，以內外照故，得見淨，以心淨故，卽是見性。問曰：今言見性者，性無內外，若言因內外照故，胡適本無故字。

元見妄心，若爲見性？經云：若學諸三昧，是動非坐禪，心隨境界流，云何名爲定？若指此定爲是者，維摩詰即不應訶舍利弗宴坐也。

〔一一〕　和上問諸學道者：今言用心者，爲是作意，不作意？若不作意，即是聾俗無別。若言作意，即是有所得，以有所得者，即是繫縛故，何由可得解脱？聲聞修空住空，即被空縛。若修定住定，即被定縛。若修靜住靜，被淨縛。按，淨當作靜。若修寂住寂，被寂縛。是故般若經云：若取法相，即著我人衆生壽者。又維摩經云：調伏其心者，是聲聞法；不調伏心者，是愚人法。人者既用心，按，人者當作仁者。是調伏法。若調伏法，何名解脱者？須陁洹亦調伏，斯陁含亦調伏，阿那含阿羅漢亦調伏，非想定及非非想亦調伏，四禪亦調伏，三賢並皆調伏，若爲鑒別？若如此定者，並未解脱。

〔一二〕　神足師問：真如之體，以是本心，復無青黄之相，如何可識？答曰：我心本空寂，不覺忘念起。按，忘當作妄，下同。若覺忘念者，覺忘自俱若滅，若字恐衍。此即識心者也。問：雖有覺照，還同生滅，今説何法，得不生滅？答曰：只猶心起故，遂有生滅，若也起心既滅，即生滅自除，無想可得。胡適本想作相。假説覺照，覺照已滅，生滅自無，生即不生。即上疑脱滅字。

〔一三〕　崇遠法師問：云何爲空？若道有空，還同質礙；若説無空，即何所歸依？答曰：只爲未見性，是以説空，若見本性，空亦不有，如此見者，是名歸依。

〔一四〕　和上告諸知識，若欲得了達甚深法界者，直入一行三昧。若入此三昧者，先須誦持金剛般若波羅蜜經，修學般若波羅蜜。故金剛般若波羅蜜經云：若有善男子善女人，發菩提心者，於此經中，乃至四句偈等，受持讀誦，爲人演説，其福勝彼。云何爲人演説？不取於相。不取於相者，所爲如如。云何所謂如如？無念。云何無念？所謂不念有無，不念善惡，不念有邊際無邊際，不念有限量，量下恐脫無限量三字。不念菩提，不以菩提爲念，不念涅槃，不以涅槃爲念，是爲無念。是無者，無下恐脫念字。即是般若波羅蜜。般若波羅蜜者，即是一行三昧。諸知識，若在學地者，心若有念，即便覺照，若也起心即滅，覺照自亡，即是無念。是無念者，無一切境界；如有一切境界，即與無念不相應故。諸知識，如實見者，了達甚深法界，即是三行三昧。按，三行當作一行。是故小品般若波羅蜜經云：善男子，是爲般若波羅蜜，所謂於諸法中無所念，我等住於無念法中，得如是金色身，三十二相，大光明，不可思議智慧，諸佛無上三昧，無上智慧，盡諸功德，諸佛説之，由不能盡，何況聲聞辟支佛。能見無念者，六根無染，見無念者，得向佛智。見無念者，名爲實相。見無念者，中道第一義諦。見無念者，恒沙功德，一時等備；見無念者，能生一切法；胡適本生作主。見無念者，即攝一切法。

〔一五〕侍郎苗晉卿問：若爲修道得解脱？答：得無住心，即得解脱。問若爲得無住？答曰：金剛經具有明文。又問：金剛經道没語？答曰：復次須菩提，諸菩薩摩訶薩，應如是生清淨心。不住色生心。不下疑脱應字。不應住聲香味觸法生心。應無所住而生其心。但得無住心，即得解脱。又問：無住若爲知無住？答曰：無住體上，自有本智，以本智能知。常令本智而生其心。

〔一六〕魏郡乾光法師問：何者是佛心，何者是衆生心？答曰：衆生心即是佛，胡適本佛下有心字。佛心即是衆生心。問：衆生心與佛，胡適本佛下有心字。既無差別，何故言衆生言佛？答：若約不了人論，有衆生有佛，若其了者，衆生心與佛心，元不別毋生。胡適本無毋生二字。

又問：常聞禪師説法與天下不同，佛法一種，何不同？答：若是佛法，元亦不別。爲今日覺者各見淺深有別，所以言道不同。

問曰: 請爲説不同所由? 答曰: 今言不同者, 凝心取定, 或有住心看淨, 惑有起心外照,惑當作或, 下二惑字同。惑有攝心内澄, 惑有起心觀心於取於空,胡適本於取之於作而。或有覺妄俱滅, 不了本性, 住無記空。如此之輩, 不可具説。如此本性虛無之理, 時人不了, 隨念而成, 以是不同。非論凡夫, 如來説無爲一切法, 胡適本一切法作一法, 似是。一切賢聖, 而有差別, 何況今日一切諸學道者, 若爲得同? 問曰: 金剛經中四句偈義, 何者是? 答曰: 見諸法師説四句偈者, 或以八字爲句, 卅二字爲四句, 或以五字爲句, 或以四字爲句。或有人取經後一切有爲法偈爲四字偈, 或有人取若以色見我偈爲四句偈義。無著菩薩云: "廣大第一常, 其心不顛倒, 爲四句義。"或有人取無我相無人相無衆生相無壽者相爲四句偈義, 今即不然。何以故? 因有我相, 始言無我相; 因有人相, 始言無人相; 因有衆生相, 始言無衆生相; 因有壽者相, 始言無壽者相。今看此義即不然, 何以故? 無無我相, 無無人相, 無無衆生相, 無無壽者相, 即名真四句偈義。又見大智度論云: 般若波羅蜜者, 喻如大火聚, 四面不可取, 以不可取, 是名真取。胡適本名作爲。此即真四句義。

〔一七〕 鄭璿問曰: 云何是道? 答曰: 無名是道。又問: 道既無名, 何故言道? 答曰: 道終不自言, 言其道, 胡適本道下有者字。只爲對問故。問: 道既假名, 無名是真否? 答曰: 非真。胡適本非上有亦字。問: 無名既非真, 何故無名是道? 胡適本故下有言字。答: 爲有問故, 言有説,言有説當作有言説。若無有問, 終無言説。

〔一八〕 乾法師問:乾下脱光字。金剛般若經云: 若有善男子善女人, 受持讀誦此經, 若爲人輕賤, 是人先世罪業, 應墮惡道, 以今世輕賤故,世下脱人字。是人先世罪業, 則爲消滅, 其義云何? 答曰: 持經之人, 合得一切人恭敬禮拜, 今日雖且得經讀誦, 爲未持經以前所有重罪業鄣, 今日持經威力故, 感得世人輕賤, 倍復能令持經人持經人所有重罪業鄣悉皆消滅。<small>倍復二字可疑，恐誤倒。持經人三字疑衍，若不然人下當有脱文。胡適本無倍復、持經人五字。</small>以得消滅故，卽得阿耨多羅三藐三菩提也。又有理義釋云：先世罪業者，喻前念起忘心；<small>忘當作妄。</small>今世人輕賤者，喻後念齊覺。後覺爲悔前妄心。若前心既滅，後悔亦滅。二念俱滅既不存，<small>胡適本無滅字。</small>卽是持經功德具足，卽是阿耨多羅三藐三菩提。又云：後覺喻輕賤者，爲是前念起妄心，若起後覺，亦是起心，雖名作覺，覺亦不離凡夫故，喻世人輕賤也。

〔一九〕　<u>惢法師</u>問，云何是“定慧等”義？答曰：念不起，空無所有，卽名正定。以能見念不起，空無所有，卽名正慧。若得如是，卽定之時，名爲慧體，卽慧之時，卽是定用。卽定之時不異慧，卽慧之時，不異定，卽定之時卽是慧，卽慧之時卽是定，卽定之時無有定，卽慧之時無有慧。何以故？性自如故，是名定慧等學。

〔二〇〕　<u>嗣道王</u>問曰：無念法者，爲是凡夫修，爲是聖人修？若是聖人修，卽何故令勸凡夫修無念法？答曰：無念者<small>胡適本念下有法字。</small>是聖人法。凡夫若修無念者，<small>胡適本念下有法字。</small>卽非凡夫也。又問曰：無念者無何法，<small>念字疑衍。</small>是念者念何法？答曰：無者無有二法，念者唯念真如。又問：念者與真如有何差別？答：亦無差別。問：既無差別，何故言念真如？答曰：所言念者，是真如之用，真如者，卽是念之體。以是義故，立無念爲宗。若言無念者，<small>胡適本言作見。</small>雖有見聞覺知，而常空寂。

〔二一〕　<u>志德法師</u>問：禪師，今教衆生，唯令頓悟，<small>胡適本令作求。</small>何故不從小乘而引漸修？未有昇九層之臺不由階漸而登者也。答曰：只恐畏所登者不是九層之臺，恐畏漫登者土堆胡塚。若是實九層之臺，此卽頓悟義也。今於頓中而立其漸者，卽如登九層之臺也，要藉階漸，終不向漸中而立漸義。事須理智兼釋，謂之頓悟。並不由階漸,自然是頓悟義。自心從本已來空寂者,是頓悟。即心無所得者爲頓悟。即心是道爲頓悟。即心無所住爲頓悟。存法悟心,心無所得,是頓悟。知一切法是一切法爲頓悟。聞説空不著空,即不取不空,是頓悟。聞説我不著,著下脱我字。即不取無我, 是頓悟。不捨生死而入湼槃,是頓悟。又有經云:言自然智無師智。於理發者向道遲,此句有誤脱,胡適本作理發者向道疾,外修者向道遲,可從。出世而有不思議事,聞説者即生驚疑。今見在世不思議事有頓者,信否? 問曰: 其義云何? 願示其要。答曰: 如周太公殷傅上説,上字衍。皆竿釣板築,而簡在帝心,起自匹夫,爲頓登台輔, 胡適本爲作位。豈不是世間不思議之事? 出世不思議者,衆生心中,具足貪愛無明宛然者,但遇真正善知識,一念相應,便成正覺,豈不是出世不可思議事? 又經云: 衆生見性成佛道。龍女須臾頓發菩提心, 便成正覺。又令衆生入佛知見,若不許頓悟者,如來即合偏説五乘,偏當作徧。今既不説五乘,唯言衆生入佛知見,約斯經義,只顯頓門,唯在一念相應,實更不由階漸。相應善也,胡適本也作者。謂見無念。 見無念者,謂了自性。了自性者,謂無所得。以其無所得,即如來禪。維摩詰言,如自觀身實相者,觀佛亦然。我觀如來,前際不來,後際不去,今則無住。以無住故,即如來禪。又經云,一切衆生,本來湼槃,無漏性智,本自具足。欲擬善分別自心現與理相應者,離五法、三自性,離八識、二無我,離内見外見, 雖有無二法,雖當作離。畢竟平等,湛然常寂,廣大無邊,常恆不變。何以故? 本自性清淨,體不可得故。如是見者, 即是本性。胡適本是作得。若人見本性, 即坐如來地。如是者,是下脱見字。離一切諸相,是名諸佛。如是見者,恆沙妄念,一時俱寂。如是見者,恆沙清淨功德,一時等備。如是見者,名爲無漏智。如是見者,名一字法門。如是見者,六度圓滿。如是見者,名法眼淨。如是見者,謂無所得,無所得者,即是真解脱。真解脱者，卽同<u>如來</u>，知見廣大深遠，一無差別故。如是知者，卽是<u>如來</u>應供正遍知。如是見者，放大智慧光，照無餘世界。所以者何？世界卽心也。言心應正遍知，此者正言心空寂更無餘念，此二句恐有誤脫，胡適本無言心應正遍知此者正心十字。故言照無餘世界。　諸學道者，心無青黃赤白黑，亦無出入去來、遠近前後，亦無作意，亦無不作意。若得如是者，名爲相應也。若有出定入定及一切境界，非論善惡等，皆不離妄心；並有所得，以有所得，並是有爲，全不相應。若其決心證者，臨於三際，白刃相向下，逢刀解身日，此三句有誤脫，胡適本作臨三軍際，白刃相向下，風刀解身日。見無念，堅如金剛，毫微不動。縱使<u>恆</u>沙佛來，亦無一念喜心；縱見<u>恆</u>沙衆生一時俱滅，亦不起一念悲心者。此是大丈夫，得空平等心。若有坐者，“凝心入定，住心看淨，起心外照，攝心內澄”者，此是障菩提，未與菩提相應，何由可得解脱？解脱菩提若如是，<u>舍利弗宴坐林間</u>，不應被維摩詰訶。訶者云：“不於三界現身意，是爲宴坐”也。但一切時中，見無念，不見身相，名爲正定。不見心相，名爲正慧。

〔二二〕　<u>常州司戶元思直</u>問曰：何者是空，云何爲不空？答曰：真如體不可得，名之空。以能見不可得見體，得見之見恐衍。湛然常寂，而有<u>恒</u>沙之用，故言不空。

〔二三〕　<u>蔣山義</u>法師問曰：一切衆生，皆有真如佛性，及至中間，或有見者，或有不見者，云何有如是差別？答曰：衆生雖有真如之性，亦如大摩尼之寶，雖含光性，若無人磨治，冶當作治。終不明淨。差別之相，亦復如是。一切衆生，不遇菩薩善智識教令發心，胡適本菩薩上有諸佛二字。終不能見差別之相，亦復如是。

〔二四〕　<u>義聞</u>法師問曰：胡適本聞作圓。雖有真如，且無有形相，使衆生云何得入？答：真如之性，卽是本心。雖念無有能念可念，雖説無有能説可説，是名得人。

〔二五〕　盧山簡法師問：見覺雖然行，還同生滅；今修何法得不生滅？　答：今言見者，本無生滅。今言生滅者，自是生滅人見也。若無生滅，即是不生滅。

〔二六〕　潤州司馬王幼琳問：云何是無法可説是名説法？　答曰：般若波羅蜜，體不可得，是無法可説。般若波羅蜜，體自有智，照見不可得體，湛然常寂，而有恒沙之用，是名説法。

〔二七〕　牛頭寵法師問：懺悔罪得滅否？　答：見無念者，業自不生。何計妄心而別有更欲懺悔滅之，滅即是生。問曰：云何是生？　答曰：生者即是於滅也。

〔二八〕　羅浮山懷迪禪師問曰：一切衆生，本來自性清淨，何故更染生死法，而不能出離三界？　答曰：爲不覺自體本來空寂，即隨妄念而起結業，受生造惡之徒，蓋不可説。今此修道之輩，於此亦迷，唯只種人天因緣，不在究竟解脱。又若不遇諸佛菩薩真正善知識者，何由免得輪迴等苦？　問曰：心心取寂滅，念念入法流者，豈非動念否？　答：菩薩向菩提道，其心念念不住。猶如燈焰焰相續，自然不斷，亦非燈造焰，何以故？　謂諸菩薩趣向菩提念念相續，不間斷故。

〔二九〕　問曰：問日二字恐衍。門人劉相倩云，於南陽郡，見侍御史王維，在湍驛中，胡適本湍上有臨字。屈神會和上及同寺僧惠澄禪師，語經數日。於時王侍御問和上言：若爲修道得解脱？　答曰：衆生本自心淨，若更欲起心有修，即是妄心，不可得解脱。王侍御驚愕云：大奇。曾聞大德，胡適本作曾聞諸大德言説。皆未有作如此説。乃爲寇太守張別駕袁司馬等曰：此南陽郡，有好大德，有佛法甚不可思議。寇太守云：此二大德見解並不同。王侍御問和上，何故得不同？　答曰：今言不同者，爲澄禪師要先修定以後，定後發慧，此句恐當作要先修定得定，以後發慧。即知不然。今正共侍御語時，即定慧俱等。湼槃經云: 定多慧少，增長無明。慧多定少，增長邪見。若定慧等者，名爲見佛性。故言不同。王侍御問: 作没時是定慧等？胡適本作没時作作勿生。和上答: 言定者，體不可得。所言慧者，能見不可得體，湛然常寂，有恒沙巧用。即是定慧等學。衆起立廳前，澄禪師諮王侍御云: 惠澄與會闍梨，剛證不同。王侍御唉謂和上言: 何故不同？答: 言不同者，爲澄禪師先修定，得定已後發慧，會即不然。正共侍御語時，即定慧俱等，是以不同。侍御言: 闍梨，只没道不同。答: 一纖毫不得容。又問: 何故不得容？答: 今實不可同，若許道同，即是容語。

〔三〇〕 牛頭山袁禪師問: 佛性遍一切處否？答曰: 佛性遍一切有情，不遍一切無情。問曰: 先輩大德皆言道，"青青翠竹，盡是法身; 欝欝黄花花，衍一花字。無非般若。"今禪師何故言道，佛性獨遍一切有情，不遍一切無情？答曰: 豈將青青翠竹同於功德法身，豈將欝欝黄花等般若之智？若青竹黄花同於法身般若者，如來於何經中，説與青竹黄花授菩提記？若是將青竹黄花同於法身般若者，此即外道説也，何以故？湼槃經云: 具有明文，無佛性者，所謂無情物是也。

〔三一〕 蘇州長史唐法通問曰: 衆生佛性與佛性同異？與下恐脱佛字。答: 亦同亦異。又問曰: 何故亦同亦異？答: 言其同者猶如金，言其異者猶如椀盞等器，是也。問曰: 此似是没物？答: 不似箇物。問曰: 既不似箇物，何故喚作佛性？恐脱答字。若其似物，不喚作佛性。

〔三二〕 廬山簡法師問: 明鏡高臺，即能照萬像，萬像即悉現其中，此若爲？答: "明鏡高臺，能照萬像，萬像即悉現其中"，古得相傳，得當作德。共稱爲妙。今此門中，未許爲妙。何以故？且如明鏡，則能監萬像，萬像不現其中，此將爲妙。何以故？如來以無分別智，能分別一切；豈有分別之心、而能分別一切？

〔三三〕 揚州長史王怡問曰：世間有佛否？答：若在世間卽有佛，在恐當作有。若無世間卽無佛。問曰：定有佛，爲復定無佛？答：不可定有，亦卽不可定無。問曰：何故言不可定有不可定無？答：不可定有者，文殊般若經云："般若波羅蜜不可得，菩提湼槃亦不可得，佛亦不可得。"故言不可定有。不可定無者，湼槃經云："有佛無佛，性相常住，以諸衆生，從善因緣方便，得見佛性"故，言不可定無。

〔三四〕 齊寺主問曰：云何是大乘？答曰：小乘是。又問曰：今問大乘，因何言小乘是？答：因有小故，而始立大，若其無小，大從何生。今言大者，乃是小家之大，今言大乘者，空無所有，卽不可言大小。猶如虛空，虛空無限量，不可言無限量；虛空無邊，不可言無邊；大乘亦爾。是故經云：虛空無中邊，諸佛身亦然。今問大乘者，所以小乘是也。道理極分明，何須有恠。

〔三五〕 行律師問曰：經云，"受諸觸如智證"，此義云何？答曰：受諸觸者，言本性不動也。若其覺異，卽是動，猶如鏡中約人種種施爲舉動爲無心也。今受諸觸，亦復如是。其智證者，本覺之智也。今言智證者，卽以本覺之智能知故，稱爲智證。借牛角以爲喻立義，正覺之時，覺當作角。不可言如意；卽如意之時，不可名爲角。其角則雖含如意性，未滅角時，不可稱爲如意。如意雖因角所成，成亦不可稱爲角。經云："滅覺道成"，其義若斯。"若見遍則覺照亦不立"，今存者，胡適本存下有覺照二字。約見解遍而論。若約清淨體中，何所覺，亦何所照？人以世物爲有，我卽以世物爲無，人以虛空爲無，我以虛空爲無。無當作有。何以故？世物緣合卽有，緣散卽無，遇火則焚，遇水卽溺，不久破壞，是以言無。虛空火不能焚，水不能溺,不可破壞,不可散故,是以稱爲常,故得爲之有也。

〔三六〕 相州別駕馬擇問:擇比在朝廷,問天下內供奉僧及道士,決弟子疑不了,未審禪師決得擇疑否? 答:比者以來,所決諸人疑,亦不落莫,未審馬別駕疑是物? 馬別駕言:今欲說,恐畏禪師不能了擇疑。 答:但說出,即知得與不得,元來不說,若爲得知? 時有別駕蘇成、長史裴溫、司馬元光紹三人言: 與他禪師說出。馬別駕遂問:天下應帝廷僧,唯說因緣,即不言自然;天下應帝廷道士,唯說自然,即不言因緣。答曰:僧唯獨立因緣,不言自然者,是僧之愚過。道士唯獨立自然,不言因緣者,道士愚過。馬別駕言:僧家因緣可知,何者即是僧家自然? 若是道家自然可知,者何即是道家因緣? 者何誤倒。和上答:僧家自然者,衆生本性也。又經文所說:"衆生有自然智無師智。"此是自然義。道士家因緣者,道得稱自然者,道生一,一生二,二生三,三生萬物。從道以下,並屬因緣。若其無,無下脫道字。一從何生。今言一者,因道而立;若其無道,萬物不生。今言萬物者,爲有道故,始有萬物;若其無道,亦無萬物,今言萬物者,並屬因緣。

〔三七〕 弟子比丘無行問:無行見襄陽俊法師諸法師等,胡適本諸上有及字。在和上堂,共論色不異空,空不異色,色即是空,空即是色,及龍女刹那發心,便成正覺,如是等義,無行於此有疑。和上言:汝見諸法師作何問? 答曰:見品法師問俊法師等,胡適本問字在等字下,品作嚴。品疑嚚之殘缺。何者是色不異空,空不異色。俊法師答:借法師身相,可明此義。何者是法師,若言眼不是法師,口亦不是法師,乃至耳鼻等一一檢責,皆不是法師,但有假名,求法師終不可得,即空。假緣有故,即色。無行今所疑者,見俊法師作如此解,願和上示其要旨。和上言:如法師所論,自作一家道理,若尋經意,即未相應。俊法師所說,乃析物以明空,即不知心境高於須彌。汝今諦聽，爲汝略説：是心起故卽色。色不可得故卽空。又云：法性妙有故卽色，色妙有故卽空。所以經云：色不異空，空不異色。又云：見卽色，見無可見卽空。是以經云：色卽是空，空卽是色，受想行識，亦復如是。又問曰：衆生煩惱，無量無邊，諸佛如來，菩薩摩訶薩，歷劫修行，由不能得，云何龍女刹那發心，便成正覺？和上言：發心有頓漸，迷悟有遲疾。若迷卽累劫，悟卽須臾。此義難知，爲汝先以作事喻，後明斯義，或可因此而得悟解。譬如一緜之絲，其數無量，若合爲一繩，置於木上，利劍一斬，一時俱斷。絲數雖多，不勝一劍。發菩提心，亦復如是。若遇真正善知識，以巧方便，直示真如，用金剛慧，斷諸位地煩惱，豁然曉悟，自見法性本來空寂，慧利明了，通達無礙。證此之時，萬緣俱絕。恒沙妄念，一時頓盡。無邊功德，應時等備。金剛慧發，何得不成。又問：見俊法師説，龍女是權，不得爲實，若是實者，刹那發心，豈能斷得諸位地煩惱？見俊法師作如是説，無行有疑，願和上再示。和上言：前絲引喻以明，絲引疑誤倒。 卽合盡見，何乃更疑？花嚴經云：十信初，發金剛慧，便成正覺。菩提之法，有何次第？若言龍女是權者，法華經云圓頓不思議教，胡適本無云字。有何威力？

〔三八〕 弟子無行問，見俊法師云：胡適本云作講。法華經説如來五眼義言，從假入空，名爲慧眼；從空入假，名爲法眼；非空非假，名爲佛眼；都城道俗，歎不可思議。無行於此有疑，未審所説定否？和上言：汝有何疑？今試説看。 無行疑者，所謂經云：如來天眼，常在三昧，悉見諸佛國土，無有二相，云何慧眼要從假入空？云何法眼乃從空入假？若如此者，皆是相因。若不相因假，相字疑衍。卽不能入空，若不因空，卽不能入假。當知入空卽不假，卽不假卽不空。卽不假當作入假。假空二途，法惠殊隔。佛圓真眼，不應有異。如此見疑，伏垂決示。和上言：人有利鈍故，卽有頓漸。法師所説，蓋謂迷人。謂當作爲。若論如來五眼，實不即如是。如來示同凡夫，則説有肉眼。雖然如是，見與凡夫不同。復白和上，願垂決示。和上言：見色清淨，名爲肉眼，見清淨體，名爲天眼，見清淨體，於諸三昧及八萬四千諸波羅蜜門，皆於見上，一時起用，名爲慧眼，見清淨體，無見無無見，名爲法眼，見非寂非照，名爲佛眼。

〔三九〕　給事中房琯問：煩惱即菩提義。答曰：今借虛空爲喻，如虛空本來無動静，不以明來即明，暗來即暗，此暗空不異明，明下恐脱空字。明空不異暗空，明暗自有去來，虛空元無動静，煩惱即菩提，其義亦然。迷悟雖即有殊，菩提心元來不動，又用有何煩惱更用悟。又用之用字可疑，恐當作問。答：經云，佛爲中下根人，説迷悟法，上根之人，不即如此。經云，菩提無去來今，故無有得者，望此義者，即與給事見不別，如此見者，非中下之人所測也。

〔四〇〕　峻儀縣尉李寬問自然義。問曰：最初佛從因得道否？若言不從因得道，約何教得以成佛？答曰：過去佛不從因得道。又問：此義云何？答曰：衆生本有無師智自然智。衆生承自然智，得成於佛，佛將此法展轉教化衆生，得成等正覺。又問：以前衆生，説有自然智，得成於佛；因何如今衆生，具有佛性；何謂無自然智，即不得成佛？答：衆生雖有自然佛性，爲迷故不覺，被煩惱所覆，流浪生死，不得成佛。問曰：衆生本來自性清淨，其煩惱從何而生？答曰：煩惱與佛性，一時而有，若遇真正善知識指示，即能了性悟道，若不遇真正善知識，即造諸惡業，不能出離生死，故不得成佛。譬如金之與鑛相依俱時，而不逢金師，只名金鑛，不得金用；若逢金師烹鍊，即得金用。如煩惱依性而住，如若了本性煩惱自無。和上却問曰：如世間禮，本有今有？李少府答曰：因人制今故有禮。今故恐當作故今。和上又問言：若因人制即今有者，豺祭獸獺祭魚等，天然自解，豈由人制；若袁此理，袁恐當作遠。具明先有，如衆生佛性，亦復如是，此卽本來自有，不從他得。

〔四一〕　內鄉縣令張萬頃問：真如者似何物？答曰：比者諸大德道俗皆言，不遷變名爲真；神會今則不然，今言真者，無可遷變，故名爲真。所言如者，比來諸大德道俗皆言，兩物相似曰如。會今卽不然，無物相似曰如。又問：佛性是有是無？答曰：佛性非邊義，何故問有無？又問：何者是非邊義？答曰：不有不無，是非邊義。又問：何者是不有，云何是不無？答曰：不有者，不言於所有；胡適本此句作不言於不有。不無者，不言於所無；胡適本此句作不言於不無。二俱不可得，是故非邊義。

〔四二〕　問人蔡鎬，問當作門。見武晈，問忠禪師中道義，問：問當作答。有無雙遣中道。胡適本道下有亦亡二字。又問經五六十度。忠禪師答云：是空。又問：空更有是勿在？答曰：想非想更有俱生識。胡適本想非想作相非相。是以忠禪師作如是答，胡適本是以作問。武晈將此問問和上。和上言：武八郎，從三月至十月，唯問此一義，會今說此義，與忠禪師有別。武晈曰：云何得差別？答曰：有無雙遣中道亡者，胡適本亡作亦亡。卽是無念，無念卽是一念，一念卽是一切智，一切智卽是甚深波若波羅蜜，波若當作般若，下同。波若波羅蜜卽是如來禪。是故經云：佛言，善男子，汝以何等觀如來乎。維摩詰言：如自觀身實相，觀佛亦然。我觀如來，前際不來，後際不去，今卽無住。以無住故，卽如來禪；如來禪者，卽是第一義空；第一義空，爲如此也。菩薩摩訶薩，如是思惟觀察，上上昇進，自覺聖智。

〔四三〕　洛陽縣令徐鍔問曰：一切諸佛及諸佛阿耨多羅三藐三菩提法，皆從此經出，未審佛先，未審法先，卽禀何教而成道。若是法先者，法卽是何人說？答曰：若論文字，胡適本字下有法字。佛先法後，若論寂滅法中，法卽先佛後。又明經義，經云，諸佛之師、所謂法也。以法常故，諸佛亦常。佛裏何教，而成道者。經所説，眾生有無法智，_{法當作師}。有自然智，眾生承自然智，任運修習，謂寂滅法，得成於佛，佛卽遂將此法轉教化眾生，眾生承佛教修習，得成正覺。

〔四四〕　南陽太守王弼問曰：楞伽經云生住異滅義。答曰：此義有二種。又問：若爲是二種？答曰：人受胎之時，名之爲生，長至三十，名之爲住，髮白面皺，名之曰異，無常到來，名之爲滅。又如穀子初含其牙，卽是生義，既生已卽住，是爲住義，生既卽異於未生時，是爲異義，卽生已含滅，是爲滅義。菩薩摩訶薩，發般若波羅蜜心，卽具此四相義。又問：禪師，爲是説通？爲是宗通？答：今所説者，説亦通，宗亦通。又問：若爲是説通，若爲是宗通？答：口説菩提，心無住處；口説涅槃，心唯寂滅；口説心解脱無繫縛；_{口説心解脱無繫縛當作口説解脱，心無繫縛}。卽是説通，宗不通。又問曰：若爲宗通？答曰：但了本自性空寂，更不復起觀，卽是宗通。又問曰：正説之時，豈不是生滅否？答：經云，善能分別諸法相，於第一義而不動。

〔四五〕　揚州長史王怡問曰：佛性既在眾生心中，若死去入地獄之時，其佛性爲復入不入？答曰：身是妄身，造地獄業，亦是妄造。問曰：既是妄造，其入者何入？答曰：入者是妄入。問：既是妄入，性在何處？答曰：性不離妄。_{疑脱問字}。卽應同入否？答：雖同入而無受。問：既不離妄，何故得有入無受。答曰：譬如夢中被打，爲睡身不覺知，其佛性雖同入，而無所受，故知造罪是妄，地獄亦妄，二俱是妄受妄，妄自迷真，性元無受。

〔四六〕　志德法師問：生住異滅義若爲？答：生住異滅者正言一，以有一故卽有四。無始無明，依如來藏，故一念微細生時，遍一切處。六道眾生所造，不覺不知，無所不遍，亦不作不知，_{不作恐當}

作不覺。從何所來，去至何所，即此衆生體有六道。何故如此，衆
生亦念遍知六道苦樂，以曾受。故知假識即有生住去來，真識如
如，都無去來生滅，猶如人眼睡時，無明心遍一切處，覺時有其麁
細，故遍不遍。如穀子初含其牙，即有生義，既生已即住其生，住已
即異未生時，即生中已含滅義，此即生住異滅義。

〔四七〕　遠法師問：何者不盡有爲，何者不住無爲？答曰：不
盡有爲者，從初發心，至菩提樹成等正覺，直至雙林入般涅槃，於中
一切善，悉皆不捨，即不盡有爲。不住無爲者，修學空，不以空爲
證，修學無作，不以無作爲證，即是不住無爲，坐念不起爲坐，見本
性爲禪。

〔四八〕　遠法師曰：禪師修何法行可行？可當作何。和上答
言：修般若波羅蜜法，行般若波羅蜜行。遠法師問曰：何故不修餘
法，不行餘行。和上答曰：修行般若波羅蜜者，能攝一切法，行般
若波羅蜜行，即是一切行之根本，是故，金剛般若波羅蜜，最尊最
勝無第一。無當作最。無生無滅無去來，一切諸佛從中出。勝天王
般若經云：云何菩薩摩訶薩，學般若波羅蜜，通達甚深法界，佛告勝
天王言：大王，即是如實。世尊，云何如實？大王，即不變異。世
尊，云何不變異？大王，所謂如如。世尊，云何如如？大王，此可智
知，非言能説，何以故，過諸文字，無此無彼，離相無相，遠離思量，
過覺觀境，是爲了達甚深法界，發心畢竟二不別，如是二心先心難，
自未得度先度他，是故我禮初發心菩薩，解脱菩薩言。世尊，無生
之心，有何取捨，住何法相？佛言，無生之心，不取不捨，住於不心，
住於不法。心王菩薩言：尊者，無生般若，於一切處無住，於一切處
無利，心無住處，無處住心，無住無心，心無生住，心即無生。尊者，
心無生行，不可思議。心王菩薩言：如無生行，性相空寂，無見無
聞，無得無失，無言無説，無知無相，無取無捨。云何取説？若證

者,恐有脱字。卽是静論,無静無論,乃無生行,千思萬慮不益,道理則無生滅,如實不起諸識,安寂流注不生,得法眼淨,是謂大乘。

〔四九〕　遠法師問曰:禪師,口稱達摩宗旨,未審禪門有相傳付囑,以爲是説?答曰:從上以來,具有相傳付囑。又問曰,復經今幾代?答曰:經今六代。請爲説六代大德是誰,并叙傳授所由?

〔五〇〕　第一代後魏嵩山少林寺有婆羅門僧,字菩提達摩,是南天竺國王之第三子,少小出家,悟最上乘,於諸三昧,證如來禪。附船泛海,遠涉潮來至漢地,便遇慧可。慧可卽隨達摩,至嵩山少林寺,奉侍左右,於達摩堂前立,其夜雪下,至慧可腰,慧可立不移處。大師見之,言曰:汝爲何事在雪中立?慧可白大師曰:和上西方遠來至此,意欲説法濟度於人,慧可不憚損軀,志求勝法,伏願和上,大慈大悲,聞佛知見,聞當作開。救衆生之苦,拔衆生之難,卽是所望也。達磨大師言曰:我見求法之人,咸不如此。慧可自取刀,自斷左膊,置達摩前。達摩可慧可爲求勝法,棄命損軀,喻若雪山捨身以求半偈。便言:汝可在前,先字神光,因此立名,遂稱慧可。達摩大師,乃依金剛般若經,説如來知見,授與慧可。慧可授語已爲法契,便傳袈裟,以爲法信,如佛授娑竭龍王女記。大師云:金剛經一卷,直了成佛,汝等後人,依般若觀門修學,不爲一法,便是涅槃,不動身心,成無上道。達摩大師接引道俗,經於六年,時有難起,六度被藥,五度食訖,皆掘地摘出。語慧可曰:我與漢地緣盡,汝後亦不免此難,至第六代後,傳法者,命如懸絲,汝等好住,言畢遂遷化。葬在嵩山。於時有聘國使宋雲,於葱嶺上,逢一胡僧,一脚著履,一脚跪足,跪當作跣。語使宋雲曰:汝漢家天子,今日無常。宋雲聞之,深大驚愕,於時具見日月。見恐當作記。宋雲遂問達摩大師,在漢地行化,有信受者不?達摩大師云:我後四十年外,有漢地人,當弘我法。宋雲歸至朝廷見帝,帝早已崩,遂取所逢胡僧記日月驗之，更無差別。宋雲乃向朝廷諸百官説，於時朝廷亦有達摩門徒數十人，相謂曰：豈不是我和上不？遂相共發墓開棺，不見法身，唯見棺中一隻履在。舉國始知是聖人，其履今見在少林寺供養，梁武帝造碑文，見在少林寺。

〔五一〕　第二代北齊可禪師，承達摩大師後，俗姓周，武漢人也。時年四十，奉事達磨，經於九年，聞説金剛般若波羅經，言下證如來實無有法即佛，菩提離一切法，是名諸佛，得授記已。值周武帝滅佛法，遂隱居舒州峴山，達摩滅後，經四十年外，重開法門，接引羣品，於時璨禪師奉事，首末經六年，經依金剛經，經依之經恐當作師。説如來知見，言下便悟受持讀誦此經，即爲如來知見，言下便悟受持讀誦此經，即爲如來，言下便悟受持讀誦此經，即爲如來十四字重複，當削。密受默語，以爲法契，便傳袈裟，以爲法信。即如文殊師利授善財記。可大師謂璨曰：吾歸鄴都還債，遂從峴山至鄴都説法，或於市四街巷，不恒其所，道俗歸仰，不可勝數，經一十年，時有災難，競起扇亂，遞相誹謗，爲妖邪壞亂佛法，遂經成安縣令翟仲侃，其人不委所由，乃打煞慧可，死經一宿重活，又被毒藥而終。揚楞伽鄴都故事第十卷具説。

〔五二〕　第三代隋朝璨禪師，承可大師後，不得姓名，亦不知何許人也，得師授記，避難故，佯狂市四，託疾山林，乃隱居舒州司空山。於時信禪師，年十三，奉事經九年，師依金剛經，説如來知見，言下便證實無有衆生得滅度者。授默語已爲法契，便傳袈裟，已爲法信，如明月寶珠出於大海。璨大師與寶月禪師及定公同往羅浮山，於時信禪師亦欲隨璨大師，璨大師言曰：汝不須去，後當大有弘益。璨大師至羅浮山，三年却歸至峴山，所經住處，唱言汝等諸人，施我齋糧食訖，食訖二字恐衍。道俗咸盡歸依。無不施者，安置齋，人食訖。於齋場中，有一大樹，其時於樹下立，合掌而終，葬在山谷寺後，寺內有碑銘形像，今見供養。

〔五三〕　第四代唐朝信禪師，承璨大師後，俗姓司馬，河內人也。得囑已，遂往吉州，遇狂賊圍城，經百餘日，井泉皆枯，信禪師從外入城，勸誘道俗，念摩訶般若波羅蜜，其時遂得狂寇退散，井泉泛溢，其城獲全，便逢度人。吉州得度，乃來至廬山峯頂上，望見蘄州黃梅破頭山上有紫雲，遂居此山，便改爲雙峯山。於時忍禪師，年七歲奉事，經餘三十年，依金剛經，説如來知見，言下便證最上乘法，悟寂滅，忍默受語已爲法契，默受語恐當作受囑語。便傳袈裟，以爲法信，如雪山童子得全如意珠。信大師重開法門，接引羣品，四方龍像，像當作象。盡美歸依，經餘三十年，至永徽二年八月，忽命弟子元一，遣於山側造龕一所，至閏九月四日，問龕成未？報已成訖，遂至龕所，看見成就，歸至房，奄然遷化。大師春秋七十有二。是日大地震動，日月無光，林木萎悴，悴當作忤。葬經半年，龕無故自開，至今不閉，杜正倫造碑文，其碑見在山中。

〔五四〕　第五代唐朝忍禪師，承信大師後，俗姓周，黃梅人也。得師授記已遂居馮墓山，在雙峯山東，時人號東山法門，是也。於時能禪師，奉事經八箇月，師依金剛經，説如來知見，言下不證，不當作便。若此心有住，則爲非住，密授默語，以爲法契，便傳袈裟，以爲法信。猶如釋迦牟尼授彌勒記。忍大師開法經三十年，接引道俗，四方歸仰，奔湊如雲，至上元年，元下恐脱元字。大師春秋七十有四，其年二月十一日，奄然坐化，是日山崩地動，雲霧蔽於日月，閭丘均造碑文，其碑見在黃梅。

〔五五〕　第六代唐朝能禪師，承忍大師後，俗姓盧，先祖范陽人也。因父官嶺外，便居新州，年廿二，東山禮拜忍大師。忍大師謂曰，汝是何處人也，何故禮拜我，擬欲求何物？能禪師答曰：弟子從嶺南新山，故來頂禮，唯求作佛，更不求餘物。忍大師謂曰：汝是嶺南獦獠,若爲堪作佛? 能禪師言:獦獠佛性,與和上佛性,有何差别? 忍大師深寄其言, _{害當作奇。} 更欲共語,爲諸人在左右,遂發遣,令隨衆作務,遂即爲衆踏碓,經八箇月。忍大師於衆中尋覓,至碓上見,共語,見知真了見性,遂至夜間,密喚來房内,三日三夜共語,了知證如來知見,更無疑滯,既付囑已,便謂曰:汝緣在嶺南,即須急去,衆生知見, _{衆生恐當作衆人。} 必是害汝。能禪師曰:和上,若爲得去?忍大師謂曰:我自送汝。其夜遂至九江驛,當時得船渡江,大師看過江,當夜却歸至本山,衆人並不知覺。去後經三日,忍大師言曰,徒衆將散,此間山中無佛法,佛法流過嶺南訖。衆人見大師此言,咸共驚愕不已,兩兩相顧無色,乃相謂曰:嶺南有誰。遞相借問。衆中有路州法如云言: _{云言疑誤倒。} 此少慧能在此,各遂尋趁。衆有一四品將軍捨官入道,俗姓陳,字慧明,久久在大師下,不能契悟,即大師此言,當即曉夜倍呈奔趁, _{呈當作程。} 至大庾嶺上相見。能禪師怕急,恐畏身命不存,所將袈裟,過與慧明。慧明禪師謂曰:我本來不爲袈裟來,大師發遣之日,有命言教,願爲我解説。能禪師具説正法。 _{正法恐當作心法。} 明禪師聞説心法已,合掌頂禮,遂遣急過嶺。以後大有人來相趁。能禪師過嶺至韶州居曹溪,來住四十年,依金剛經,重開如來知見。四方道俗,雲奔雨至,猶如月輪,處於虛空,頓照一切色像,亦如秋十五夜月,一切衆生,莫不瞻視。至景雲二年,忽命弟子玄楷智本,遣於新州龍山故宅,建塔一所,至先天元年九月,從曹溪歸至新州。至先天二年八月三日,忽告門徒曰,吾當大行矣。弟子僧法海問曰和上曰: _{上曰字恐衍。} 以後有相承者否,有此衣,何故不傳?和上謂曰:汝今莫問,以後難起極盛,我緣此袈裟,幾失身命,汝欲得知時,我滅度後,四十年外,竪立宗者即是。其夜奄然坐化,大師春秋七十有六。是日山崩地動,日月無光,風雲失色,林木變白,別有異香氳氳,經停數日,曹溪溝澗斷流，泉池枯竭，經餘三日。其年於<u>新州國恩寺</u>，迎和上神座，十一月，葬於<u>曹溪</u>。是日，百鳥悲鳴，蟲獸哮吼，其龍龕前，有白光出現，直上衝天，三日始前頭散。殿中丞<u>韋璩</u>造碑文，至<u>開元</u>七年，被人磨改，別造文報鐫，略除六代師資相授及傳袈裟所由。除當作敍。　其碑今見在<u>曹溪</u>。門徒問曰：未審法在衣上，卽以將衣以爲傳法，大師謂曰：法雖不在衣上，以表代代相承，以傳衣爲信，今佛法者，得有稟承，學道者，得知宗旨，不錯不謬故，況<u>釋迦如來</u>金蘭袈裟，見在<u>鷄足山</u>，<u>迦葉</u>今見持著此袈裟，專待<u>彌勒</u>出世，分付此衣，是以表<u>釋迦如來</u>傳衣爲信。我六代祖師，亦復如是。我今能了<u>如來</u>性，<u>如來</u>今在我身中，我與<u>如來</u>無差別，<u>如來</u>卽是我真如。

〔五六〕　大乘頓教頌并序

敍曰：入法界者了乎心，達本源者見乎性，性淨則法身自現，心如則道體斯存，天地不能變其常，幽明不能易其理。粤有無明郎主，貪愛魔王，假虛空以成因，蘊塵勞而成業。是以能人利物，能人恐當作能仁。妙力無邊，演八萬四千之教端，闡三十七道之法要。故有摳迷悟頓漸細指歸，細之上下恐有脫文。又按，摳疑當移在細下。悟之乃煩惱卽菩提，迷之則北轅而適<u>楚</u>。其漸也，積僧祇之劫數，猶處輪迴；其頓也，如屈身之臂頃，旋登妙覺。由此高碻，遠則遠焉，誰其弘之？則我<u>荷澤</u>和上，天生而智者，德與道合，顧將并年，此句可疑，恐當作顧并年將。在幼稚科，遊方訪道，所遇諸山大德，問以涅槃本寂之義，皆久而不對，心甚異之。詣<u>嶺南</u>，復遇<u>曹溪</u>尊者，作禮未訖，已悟師言，無住之本，自慈而德，德恐當作得。尊者以爲，寄金惟少，償珠在勗，付心契於一人，傳法登於六祖。登當作鐙。于以慈悲心廣，汲引情深，昔年九歲，已發弘願，我若悟解，誓當顯說；今來傳授，遂過先心，明示醉人之珠，頓開貧女之藏。墮疑網者，斷之以慧劍；溺迷津者，濟之以智舟。廣本深源，咸令悟入。明四行以示教,弘五忍以利喜,不乾於祖者,斯之謂歟。然則心有生滅,法無去來,無念則境慮不生,無作則攀緣自息。或始覺以滅妄,或本覺以證真,其解脫在於一瞬,離循環於三界,雖長者子之奉蓋,龍王女之獻珠,此之於此,復速於彼,所謂不動意念而超彼岸,不捨死生而證涅洹,繫頓悟之致,何遠之有?釋門之妙,咸在茲乎!於是省閣簪裾,里閈耆耊,得無所得,聞所未聞,疑達摩之再生,謂優曇之一現,頌聲騰於遠邇,法喜妙於康莊,醫王大寶,自然而至。弟子昧道懵學,幸承奧義,昔登迂路,行咫尺而千里;今蒙直指,覽荒裏於寸眸;翰墨不足以書懷,墨當作墨。軀命寧堪以酬德;輒申短頌發明,要亦猶培壤助蓬瀛之峻,欸澮增渤澥之深,吾儕學者,庶斯達矣。

杳冥道精,清淨法性;了達虛妄,堅修戒定。

奉戒伊何?識其本性。修定伊何?無念自淨。

克懃慧用,方除法病;虛鑒不疲,雰埃莫暎。

朗如秋月,皎若明鏡;不染六塵,便登八正。

大道好夷,而人好徑;喜遇其宗,倍增欣慶。

稽首歸誠,虔心展敬,頓悟妙門,於斯爲盛。

唐貞元八年歲在未,沙門寶珍,共判官趙看琳,於北庭,奉張大夫處分,令勘訖,其年冬十月廿二日記。

唐癸巳年十月廿三日比丘記。

（據日本一九三四年森江書店鈴木貞太郎、公田連太郎校訂燉煌本）

補　遺:

一、石井本欠頭文字*

……教彌法界。南天紹其心契,東國賴爲正宗。法不虛傳,必

---

* 這段文字據胡適: 神會和尚語錄的第三個敦煌寫本: 南陽和尚問答雜徵義: 劉澄集(1960 年臺灣歷史語言研究所集刊外編第四種)一文補。——編者

有所寄。南陽和尚，斯其盛焉。禀六代爲先師，居七數爲今教。嚮戀如歸父母，問請淡（？）於王公。明鏡高懸，鬒眉懷醜；海深不測，洪涌澄漪。寶偈妙於貫花，清唱頓於圓果。貴賤雖問，記録多忘。若不集成，恐無遺簡。更訪得者，遂綴於後。勒成一卷，名曰問答雜徵義。但簡兄弟，餘無預焉。前唐山主簿劉澄集。

〔一〕　作本法師問本有今無偈。問：本有今無，本無今有。三世有法，無有是處。其義云何？答曰：蒙法師問，神會於此亦疑。又問：疑是没勿？答：自從佛法東流已來，所有大德皆斷煩惱爲本，所以生疑。問：據何道理，〔疑〕煩惱爲本？又答：據涅槃經第九菩薩品，文殊師利言：純陁心疑如來常住，以得知見佛性力故。若見佛性而爲常者，本未見時，應是無常。若本無常，後亦應爾。何以故？世間物本無今有，已有還無，如是等物悉皆無常。驗此經文，文殊所騰純陁疑者，即疑佛性非常住法，不問煩惱。何故古今大德皆斷煩惱爲本，所以生疑。

二、胡適本比石井本多出的文字*

遠法師問和尚，此是莊嚴，（下缺）和尚言，經文所説，不盡有爲，不住無爲。（下缺）者，從初發心坐菩提樹，成等（下缺）盡有爲，不住無爲者，修學空，不以空爲（下缺）當時無言。良久，乃語和尚，嫉怒是道（下缺）道者。法師言：何故指俗人以爲得道？和（下缺）人何故不得道？法師又問：禪師解否？和尚（下缺）從成佛以來，經無量無邊阿僧祇刼，（下缺）

江陵郡長吏問和尚，維摩詰訶舍利弗，（下缺）坐身柱心取定，此定是三界内定，所以維摩詰訶（下缺）滅定而現諸滅儀若爲？答：學大乘人在定中（下缺）切諸威儀而不失不壞定心，是爲宴坐。問：

* 這幾段文字均據胡適校敦煌唐寫本神會和尚遺集卷一補。

於（下缺）色能分別青黃赤白，心不隨分別起，即是（下缺）得自在諸根亦爾，即是於諸見不動而（下缺）爲得。答：但覺即得，不覺即不得（下缺）行即得解脫。問：大乘經若爲？答：佛（下缺）如自觀身實相，觀佛亦然。我觀如來前際不來，（下缺）相。今日學般若波羅蜜人，但得無往，即同維摩詰，（下缺）

　　見在僧俗等立佛性爲自然。問：無明若爲（下缺）佛性是自然，無明復從何生？諸人盡不能答，大德若爲（下缺）亦自然。問：無明若爲自然？答：無明與佛性俱是自然而生。無明依佛性，佛性依無明。兩相依，有則一時有，覺了者即佛性，不覺了即無明。涅槃經云：如金之與礦，一時俱生。得遇金師，鑪冶烹鍊，金之與礦，當時各自。金即百鍊百精，礦若再鍊，變成灰土。金即喻於佛性，礦即喻於煩惱。煩惱與佛性，一時而有。諸佛菩薩真正善知識，教令發心修學般若波羅蜜，即得解脫。問：若無明自然者，莫不同於外道自然耶？答：道家自然同，見解有別。問：若爲別？答：如釋門中，佛性與無明俱自然。何以故？一切萬法皆依佛性力故，所以一切法皆屬自然。如道家自然，道生一，一生二，二生三，三生萬物。從一以下，萬物皆是自然。因此見解不同。

　　問：十方諸如來同共一法身，未審同異？答：亦同亦異。問：（原作答）若爲同異？答：暗室中着十盞燈，燈光共同一，即是同義。言別義者，爲盞□燈各別，是別義。是以諸佛法身，元來不別，智者受用各別，即是亦同亦異。

　　和尚云：世間有不思議，出世間亦有不〔思〕議。世間不思議者，若有布衣頓登九五，即是世間不思議。出世間不思議者，十信初發心，一念相應，便成正覺。於理相應，有何可怪？此明頓悟不思議。是故經云：不退諸菩薩，其數如恆沙，一心共思議，亦後不能知。豈聲聞緣覺所能得知？

〔荷澤和尚與拓拔開府書〕（此十字原在下文"便證正位地菩薩"之下，今細讀全章，校移在此）和尚與侍郎今日説，自己身心修行，與諸佛菩薩心同不同。若得同，即於佛法中得佛法分；若不得同，即生空過。問：若爲得解？答：但得無念即是解。問：若爲生是無念？答：不作意即是無念。無念體上自有智命，本智命即是實相。諸佛菩薩用無念以爲解脱法身，見此法身，恆沙三昧一切諸波羅蜜悉皆具足。侍郎與神會今日同學般若波羅蜜，得與諸佛菩薩心不别。今于生死海中得與諸佛菩薩一念相應，即于一念相應處修行，即是知道者，即是見道者，即是得道者。侍郎云：今是凡夫爲官，若爲學得？諮侍郎，今日許侍郎學解，未得修行，但得知解，以知解久薰習故，一切攀緣妄想，所有重者，自漸輕微。神會見經文所説，光明王、月光王、頂生王、轉輪聖王、帝釋梵王等，具五欲樂甚于今日百千萬億諸王等，於般若波羅蜜，唯則學解，將解心呈問佛，佛即領受印可。得佛印可，即可捨五欲樂心，便證正位地菩薩，（此下原有"荷澤和尚與拓拔開府書"十字，今移在上）成就檀波羅波羅蜜莊嚴解脱法身者。然此法門，直指契要，不假繁文。但一切衆生，心本無相。所言相者，並是妄心。何者是妄？所作意住心，取空取淨，乃至起心求證菩提涅槃，並屬虚妄。但莫作意，心自無物，即無物心，自性空寂，空寂體上，自有本智，謂知以爲照用。故般若經云：應無所住而生其心。應無所住，本寂之體；而生其心，本智之用。但莫作意，自當悟入。努力努力！

中天竺國楚僧伽羅蜜多三藏弟子康智圓問曰：和上，多刼有緣，□□□□，生死事大，念念無常，懷疑日深，不敢諮問，唯願慈悲，許申心地。和上答：汝若有疑，恣意當問。智圓問：一切衆生皆云修道，未審修道者一生得成佛遣不？和上答言：可得。又問：云何可得？答：如摩訶衍宗，恆沙業障，一念消除，性體無生，刹那成道,何況一生而不得耶? 又問: 云何刹那頃修習即得成佛? 願斷此疑。答:言修習即是有爲諸法,計屬無常,無常者□離生滅。又問:一切諸佛,修習果滿,得成佛道;今言不假修習,云何可言? 答: 夫所信行修習,不離於智覺,既有智覺,即有照用,如是因果宛然,生滅本無,何假修習。又問: 諸佛成道,皆因智覺,今離智覺,何者是道? 答: 道體無物,復無比量,亦無智覺照用,及動不動法。不立心地意地,亦無去來,無内外中間,復無處所,非寂静,無定亂,亦無空名,無相、無念、無思,知見不及,無證者,道性俱無所得。又問: 無所得,知見不及,云何而得解脱? 答: 三事不生,是即解脱。又問: 云何三事不生? 答: 心不生即無念,智不生即無知,惠不生即無見,通達此理者,是即解脱。又問: 無智既有,云何不生知智見無念? 答: 言心定,不言自定,即是無念。定惠更無分別,即是無智。惠定諸見不生,是即無見。非因果法,通達無我,明知生者妄生,滅者妄滅。又問:諸佛皆從因果得成佛道,今云言非因〔果〕法,云何得成師師相授? 答: 大乘言下悟道,初發心時,便登佛地,無去來今,畢竟解脱。問: 何者是大乘禪定? 答: 大乘定者:不用心〔不看心〕,不看静,不觀空,不住心,不證心,不遠看,不近看,無十方,不降伏,無怖畏,無分別,不沉空,不住寂,一切妄相不生,是大乘禪定。問: 云何不用心? 答: 用心即有,有即生滅。無用□無,無生無滅。問: 何不看心? 答: 看即是妄,無妄即無看。問: 何不看淨? 答: 無垢即無淨,淨亦是相,是以不看。問: 云何不住心? 答: 住心即假施設,是以不住。心無處所。因汝所問,一切修道者同悟。

二、菩提達摩南宗定是非論（獨孤沛集並序）

弟子於會和上法席下見與崇遠法師論義，便修。從開元十八、十九、廿年，其論本並不定，爲修未成，言論不同。今取廿一載本爲定。後有師資血脈傳，亦在世流行。

歸命三寶法，法性真如藏，

真身及應化，救世大悲者。

宗通立宗通，如月處虛空。

唯傳頓教法，出世破邪宗。

問曰：有何因緣而修此論？

答曰：我聞心生即種種法生，心滅即種種法滅者，一切由己妄，己即凡。古聖皆□□□□□情逐□，修無生以住生。學人迷方，欲不動而飜動。是非標競□□□□□□□□□即我襄陽神會和上，悟無生法忍，得無礙智，説上乘法，誘諸衆生，教道衆生。教道廻向者，若百川赴海。於開元廿二年正月十五日在滑臺大雲寺設無遮大會，廣資嚴飾，昇師子坐，爲天下學道者説梁朝婆羅門僧學。菩提達摩是南天竺國國王第三子，少小出家，智惠甚深，於諸三昧，獲如來禪。遂乘斯法，遠涉波潮，至於梁武帝。武帝問法師曰：“朕造寺度人，造像寫經，有何功德不？”達摩答：“無功德。”武帝凡情，不了達摩此言，遂被遣出。行至魏朝，便遇惠可，時卅。此是卅字。續僧傳記惠可初遇達摩“年登四十”。敦煌本歷代法寶記作“時年卅”。此處似亦當作“卅”。俗姓姬，武牢人也。遂與菩提達摩相隨至嵩山少林寺。達摩説不思法，此句疑有脫誤。惠可在堂前立。其夜雪下，至惠可要（腰），惠可立不移處。達摩語惠可曰：“汝爲何此間立？”惠可涕淚悲泣曰：“和上從西方遠來至此,意說法度人。惠可今不憚損軀,志求勝法。唯願和上大慈大悲。"達摩語惠可曰:"我見求法之人,咸不如此。"惠可遂取刀自斷左臂,置達摩前。達摩見之〔曰〕:"汝可。"在先自神光,因此立名,遂稱惠可。神光之名,不見於續僧傳。神會始造此説,後來傳燈錄卽採用此説。深信堅固,棄命損身,志求勝法,喻若雪山童子捨身命以求半偈。達摩遂開佛知見,以爲密契,便傳一領袈裟,以爲法信,授與惠可。惠可傳僧璨,璨傳道信,道信傳弘忍,弘忍傳慧能,六代相承,連綿不絕。

又見會和上在師子座説:"菩提達摩南宗一門,天下更無人解。若有解者,我終不説。今日説者,爲天下學道者辨其是非,爲天下學道者定其旨見。"

有如此不思議事,甚爲奇囑(囑?)。君王有感,異瑞來祥,正法重興,人將識本,所以修論。序似至此止,以下爲論本文。

于時有當寺崇遠法師者,先兩京名播,海外知聞。處于法會,詞若湧泉,所有問語,實窮其原。提婆之後,蓋乃有一。時人號之"山東遠",豈徒然耳。遠法師乃於是日來入會中,揚眉亢聲,一欲戰勝。□□□□□著屏風,稱有官客擬將著侍。和上言:"此屏風非常住家門者,何乃折破場,將用祇承官客。"于時崇遠法師提和上手而訶曰:"禪師喚此以爲莊嚴不?"和上答言:"是。"

遠法師言:"□來説莊嚴,卽非莊嚴。"

和上言:"經云,所説不盡有爲,不住无爲。"

法師重徵已(以)何者不盡有爲,不住无爲。

和尚答:"不盡有爲者,從初發心,坐菩提樹,成等正覺,至雙林,入涅盤,於其中一切法悉皆不捨,卽是不盡有爲。不住无爲者,修學空不以空爲證,修學无作,不以作爲證,卽是不住无爲。"

法師當時无言,良久乃語。

　　法師曰:"婬怒是道,不在莊嚴。"

　　和上語法師:"見在俗人應是得道者。"

　　遠法師言:"何故指俗人以爲得道?"

　　和上言:"法師所言婬怒是〔道〕,俗人並是行婬欲人,何故不得道?"

　　遠法師問:"禪師解否?"

　　和上答:"解。"

　　法師言:"解是不解。"

　　和上言:"法華經云:'吾從成佛已來,經无量无邊阿僧祇刧,'應是不成佛,亦應不經无量无邊阿僧祇刧?"

　　遠法師言:"此是魔説。"

　　和上言:"道俗總聽,從京洛已來,至于海隅,相傳皆許遠法師解義聰明,講大乘經論更無過者。今日唤法華經是魔説,未審何者是佛説?"

　　法師當時自知過甚,對衆茫然,良久,欲重言。

　　和上言:"脊梁着地,何須重起?"

　　和上語法師,神會今設无遮大會,兼莊嚴道場,不爲功德,爲天下學道者定〔宗〕旨,爲天下學道〔者〕辨是非。

　　和上言,神會若學澄机□□,卽是法師。法師若學神會,經三大阿僧祇刧,不能得成。

　　和上出語,左右慙惶,相顧無色。然二大士誰(雖)相詰問,並皆立未坐,所説微妙,尚未盡情。時乾光法師亦師僧中一,見遠論屈,意擬相挾,乃命是人令置牀机,更請豎宗,重開談論。遂延和上及遠法師坐,和上平坐講禪與物无物无競,縱欲談論,辭讓久之。于時有府福先寺師,荷澤寺法師,及餘方法師數十人,齊聲請禪師坐,咸言,禪師就坐,今日正是禪師辨邪正定是非日,此間有四十餘箇大德法師爲禪師作證義在。

和上固辭不已，時乃就坐。然明鏡不疲於屢照，清流豈憚於風激？勝負雖則已知，衆情固將難□。和上以無疑慮，此日當仁。遠法師重問曰：“禪師用心於三寶四果人等在何位地？”

和上言：“在滿足十地位。”

遠法師言：“初地菩薩分身百佛世界，二地菩薩分身千佛世〔界〕，乃至十地菩薩分身无量无邊萬億佛世界。禪師既言在滿足十地位，今日爲現少許神變。望遠此意執見甚深，特爲見悟至玄，所以簡詮如（下闕）

（據胡適校敦煌唐寫本神會和尚遺集卷二）

三、答崇遠法師問[*]

（上缺）傳授人不？和尚答：（下缺）應自知。遠師問：如此教門豈□是佛（下缺）頓漸不同，所以不許。我六代大師，一一皆言單刀直入，直了見性，不言階漸。夫學道者須頓悟漸修，不離是□□得解脱。譬如母頓生子，與乳，漸漸養育，其子智惠自然增長。頓悟見佛性者，亦復如是。智惠自然漸漸增長，所以不許。

遠師問：嵩岳普寂禪師，東岳降魔禪師，此二大德皆教人凝心入定，住心看淨，起心外照，攝心内證，指此以爲教門。禪師今日何故説禪不教人凝心入定，住心看淨，起心外照，攝心内證？何名爲坐禪？

和尚答曰：若教人凝心入定，住心看淨，起心外照，攝心内證

---

* 　此殘篇名爲編者所加。胡適稱爲神會語録第三殘卷，並注稱疑爲南宗定是非論之一部分。日人鈴木大拙稱此爲南陽和尚頓教解脱禪門直了性壇語。——編者。

者,此是郪菩提。今言坐者,念不起爲坐。今言禪者,見本性爲禪。所以不教人坐身住心入定。若指（下疑有脱）……在韶州能禪師處。秀禪師在日,指第六代傳法袈裟在韶州,口不自稱爲第六代。今普寂禪師自稱第七代,妄堅和尚爲第六代,所以不許。

爾時和尚告遠法師及諸人等:莫怪作如此説。見世間教禪者多,學禪者極其繚亂,恐天魔波旬及諸外道入在其中,惑諸學道者,滅於正法,故如此説。久視年中,則天召秀和尚入内。臨發之時,所是道俗頂禮和尚,借問和尚入内去後,所是門徒若爲修道,依止何處。秀和尚云:"韶州有大善知識,元是東山忍大師付屬,佛法盡在彼處。汝等諸人如有不能自決了者,向彼決疑,必是不可思議,即知佛法宗旨。"又,普寂禪師同學西京清禪寺僧廣濟,景龍三年十一月至韶州,經十餘日,遂於夜半入和尚房内,偷所傳袈裟,和尚喝出。其夜惠遠玄悟師聞和尚喝聲,即起看。至和尚房外,遂見廣濟師把玄悟師手,不遣作聲。其惠遠玄悟等入和尚房看和尚,和尚云:"有人入房内,申手取袈裟。"其夜,所是南北道俗並至和尚房内,借問和尚入來者是俗是僧。和尚云:"唯見有人入來,不知是僧是俗。"衆人又問是南人北人。和尚實識入房人,恐有損傷,遂作此語。和尚云:"非直今日,此袈裟在忍大師處三度被偷。忍大師云,其袈裟在信大師〔處〕一度被偷。所偷者皆不得。因此袈裟,南北道俗極其紛紜,常有□□相向。"

遠師問:普寂禪師名字蓋國,天下知聞,衆口共傳,不可思議。如此相非斥,豈不與身命有讎?

和尚答曰:讀此論者,不識□□,謂言非斥。普寂禪師與南宗有别。我自料簡是非,定其宗旨。我今謂弘揚大乘,建立正法,令一切衆生知聞,豈惜身命?

遠師問:修此論者,不爲求名利乎?

和尚曰：修此論者，生命尚不惜，豈以名利關心？

遠師問：唐國菩提達摩既稱其始，菩提達摩西國復承誰後？又經幾代？

和尚曰：菩提達摩西國承僧伽羅又，僧伽羅又承須婆蜜，須婆蜜承優婆崛，優婆崛承舍那婆斯，舍那婆斯承末田地，末田地承阿難，阿難承迦葉，迦葉承如來付。唐國以菩提達摩爲第八代。西國有般若蜜多羅承菩提達摩後，唐國惠可禪師承菩提達摩後。自如來付西國與唐國，總經有一十三代。

遠師問：據何得知菩提達摩西國爲第八代。

和尚曰：據禪經序中，具明西國代數。又，惠可禪師親於嵩山少林寺問菩提達摩，答一如禪經序中説。

遠師問：西國亦傳衣不？

和尚云：西國不傳衣。

遠師問：西國何故不傳衣？

和尚曰：西國多是得聖果者，心無矯詐，唯傳心契。漢地多是凡夫，苟求名利，是非相雜，所以傳衣示其宗旨。

遠師問：禪師修何法，行何行？

和尚曰：修般若波羅蜜法，行般若波羅蜜行。

遠師問：何故不修餘法，不行餘行，唯獨修般若波羅蜜法，行般若波羅蜜行。

和尚答曰：修學般若波羅蜜者，能攝一切法；行般若波羅蜜者，是一切行之根本。

　　　金剛般若波羅蜜，最尊最上最第一，

　　　无生无滅无去來，一切諸佛從中出。

和尚告諸道俗知識等：若欲得了達甚深法界，直入一行三昧者，先須誦持金剛般若波羅蜜經，修學般若波羅蜜法。何以故？誦持金剛般若波羅蜜經者，當知是人不從小功德來。譬如帝王生得太子，若同俗例者，無有是處。何以故？爲從最貴處來。誦持般若波羅蜜經者，亦復如是。是故金剛般若波羅蜜經云：不於一佛二佛三四五佛而種善根，已於無量百千萬億佛所種諸善根，得聞如是言説章句，乃至一念生淨信者，如來悉知悉見是人，何況書寫受持讀誦爲人演説。是故勝天王般若經云：云何菩薩摩訶薩學般若波羅蜜通達甚深法界？佛告勝天王言："大王，卽是如實"。"世尊，云何如實？""大王，卽不變異。""世尊，云何不變異？""大王，所謂如如。""世尊，云何如如？""大王，此可智知，非能言説。何以故？過諸文字，无此无彼，離相无相，遠離思量，過覺觀境。是爲了達甚深法界。"勝天王般若經云：般若波羅蜜無有一法可爲譬喻。若善男子善女人信受般若波羅蜜者，所收功德不可思量。若此功德有色有形者，空界不容。以般若波羅蜜如實見名爲證，以智通達名爲至。假使一切衆生皆住十地，入諸三昧觀，如來定不能測量。

諸知識，必須誦持金剛般若波羅蜜經，是爲一切諸佛母經，亦是一切諸法祖師。恆沙三昧，八萬四千諸波羅蜜門，皆從般若波羅蜜生。必須誦持此經。何以故？般若波羅蜜是一切法之根本。譬如大海之內，所有一切諸寶皆因摩尼寶力而得增長。何以故？是大寶威德力故。修學般若波羅蜜者，亦復如是。一切智慧皆因般若波羅蜜而得增長。誦般若波羅蜜經者，譬如皇太子，捨其父皇，於他人處而求得王位者，无有是處。故小品經云：復次，須菩提，諸菩提諸經不能至薩波若海。若菩薩捨般若波羅蜜而讀誦之餘，是菩薩捨本而取枝葉。是故勝天王般若經云：佛告勝天王言：大王，菩薩摩訶薩修學一切法通達一切法者，所謂般若波羅蜜。般若波羅蜜亦號一切諸佛秘藏，一號爲總持法，亦是大明咒，是大神咒，是无上咒，是无等等咒，能除一切苦，真實不虛。故三世諸佛皆依般若波羅蜜多，故得阿耨多三藐三菩提。

　　是故金剛般若波羅蜜經云：舉恆河中沙，一沙爲一恆河，爾許恆河沙數三千大千世界，七寶布施，不如於此經中乃至受持四句偈等，如此功德，勝前福德百分不及一，百千萬億分乃至算數譬喻所不能及。

　　諸學道者，金剛般若波羅蜜經，隨所在處，一切世間，天人阿修羅，悉皆供養。何以故？爲此經在在處處卽爲是塔。何以故？誦持金剛般若波羅蜜經者，爲能成就最上乘第一希有之法。在在處處若有金剛般若波羅蜜經卷，一切諸佛恭敬般若波羅蜜經，如佛弟子敬佛。何以故？經云：諸佛之師，所謂法也。以法常故，諸佛亦常。是故金剛般若波羅蜜經云：初日分以恆河沙等生命布施，中日分復以恆河沙等生命布施，後日分亦以恆河沙等生命布施，如是無量百千萬億刼以身布施，不如聞此經信心不違。何況書寫受持讀誦爲人解説。

　　是故金剛般若波羅蜜經者，如來爲發大乘者説，爲發最上乘者説。何以故？譬如大龍不雨閻浮。若雨閻浮，如飄棄葉。若雨大海，其海不增不減。若大乘者，若最上乘者，聞説金剛般若波羅蜜經，不驚不怖，不畏不疑者，當知是善男子，善女人，從無量久遠刼來，常供養無量諸佛及諸菩薩，修學一切善法，今是得聞般若波羅蜜經，不生驚疑。是故□文，若人滿三千大千世界，用一切珍寶造七寶塔，高至梵天，不如誦持金剛般若波羅蜜經，修學般若波羅蜜。若人教化三千大千世界微塵數衆生盡證須陁洹果，不如誦持金剛般若波羅蜜經。若人教化三千大千世界微塵數衆生盡證斯陁含果，不如誦持金剛般若波羅蜜經。若人教化三千大千世界微塵數衆生盡證阿那含果，不如誦持金剛般若波羅蜜經。若人教化三千大千世界衆生盡證辟支佛道，不如有人誦持金剛般若波羅蜜經。

若人教化三千大千世界微塵數衆生證□□信心，盡證得十行心，盡證得十住心，盡證得十迴嚮心，不如誦持金剛般若波羅蜜經，修學般若波羅蜜。何以故？是經有不可（下缺）

（選自胡適校敦煌唐寫本神會和尚遺集卷三）

四、頓悟無生般若頌（又名顯宗記）

〔無念爲宗，無作爲本；真空爲體，妙有爲用。夫真如無念，非想念而能知；實相無生，豈色心而能見？無念，念者卽念真如。無生，生者卽生實相。無住而住，常住涅槃；無行而行，卽超彼岸。如如不動，動用無窮；念念無求，求本無念。菩提無得，淨五眼而了三身；般若無知，運六通而弘四智。是知卽定無定，卽慧無慧，卽行無行。性等虛空，體同法界。六度自茲圓滿，道品於是無虧。是知我法體空，有無雙泯。心本無作，道常無念。無念無思，無求不得。不彼不此，不去不來，體悟三明，心通八解，功成十力，富有七珍，入不二門，獲一乘理。妙中之妙，卽妙法身；天中之天，乃金剛慧。湛然常寂，應用無方。用而常空，空而常用。用而〕不有，卽是真空；空而不無，玄知妙有。〔妙有〕則摩訶般若，真空卽清淨涅槃。般若通秘微之光，實相達真如之境。般若無照，能照涅槃。涅槃無生，能生般若。涅槃般若，我異體同，隨義立名，法無定相。涅槃能見般若，具佛法僧。般若圓照涅槃，故號如來知見。知卽知常空寂，見卽直見無生。知見分明，不一不異。動寂俱妙，理事皆如。理淨處事能通，達事理通無礙。六根無染，定慧之功。相念不生，真如性淨；覺滅心空，一念相應，頓超凡聖。無不能無，有不能有，行住坐臥，心不動搖，一切時中，空無所得。三世諸佛，教指如如，菩薩大悲，轉相傳受。至於達磨，屆此爲初，遞代相傳，於今不絕。所〔傳〕秘教，意在得人。如王繫珠，終不妄與。福得智惠，二種莊嚴，解行相應，方能建立。衣爲法信，法是衣宗。衣法相傳，更無別付。非衣不弘於法，非法不受於衣。衣是法信之衣，法是無生之法。無生既無虛妄，法是空寂之身。知空寂而了法身，而真解脫。

（選自胡適校敦煌唐寫本神會和尚遺集卷四）

〔附：荷澤寺神會和尚五更轉兩首〕

第 一 首

一更初，湼槃城裏見真如。妄想是空非有實，不言未有不言無。非垢淨，離空虛，莫作意，入無餘。了性卽知當解脫，何勞端坐作功夫。

二更催，知心無念是如來。妄想是空非有實，□□山上不勞梯。頓見竟，佛門開，寂滅樂，是菩提。□□□燈恆普照，了見馨香無去來。

三更深，無生□□坐禪林。內外中間無處所，魔軍自滅不來侵。莫作意，勿凝心，住自在，離思尋。般若本來無處所，作意何時悟法音？

四更蘭，□□□□□□□。□□（以上校寫 S. 6103 殘卷，以下校寫 S.2679 殘卷）共傳無作法，愚人造化數□般。尋不見，難□難，□□□，本來禪。若悟剎那應卽見，迷時累刼暗中看。

五更分，淨體猶（由）來無我人。黑白見知而不染，遮莫青黃寂不論。了了見，的知真，隨無相，離緣因。一切時中常解脫，共俗和光不染塵。

第 二 首*

一更初，妄想真如不異居。迷卽真如是妄想，悟卽妄想是真如。念不起，更無餘，見本性，等空虛。有作有求非解脫，無作無求是功夫。

二更催，大圓寶鏡鎭安臺。衆生不了攀緣病，由斯郣蔽心不開。〔本自淨，沒塵埃，〕無繫著，絶輪廻。諸行無常是生滅，但觀實相見<u>如來</u>。

三更侵，<u>如來</u>智惠本幽深。唯佛與佛乃能見，聲聞緣覺不知音。處山谷，〔住〕禪林，入空定，便凝心。一坐還同八萬刼，只爲擔麻不重金。

四更蘭，法身體性不勞看。看卽住心還作意，作意還同妄想團。放四體，莫攢扢，見本性，自公官。善惡不思則無念，無思無念是湼槃。

五更分，菩提無住復無根。過去捨身求不得，吾師普示不忘恩。施法藥，大張門，去郣〔膜〕，豁浮雲。頓與衆生開佛眼，皆〔令見〕性免沉淪。

（選自臺灣歷史語言研究所集刊外編第四種，<u>胡適</u>：<u>神會和尚語錄</u>的第三個<u>敦煌</u>寫本："南陽和尚問答雜徵義：劉澄集"）

〔附〕 神 會 傳

<u>釋神會</u>，姓<u>高</u>，<u>襄陽</u>人也。年方幼學，厥性惇明，從師傅授<u>五</u>

---

* 這一首<u>五更轉</u>在現存<u>敦煌</u>卷子中有許多寫本，其中個別文字稍有出入，<u>胡適</u>文中共抄錄了八個寫本。因基本思想沒有不同，故不一一照錄了。——編者。

經，克通幽賾，次尋莊老，靈府廓然。覽後漢書知浮圖之説，由是於釋教留神，乃無仕進之意，辭親投本府國昌寺顥元法師下出家。其諷誦羣經，易同反掌，全大律儀，匪貪講貫。

聞嶺表曹侯村慧能禪師盛揚法道，學者駿奔。乃欻善財，南方參問，裂裳裹足，以千里爲跬步之間耳。及見，能問會曰：從何所來？答曰：無所從來。能曰：汝不歸去？答曰：一無所歸。能曰：汝太茫茫。答曰：身緣在路。能曰：由自未到。答曰：今已得到，且無滯留。居曹溪數載，後徧尋名跡。開元八年勅配住南陽龍興寺，續於洛陽大行禪法，聲彩發揮。

先是兩京之間，皆宗神秀，若不滝之魚鮪附沼龍也。從見會明心六祖之風，蕩其漸修之道矣。南北二宗時始判焉。致普寂之門盈而後虛。

天寶中御史盧弈阿比於寂，誣奏會聚徒，疑萌不利，玄宗召赴京，時駕幸昭應，湯池得對，言理允愜，勅移往均部，二年勅徙荆州開元寺般若院住焉。

十四年范陽安禄山舉兵内向，兩京版蕩，駕幸巴蜀，副元帥郭子儀率兵平殄，然於飛輓索然，用右僕射裴冕權計，大府各置戒壇度僧，僧税緡謂之香水錢，聚是以助軍須。初洛都先陷，會越在草莽，時盧弈爲賊所戮，羣議乃請會主其壇度。于時寺宇宮觀，鞠爲灰燼，乃權創一院，悉資苫蓋，而中築方壇，所獲財帛頓支軍費。代宗郭子儀收復兩京，會之濟用，頗有力焉。

肅宗皇帝詔入内供養，勅將作大匠併功齊力，爲造禪宇于荷澤寺中是也。會之敷演顯發能祖之宗風，使秀之門寂寞矣。

上元元年囑別門人，避座望空頂禮歸方丈，其夜示滅，受生九十三歲矣，卽建午月十三日也。遷塔于洛陽寶應寺，勅謚大師曰真宗，塔號般若焉。

系曰:修其教不易其俗，齊其政不易其宜者,貴其漸也。會師自南徂北,行曹溪之法，洛中彌盛如能不自異，外護已成則可矣。況乎旁無力輪人之多僻,欲無放逐其可得乎。或曰:其過不多何遽是乎」通曰:犯時之忌罪不在大,失其所適,過不在深,後之觀此急知時事歟。是以佛萬劫學化行者,知化行難耳,無令固己而損法,慎之哉。

（選自金陵刻經處本宋贊寧續高僧傳卷八）

玄　覺

【簡介】　玄覺,字明道,俗姓戴,生於公元六六五年(唐高宗麟德二年),死於公元七一三年(唐玄宗先天二年),溫州永嘉(今浙江永嘉縣)人。他少年出家,先學天台止觀法,後往曹溪謁慧能。相傳他與慧能一問答間卽悟了頓教思想,隨卽就要告別,而慧能留他住了一宿,因此世有稱其爲"一宿覺"者。

玄覺提倡融合天台和禪宗的思想。他的著作輯爲永嘉集。其中永嘉證道歌一首是他進行宗教宣傳的通俗文字,影響頗大。如後來朱熹在論證其"理一分殊"思想時所引用的"一月普現一切水,一切水月一月攝"卽出自此歌。

一、禪宗永嘉集

慕道志儀第一

先觀三界,生厭離故;次親善友,求出路故;次朝晡問訊,存禮數故;次審乖適如何,明侍養故;次問何所作爲,明親承事故;次瞻仰無怠,生殷重故;次數決心要,爲正修故;次隨解呈簡,爲識邪正故;次驗氣力,知生熟故;次見病生疑,堪進妙藥故;委的審思,求諦當故;日夜精勤,恐緣差故;專心一行,爲成業故;亡身爲法,爲知恩故。如其信力輕微,意無專志,粗行淺解,汎漾隨機,觸事則因事生心,緣無則依無息念,既非動靜之等觀,則順有無之得失,然道不浪階,隨功涉位耳。

戒憍奢意第二

衣食由來,長養栽種;墾土掘地,鹽煑蠶蛾;成熟施爲,損傷物命;令他受死,資給自身;但畏饑寒,不觀死苦;殺他活己,痛哉可傷;兼用農功,積力深厚。何獨含靈致命,亦乃信施難消;雖復出家,何德之有?噫!夫欲出超三界,未有絕塵之行;徒爲男子之身,而無丈夫之志;但以終朝擾擾,竟夜昏昏;道德未修,衣食斯費;上乖弘道,下闕利生,中負四恩,誠以爲恥。故智人思之,寧有法死,不無法生,徒自迷癡,貴身賤法耳。

淨修三業第三

貪、瞋、邪見,意業。妄言、綺語、兩舌、惡口,口業。殺、盜、婬,身業。夫欲志求大道者,必先淨修三業;然後於四威儀中,漸次入道;乃至六根所對,隨緣了達,境智雙寂,冥乎妙旨。

云何淨修身業?深自思惟行住坐臥四威儀中,檢攝三愆,無令漏失,慈悲撫育,不傷物命。水陸空行一切含識,命無大小,等心愛護;蠢動蜎飛,無令毀損,危難之流,殷勤拔濟,方便救度,皆令解脫。於他財物,不與不取,乃至鬼神,隨有主物,一鍼一草,終無故犯;貧窮乞丐,隨己所有,敬心施與,令彼安隱,不求恩報;作是思惟,過去諸佛,經無量劫行檀布施,象馬七珍頭目髓腦,乃至身命,捨而無吝,我今亦爾,隨其施與,歡喜供養,心無吝惜。於諸女色,心無染著,凡夫顛倒,爲慾所醉,躭荒迷亂,不知其過;如捉花莖,不悟毒蛇,智人觀之,毒蛇之口,熊豹之手,猛火熱鐵,不以爲喻;銅柱鐵牀,焦背爛腸,血肉糜潰,痛徹心髓;作如是觀,唯苦無樂,革囊盛糞,膿血之聚,外假香塗,內唯臭穢,不淨流溢,蟲蛆住處,鮑肆厠孔,亦所不及;智者觀之,但見髮毛爪齒,薄皮厚皮,肉血汗涙,涕唾膿脂,筋脈腦膜,黃痰白痰,肝膽骨髓,肺脾腎胃,心膏膀胱,大腸小腸,生藏熟藏,屎尿臭處,如是等物,一一非人;識風鼓擊,妄生言語,詐爲親友,其實怨妬,敗德障道,爲過至重,應當遠離,如避怨賊。是故智者觀之如毒蛇想,寧近毒蛇,不親女色。何以故?毒蛇殺人,一死一生;女色繫縛,百千萬劫;種種楚毒,苦痛無窮,諦察深思,難可附近。是以智者切檢三愆,改往修來,背惡從善,不殺不盜,放生布施,不行婬穢,常修梵行;日夜精勤,行道禮拜,歸憑三寶,志求解脱。

於身命財,修三堅法,知身虛幻,無有自性,色卽是空,誰是我者,一切諸法,但有假名,無一定實是我身者;四大五陰,一一非我,和合亦無,內外推求,如水聚沫,浮泡陽燄,芭蕉幻化,鏡像水月,畢竟無人;無明不了,妄執爲我,於非實中,橫生貪著,殺生偷盜,婬穢荒迷,竟夜終朝,矻矻造業,雖非真實,善惡報應,如影隨形;作是觀時,不以惡求而養身命,應自觀身如毒蛇想,爲治病故,受於四事,身著衣服,如裹癰瘡,口飧滋味,如病服藥,節身儉口,不生奢泰,聞說少欲,深樂修行。故經云:少欲頭陀善知止足,是人能入賢聖之道,何以故?惡道衆生,經無量劫,闕衣乏食,叫喚號毒,饑寒切楚,皮骨相連,我今暫闕,未足爲苦,是故智者貴法賤身,勤求至道,不顧形命,是名淨修身業。

云何淨修口業?深自思惟,口之四過,生死根本,增長衆惡,傾覆萬行,遞相是非;是故智者欲拔其源,斷除虛妄,修四實語,正直、柔輭、和合、如實,此之四語,智者所行,何以故?正直語者,能除綺語,柔輭語者,能除惡口,和合語者,能除兩舌,如實語者,能除妄語。正直語者有二,一、稱法説,令諸聞者信解明了;二、稱理説,令諸聞者除疑遣惑。柔輭語者亦二,一者安慰語,令諸聞者歡喜親近；二者宫商清雅，令諸聞者愛樂受習。和合語者亦二，一、事和合者，見鬬諍人，諫勸令捨，不自稱譽，卑遜敬物；二、理和合者，見退菩提心人，殷勤勸進，善能分別菩提煩惱平等一相。如實語者亦二，一、事實者，有則言有，無則言無，是則言是，非則言非；二、理實者，一切衆生，皆有佛性，如來涅槃常住不變，是以智者行四實語；觀彼衆生曠劫已來，爲彼四過之所顛倒，沈淪生死，難可出離，我今欲拔其源，觀彼口業，脣舌牙齒，咽喉臍響，識風鼓擊，音出其中，由心因緣，虛實兩別，實則利益，虛則損減；實是起善之根，虛是生惡之本；善惡根本，由口言詮；詮善之言，名爲四正，詮惡之語，名爲四邪；邪則就苦，正則歸樂，善是助道之緣，惡是敗道之本。是故智者要心扶正，實語自立，誦經念佛，觀語實相，言無所存，語默平等，是名淨修口業。

　　云何淨修意業？深自思惟，善惡之源，皆從心起；邪念因緣，能生萬惡，正觀因緣，能生萬善。故經云：三界無別法，惟是一心作，當知心是萬法之根本也。云何邪念？無明不了，妄執爲我，我見堅固，貪瞋邪見，橫計所有，生諸染著。故經云：因有我故，便有我所，因我所故，起於斷常六十二見，見思相續，九十八使，三界生死，輪迴不息。當知邪念，衆惡之本，是故智者制而不隨。云何正觀？彼我無差。色心不二，菩提煩惱，本性非殊，生死涅槃，平等一照。故經云：離我我所，觀於平等，我及涅槃，此二皆空，當知諸法但有名字。故經云：乃至涅槃亦但有名字。又云：文字性離，名字亦空。何以故？法不自名，假名詮法，法既非法，名亦非名，名不當法，法不當名，名法無當，一切空寂。故經云：法無名字，言語斷故；是以妙相絕名，真名非字。何以故？無爲寂滅，至極微妙，絕相離名，心言路絕，當知正觀還源之要也。是故智者正觀因緣，萬惑斯遣，境智雙忘，心源淨矣，是名淨修意業。此應四儀六根所對，隨緣了達入道次第云爾。

奢摩他頌第四

　　恰恰用心時，恰恰無心用，無心恰恰用，常用恰恰無。夫念非忘塵而不息，塵非息念而不忘；塵忘則息念而忘，念息則忘塵而息。忘塵而息，息無能息；息念而忘，忘無所忘。忘無所忘，塵遺非對；息無能息，念滅非知。知滅對遺，一向冥寂；闃爾無寄，妙性天然。如火得空，火則自滅。空喻妙性之非相，火比妄念之不生。其辭曰：忘緣之後寂寂，靈知之性歷歷，無記昏昧昭昭，契真本空的的。惺惺寂寂是，無記寂寂非；寂寂惺惺是，亂想惺惺非。若以知知寂，此非無緣知。如手執如意，非無如意手；若以自知知，亦非無緣知。如手自作拳，非是不拳手，亦不知知寂，亦不自知知，不可爲無知，自性了然故，不同於木石。手不執如意，亦不自作拳，不可爲無手，以手安然故，不同於兔角。

　　復次，修心漸次者，夫以知知物，物在知亦在，若以知知知，知知則離物。物離猶知在，起知於於知。後知若生時，前知早已滅，二知既不並，但得前知滅。滅處爲知境，能所俱非真。前則滅滅引知，後則知知續滅，生滅相續，自是輪迴之道。今言知者，不須知知，但知而已；則前不接滅，後不引起，前後斷續，中間自孤，當體不顧，應時消滅。知體既已滅，豁然如托空，寂爾少時間，唯覺無所得，即覺無覺，無覺之覺，異乎木石，此是初心處，冥然絕慮，乍同死人。能所頓忘，纖緣盡淨；闃爾虛寂，似覺無知。無知之性，異乎木石，此是初心處，領會難爲。

　　入初心時，三不應有：一惡，謂思惟世間五欲等因緣；二善，謂思惟世間雜善等事；三無記，謂善惡不思，闃爾昏住。戒中三應須具：一攝律儀戒，謂斷一切惡；二攝善法戒，謂修一切善；三饒益有情戒,謂誓度一切衆生。定中三應須別:一安住定,謂妙性天然,本自非動;二引起定,謂澄心寂怕,發瑩增明;三辦事定,謂定水凝清,萬像斯鑑。慧中三應須別:一人空慧,謂了陰非我,卽陰中無我,如龜毛兔角;二法空慧,謂了陰等諸法緣假非實,如鏡像水月;三空空慧,謂了境智俱空,是空亦空。見中三應須識:一空見,謂見空而見非空;二不空見,謂見不空而見非不空;三性空見,謂見自性而見非性。偏中三應須簡:一有法身,無般若解脫;二有般若,無解脫法身;三有解脫,無法身般若,有一無二故不圓,不圓故非性。又偏中三應須簡:一有法身般若,無解脫;二有般若解脫,無法身;三有解脫法身,無般若。有二無一故不圓,不圓故非性。圓中三應須具:一法身不癡卽般若,般若無著卽解脫,解脫寂滅卽法身;二般若無著卽解脫,解脫寂滅卽法身,法身不癡卽般若;三解脫寂滅卽法身,法身不癡卽般若,般若無著卽解脫。舉一卽具三,言三體卽一。此因中三德,非果上三德。欲知果上三德。法身有斷德。邇因斷惑而顯德,故名斷德。自受用身有智德。具四智真實功德故。他化二身有大恩德。他受用身,於十地菩薩有恩德故。三種化身,於菩薩二乘異生有恩故。三諦四智,除成所作智,爲緣俗諦故。然法無淺深,而照之有明昧;心非垢淨,而解之有迷悟。剹入初心,迷復何非淺;終契圓理,達始何非深。迷之失理而自差,悟之失差而卽理。迷悟則同其致,故有漸次名焉。

復次,初修心人入門之後,須識五念。一故起,二慣習,三接續,四別生,五卽靜。故起念者,謂起心思惟世間五欲及雜善等事;慣習念者,謂無心故憶,忽爾思惟善惡等事;接續念者,謂慣習忽起,知心馳散,又不制止,更復續前思惟不住;別生念者,謂覺知前念是散亂,卽生慚愧改悔之心;卽靜念者,謂初坐時,更不思惟世間善惡及無記等事,卽此作功,故言卽靜。慣習一念,初生者多。接續故起二念,懈怠者有。別生一念,慚愧者多。即静一念,精進者有。慣習、接續、故起、別生、四念爲病,即静一念爲藥。雖復藥病有殊,總束俱名爲念。得此五念停息之時,名爲一念相應。一念者,靈知之自性也。然五念是一念枝條,一念是五念根本。

復次,若一念相應之時,須識六種料簡。一識病,二識藥,三識對治,四識過生,五識是非,六識正助。第一病者有二種。一、緣慮,二、無記。緣慮者,善惡二念也,雖復差殊,俱非解脱,是故總束名爲緣慮。無記者,雖不緣善惡等事,然俱非真心,但是昏住,此二種名爲病。第二藥者,亦有二種。一寂寂,二惺惺。寂寂謂不念外境善惡等事,惺惺謂不生昏住無記等相,此二種名爲藥。第三對治者,以寂寂治緣慮,以惺惺治昏住;用此二藥,對破二病,故名對治。第四過生者,謂寂寂久生昏住,惺惺久生緣慮;因藥發病,故云過生。第五識是非者,寂寂不惺惺,此乃昏住,惺惺不寂寂,此乃緣慮;不惺惺,不寂寂,此乃非但緣慮,亦乃入昏而住;亦寂寂,亦惺惺,非唯歷歷,兼復寂寂,此乃還源之妙性也。此四句者,前三句非,後一句是,故云識是非也。第六正助者,以惺惺爲正,以寂寂爲助。此之二事,體不相離,猶如病者因杖而行,以行爲正,以杖爲助。夫病者欲行,必先取杖,然後方行,修心之人,亦復如是,必先息緣慮,令心寂寂,次當惺惺,不致昏沈,令心歷歷。歷歷寂寂,二名一體,更不異時,譬夫病者欲行,闕杖不可,正行之時,假杖故能行,作功之者,亦復如是,歷歷寂寂,不得異時,雖有二名,其體不別。又曰,亂想是病,無記亦病,寂寂是藥,惺惺亦藥,寂寂破亂想,惺惺治無記,寂寂生無記,惺惺生亂想。寂寂雖能治亂想,而復還生無記,惺惺雖能治無記,而復還生亂想,故曰惺惺寂寂是,無記寂寂非,寂寂惺惺是,亂想惺惺非。寂寂爲助,惺惺爲正,思之。

復次,料簡之後,須明識一念之中五陰,謂歷歷分別,明識相應，卽是識陰；領納在心，卽是受陰；心緣此理，卽是想陰；行用此理，卽是行陰；汙穢真性，卽是色陰；此五陰者，舉體卽是一念，此一念者，舉體全是五陰，歷歷見此一念之中，無有主宰，卽人空慧，見如幻化，卽法空慧。是故須識此五念及六種料簡，願勿嫌之，如取真金，明識瓦礫及以僞寶，但盡除之，縱不識金，金體自現，何憂不得。

毘婆舍那頌第五

夫境非智而不了，智非境而不生；智生則了境而生，境了則智生而了；智生而了，了無所了；了境而生，生無能生；生無能生，雖智而非有；了無所了，雖境而非無。無卽不無，有卽非有，有無雙照，妙悟蕭然。如火得薪，彌加熾盛，薪喻發智之多境，火比了境之妙智。其辭曰：達性空而非縛，雖緣假而無著，有無之境雙照，中觀之心歷落。若智了於境，卽是境空智。如眼了花空，是了花空眼。若智了於智，卽是智空智。如眼了眼空，是了眼空眼。智雖了境空，及以了智空，非無了境智，境空智猶有。了境智空智，無境智不了。如眼了花空，及以了眼空，非無了花眼，花空眼猶有；了花眼空眼，無花眼不了。

復次，一切諸法，悉假因緣，因緣所生，皆無自性，一法既爾，萬法皆然。境智相從，于何不寂。何以故？因緣之法，性無差別，故今之三界輪迴，六道昇降，淨穢苦樂，凡聖差殊，皆由三業四儀六根所對。隨情造業，果報不同。善則受樂，惡則受苦。故經云：善惡爲因，苦樂爲果。當知法無定相，隨緣搆集；緣非我有，故曰性空。空故非異，萬法皆如。故經云：色卽是空，四陰亦爾。如是則何獨凡類緣生，亦乃三乘聖果，皆從緣有。是故經云：佛種從緣起，是以萬機叢湊，達之者則無非道場，色像無邊，悟之者則無非般若。

故經云：色無邊故。當知般若亦無邊，何以故？境非智而不了，智非境而不生，智生則了境而生，境了則智生而了，智生而了，了無所了，了境而生，生無能生，生無能生，則内智寂寂，了無所了，則外境如如。如寂無差，境智冥一，萬累都泯，妙旨存焉。故經云：般若無知無所不知，如是則妙旨非知，不知而知矣。

優畢叉頌第六

　　夫定亂分歧，動静之源莫二；愚慧乖路，明闇之本非殊。羣迷從暗而背明，捨静以求動，衆悟背動而從静，捨暗以求明。明生則轉愚成慧，静立則息亂成定；定立由乎背動，慧生因乎捨暗；暗動連繫於煩籠，静明相趣於物表。物不能愚，功由於慧；煩不能亂，功由於定。定慧更資於静明，愚亂相纏於暗動。動而能静者，卽亂而定也；暗而能明者，卽愚而慧也。如是，則暗動之本無差，静明由兹合道；愚亂之源非異，定慧於是同宗。宗同則無緣之慈，定慧則寂而常照，寂而常照則雙與，無緣之慈則雙奪。雙奪故優畢叉，雙與故毗婆奢摩。以奢摩他故，雖寂而常照；以毗婆舍那故，雖照而常寂；以優畢叉故，非照而非寂；照而常寂故，説俗而卽真；寂而常照故，説真而卽俗。非寂非照故，杜口於毗耶。

　　復次，觀心十門。初則言其法爾，次則出其觀體，三則語其相應，四則警其上慢，五則誡其疏怠，六則重出觀體，七則明其是非，八則簡其詮旨，九則觸途成觀，十則妙契玄源。第一言其法爾者，夫心性虚通，動静之源莫二，真如絶慮，緣計之念非殊；惑見紛馳，窮之則唯一寂，靈源不狀，鑒之則以千差；千差不同，法眼之名自立，一寂非異，慧眼之號斯存；理量雙消，佛眼之功圓著。是以三諦一境，法身之理恒清。三智一心，般若之明常照。境智冥合，解脱之應隨機。非縱非横，圓伊之道玄會。故知三德妙性，宛爾無乖。

一心深廣難思，何出要而非路，是以卽心爲道者，可謂尋流而得源矣。第二出其觀體者，祇知一念卽空不空，非空非不空。第三語其相應者，心與空相應，則譏毀讚譽，何憂何喜，身與空相應，則刀割香塗，何苦何樂？依報與空相應，則施與劫奪，何得何失？心與空不空相應，則愛見都忘，慈悲普救；身與空不空相應，則內同枯木，外現威儀；依報與空不空相應，則永絕貪求，資財給濟；心與空不空非空非不空相應，則實相初明，開佛知見；身與空不空非空非不空相應，則一塵入正受，諸塵三昧起；依報與空不空非空非不空相應，則香臺寶閣，嚴土化生。第四警其上慢者，若不爾者，則未相應也。第五誡其疏怠者，然渡海應須上船，非船何以能渡，修心必須入觀，非觀無以明心，心尚未明，相應何日，思之勿自恃也。第六重出觀體者，祇知一念卽空不空，非有非無，不知卽念卽空不空，非非有，非非無。第七明其是非者，心不是有，心不是無，心不非有，心不非無，是有是無，卽墮是，非有非無卽墮非。如是祇是是非之非，未是非是非非之是。今以雙非破兩是，是破非是猶是非。又以雙非破兩非，非破非非卽是是，如是祇是非是非非之是，未是不非不不非，不是不不是。是非之惑，緜微難見。神清慮靜，細而研之。第八簡其詮旨者，然而至理無言，假文言以明其旨，旨宗非觀，藉修觀以會其宗。若旨之未明，則言之未的，若宗之未會，則觀之未深；深觀乃會其宗，的言必明其旨；旨宗既其明會，言觀何得復存耶？第九觸途成觀者，夫再演言辭，重標觀體，欲明宗旨無異，言觀有逐方移，移言則言理無差，改觀則觀旨不異，不異之旨卽理，無差之理卽宗，宗旨一而二名，言觀明其弄引耳。第十妙契玄源者，夫悟心之士，寧執觀而迷旨，達教之人，豈滯言而惑理，理明則言語道斷，何言之能議，旨會則心行處滅，何觀之能思；心言不能思議者，可謂妙契寰中矣。

三乘漸次第七

　　夫妙道沖微，理絶名相之表；至真虛寂，量超羣數之外；而能無緣之慈，隨有機而感應；不二之旨，逐根性以區分。順物忘懷，施而不作，終日説示，不異無言。設教多途，無乖一揆。是以大聖慈悲，隨機利物，統其幽致，羣籍非殊。中下之流，觀諦緣而自小，高上之士，御六度而成大。由是品類愚迷，無能自曉。

　　或因説而悟解，故號聲聞。原其所修，四諦而爲本行。觀無常而生恐，念空寂以求安，患六道之輪迴，惡三界之生死。見苦常懷厭離，斷集恒畏其生，證滅獨契無爲，修道惟論自度。大誓之心未普，攝化之道無施，六和之敬空然，三界之慈靡運。因乖萬行，果闕圓常，六度未修，非小何類，如是則聲聞之道也。

　　或有不因他説，自悟非常，偶緣散而體真，故名緣覺。原其所習，十二因緣而爲本行，觀無明而卽空，達諸行而無作。二因既非其業，五果之報何醻，愛取有以無疵，老死亦何所累，故能翛然獨脱，靜處幽居，觀物變而悟非常，覩秋零而入真道。

　　四儀庠序，攝心慮以恬愉，性好單棲，憩閑林而自適。不欣説法，現神力以化他，無佛之世出興，作佛燈之後燄。身惟善寂，意翫清虛，獨宿孤峯，觀緣散滅，利他不普，自益未圓，於下有勝，於上不足，兩非其類，位處中乘，如此辟支佛道也。

　　如其根性本明，玄功宿著，學非博涉，解自生心，心無所緣，而能利物，慈悲至大，愛見之所不拘，終日度生，不見生之可度。一異齊旨，解惑同源，人法俱空，故名菩薩。原其所修，六度而爲正因，行施則盡命傾財，持戒則吉羅無犯，忍辱則深明非我，割截何傷，安耐毀譽，八風不動；精進則勤求至道，如救頭然，自行化他，刹那之頃無間；禪那則身心寂怕，安般希微，住寂定以自資，運四儀而利物；智慧則了知緣起，自性無生，萬法皆如，真源至寂。雖知煩惱無可捨，菩提無可取，而能不證無爲，度生長劫，廣修萬行，等觀羣方，下及諦緣，上該不共；大誓之心普被，四攝之道通收，總三界以爲家，括四生而爲子，悲智雙運，福慧兩嚴，超越二乘，獨居其上，如是則大乘之道也。是以一真之理，逐根性以階差，取益隨機，三乘之唱備矣。

然而至理虛玄，窮微絶妙，尚非其一，何是於三。不三之三而言三，不一之一而言一，一三非三尚不三，三一之一亦何一；一不一，自非三，三不三，自非一；非一一非，三不留，非三三非，一不立；不立之一，本無三，不留之三，本無一；一三本無，無亦無，無無，無本，故妙絶，如是則一何所分，三何所合，合分自於人耳，何理異於言哉？譬夫三獸渡河，河一寧從獸合，復何獨河非獸合？亦乃獸不河分，河尚不成三河，豈得以河而合獸？獸尚不成一獸，豈得以獸而成河？河非獸而何三，獸非河而何一？一河獨包三獸，而河未曾三；三獸共履一河，而獸未嘗一。獸之非一，明其足有短長，河之不三，知其水無深淺。水無深淺，譬法之無差；足有短長，類智之有明昧，如是則法本無三而人自三耳。

今之三乘之初，四諦最標其首，法之既以無差，四諦亦何非大？而言聲聞觀之，位居其小者哉！是知諦似於河，人之若獸，聲聞最劣，與兔爲儔，雖復奔波，寧窮浪底？未能知其深極，位自居卑，何必觀諦之流，一概同其成小。如其智照高明，量齊香象者，則可以窮源盡際，焕然成大矣。故知下智觀者得聲聞果，中智觀者得緣覺果，上智觀者得菩薩果，明宗皎然，豈容圖度者矣。是以聲聞見苦而斷集，緣覺悟集散而觀離，菩薩了達真源，知集本無和合。三人同觀四諦，證果之所差殊；良由觀有淺深，對照明其高下耳。是以下乘行下，中上之所未修；上乘行上，而修中下；中行中下，不修於上。上中下之在人，非諦令其大小耳。

　　然三乘雖殊，同歸出苦之要，聲聞雖小，見愛之惑已袪；故於三界無憂，分段之形滅矣。三明照耀開朗，八萬之劫現前，六通縱任無爲，山壁遊之直度，時復空中行住，或坐卧之安然，汎沼則輕若鴻毛，涉地則猶如履水，九定之功滿足，十八之變隨心。然三藏之佛，望六根清淨位，有齊有劣，同除四住，此處爲齊，若伏無明，三藏則劣，佛尚爲劣，二乘可知。望上斷伏雖殊，於下悟迷有隔，如是則二乘何咎而欲不修者哉。

　　如來爲對大根，引歸寶所，令修種智，同契圓伊，或毁或譽，抑揚當時耳。凡夫不了，預畏被呵，寧知見愛尚存，去二乘而甚遠。雖復言其修道，惑使諸所不袪，非惟身口未端，亦乃心由諂曲。見生自意，解背真詮，聖教之所不依，明師未曾承受，根緣非唯宿習，見解未預生知，而能世智辯聰，談論以之終日，時復牽於經語，曲會私情，縱邪説以誑愚人，撥因果而排罪福，順情則嬉怡生愛，違意則慽憷懷瞋。三受之狀固然，稱位乃儔菩薩，初篇之非未免，過人之釁又縈，大乘之所不修，而復譏於小學，恣一時之强口，謗説之患鏗然，三塗苦輪，報之長劫，哀哉吁哉！言及愴然悲酸矣。

　　然而達性之人，對境彌加其照，忘心之士，相善不涉其懷，況乎三業之邪非，寧有歷心於塵滴？是以鑒玄之侶，淨三受於心源，滌穢之流，掃七支於身口。無情罔侵塵葉，有識無惱蜎蠓；幽澗未足比其清，飛雪無以方其素。眷德若羽翮揚翅，望星月以窮高，棄惡若鱗衆驚鉤，投江瀛而盡底。玄曦憖其照遠，上界惡以緣消；境智合以圓虛，定慧均而等妙。桑田改而心無易，海嶽遷而志不移，而能處憒非喧，凝神挺照，心源朗淨，慧解無方，觀法性而達真如，鑒金文而依了義。如是則一念之中，何法門而不具？如其妙慧未彰，心無準的，解非契理，行闕超塵，乖法性而順常情，背圓詮而執權説。如是則次第隨機，對根緣而設教矣。是以敍其綱紀，委悉餘所未明，深淺宗途，略言其趣，三乘之學，影響知其分位耳。

事理不二第八

夫妙悟通衢，則山河非壅；迷名滯相，則絲毫成隔。然萬法本源，由來實相；塵沙惑趣，原是真宗。故物像無邊，般若無際者，以其法性本真，了達成智故也。譬夫行由通徑，則萬里可期，如其觸物衝渠，則終朝域內。以其不知物有無形之畔，渠有窮虛之域故也。是以學遊中道，則實相可期，如其執有滯無，則終歸邊見，以其不知有有非有之相，無有非無之實故也。

今之色相紛紜，窮之則非相；音聲吼喚，究之則無言；迷之則謂有形聲，悟之則知其関寂。如是則真諦不乖於事理，卽事理之體元真；妙智不異於了知，卽了知之性元智。然而妙旨絶言，假文言以詮旨，真宗非相，假名相以標宗。譬夫象非雪山，假雪山而類象，此但取其能類耳，豈以雪山而爲象耶？

今之法非常而執有，假非有以破常，性非斷而執無，假非無而破斷，類夫淨非水灰，假水灰而洗淨者，此但取其能洗耳，豈以水灰而爲淨耶。故知中道不偏，假二邊而辨正，斷常非是，寄無有以明非，若有若無言既非，非有非無亦何是。信知妙達玄源者，非常情之所測也。何者？夫妄非愚出，真不智生，達妄名真，迷真曰妄，豈有妄隨愚變，真逐智迴，真妄不差，愚智自異耳。

夫欲妙識玄宗，必先審其愚智；若欲審其愚智，善須明其真妄；若欲明其真妄，復當究其名體；名體若分，真妄自辨；真妄既辨，愚智迢然。是以愚無了智之能，智有達愚之實。故知非智無以明其真妄，非智莫能辨其名體。何者？或有名而無體，或因體而施名，名體混緒，實難窮究矣。是以體非名而不辨，名非體而不施，言體必假其名,語名必藉其體;今之體外施名者,此但名其無體耳,豈有體當其名耶。譬夫兔無角而施名,此則名其無角耳,豈有角當其名耶;無體而施名者,則名無實名也,名無實名,則所名無也;所名既無,能名不有也。何者? 設名本以名其體,無體何以當其名;言體本以當其名,無名何以當其體;體無當而非體,名無名而非名;此則何獨體而元虛,亦乃名而本寂也。

　　然而無體當名,由來若此,名之體當,何所云爲? 夫體不自名,假他名而名我體,名非自設,假他體而施我名,若體之未形,則名何所名,若名之未設,則體何所明,然而明體雖假其名,不爲不名而無體耳。設名要因其體,無體則名之本無,如是則體不名生,名生於體耳。今之體在名前,名從體後,辨者如此,則設名以名其體,故知體是名源耳。則名之所由,緣起於體,體之元緒,何所因依? 夫體不我形,假緣會而成體,緣非我會,因會體而成緣。若體之未形,則緣何所會,若緣之未會,則體何所形? 體形則緣會而形,緣會則體形而會,體形而會,則明形無別會;形無別會,則會本無也。緣會而形,則明會無別形,會無別形,則形本無也。是以萬法從緣,無自體耳。體而無自,故名性空;性之既空,雖緣會而非有,緣之既會,雖性空而不無。

　　是以緣會之有,有而非有,性空之無,無而不無。何者? 會卽性空,故言非有;空卽緣會,故曰非無。今言不有不無者,非是離有別有一無也,亦非離無別有一有也。如是則明法非有無,故以非有非無名耳。不是非有非無,既非有無,又非非有,非非無也。如是,何獨言語道斷,亦乃心行處滅也。

勸友人書第九大師答朗禪師書

婺州浦陽縣佐溪山朗禪師召大師山居書

　　自到靈谿，泰然心意，高低峯頂，振錫常游；石室巖龕，拂乎宴坐；青松碧沼，明月自生；風掃白雲，縱目千里；名花香果，峯鳥銜將，猨嘯長吟，遠近皆聽；鋤頭當枕，細草爲氈；世上崢嶸，競争人我；心地未達，方乃如斯。倘有寸陰，願垂相訪。

　　自别以來，經今數載，遥心眷想，時復成勞。忽奉來書，適然無慮，不委信後道體如何？法味資神，故應清樂也。玄覺粗得延時，欽詠德音，非言可述。承懷節操，獨處幽棲；泯跡人間，潛形山谷。親朋絶往，鳥獸時遊。竟夜縣縣，終朝寂寂。視聽都息，心累閴然。獨宿孤峯，端居樹下，息繁飡道，誠合如之。然而正道寂寥，雖有修而難會；邪徒諠擾，乃無習而易親。若非解契玄宗，行符真趣者，則未可幽居抱拙，自謂一生歟。應當博問先知，伏膺誠懇，執掌屈膝，整儀端容。曉夜忘疲，始終虔仰。折挫身口，蠲矜怠慢。不顧形骸，專精至道者，可謂澄神方寸歟。

　　夫欲採妙探玄，實非容易，決擇之次，如履輕冰。必須側耳目而奉玄音，肅情塵而賞幽致。忘言宴旨，濯累飡微。夕惕朝詢，不濫絲髮。如是則乃可潛形山谷，寂累絶羣哉。其或心徑未通，矚物成壅。而欲避諠求静者，盡世未有其方。況乎鬱鬱長林，峨峨聳峭。鳥獸鳴咽，松竹森梢。水石崢嶸，風枝蕭索。藤蘿縈絆，雲霧氤氲。節物衰榮，晨昏眩晃。斯之種類，豈非喧雜耶。故知見惑尚紆，觸途成滯耳。是以先須識道，後乃居山。若未識道而先居山者，但見其山，必忘其道。若未居山而先識道者，但見其道，必忘其山。忘山則道性怡神，忘道則山形眩目。是以見道忘山者，人間亦寂也；見山忘道者，山中乃喧也。必能了陰無我，無我誰住人間。

　　若知陰入如空，空聚何殊山谷？如其三毒未祛，六塵尚擾，身心自相矛盾，何關入山之喧寂耶？且夫道性沖虚，萬物本非其累；真慈平等，聲色何非道乎。特因見倒惑生，遂成輪轉耳。

若能了境非有，觸目無非道場。知了本無，所以不緣而照。圓融法界，解惑何殊。以含靈而辨悲，卽想念而明智。智生則法應圓照，離境何以觀悲。悲智理合通收，乖生何以能度。度盡生而悲大，照窮境以智圓。智圓則喧寂同觀，悲大則怨親普救。如是則何假長居山谷，隨處任緣哉。況乎法法虛融，心心寂滅，本自非有，誰强言無。何喧擾之可喧，何寂静之可寂？

若知物我冥一，彼此無非道場。復何徇喧雜於人間，散寂寞於山谷？是以釋動求静者，憎枷愛杻也。離怨求親者，厭檻欣籠也。

若能慕寂於喧，市廛無非宴坐。徵違納順，怨債由來善友矣。如是則劫奪毀辱，何曾非我本師。叫喚喧煩，無非寂滅。故知妙道無形，萬像不乖其致。真如寂滅，衆響靡異其源。迷之則見倒惑生，悟之則違順無地。聞寂非有，緣會而能生。峨嶷非無，緣散而能滅。滅既非滅，以何滅滅。生既非生，以何生生。生滅既虛，實相常住矣。是以定水滔滔，何念塵而不洗。智燈了了，何惑霧而不袪。乖之則六趣循環，會之則三塗迥出。如是則何不乘慧舟而遊法海，而欲駕折軸於山谷者哉。故知物類紜紜，其性自一。靈源寂寂，不照而知。實相天真，靈智非造。人迷謂之失，人悟謂之得；得失在於人，何關動静者乎。譬夫未解乘舟，而欲怨其水曲者哉。

若能妙識玄宗，虛心冥契；動静長短，語默恒規。寂爾有歸，恬然無間。如是則乃可逍遙山谷，放曠郊廛。遊逸形儀，寂怕心腑。恬澹息於內，蕭散揚於外。其身兮若拘，其心兮若泰；現形容於寰宇，潛幽靈於法界。如是則應機有感，適然無準矣。

因信略此，餘更何申。若非志朋，安敢輕觸。宴寂之暇，時暫思量。予必誑言，無當看竟。迴充紙燼耳，不宣。同友玄覺和南。

發願文第十

稽首圓滿徧知覺，寂靜平等本真源，相好嚴特非有無，慧明普照微塵刹。稽首湛然真妙覺，甚深十二脩多羅，非文非字非言詮，一音隨類皆明了。稽首清淨諸賢聖，十方和合應真僧，執持禁戒無有違，振錫攜缾利含識，卵生胎生及溼化，有色無色想非想，非有非無想雜類，六道輪迴不暫停。

我今稽首歸三寶；普爲衆生發道心。羣生沈淪苦海中，願因諸佛法僧力，慈悲方便拔諸苦。不捨弘願濟含靈，化力自在度無窮，恒沙衆生成正覺。

說此偈已。我復稽首歸依十方三世一切諸佛法僧前。承三寶力，志心發願，修無上菩提。契從今生，至成正覺。中間決定勤求不退。

未得道前，身無橫病，壽不中夭。正命盡時，不見惡相，無諸恐怖，不生顛倒，身無苦痛，心不散亂，正慧明了。不經中陰，不入地獄，畜生餓鬼，水陸空行，天魔外道，幽冥鬼神，一切雜形，皆悉不受。長得人身，聰明正直。不生惡國，不值惡王，不生邊地，不受貧苦。奴婢女形，黃門二根，黃髮黑齒，頑愚暗鈍，醜陋殘缺，盲聾瘖瘂，凡是可惡，畢竟不生。出處中國，正信家生。常得男身，六根完具。端正香潔，無諸垢穢。志意和雅，身安心靜。不貪瞋癡，三毒永斷。不造衆惡，恒思諸善。不作王臣，不爲使命。不願榮飾，安貧度世。少欲知足，不長畜積。衣食供身，不行偷盜。不殺衆生，不噉魚肉。敬愛含識，如我無異。性行柔頓，不求人過；不稱己善，不與物諍。怨親平等，不起分別，不生憎愛。他物不悕，自財不吝。不樂侵犯，恒懷質直。心不卒暴，常樂謙下。口無惡說，身無惡行。心不諂曲，三業清淨。在處安隱，無諸障難。竊盜劫賊，王法牢獄，枷杖鉤鎖，刀鎗箭槊，猛獸毒蟲，墮峯溺水，火燒風飄，雷驚霹靂，樹折巖頹，堂崩棟朽，撾打怖畏，趁逐圍繞，執捉繫縛，加誣毀謗，橫枉鉤牽，凡諸難事，一切不受。惡鬼飛災，天行毒癘，邪魔魍魎，若河若海，崇山穹嶽居止樹神。凡是靈祇，聞我名者，見我形者，發菩提心，悉相覆護，不相侵惱。晝夜安隱，無諸驚懼，四大康強，六根清淨，不染六塵，心無亂想，不有昏滯。不生斷見，不著空有，遠離諸相，信奉能仁。不執己見，悟解明了，生生修習，正慧堅固，不被魔攝。大命終時，安然快樂，捨身受身，無有怨對。一切衆生，同爲善友。所生之處，值佛聞法。童真出家，爲僧和合。身身之服，不離袈裟；食食之器，不乖盂鉢。道心堅固，不生憍慢，敬重三寶，常修梵行。親近明師，隨善知識，深信正法，勤行六度，讀誦大乘。行道禮拜，妙味香華，音聲讚唄，燈燭臺觀，山海林泉，空中平地，世間所有，微塵已上，悉持供養。合集功德，迴助菩提。思惟了義，志樂閒靜，清素寂默，不愛喧擾，不樂羣居，常好獨處。一切無求，專心定慧，六通具足，化度衆生，隨心所願，自在無礙。萬行成就，精妙無窮，正直圓明，志成佛道。

願以此善根，普及十方界，上窮有頂，下極風輪，天上人間六道諸身一切含識，我所有功德，悉與衆生共，盡於微塵劫，不惟一衆生。隨我有善根，普皆充熏飾。地獄中苦惱，南無佛法僧，稱佛法僧名，願皆蒙解脫。餓鬼中苦惱，南無佛法僧，稱佛法僧名，願皆蒙解脫。畜生中苦惱，南無佛法僧，稱佛法僧名，願皆蒙解脫。天人阿脩羅，恒沙諸含識，八苦相煎迫，南無佛法僧，因我此善根，普免諸纏縛。南無三世佛，南無脩多羅，菩薩聲聞僧，微塵諸聖衆。不捨本慈悲，攝受羣生類。盡空諸含識，歸依佛法僧。離苦出三塗，疾得超三界。各發菩提心，晝夜行般若。生生勤精進，常如救頭然。先得菩提時，誓願相度脫。我行道禮拜，我誦經念佛，我修戒定慧，南無佛法僧，普願諸衆生，悉皆成佛道。我等諸含識，堅固求菩提，頂禮佛法僧，願早成正覺。

（據北京刻經處本）

〔附：唐魏静禪宗永嘉集序〕

聞夫慧門廣闢，理絕色相之端；覺路遥望，跡晦名言之表。悲夫！能仁示現，應化無方，開妙典於三乘；暢真詮於八部；所以發揮至賾，懸梵景於昏衢，光闡大猷，泛禪波於欲浪；是以金棺掩耀，玉毫收彩，孤標靈鷲之英，獨負成麟之業者，其唯大師歟！

大師俗姓戴氏，永嘉人也，少挺生知，學不加思。幼則遊心三藏，長則通志大乘。三業精勤，偏弘禪觀，境智俱寂，定慧雙融。遂使塵静昏衢，波澄玄海。心珠道種，瑩七淨以交輝；戒月悲花，耿三空而列耀。加復霜松潔操，水月虛襟；布衣蔬食，忘身爲法，愍傷含識，物物斯安；觀念相續，心心靡間；始終抗節，金石方堅；淺深心要，貫花慚潔；神徹言表，理契寰中；曲己推人，順凡同聖，則不起滅定，而秉護四儀，名重當時，道扇方外。三吳碩學，輻輳禪階，八表高人，風趨理窟。

静往因薄宦，親承接足，恨未盡於方寸。俄赴京畿，自爾已來，幽冥遐隔，永慨玄眸積翳。忽喪金錍，欲海洪濤，遄沈智檝；遺文尚在，龕室寂寥。嗚呼哀哉！痛纏心腑，所嗟一方眼滅，七衆何依，德音無聞，遠增悽感。

大師在生，凡所宣紀，總有十篇，集爲一卷，庶同歸郢悟者，得意忘言耳。今略紀斯文，多有謬誤，用俟明哲，非者正之。

大章分爲十門：

慕道志儀第一。夫欲修道，先須立志，及事師儀則，彰乎軌訓，故標第一慕道儀式。

戒憍奢意第二。初雖立志修道，善識軌儀，若三業憍奢，妄心擾動，何能得定，故次第二明戒憍奢意也。

淨修三業第三。前戒憍奢，略標綱要，今子細檢責，令粗過不生，故次第三明淨修三業，戒乎身口意也。

奢摩他頌第四。前已檢責身口，令粗過不生，次須入門，修道漸次，不出定慧，五種起心，六種料簡，故次第四明奢摩他頌也。

毗婆舍那頌第五。非戒不禪，非禪不慧，上既修定，定久慧明，故次第五明毗婆舍那頌也。

優畢叉頌第六。偏修於定，定久則沈，偏學於慧，慧多心動，故次第六明優畢叉頌，等於定慧，令不沈動，使定慧均等，捨於二邊。

三乘漸次第七。定慧既均，則寂而常照，三觀一心，何疑不遣，何照不圓，自解雖明，悲他未悟，悟有淺深，故次第七明三乘漸次也。

理事不二第八。三乘悟理，理無不窮，窮理在事，了事即理，故次第八明事理不二，即事而真，用袪倒見也。

勸友人書第九。事理既融，內心自瑩，復悲遠學虛擲寸陰，故次第九明勸友人書也。

發願文第十。勸友雖是悲他，專心在一，情猶未普，故次第十明發願文誓度一切也。

（同上）

二、永嘉證道歌

君不見，絕學無爲閒道人，不除妄想不求真。無明實性即佛性,幻化空身即法身。法身覺了無一物,本源自性天真佛。五陰浮雲空去來,三毒水泡虛出没。

證實相,無人法,刹那滅卻阿鼻業。若將妄語誑衆生,自招拔舌塵沙劫。

頓覺了,<u>如來</u>禪,六度萬行體中圓。夢裏明明有六趣,覺後空空無大千。

無罪福,無損益,寂滅性中莫問覓。比來塵鏡未曾磨,今日分明須剖析。

誰無念,誰無生,若實無生無不生。喚取機關木人問,求佛施功早晚成。

放四大,莫把捉,寂滅性中隨飲啄。諸行無常一切空,即是<u>如來</u>大圓覺。

決定説,表真僧。有人不肯任情徵。真截根源佛所印,摘葉尋枝我不能。

摩尼珠,人不識,<u>如來</u>藏裏親收得。六般神用空不空,一顆圓光色非色。

淨五眼,得五力,唯證乃知難可測。鏡裏看形見不難,水中捉月争拈得。

常獨行,常獨步,達者同遊涅槃路。調古神清風自高,貌頹骨剛人不顧。

窮釋子,口稱貧,實是身貧道不貧。貧則身常披縷褐,道則心藏無價珍。

無價珍,用無盡,利物應機終不吝。三身四智體中圓,八解六通心地印。

上士一決一切了,中下多聞多不信。但自懷中解垢衣,誰能向外誇精進。

從他謗，任他非，把火燒天徒自疲。我聞恰似飲甘露，銷融頓入不思議。

觀惡言，是功德，此即成吾善知識。不因訕謗起冤親，何表無生慈忍力。

宗亦通，說亦通，定慧圓明不滯空。非但我今獨達了，恆沙諸佛體皆同。

師子吼，無畏說，百獸聞之皆腦裂。香象奔波失卻威，天龍寂聽生欣悅。

遊江海，涉山川，尋師訪道爲參禪。自從認得曹谿路，了知生死不相關。

行亦禪，坐亦禪，語默動靜體安然。縱遇鋒刀常坦坦，假饒毒藥也閒閒。我師得見然燈佛，多劫曾爲忍辱仙。

幾回生，幾回死，生死悠悠無定止。自從頓悟了無生，於諸榮辱何憂喜。

入深山，住蘭若，岑崟幽邃長松下。優游靜坐野僧家，闃寂安居實蕭灑。

覺即了，不施功，一切有爲法不同。住相布施生天福，猶如仰箭射虛空。

勢力盡，箭還墜，招得來生不如意。爭似無爲實相門，一超直入如來地。

但得本，莫愁末，如淨瑠璃含寶月。既能解此如意珠，自利利他終不竭。

江月照，松風吹，永夜清宵何所爲。佛性戒珠心地印，霧露雲霞體上衣。

降龍鉢，解虎錫，兩鈷金環鳴歷歷。不是標形虛事持，如來寶杖親蹤跡。

不求真，不斷妄，了知二法空無相。無相無空無不空，即是如來真實相。

心鏡明，鑒無礙，廓然瑩徹周沙界。萬象森羅影現中，一顆圓光非內外。

豁達空，撥因果，莽莽蕩蕩招殃禍。棄有著空病亦然，還如避溺而投火。

捨妄心，取真理，取捨之心成巧偽。學人不了用修行，深成認賊將爲子。

損法財，滅功德，莫不由斯心意識。是以禪門了卻心，頓入無生知見力。

大丈夫，秉慧劍，般若鋒兮金剛燄。非但空摧外道心，早曾落卻天魔膽。

震法雷，擊法鼓，布慈雲兮灑甘露。龍象蹴踏潤無邊，三乘五性皆醒悟。雪山肥膩更無雜，純出醍醐我常納。

一性圓通一切性，一法徧含一切法。一月普現一切水，一切水月一月攝。

諸佛法身入我性，我性同共如來合。一地具足一切地，非色非心非行業。

彈指圓成八萬門，刹那滅卻三祇劫。一切數句非數句，與吾靈覺何交涉。

不可毀，不可讚，體若虛空勿涯岸。不離當處常湛然，覓即知君不可見。

取不得，捨不得，不可得中只麼得。默時説，説時默，大施門開無壅塞。

有人問我解何宗，報道摩訶般若力。或是或非人不識，逆行順行天莫測。吾早曾經多劫修，不是等閒相誑惑。

建法幢，立宗旨，明明佛敕曹溪是。第一迦葉首傳燈，二十八代西天記。

法東流，入此土，菩提達磨爲初祖。六代傳衣天下聞，後人得道何窮數。

真不立，妄本空，有無俱遣不空空。二十空門元不著，一性如來體自同。

心是根，法是塵，兩種猶如鏡上痕。痕垢盡除光始現，心法雙忘性卽真。

嗟末法，惡時世，衆生福薄難調制。去聖遠兮邪見深，魔强法弱多怨害。聞説如來頓教門，恨不滅除令瓦碎。

作在心，殃在身，不須寃訴更尤人。欲得不招無間業，莫謗如來正法輪。

旃檀林，無雜樹，鬱密森沈師子住。境静林間獨自遊，走獸飛禽皆遠去。

師子兒，衆隨後，三歲便能大哮吼。若是野干逐法王，百年妖怪虛開口。

圓頓教，勿人情，有疑不決直須爭。不是山僧逞人我，修行恐落斷常坑。

非不非，是不是，差之毫釐失千里。是則龍女頓成佛，非則善星生陷墜。

吾早年來積學問，亦曾討疏尋經論，分別名相不知休，入海算沙徒自困。

郤被如來苦訶責，數他珍寶有何益。從來蹭蹬覺虛行，多年枉作風塵客。

種性邪，錯知解，不達如來圓頓制。二乘精進勿道心，外道聰明無智慧。

亦愚癡，亦小騃，空拳指上生實解。執指爲月枉施功，根境法中虛捏怪。

不見一法卽如來，方得名爲觀自在。了卽業障本來空，未了應須還夙債。

饑逢王饍不能飡，病遇醫王爭得瘥。在欲行禪知見力，火中生蓮終不壞。勇施犯重悟無生，早時成佛于今在。

獅子吼，無畏說，深嗟懵懂頑皮靻。祇知犯重障菩提，不見如來開祕訣。

有二比丘犯婬殺，波離螢光增罪結。維摩大士頓除疑，猶如赫日銷霜雪。

不思議，解脫力，妙用恆沙也無極。四事供養敢辭勞，萬兩黄金亦銷得。粉骨碎身未足酬，一句了然超百億。

法中王，最高勝，恆沙如來同共證。我今解此如意珠，信受之者皆相應。

了了見，無一物，亦無人，亦無佛。大千沙界海中漚，一切聖賢如電拂。假使鐵輪頂上旋，定慧圓明終不失。

日可冷，月可熱，衆魔不能壞真說。象駕崢嶸謾進途，誰見螗蜋能拒轍。

大象不遊於兔徑，大悟不拘於小節。莫將管見謗蒼蒼，未了吾今爲君訣。

（據北京刻經處本）

〔附〕　玄覺傳

釋玄覺，字明道，俗姓戴氏。漢末，祖倜公第五（疑缺一“子”字）燕公九代孫，諱烈，渡江，乃爲永嘉人也。總角出家，齠年鬢髮，心源本淨，智印全文，測不可思，解甚深義。我與無我恆常固知，空與不空具足皆見。既離四病，亦服三衣。德水沐其身所以清净，良藥治其眼所以光明。兄宣法師者，亦名僧也，並猶子二人，並預緇伍。

覺本住龍興寺，一門歸信，連影精勤，定根確乎不移，疑樹忽焉自壞，都捐我相，不污客塵。視其寺旁別有勝境，遂於巖下自構禪庵。滄海盪其胸，青山拱其背，蓬萊偓客歲月往還，華蓋烟雲晨昏交集。粤若功德成就，佛寶鬱興，神鐘震來，妙屋化出。覺居其閒也，絲不以衣，耕不以食，豈伊莊子大布爲裳，自有阿難甘露作飯。

覺以獨學孤陋，三人有師，與東陽策禪師肩隨，遊方詢道。謁韶陽能禪師而得旨焉。或曰，覺振錫遠庵答對，語在別錄。至若神秀門庭，退征問法，然終得心於曹溪耳。既決所疑，能留一宿，號曰"一宿覺"，猶"半徧清"也。

以先天二年十月十七日，於龍興別院端坐入定，怡然不動，僧侶悲號。以其年十一月十三日殯於西山之陽，春秋四十九。

初，覺未亡前，禁足於西巖，望所住寺喟然歎曰："人物駢闐，花聲蓊蔚，何用之爲。"其門人吳興興師，新羅國宣師，數人同聞，皆莫測之。尋而述之曰：昔有一禪師，將諸弟子遊賞之次，遠望一山，忽而喝曰：人物多矣。弟子亦不測，後匪久此。師捨壽，殯所望地也。西山去寺里有餘程，送殯繁擁，人物沸騰。其感動也若此。

又，未終前，有舒鴈千餘飛於寺西，侍人曰：此將何來？空中有聲云：爲師墓所，故從海出也。

弟子惠操、惠特、等慈、玄寂皆傳師之法，爲時所推。後李北海邕爲守括州，遂列覺行錄爲碑，號神道焉。

覺唱道著明，修證悟入，慶州刺史魏靖都緝綴之，號永嘉集是也。

初，覺與左溪朗公爲道契，朗貽書招覺山樓，覺由是念朗之滯見於山，拘情於講，迴書激勸。其辭婉靡，其理明白。俾其山世一如，喧靜互用，趣入之意暗詮於是，達者趎之。

終敕諡號無相，塔曰淨光焉。

（選自金陵刻經處本宋贊寧續高僧傳卷八）

楊億: 無相大師行狀

溫州永嘉玄覺禪師者，永嘉人也。姓戴氏，丱歲出家，徧探三藏，精天台止觀圓妙法門，於四威儀中，常冥禪觀。

後因左谿朗禪師激勵，與東陽策禪師同詣曹谿。初到，振錫攜瓶，繞祖三匝。祖曰：夫沙門者，具三千威儀，八萬細行，大德自何方而來，生大我慢。師曰：生死事大，無常迅速。祖曰：何不體取無生，了無速乎？曰：體即無生，了本無速。祖云：如是如是。于時大衆無不愕然，師方具威儀參禮，須臾告辭。祖曰：返太速乎？師曰：本自非動，豈有速耶。祖曰：誰知非動？曰：仁者自生分別。祖曰：汝甚得無生之意。曰：無生豈有意耶？祖曰：無意誰當分別？曰：分別亦非意。祖歎曰：善哉善哉！少留一宿，時謂一宿覺矣。

策公乃留師。翌日下山迴溫江，學者輻湊，號真覺大師。著禪宗悟修圓旨，自淺之深，慶州刺史魏靜緝而序之成十篇，目爲永嘉集，及證道歌一首，並盛行於世云爾。

（選自北京刻經處本永嘉集）

淨　覺

【簡介】　淨覺，俗姓韋，生於公元六八八年（武則天垂拱四年），死於公元七四六年（唐玄宗天寶五年）。他是玄賾的門人，神秀的再傳弟子。在禪宗南北兩宗的斗爭中，他堅定地站在北宗的立場上，維護北宗的正統地位。他撰寫的楞伽師資記，就是從傳法系統上論證神秀一系北宗才是禪宗正統，以此與南宗對抗。

　　楞伽師資記一書雖然不免有爲争正統而誇大，甚至捏造的東西，但也保存了許多當時北宗傳播情況的資料，對研究神秀和北宗的思想很有參考價值，也是研究禪宗史的重要史料。

一、楞伽師資記（並原序）

原　序

上文缺。兩目中，各出一五色光舍利，將知大師成道已久也。

　　大唐中宗孝和皇和皇二字原滅今補。帝景龍二年，勅召入西京，便於東都廣開禪法，淨覺當衆歸依，一心承事。兩京來往參觀，向有餘年，所呈心地，尋已決了。祖忍忍字原滅今補。大師授記之安州有一箇，即我大和上是也。乃形作刑。類凡僧，證同佛地，帝師國寶，宇內歸依。淨覺宿世有緣，親蒙指授，始知方寸之內，具足真如，昔所未聞，今乃知耳。

　　真如無相，知亦無知，無知之知，豈離知也，無相之相，豈離相也。人法皆如，説亦如也。以上巴黎本缺，據倫敦本。如自無巴黎本作无下皆做此。説，説則非如；如本無知，知非如矣。起信論云：「心真如者，倫敦本作是。卽是一法界惣相法門體。所謂心性，不生不滅。一切法，唯因妄倫敦本作忘。念，而有差別；若離心念，別無境界之相。是故一切法，從本已來，離言説相，離名字相，離心緣相，畢竟平等，無有變異，不可破壞，唯是一心，故名真如。又，倫敦本作有。真如倫敦本無如字。自體相者，凡夫聲聞緣覺菩薩諸佛，無有增減，非前倫敦本作有。際生，非後際滅，畢竟常恒，從本性自滿足，一切功德，自體有大智惠光明義，故自性清淨心。楞伽經云：自心現境界，隨類普現於五法。云何是五法？名相妄想巴黎本作相。正智如如。是故衆生倫敦本無生字。物無名，由心作名；諸相無相，由心作相。但自無心，則無名相，故曰正智如如。法句經云：參羅及萬像，一法之所印。

余乃潛神玄嘿，養性幽巖，獨守淨心抱一冲谷，聊寄一序，托語在中，同我道流，願知心耳。

真如妙體，不離生死之中；聖道玄微，還在色身之內。色身清淨，寄住煩惱之間；生死性真，權巴黎本作獲。在涅槃之處。故知衆生與佛性，本來共同。以水況冰，體何有異？冰由質礙，喻衆生之倫敦本無之字。繫縛；水性靈倫敦本作虛。通，等佛性之圓淨。無法可得，無相可求。善法尚遣捨之，生死故應遠離。維摩經云：欲得淨度，當淨其心；隨其心淨，則佛土淨也。身雖爲之本，識見還有淺深。深見者，見歷刼清淨，薰脩之因，一發道心，乃至成佛，亦不退也。淺識者，是現今新學，初雖歡喜，爲積生已來，有誹謗邪見之因，無心倫敦本無心字。正信習道之力，根則不定，後還退敗也。覆尋生死，只爲攀緣，返照攀緣之心，心性本來清淨。清淨倫敦本無清淨二字。之處，實不有心；寂滅之中，本無動念。動處常寂，寂卽無求；念處常真，真無倫敦本無實不有心以下數句。染着。無染是淨，無繫是脱。

染卽生死之因，淨卽菩提之果。大分深義，究竟是空；至道亡_{倫敦本作無}言，言卽乖至。雖以性空_{倫敦本無空字}擬本，無本可稱；空自無言，非心行處。聖心微隱，絕解絕知；大覺冥冥，_{倫敦本作寒寒}。無言無説。**法華經**云：諸法寂滅相，不可以言宣也。無**法**可説，無心可言，自性空閑，返歸於本。本者道也。道性_{巴黎本無性字}恇恫而無際，_{巴黎本作祭}。放曠清微，壞_{巴黎本無壞字}大千以寂寥，通古今而性淨。卽上下周圓，廣_{倫敦本無廣字}遍清淨，是淨佛國土也。是知一毫之内，具足三千大千；一塵之中，容受無邊世界，斯言有實耳。此中坐禪，證者之自知，不由三乘之所説也。經云：_{倫敦本作曰}菩提之道，不可圖度。高而無上，廣不可極；淵而無下，深不可測。_{巴黎本作側}大包_{倫敦本作苞}天地，細入無間，故謂之道也。_{巴黎本無也字}所以法身清淨，猶若虛空。空亦無空，有何得有；有本不有，人自着有。空本不空，人自着空。離有離空，清淨解脱，無爲無事，無住無着。寂滅之中，一物不_{巴黎本多一不字}作，斯乃菩提之道。然湼槃之道，果不_{巴黎本無不字}在於有無之内，亦不出於有無之外。若如此者，卽入道之人，不壞於有，亦不損於無，像法住持，但假施設耳。是故體空無相，不可爲有；用之不廢，不可爲無。則空而常用，用而常空。空用雖殊，而無心可異，卽真如性淨，常住不滅也。

余_{巴黎本作餘}歎曰：天下有不解修道者，被有無繫然也。有不自有，緣未生時無有；無不自無，緣散之後故無。有若本有，有自常有，不待緣而後有；無若本無，無自常無，豈_{巴黎本作足}待緣盡後始無也。緣_{倫敦本緣字作像有二字}非是有，真如之中，無自_{倫敦本無無自二字}有緣，無非是無，清淨心中，無彼無也。有無之_{倫敦本無之字}法，妄想之域，豈足以標聖道。**放光經**_{巴黎本無經字}云：菩提從有得耶？答曰：不也。從無得耶？答曰：不也。從有無得耶？答曰：不也。離有無得耶？答曰：不也。是義云何得？_{巴黎本無得字}答曰：無所得，得無所得者，謂之得巴黎本作德。菩提也。

楞伽師資記卷一

第一，宋朝求那跋陁羅三藏，南倫敦本作中。天竺國人，大乘學時號摩訶衍。元嘉年，隨船至廣州。宋巴黎本無宋字。太祖迎於丹陽郡，譯出楞伽經。王公道俗請開禪訓，跋陁未善宋言有愧。即夕倫敦本作多。夢人以劍易首，於是遂開禪訓。三藏云：此土，地居東邊，修道無法，以無法故，或墜小乘二乘法，或墜九十五種外道法，或墜鬼神禪，巴黎本無禪字。觀見一切物，知他人家好惡事，苦哉！大禍大禍，自陷陷他。我慜巴黎本作敏。此輩，長刼落神鬼道，倫敦本無道字。久受生死，不得解脫，或墮禁倫敦本無禁字。術法，役使鬼神，看他人家好惡事，誰巴黎本作詐。言我坐禪觀行，巴黎本作見。凡夫盲迷不解，謂證倫敦本作登。聖道，皆悉降伏，不知是鬼神邪魅法也。我中國有正法，秘不傳簡，有緣根熟者，路逢良賢，途中授倫敦本作受。與，若不逢良賢，父子不傳。倫敦本作得。楞伽經云：諸佛心第一，我倫敦本無我字。教授法時，心不起處巴黎本無處字。是也。此法超度三乘，越過十地，究竟佛果處，只可默心自知，無心養神，無念安身，閑居淨坐，守本歸真。我法秘默，不爲凡愚巴黎本作遇。淺識所傳。要是福德厚人，乃能受行。若不解處，六有七八；若解處，八無六七。擬作佛者，先學安心。心未安時，善尚非善，何況其惡。心得安静時，善惡俱無依。巴黎本作作。華嚴經云：法法不相見，倫敦本無此五字。法法不相知。至此國來，尚不見修道人，何況安心者。時時見有一作業人，倫敦本無人字。未契於道，或在名聞，或爲利養，人我心行，嫉妬心造。云何嫉妬？見他人修道，達理達行，多有人倫敦本無人字。歸依供養，即生嫉妬心，即巴黎本無即字。生憎嫌心。自恃巴黎本作持。聰明，不用勝已，是名嫉妬。以此惠解，若晝若夜，懃修倫敦本作修懃。

諸行，雖斷煩惱，除其擁礙，道郭交競，不得安静，但名修道，_{倫敦本作}不名安心。若爾_{巴黎本作耳}。縱行六波羅密，講經坐二禪三禪，精進苦行但名爲善，不名法行。不以愛水，溉灌業田，復_{倫敦本無復字}。不於中，種識種子，如是比丘，名爲法行。今言安心者，略有四種：一者背理心，謂_{巴黎本無謂字}。一向凡夫心也。二者向理心，謂厭惡生死，以求涅槃，趣向寂静，_{巴黎本作清净}。名聲聞心也。三者入理心，謂雖復斷障顯理，能所未亡，是菩薩心也。四者理心，謂非理外理，非心外心，理即是心。心能平等，名之爲理；理照能明，名之爲心；心理平等，名之爲佛。心會實性者，不見生死涅槃有別，凡聖爲異，境智無二，理事俱融，真俗齊觀，染淨一如，佛與衆生，本來平等一際。楞伽經云：一切無涅槃，無有涅槃佛，無有佛涅槃，遠離覺所覺，若有若無有，_{巴黎本無有字}。是二悉俱離。大道本來廣遍，圓淨本有，不從因得如似浮雲底日光，雲霧滅盡，日光自現，何用更多廣學知見，涉歷文字語言，覆歸生死道。用口説文傳爲道者，此_{倫敦本倒}_{作此者}。人貪求_{巴黎本無求字}。名利，自壞壞他，亦如磨銅鏡，鏡面上塵落盡，鏡自明淨，諸法_{倫敦本無法字}。無行。經云：佛亦不作佛，亦不度衆生，衆生强分別，作佛度衆生，而此心不證，是即無定，證則有照，緣起大用，圓通無碍，名大修道。自他無二，一切行一時行，亦無前後，亦無中間，名爲大乘。内外無着，大捨畢竟，名爲檀波羅蜜。善惡平等，俱不可得，即是尸波羅蜜。心境_{巴黎本作竟}。無違，怨害永盡，即是忍波羅蜜。繁興_{倫敦本作興}。妙寂，即是禪波羅蜜。妙寂開明，即是般若波羅蜜。如此之人，勝上廣大，圓攝無碍，得用繁興_{倫敦本作}_興。是爲大乘。有求大乘者，若不先學安心，定知誤矣。大品經云：諸佛五眼，觀衆生心及一切法畢竟不見。華嚴經云：無見乃能見。思益經云：非眼所見，非耳鼻舌身意識所知，但應隨如相見，眼如乃至意如。法位如_{倫敦本無如字}。亦如是，若能如是_{巴黎本無若能如是四字}見

者，是名正見。禪決曰：蝙蝠角鵰，巴黎本作鷄。晝不見物，夜見物者，
皆是妄想顛倒故也。所以者何？蝙蝠角鵰，巴黎本作鷄。見他闇爲明，
凡夫人，見他明爲闇，皆爲是妄想。以顛倒故，以業障故，不見真
法。若然者，明不定明，闇不定闇。如是解者，不爲顛倒惑亂，即入
如來常樂我淨中也。巴黎本無也字。大法師云：倫敦本作之。楞伽經說，
云倫敦本作云說。何淨其念者？遣勿倫敦本作物。令妄想，勿令漏念，念
佛極着力，念念連注不斷，寂然無念，證本空淨也。又云：一受不退
常寂然，則佛說云何增長也。又云：從師巴黎本無師字。而學，悟不由
師。凡教人智惠，未嘗說法，倫敦本作此。就事而徵，指樹葉是何物。
又云：汝能入瓶入柱，及能巴黎本無入柱及能四字。入火倫敦本無火字。穴
山，杖能說法不？又云：汝身入心入。倫敦本無入字。又云：屋內有
瓶，屋外亦有瓶不？瓶中巴黎本作中瓶。有水不？水中有瓶不？乃至
天下諸水，一一中皆有瓶不？又云：此水是何物？又云：倫敦本無云
字。樹葉能說法，瓶能說法，柱能說法，屋能說法，倫敦本無屋能說法四
字。及地水火風，皆能說法；土木倫敦本無木字。瓦石，亦能說法者，
何也？

　　第二，魏朝三藏法師菩提達摩，承求那跋陀羅三藏後。其達摩
禪師，志闡大乘，泛海吳越遊洛至鄴。沙門道育惠可，奉事五年，方
誨倫敦本作海。四行。謂可曰：有楞伽經四卷，仁者依行，自然度脫。
餘廣倫敦本作度。如續高僧傳倫敦本僧作師。所傳巴黎本無傳字。明，略辨大
乘入道四行，弟子曇林序。法師者，西域南天竺國，是大婆羅門國王
第三之子也，倫敦本作如。神惠疏朗，聞皆曉晤，志存摩倫敦本作磨。訶
衍道，故捨素從緇，紹隆聖種，倫敦本無種字。冥心虛寂，通鑒世事，內
外俱明，德超世表，悲巴黎本作非。悔邊隅，正教陵替，遂能遠涉山
海，遊化漢魏。忘心寂默之士，莫不歸信；取相存見之流，乃生譏
謗。于時，唯有道育惠可，此二沙門，年雖後生，携志高遠，幸逢法

師，事之數年，倫敦本作載。虔恭諮啓，善蒙師意。法師感其精誠，誨以真道。如是安心，如是發行，如是順物，如是方便，此是大乘安心之法，令無錯謬。如是安心者，壁觀；如是發行者，四行。如是順物者，防護譏嫌。如是方便者，遣其不着。此略所由，意在後文。夫倫敦本作未。入道多途，要而言之，不出二種：一是理入，二是行入。理入者，謂藉教悟宗，深信含生，凡聖同一真性，但爲客塵妄覆，不能顯了，若也捨妄歸真，凝住巴黎本作注。壁倫敦本作辟。觀，無倫敦本無無字。自他，凡聖等一，堅住不移，更不隨於言教，此卽與真理冥狀，無有分別，寂然無名，名倫敦本無名字。之理入。行入者，所謂四行。其餘諸行，悉入此行中。何等爲四行？一者報怨行，二者隨緣行，三者無所求行，四者稱法行。云何報怨行？修道行人，巴黎本無人字。若受苦時，當自念言，我從往昔，爲數刧中，棄本逐末，流浪諸有，多起倫敦本作報。怨憎，違害無限，今雖無犯，是我宿殃，惡業果熟，非天非人，所能見與，甘心忍受，都無所巴黎本無所字。怨訴。經云：逢苦不憂，何以故？識達本巴黎本無本字。故。此心生時，與理相應，體怨進道，是故，說言報怨行。第二隨緣行者，衆生無我，並巴黎本無並字。緣業所轉，倫敦本作傳。苦樂齊受，皆從緣生，若得勝報榮譽等事，是我過去宿因所感，今方得之，緣盡還無，何喜之有，得失從緣，心無增減，喜風不動，冥順於道，倫敦本作通。是故，說言隨緣行。第三無所求行者，世人長迷，處處貪着，名之爲求，智者悟真，理將俗及，安心無爲，形隨運轉，萬有斯空，無所願樂，功德黑闇，常相隨逐，三界久居，猶如火宅，有身皆苦，誰得而安，了達此處，故於諸有，息巴黎本多一息字。想無求。經云：有求皆苦，無求乃巴黎本作皆。樂，判知倫敦本作如。無求，真爲道行。第四稱法行者，性淨之理，因之爲法，此理倫敦本作理此。衆相斯空，無染無著，無此無彼。經云：法無衆生，離衆生垢故；法無有我，離我垢故。智若能信解此理，應當稱法而行，

法體無慳於身命，則行檀捨施，心無悋惜，達解三空，不倚不_{倫敦本無}

_{不字。}着，但爲去垢，攝化衆生，而不_{倫敦本作無}。取相，此爲自利，_{倫敦}

_{本無利字。}復能利_{倫敦本無能利二字}。他，_{倫敦本作地。}亦能莊嚴菩提之

道。檀_{巴黎本作但。}度既爾，餘五亦然。爲除妄_{巴黎本作忘。}想，修行六

度，而無所行是爲稱法行。此四行，是達摩禪師親説，餘則弟子曇

林記_{巴黎本作紀。}師言行。集成一卷，名之_{倫敦本作曰。}達摩_{倫敦本作磨。}

論也。菩提師又爲坐禪衆，釋楞伽要義一卷，有十二三紙，亦名達

_{巴黎本無達字。}摩_{倫敦本作磨。}論也。_{巴黎本無也字。}此兩本論文，文_{巴黎本}

_{少一文字。}理圓滿，_{巴黎本作浄。}天下流通。自外更有人，僞造_{倫敦本作}

_{告。}達摩論三卷，文繁理散，不堪行用。大師又指事問義，但指一

物，喚作何物，衆物皆問之，迴換物名，變易問之。又云：此身有不？

身是何身？又云：空中雲霧，終不能染汙虛空，然能翳虛空，不得明

淨。涅槃經云：無内六入，無外六塵，内外合故，名爲中道。

　第三，齊朝鄴中沙門惠可，承達摩禪師後。其可禪師，俗姓姬，

武牢人，年十四，遇達摩禪師_{倫敦本無師字。}遊化嵩洛，奉事六年，_{倫敦}

_{本作載。}精究一乘，附於玄理，略説修道，_{巴黎本無道字。}明心要法，真

登真_{巴黎本無真字。}佛果。楞伽經云：牟尼寂静觀，是則遠離生死，是

名爲不取，今世後世，淨十方諸佛，若有一人，不因坐禪而成佛者，

無有是處。十地經云：衆生身中，有金剛佛性，_{倫敦本無性字。}猶如日

輪，體明圓滿，廣_{倫敦本作慶。}大無邊，只爲五陰，_{倫敦本作蔭。}重雲覆

障，衆生不見，若逢智風，飄蕩五陰，_{倫敦本作蔭。}重雲滅盡，佛性圓

照，焕然明淨。華嚴經云：廣_{倫敦本作慶。}大如法界，究竟如虛空，亦

如瓶内燈光，不能照外。亦如世間雲霧，八方俱起，天下陰暗，日光

豈_{倫敦本作起。}得明淨。日光不壞，只爲雲霧覆障。一切衆生，清淨

之_{倫敦本無之字。}性，亦復如是，只爲攀緣妄念諸見，煩惱重雲，覆障

聖道，不能顯了。若妄_{倫敦本作忘。}念不生，默然淨坐，大涅槃日，自

然明淨。俗書云：冰生於水而冰遏水，冰泮倫敦本作伴。而水通，妄起巴黎本作超。於真而妄迷真，妄盡而真現，即心海澄清，法身空淨也。故學人依文字語言爲道者，如風中燈，不能破暗，倫敦本作闇。焰焰謝滅；若淨坐無事，如蜜室巴黎本作屋。中燈，則能 倫敦本作解。破暗，倫敦本作闇。照倫敦本作昭。物分明。若了心源清淨，一切願足，一切行滿，一切皆辨，倫敦本作辦。不受後有。得此法身者，恆沙衆生，巴黎本作中。莫過有一仁，倫敦本作行。億億劫中，時有一人，與此相應耳。若精誠不內發，三世中縱值恆沙諸佛，無所爲，是知衆生識心自度，佛不度衆生。佛若能度衆生，過去逢無量恆沙諸佛，何故？我等倫敦本無等字。不成佛，只是精誠不內發，倫敦本作啓。口說得，心不能巴黎本無能字。得，終不免逐業受形，故佛性猶如天下有日月，本倫敦本作水。中有巴黎本無有字。火，人中有佛性，亦名佛性燈，亦名涅槃鏡。是故大涅槃鏡，明於日月，內外圓淨，無邊無際，猶如鍊金，金質滅倫敦本作火。盡，金性不壞，衆生生死相滅，法身不壞。亦如渥團壞，亦如波浪滅，水性不壞，衆生生死相滅，潔身不壞，巴黎本無亦如渥團壞以下數句。坐禪有功，身中自證故。畫餅巴黎本作餤。尚未堪飡，說食與人倫敦本無與人二字。焉能使飽，雖欲去其前塞，翻令後楄彌堅。華嚴經云：譬如貧窮人，晝夜數他寶，自無一錢分，多聞亦如是。又讀者暫看急須併却，若不捨還，同文字學，則何異煎流水以求冰，煮沸湯而見雪。是故諸佛說說，或說倫敦本多一說字。於不說，諸法實相中，無說無不說，解斯舉一千從。法華經云：非實非虛，非如非異。大倫敦本作太。師云：倫敦本作之。說此真法皆如實，與真幽理竟不殊，本迷摩尼謂瓦礫，豁巴黎本作聟。能纏僧傳作然。自覺是真珠，無明智惠等無異，當知萬倫敦本無萬字。法卽皆如。懲倫敦本作敂。此二見諸徒輩，申詞措倫敦本作投。筆作斯書，倫敦本無書字。觀身與佛不差別，何須更覓彼無餘。又云：吾本發心時，截一臂，從初夜雪中立，直至三更，不覺雪過於巴黎本無於字。膝，以求無上道，華嚴經第七卷中説：東方入正受，西方三昧起，西方入正受，東方三昧起。倫敦本無西方入正受，東方三昧起十字。於眼根中入正受，於巴黎本無於字。色法中三昧起，示現色法不思議，一切天人莫能知，於倫敦本作其。色法中入正受，於眼起定念不亂，觀眼無生無自性，説空寂滅無所有。乃至耳鼻舌身意，亦復如是。童子身入正受，於壯年身三昧起，壯年身入正受，於老年身三昧起，老年身入正受，於善女人三昧起，善女人入正受；於善男子三昧起，善男子入正受；於比丘尼身三昧起，比丘尼身入正受；於比丘身三昧起，比丘身入正受；於學無學三昧起，學倫敦本無學字。無學入正受；於緣覺身三昧起，緣覺身入正受；於如來身三昧起，一毛孔中，入正受。一切毛孔三昧起，一切毛孔入正受；一切毛端頭三昧起，一毛端頭倫敦本無頭字。入正受；一切毛端三昧起，一切毛端入正受；一微塵中三昧起，一微塵中入正受；一切微塵三昧起，大海水入正受；於大巴黎本無大字。盛火三昧起，一身能作無量身，以無量身作一身，解斯舉一千從，萬物皆然也。

第四，隋朝舒州思空山粲禪師，承可禪師後。其粲禪師，罔巴黎本作内。知姓位，不測所生，按續高僧傳曰：可後粲禪師，隱思空山，蕭然淨坐，不出文記，秘不傳説巴黎本無説字。法。唯僧道信，奉事粲十二年，寫器傳燈，一一一二字倫敦本作燈。成就。粲印道信了了見佛性處，語信曰：法華經云，唯此一事，實無二，亦無三。故知聖道幽通，言詮之所不逮；法身空寂，見聞之所不及；卽文字語言，徒勞施設也。大師云：餘人皆貴坐終，嘆爲奇異。余今立化，生死自由，言訖遂以手攀樹枝，奄然氣盡，終於巴黎本無於字，峴公寺，倫敦本作山。寺中見有廟倫敦本作廊。影。詳玄傳曰：惟一實之淵曠，嗟萬相之繁雜，真倫敦本無真字。俗異而倫敦本作於字。體同，凡聖分而道合。尋涯也谿巴黎本作堅。乎無際，眇乎無窮，源於無始，極於無終。解惑倫敦本作或。

以巴黎本無以字。茲齊貫，染倫敦本作深。淨於此俱融。該空有而開寂，括宇宙以通同。若純金不隔於環珮，等積水不憚於連漪。注倫敦本作經。云：此明理無間雜，故絕邊際之談；性非物造，致息終倫敦本無終字。始之論。所以明闇泯於不二之二之二字倫敦本作言。門，善惡融於一相之道。斯卽無動而不寂，無異而不同。若水之爲波瀾，金之爲器體。金爲器體，故無器而不金；波爲水用，亦無波而異水也。觀無礙於緣起，信難思於物性，猶寶殿之垂珠，似瑤臺之懸鏡。彼此異而相入，紅紫分而交暎。物不巴黎本無不字。滯其自他，事莫權其耶正。鄰虛舍倫敦本作舍。大千之法，刹那惣三際倫敦本作除。之時。懼斯巴黎本作思。言之少信，借帝網以除疑。蓋普眼之能矚，倫敦本作囑。豈惑倫敦本作或。識以知之。注云：此明秘密緣起，帝網法界，一卽一切，參而不同。所以然者，相無自實，起必依真。真理既融，相亦無礙故。巨倫敦本作臣。細雖巴黎本作離。懸，猶鏡像之相入；彼此之巴黎本作云。異，若珠倫敦本作殊。色之交形。一卽一切，一切卽一。倫敦本無一切卽一四字。緣起倫敦本無起字。無礙，理理數然也。故知大千彌廣，處纖塵而不窄；三世長久，入促倫敦本作從。略以能容。自可洞視於金墉之外，了無所權，入身於石倫敦本作后。壁之中，未曾有隔。是以聖人得理成用。若理不可然，則聖此巴黎本無此字。無此力。解則理通，倫敦本理通作通無。礙由情擁，普眼之惠，如實能知也。倫敦本作如。猴著鏁而停躁，虵入筒而改曲，涉曠海以戒舩，曉重倫敦本作車。幽以惠燭。注云：猴着鏁喻戒制心，虵入筒喻定息倫敦本作自。亂。智度論云：虵行性曲，入筒卽直；三昧制心，亦復如是。金光明最勝王經三身品云：佛雖三名，而無三體也。

第五，唐朝蘄州雙峰山道信禪師，承粲禪師倫敦本無承粲禪師四字。後，其信禪師，再敞禪門，字內流布。有菩薩戒法一本，及制入道安心要方便法門，爲有緣根熟者，說我此法，要依楞伽經，巴黎本有云字。

諸佛心第一。又依文殊説般若經，一行三昧，卽念佛心是佛，妄念是凡夫。文殊説般若經云：文殊師利言：世尊，云何言一行三昧？佛言，倫敦本無言字法界一相，繫緣法界，是名一行三昧。若善男子善女人，欲入一行三昧，當先聞般若波羅蜜。如説脩學，然後能一行三昧。倫敦本無若善男子以下數句。如法界緣不退不壞，不思議無礙無相。善男子善女人，欲入一行三昧，應處空閑，捨諸亂意，不取相貌，繫心一佛，專稱名字，隨佛方便巴黎本無便字。所，端身正向，能於一佛，念念相續，卽是念中，能見過去未來現在諸佛。何以故？念一佛功德無量無邊，亦與無量諸佛功德無二，不思議佛法等無倫敦本無無字。分別，皆乘一如，成取倫敦本作最。正覺，悉具無量功德，無量辨倫敦本作辯。才。如是入一行三昧者，盡知恆沙諸佛法界，無差別相。夫身心方寸，舉足下足，常在道場施爲舉動，皆是菩提。普賢觀經云：一切業障海，皆從妄相生。若欲懺悔者，端坐念實相，是名第一懺悔。倫敦本無悔字。幷除三毒心，攀緣心覺觀心念佛，心心相續忽然澄寂，更無所緣念。大品經云：無所念者，是名念佛。何等名無所念？卽念佛心名無所念，離心無別有佛，離佛無別有心，念佛卽是念心，求心卽是巴黎本無求心卽是四字。求佛。所以者何？識無形，倫敦本作刑。佛無形，巴黎本無佛無形三字。佛無相貌，若也知此道理，卽是安巴黎本無安字。心。常憶念佛，攀緣不起，則泯然無相，平等不二，不巴黎本無不字。入此位中，憶佛心謝，更不須徵，倫敦本作徽。卽看此等心，卽是如來真實法性之身，亦名正法，巴黎本無亦名正法四字。亦名佛性，亦名諸法實性實際法，倫敦本無法字。亦名淨土，亦名菩提金剛三昧本覺等，亦名涅槃界般若等。名雖無量，皆同一體。亦無能觀所觀之意，如是等心，要令清淨，常現在前，一切諸緣，不能干巴黎本作杆。亂。何以故？一切諸事，皆是如來一法身故。住倫敦本作經。是一巴黎本無一字。心中，諸結煩惱，自然除滅。於一塵中，具無量世界，無量世界集一毛頭倫敦本無頭字。端，於其本事如故，不相妨倫敦本作訪。礙。華倫敦本作花。　嚴經云：有一卷倫敦本無卷字。經卷，在微塵中，見三千大千世界事。略舉安心，不可具盡，其中善巧，出自方寸，略爲後生疑者，假爲一問。如來法身若此者，何故復有相好之身，現世説法？信曰：正以倫敦本無以字。如來法性之身，清淨圓滿，一切像類倫敦本無類字。悉於中現。而法性身，無心起作，如頗梨鏡懸在高堂，一切像悉於中現，鏡亦無心，能現種種。經云：如來現世説法者，衆生忘想巴黎本作相。故。今行者若修心盡淨，則知如來常不説法，説倫敦本無説字。是乃爲具足多聞，聞者一切倫敦本作無。相也。是以經云：衆生根有有倫敦本無有字。無量無故，所以説法無量；倫敦本有兩句説法無量。説法無量故，義亦名無量義。無量義者，從一法生，其一法者，則無相也。無相不相，名爲實相，則泯然清淨是也。斯之誠言，則爲證也。坐時當覺，識心初動，運運流往，巴黎本作注。隨巴黎本無隨字。其來去，皆令知之。以金剛惠徵倫敦本作微。責，猶如草木無所別知，知所知所二字倫敦本作之。無知，乃名一切智，此是菩薩一相法門。問：何者是禪師？信曰：不爲静亂所惱者，即是好禪用心人。常住於止心則沉没，久住於觀心則散亂。法華經云：佛自住大乘，如其所得法，定惠力莊嚴，以此度衆生。云何能得悟解法相？心得明淨？信曰：亦不念佛，亦不捉心，亦不看心，亦不計念，倫敦本作心。亦不思惟，亦不觀行，亦不散亂；直任運；亦巴黎本無亦字。不令去，亦不令住，獨一清淨，究竟處心自明淨；或可諦看，心即得明淨。心如明鏡，或可一年，心更明淨；或可三五年，心更明淨；巴黎本無或可三五年，心更明淨九字。或可因人爲説，即得倫敦本無得字。悟解，或可永不須説得解。經道：衆生心性，譬如寶珠没水，水濁珠隱，水清珠顯。爲謗三寶，破和合僧，諸見煩惱所汙，貪嗔巴黎本作瞋。顛倒所染。衆生不悟心性本來常清淨，故爲巴黎本作有。學者，取悟不同，有如此差別。今略出根緣不同，爲人師者，善須識別。華嚴經云：普賢身相，猶如虛空，依於_{倫敦}本無於字。如如，不依_{倫敦本作無依字}。於佛國。解時佛國皆亦如，_{倫敦本無如字}。卽如國皆不依。涅槃經云：有無邊身菩薩，身量如虛空。又云：_{又云二字倫敦本作人字}。有善光故，猶如夏日。又云：身無邊故，名大涅槃。又云：大涅槃，其性廣博故。知學者有四種人：有行有解有證，上上人；無行有解有證，中上人；有行有解無證，中下人；有行無解無證，下下人也。問：臨時作若爲觀行？信曰：直_{倫敦本作真}。須任運。又曰：用向西方不？信曰：若知心本來不生不滅，究竟清淨，卽是淨佛國土，更不須向_{巴黎本無向字}。西方。華嚴經云：無量刧一念，一念_{倫敦本少一念二字}。無量刧，須知一方無量方，無量方一方，佛爲純根衆生，令_{倫敦本作今}。向西方，不爲利根人説也。深行菩薩，入生死化度衆生，而無愛見。若見衆生有生死，我是能度，_{巴黎本無度字}。衆生是所度，_{倫敦本作疲}。不名菩薩。度_{倫敦本作疲}。衆生如度_{倫敦本作疲}。空，度空_{巴黎本無度空二字}。何曾有來去。金剛經云：滅度無量衆生，實無有衆生得滅度者。所初地菩薩，初證一切空，後證得_{倫敦本多一得字}。一切不空，卽是無分別智。亦是色，色_{巴黎本無色字}。卽是空，非色滅空，色性是空，所菩薩脩學空爲證。新學之人，直見空者，此是見空，非真_{巴黎本作直}。空也。修道得真空者，不見空與不空，無有諸見也。善須解色空義。學用心者，要須心路明淨，悟解法相，了了分明，然後乃當爲人師耳。復內外相稱，理行不相違，_{倫敦本作爲}。決須斷絕文字語言，有爲聖道，獨一淨處，自證道果也。或復有人，未了究竟法爲相，_{巴黎本作於}。名聞利養教導_{巴黎本作道}。衆生，不識根緣利鈍，_{兩本俱作純}。似如有異，卽皆印可，極爲苦哉！苦哉大禍，或見心路，似如_{巴黎本作有}。明淨，卽便印可。此人大壞佛法，自誑誑他。用心人，有如此同異，並是相貌耳，未爲得_{倫敦本作德}。心。真得_{倫敦本作德}。心者，自識分明，久後法眼自開，善別虛之與偈。或有心計身空無，心性倫敦本作姓。亦滅，此是斷見人，與外道同，非佛弟子。或有人，計心是有不滅，此是常見人，亦與外道同。今明佛弟子，亦不計心性是滅，常度衆生，不起愛見，常學智惠，愚智平等，常在倫敦本作住。禪定、淨倫敦本作靜。亂不二。常見衆生，未曾倫敦本作增。是有。究竟不生不滅，處處現形，無有見聞，倫敦本作閒。了知一切未曾取捨，未曾分身，而身遍倫敦本作通。於法界之界。倫敦本無之界二字。又古時智慜倫敦本作敏。禪師訓曰：學道之法，必須解行相扶，先知心之根源，倫敦本作原。及諸體用，見理倫敦本作現。明淨，了了倫敦本無明淨了了四字。分明無惑，然後功業可成。一解千從，一巴黎本無一字。迷萬惑，失之毫氂，差之千里，此與虛言。無量壽經云：諸佛法身，入一切衆生心想是心是佛，倫敦本無是心是佛四字。是心作佛。當知佛即是心，心外更無別佛也。略而言之，凡有五種：一者，知心體，體性清淨，體與佛同。二者，知心用，用生法寶，起作恆寂，萬惑巴黎本作或。皆如。三者，常覺不停，覺心在前，覺法無相。四者，常觀身空寂，內外通同，入身於法界之中，未曾有礙。五者，守一不移，動靜常住，能令學者，明見佛性，早入定門。諸經觀法，備有多種，傅大師所說，獨舉守一不移，先當倫敦本無當字。修巴黎本作脩。身審觀，以身爲本。又此身是四大五陰倫敦本作蔭。之所合，終歸無常，不得自在，雖未壞滅，畢竟是空。維摩經云：是身如浮雲，須臾變滅，又常觀自身，空淨如影，可見不可倫敦本無可字。得、智從影中生，畢竟無處所，不動而應物，變化無有倫敦本無有字。窮，空中生六根，六根巴黎本少六根二字。亦空寂，所對六塵境，了知是夢幻，倫敦本作約。如眼見物時，眼中無有物，如鏡照面像，了了倫敦本少了字。極分明，空中現形影，鏡中亦無一巴黎本無一字。物。當知人面不來入鏡中，鏡亦不往入人面，如此委曲，知鏡之與面，從本以倫敦本作已。來，不出不入，不去不來，倫敦本作不來不去。即是如來之義。如此細分判，眼中與鏡中，本來倫敦本作本。常空寂，鏡照眼照同，是巴黎本作其。
故將爲比，鼻舌諸根等，其義亦復然。知眼本來空，凡所見色者，須
知是他色。耳聞聲時，知是他聲；鼻聞香時，知是他香；舌別味時，
知是他倫敦本作也。味；意對法時，知是他法；身受觸時，知是他觸。
如此觀察知，是爲觀空寂。見色知是不受色，巴黎本無色字。不受色
巴黎本多一色字。卽是空，空卽無相，無相巴黎本少無相二字。卽無作，此
是倫敦本作見。解脱門。學者得解脱，諸根例如此。不倫敦本無不字。
復須倫敦本無須字。重言説，巴黎本無説字。常念六根空寂，爾無聞見。
遺教經云：是時中夜，寂然無聲，當知如來説法，以空寂爲本。常念
六根空寂，恆如中夜時，晝日所見聞，皆是身外事，身中常空淨，守
一不移者，以此空倫敦本無空字。淨眼，倫敦本多一眼字。注倫敦本作住。意
看一物，無問晝夜時，專精常不動，其心欲馳散，急手還攝來，如倫敦
本作以。繩繫鳥倫敦本作馬。足，欲飛還掣取，終巴黎本無終字。日看不
已，泯然心自定。維摩經云：攝心是道場，此是攝心法。巴黎本無法
字。法華經云：從無數刧來，巴黎本無來字。除睡常攝心，以此諸倫敦本
無諸字。功德，能生諸禪定。遺教經云：五根者，心爲其主，制之一
之一二字倫敦本作立。處，無巴黎本無處無二字。事不辨，此是也。前所説
五事，並是大乘正理，皆依經文所陳，非是理外妄説。此是無漏業，
亦是究竟義，超巴黎本作越。過聲聞地，直倫敦本作真。趣菩薩道，聞者
宜修巴黎本作脩。行，不須致疑惑。如人學射，初射倫敦本無射字。大
准，次中小准，次中大的，倫敦本作約。次中小的，次中一毛，次破一毛
作百分，次中百毛之一分，次後箭倫敦本作前。射前箭，倫敦本無箭字。筈
筈筈倫敦本少一筈字。相住，倫敦本作柱。不令箭落。喻人習道，念念住
倫敦本作注。心，心心相續，無暫巴黎本作蹔。之倫敦本無之字。間念，正念
不斷，正念現前。又經云：以智倫敦本作知。惠箭，射三解脱門，筈筈
筈巴黎本少一筈字。相住，倫敦本作柱。勿令落地。又如鑽火，未熱而

息，雖欲得火，火難可得。又如家有如意珠，所求無不得，忽然而遺失，憶念無忘時。又如毒箭入肉，竽出_{倫敦本無出字}。鏃猶在，如此受苦痛，_{倫敦本作瘡}。亦無暫_{巴黎本作蹔}。忘時，念念常在心，其狀當如是。_{倫敦本無是字}。此法祕要，不得傳非其人；非是惜法不傳，但恐前人不信，陷其謗法之罪；必須擇人，不得造_{倫敦本作操}次輒説，慎之慎之。法海雖無量，行之在一言，得意卽亡言，一言亦不用，如此了了知，是爲得佛意。若初學坐禪時，於一靜處，直_{倫敦本作真}。觀身心，四大五陰，眼耳鼻舌身意，及貪嗔癡，若_{倫敦本作爲}善若惡，若怨若親，若凡若聖，及至一切諸法，_{倫敦本作狀}應當觀察，從本以來空寂，不生不滅，平等無二。從本以_{巴黎本作已}。來無所有，究竟寂滅。從本以來，清淨解脱，不問晝夜，行住坐臥，常作此觀。卽知自身猶如水中月，如鏡中像，如熱時炎，如空谷響，_{巴黎本作嚮}。若言是有，處處求之不可見；若言是無，了了恆在眼前。諸佛法身，皆亦如是。卽知自身從無量刧來，畢竟未曾生，從今已去，亦畢竟無人死。若能常作如是_{倫敦本作此}。觀者，卽是真實懺悔，千刧萬刧，極重惡業，_{倫敦本無惡字}。卽自消滅。唯除疑惑，不能生信，此人不能悟入。若生_{巴黎本多一死字}。信依此行者，無不得入無生正理。復次，若心緣異境，覺起時卽觀起處，畢竟不起，此心緣生時，不從十方來，去亦無所至。常觀攀緣，覺觀妄識，思想雜念，亂心不起，卽得麁住。若得住心，更無緣慮，卽_{巴黎本無卽字}。隨分寂定，亦得隨分息諸煩惱，畢故不造新，名爲解脱者。若_{倫敦本無若}。心結_{巴黎本作緒}。煩熱，悶亂昏沉，亦卽且自_{巴黎本作從}。散適，徐徐安置，令其得便，心自安淨。唯須猛_{巴黎本作類}。進_{倫敦本作利}。如救頭然，不得懈怠，努力努力。初學坐禪_{巴黎本無坐禪二字}。看心，獨坐一處，先端身正坐，寬衣解帶，放身縱體，自按摩七八翻，_{巴黎本作飜}。令心_{巴黎本無心字}。腹中嗌氣出盡，卽滔然得性清虛恬淨，_{巴黎本作静}。身心調適然，安心神則，窈窈冥冥，氣息清倫敦本作請。冷，徐徐歛心，神道清利，心地明淨，照倫敦本作觀。
察分倫敦本作不。明，內外空淨，即心性寂滅，如其寂滅，則聖心顯矣。
性雖無形，倫敦本作刑。志節恆在，然幽靈不竭，常存朗然，是故倫敦本
無故字。名佛性。見佛性者，永離生死，巴黎本作死生。名出世人。是
故維摩經云：豁然還得本心，信其言也。悟佛性者，是倫敦本無是字。
名菩薩菩薩二字倫敦本作幷。人，亦名悟道人，亦名識理人，亦名達士，
倫敦本無亦名達士四字。亦名得性人。是故經云：一句深巴黎本作染。神，
歷刦不朽，初學者前方便也。故知脩倫敦本作彼。道有方便，此即
倫敦本無即字。聖心之所會。凡捨身之法，先定空空心，使心境寂靜，
倫敦本作淨。鑄想玄寂，令心不倫敦本至此已完，以下據巴黎本。移，心性寂
定，即斷攀緣，窈窈冥冥，作宜宜。凝淨心虛，則夷泊恬乎，泯然氣盡，
住清淨法身，不受後有，若起心失念，不免受生也。此是前定心境，
法應如是。此是作法，法本無法，無法之法，始名爲法。法則無作，
夫無作之法，真實法也。是以經云：空無作無願無相，則真解脫，以
是義故，實法無作。捨身法者，即假想身橫看，心境明地，即用神明
推策。大師云：莊子説：天地一指，萬物一焉。峻疑或作馬。法句經
云：一亦不爲一，爲欲破諸數，淺智之所聞，謂一以爲一，故莊子猶
滯一也。老子云：窈兮冥兮，其中有精。外雖亡相，內尚存心。華
嚴經云：不着二法，以無一二故。維摩經云：心不在內不在外，不在
中間即是證。故知老子滯於精識也。涅槃經云：一切衆生有佛性，
容可説，牆壁凡峻疑或作瓦。石，而非佛性，云何能説法。又天親論
云：應化非真佛，亦非説法者。

第六，唐朝蘄州雙峰山幽居寺大師，諱弘忍，承信禪師後。忍
傳法，妙法、人尊，時號爲東山淨門。又緣京洛道俗稱歎，蘄州東山
多有得果人，故曰東山法門也。又問：學問何故不向城邑聚落，要
在山居？答曰：大廈之材，本出幽谷，不向人間有也。以遠離人故，

不被刀斧損斫，一一長成作城大物，後乃堪爲棟梁之用，故知栖神幽谷，遠避囂塵，養性山中，長辭俗事，目前無物，心自安寧，從此道樹花開，禪林菓出也。其忍大師，蕭然淨坐，不出文記，口説玄理，默授與人。在人間有禪法一本，云是忍禪師説者，謬言也。按，安州壽山和上諱頤，撰楞伽人法志云：大師俗姓周，其先尋陽人，貫黄梅縣也。父早棄背，養母孝部，七歲奉事道信禪師，自出家處幽居寺，住度弘愍，懷抱真純，緘口於是非之場，融心於色空之境，役力以申供養，法侶資其足焉。調心唯務渾儀，師獨明其觀照，四多一四字。議皆是道場，三業咸僞佛事。蓋静亂之無二，乃語嘿之恆一。時四方請益，九衆師橫，虚往實歸，月俞千計。生不矚文，而義符玄旨。時荆州神秀禪師，伏膺高軌，親受付囑。玄頤以咸亨元年，至雙峰山，恭承教誨，敢奉驅馳，首尾五年，往還三覲，道俗齊會，伈身供養，蒙示楞伽義云：此經唯心證了知，非文疏能解。咸亨五年二月，命玄賾等起塔，與門人運天然方石，累構嚴麗。月十四日，問：塔成未？奉答已了。便云：不可同佛涅槃之日。乃將宅爲寺。又曰：如吾一生，教人無數，好者並亡，後傳吾道者，只可十耳。我與神秀，論楞伽經，玄作云：理通快，必多利益。資州智詵，白松山劉主簿，兼有文性；莘州惠藏，隨州玄約，憶不見之；嵩山老安，深有道行；潞州法如，韶州惠能，揚州高麗僧智德，此並堪爲人師。但一方人物，越州義方，仍便講説。又語玄頤曰：汝之兼行，善自保愛。吾涅槃後，汝與神秀，當以佛日再暉，心燈重照。其月十六日，問曰：汝今知我心不？玄頤奉答不知。大師乃將手搨十方，一一述所證心已。十六中，面南宴坐，閉目便終，春秋七十四。禮葬於馮茂山塔中，至今宛如平昔。范陽盧子產，於安州寺壁畫像；前兵部尚書隴西李迴秀爲讚曰：猗歟上人，冥作宜。契道真，攝心絶智，高悟通神，無生證果，現滅同塵，今兹變易，何歲有鄰。大師云：有一口屋，滿中惣是糞穢草土，是何物？又云：掃除却糞穢草土併當盡，一物亦無，是何物？你坐時平面端身正坐，寬放身心，盡空際遠看一字，自有次第，若初心人攀緣多，且向心中看一字，證後坐時，狀若曠野澤中，迥處獨一高山，山上露地坐，四顧遠看，無有邊畔，坐時滿世界，寬放身心，住佛境界，清淨法身，無有邊畔，其狀亦如是。又云：你正證大法身時，阿誰見證？又云：有佛三十^{三十作冊下倣此}。二相，瓶亦有三十二相不？住亦有三十二相不？乃至土本瓦^{作凡}。石，亦有三十二相不？又將火箸，作着。一長一短並着，問若箇長，若箇短也？又見人然燈，及造作萬物，皆云：此人作夢作術也。或云，不造不作，物物皆是大般涅槃也。又云：了生卽是無生法，非離生法有無生。龍樹云：諸法不自生，亦不從他生；不共不無因，是故知無生。若法從緣生，是則無自性，若無自性者，云何有法？又云：虛空無中邊，諸佛身亦然。我印可汝了了見佛性處，是也。又云：汝正在寺中坐禪時，山林樹下，亦有汝身坐禪不？一切土木瓦^{作瓦只此一}。石，亦能坐憚不？土木瓦^{作凡}。石，亦能見色聞聲，著衣持鉢不？楞伽經云：境界法身，是也。

第七，唐朝荆州玉泉寺大師，諱秀；安州壽山寺大師，諱頤；洛州嵩山會善寺大師，諱安；此三大師，是則天大聖皇后，應天神龍皇帝，太上皇，前後爲三主國師也。上忍大師授記云：後傳吾道，只可十耳。俱承忍禪師後，按安州壽山和上，撰楞伽佛^{上文無佛字}。人法志云：其秀禪師，俗姓李，汴州尉氏人，遠涉江上，尋思慕道，行至蘄州雙峰山忍禪師所，受得禪法，禪燈默照，言語道斷，心行處滅，不出文記。後居荆州玉泉寺，大足元年，召入東都，隨駕往來二京教授，躬爲帝師。則天大聖皇后，問神秀禪師曰，所傳之法，誰家宗旨？答曰：禀蘄州東山法門。問：依何典誥？^{作誥}答曰：依文殊説般若經一行三昧。則天曰：若論脩道，更不過東山法門。以秀是忍門人，便成口實也。應天神龍皇帝神龍補元年三月十三日，勅：禪師迹遠俗塵，神遊物外，契無相之妙理，化有結之迷途，定水內澄，戒珠外徹，弟子歸心釋教，載佇津梁，冀啓法門，思逢道首。禪師昨欲歸本州者不須，幸副翹仰之懷，勿滯枌楡之戀。遣書示意，指不多云。禪師二帝欽承，兩京開化，朝野蒙益，度人無數。勅於本生大村李爲置報恩寺，以神龍二年二月二十作卄。八日，不疾宴坐，遺囑三字云：屈曲直，便終東都天宮寺，春秋一百餘歲。合城四衆，廣飾宮幢，禮葬龍門山。駙馬公主，咸設祭文，勅故秀禪師，妙識外融，靈機內徹，探不二之奧，獨得髻珠。守眞一之兩本俱作之一。門，孤懸心鏡，至靈應物，色會神明，無爲自居，塵清累遣，期頤作蹟。轉慕，精爽日聰，方將洞前識之玄微，導羣生之耳目，不意大悲同體，委化從權，一傷泥日之論，長想意傳之教，雖理絶名相，無待於追崇，而念切師資，願存於榮餙，可贈爲大通禪師。又敕宜差太子洗馬盧正權，充使送至荆州，安置度門人，寺額亦付正權，將迴日奏聞。門人讚曰：至矣我師，道窮眞諦，清淨解脫，圓明實際，演無上道，開無上惠，迹泯一心補忘三世，假言顯理，順理而契，長爲法舟，濟何所濟。大師云：湼槃經説善解一字，名曰律師，文出經中，證在中内。又云：此心有心不？心是何心。又云：見色有色不？色是何色。又云：汝聞打鐘聲打時有，未打時有？聲是何聲。又云：打鐘聲，只在寺内有，十方世界亦有鐘聲不？又云：身滅影不滅，橋流水不流。我之道法，惣會歸體用兩字，多一字字。亦曰，重玄門，亦曰轉法輪，亦曰道果。又云：未見時見，見時見更見。又云：瓔珞經云，菩薩照寂佛寂照。又云：芥子入須彌，須彌入芥子也。又見飛鳥過，問云：是何物？又云：汝向了上倒寫了字義不通。樹枝頭坐彈去時不得。又云：汝直入壁中過得不？又云：湼槃經説：有無邊身菩薩，從東方來，菩薩身既無邊際，云何更從東方來，何故不從西方來，南方北方來，可卽不得也。

　　第八，唐朝洛州嵩高山普寂禪師，嵩山敬賢禪師，長安蘭山義
福禪師，藍田玉山惠福 補 禪師，並同一師學法侶應行，俱承大通和
上後，少小出家，清淨戒行，尋師問道，遠訪禪門，行至荆州玉泉寺，
遇大通和上諱秀，蒙受禪法，諸師等奉事大師十有餘年，豁然自證，
禪珠燭照，大師付囑普寂、敬賢、義福、惠福等，照世炬燈，傳頗梨大
鏡，天下坐禪人，歎四箇禪師曰：法山淨，法海清，法鏡朗，法燈明；
宴坐名山，澄神邃谷，德冥性海，行茂禪枝，清淨無爲，蕭然獨步，禪
燈默照，學者皆證佛心也。自宋朝以來，大德禪師，代代相承，起自
宋求那跋陀羅三藏，歷代傳燈，至于唐朝惣八代，得道獲果，有二十
四人也。

　　　　　　　　　　　　　　　　（據朝鮮金九經校敦煌唐寫本）

〔附〕　王維大唐大安國寺故大德净覺師塔銘

　　光宅真空，心王之四履；建功無礙，作法旱。法將之萬勝；故大塊
羣籟，無弦出法化之聲；恆沙衆形，闕二字。爲寶嚴之色。至如六師
兆亂，四諦徂征，開甘露狹小之門，出臭烟朽故之宅，踞寶牀而搖白
拂，徐誘草菴，沃金瓶而縶素繒，遂登蓮座。足使天口雄辨，刮語燒
書，河目大儒，捨仁擊義，斯爲究竟，孰不歸依。

　　禪師法名淨覺，俗姓韋氏，孝和皇帝庶人之弟也。中宗之時，
後宮用事，女謁寖盛，主柄潛移，戚里之親，同分珪組，屬籍之外，亦
綰銀黃，況乎天倫，將議封拜，促上方令鑄印，命尚書使備策，詰朝
而五土開國，信宿而駟馬朝天。禪師歎曰：昔我大師，尚以菩提釋
位，今我小子，欲以恩澤爲侯。仁遠乎哉，行之卽是。裂裳裹足以宵
遁，乞食齣口以兼行。入太行山，削髮受具，尋某禪師故蘭若居焉。

猛虎舐足，毒跎熏體，山神獻果，天女散花，澹爾宴安，曾無喜懼。

先有渦泉枯柏，至是布葉跳波。東魏神泉，應焚香而忽湧；北天衆果，候飛錫而還生。禪枝必復之徵，法水再興之象。聞東京有頤大師，乃脱履户前，摳衣坐下。天資義性，半字敵於多聞；宿植聖胎，一瞬超於累劫。九次第定，乘風雲而不留；三解脱門，揭日月而常照。雪山童子，不顧芭蕉之身。雲地比邱，欲成甘蔗之種。

大師委運，遂廣化緣。海澄而龍頷珠明，雷震而象牙花發。外家公主，長跪獻衣，薦紳先生，却行擁篲。乞言於無説，請益於又損。天池杯水，遍含秋月之輝，草葉樹根，皆霑宿雨之潤。不窺世典，門人與宣父中分；不受人爵，廩食與封君相比。至於律儀細行，周密護持，經典深宗，毫釐剖析，窮其二翼，即入佛乘，趣得一毛，亦成僧寶。

於是同凡現疾，處順將終，忽謂衆人，有疑皆問，我於是夜，當入無餘。開口萬言，音和水鳥，踴身七樹，光映天人，如暨出行，泯然趺坐。以某載月日歸大寂滅，某月日遷神於少陵原赤谷蘭若，香油細㲲，用以荼毗，合璧連珠，爲之葬具。城門至於谷口，幡蓋相連；法侶之與都人，縞素相半。叩膺拔髮，灑水坌塵，升堂入室之徒，數踰七十；破山澍海之哭，聲振三千。則有僧某乙尼某乙故惠莊某氏，某部主賢者某乙等，各在衆中，共爲上首，或行如白雪，或名亞紅蓮，或爲勝鬘夫人，或稱毗邪居士，二空法外，何處進求，七覺分中，誰當決釋，猶衣舍利，冀獲菩提，身塔不出虎溪，叙德以言，言豈著於文字，乃爲銘曰：

小三千界，復五百年，空乘玉牒，莫覲金仙，無量義處，如來之禪，皆同目論，誰契心傳。其一。弟在人間，姊歸鳳闕，去日留訓，別時翦髮，累賜金錢，將加印綬，忽爾宵遁，終然兩絶。其二。救頭學道，裹足尋師，一花寶樹，八水香池，戒生忍草，定長禪枝，不疑少父，更似嬰兒。其三。既立勝幡，併摧邪網，利眼金翅，圓身寶掌，巧攝死龍，能調老象，魔種敗壞，聖胎長養。其四。四生滅度，五陰虛空，無説無意，非異非同，此身何處，彼岸成功，當觀水月，莫怨松風。其五。

（據朝鮮金九經校敦煌唐寫本楞伽師資記）

〔附：杜朏傳法寶紀序〕

稽首善知識，能令護本心，猶如濁水中，珠力頓清現。

所以令修紀，明此遞傳法，願當盡未來，廣開佛知見。

序曰：我真實法身、法佛所得，離諸化佛言説傳乎文字者。則此真如門，乃以證心自覺而相傳耳。是故論云：一切法從本已來，離言説相，離名字相，離心緣相，畢竟平等，無有變異，不可破壞，唯是一心，故名真如。又曰：證發心者，從淨心地乃至究竟地，證何境界？所謂真如，以依轉識，説爲境界，而此證者，無有境界，唯真如智，名爲法身。又如修多羅説，菩薩摩訶薩獨一静處，自覺觀察不由於他，離見妄想，上上昇進，入如來地，是名自覺聖智相。是故，若非得無上乘，傳乎心地，其孰能入真境界者哉！

昔廬山遠上人禪經序云：佛付阿難，阿難傳末田地，末田地傳舍那婆斯。則知其後不墜於地，存乎其人至矣。豈夫繫執因果，探研句義，有所能入乎？則修多羅所謂宗通者，宗通謂緣自得勝進道，遠離言説文字妄想，趣無漏界自覺地自相，遠離一切虛妄覺相，降伏一切外道魔衆，緣自覺趣，光明發揮，是名宗通相。是真極之地，非義説所入信矣。

其有發迹天竺來道此土者，有菩提達摩歟？時爲震旦有勝惠者而傳。然指真境乎？如彼弱喪頓使返躬乎？亦如暗室發大明炬，□□可得而言已。既而味性有殊高拔，或少翫所先習，無求勝智，翻然項授，蓋爲鮮矣! 唯<u>東魏惠可</u>，以身命求之大師，傳之而去。<u>惠可</u>傳<u>僧璨</u>，<u>僧璨</u>傳<u>道信</u>，<u>道信</u>傳<u>弘忍</u>，<u>弘忍</u>傳<u>法如</u>，法如及乎<u>大通</u>。

自<u>達摩</u>之後，師資開道，皆善以方便取證於心，隨所發言，略無繫説。今人間或有文字稱<u>達摩</u>論者，蓋是當時學人隨自得語，以爲真論書而寶之，亦多謬也。若夫超悟相承者，既得之於心，則無所容聲矣，何言語文字措其間哉？夫不見至極者，宜指小以明大，假若世法有煉真丹以白日昇天者，必須得仙人身手傳煉真丹乃成，若依碧字瓊書，終潰浪茫矣，此世中一有爲耳，猶在必然，況無上真宗，豈繫言説？故斯道微密，罕得其門。雖法不依人，依義不依語，而真善知識，何可止觀？

今此至人無引，未易能名，將以後之發蒙或因景慕。是故今修略紀，自<u>達摩</u>後，相承傳法者，著之於次，以爲傳法紀一卷。維當綴其所見名迹，所化方處，耳目所取，書紀有明者。既而與爲泯合而傳記自簡，至於覺證聖趣，靡得甄言也。之列有貌圖，將爲後記。然相承兹道，澹乎法界真空寂處，相迹自消。凡在生平，不現其異，靡聞靈迹，以故略諸。亦猶反袂拭面，光濡不取矣。又，自<u>達摩</u>之後至于<u>隋唐</u>，其有高悟玄拔，深至圓頓者，亦可何世無之？已非相傳授故，別條列傳，則照此法門之多主也。

　　<u>東魏嵩山少林寺釋菩提達摩</u>
　　<u>北齊嵩山少林寺釋惠可</u>
　　<u>隋皖公山釋僧璨</u>
　　<u>唐雙峰山東山寺釋道信</u>
　　<u>唐雙峰山東山寺釋弘忍</u>
　　<u>唐嵩山少林寺釋法如</u>
　　<u>唐當陽玉泉寺釋神秀</u>

（選自<u>日本大正大藏經</u>卷八十五）

慧　海

【簡介】　慧海，號大珠，俗姓朱，生卒年不詳，建州（今福建建甌）人。他先依越州（今浙江紹興）大雲寺道智受業，後參江西馬祖道一爲師。他在聽了道一講法後，寫了頓悟入道要門論一卷，發揮禪宗頓悟的思想，深得道一的贊賞。本書所選録者，除上述一文外，尚有他答門人問的語録。

一、大珠禪師語録

卷　上

頓悟入道要門論

稽首和南，十方諸佛、諸大菩薩衆，弟子今作此論，恐不會聖心，願賜懺悔；若會聖理，盡將迴施一切有情，願於來世，盡得成佛。

問：欲修何法，即得解脱？答：唯有頓悟一門，即得解脱。云何爲頓悟？答：頓者頓除妄念，悟者悟無所得。

問：從何而修？答：從根本修。云何從根本修？答：心爲根本。云何知心爲根本？答：楞伽經云：“心生即種種法生，心滅即種種法滅。”維摩經云：“欲得淨土，當淨其心，隨其心淨，即佛土淨。”遺教經云：“但制心一處，無事不辦。”經云：“聖人求心不求佛，愚人求佛不求心；智人調心不調身，愚人調身不調心。”佛名經云：“罪從心生還從心滅，故知善惡一切，皆由自心，所以心爲根本也。若求解脱者，先須識根本。若不達此理，虛費功勞；於外相求，無有是處。"禪門經云："於外相求，雖經劫數，終不能成；於内覺觀，如一念頃，即證菩提。"

問：夫修根本，以何法修？答：惟坐禪，禪定即得。禪門經云："求佛聖智，要即禪定；若無禪定，念想喧動，壞其善根。"問：云何爲禪，云何爲定？答：妄念不生爲禪，坐見本性爲定。本性者是汝無生心，定者對境無心，八風不能動。八風者，利衰毁譽，稱譏苦樂，是名八風。若得如是定者，雖是凡夫，即入佛位。何以故？菩薩戒經云："衆生受佛戒，即入諸佛位，得如是者，即名解脱，亦名達彼岸。超六度，越三界。大力菩薩，無量力尊，是大丈夫。"

問：心住何處即住？答：住無住處即住。問：云何是無住處？答：不住一切處，即是住無住處。云何是不住一切處？答：不住一切處者，不住善惡有無内外中間，不住空，亦不住不空，不住定，亦不住不定，即是不住一切處。只箇不住一切處，即是住處也。得如是者，即名無住心也。無住心者是佛心。

問：其心似何物？答：其心不青不黄，不赤不白，不長不短，不去不來，非垢非淨，不生不滅，湛然常寂，此是本心形相也。亦是本身，本身者即佛身也。

問：身心以何爲見？是眼見、耳見、鼻見、及身心等見。答：見無如許種見。云既無如許種見，復何見？答：是自性見。何以故？爲自性本來清淨，湛然空寂，即於空寂體中，能生此見。問：只如清淨體，尚不可得，此見從何而有？答：喻如明鑑，中雖無像，能見一切像。何以故？爲明鑑無心故。學人若心無所染，妄心不生，我所心滅，自然清淨。以清淨故，能生此見。法句經云："於畢竟空中，熾然建立，是善知識也。"問：涅槃經金剛身品："不可見，了了見，無有知者，無不知者，"云何？ 答：不可見者，爲自性體無形，不可得故，是名不可見也。然見不可得者，體寂湛然，無有去來；不離世流，世流不能流，坦然自在，卽是了了見也。無有知者，爲自性無形，本無分別，是名無有知者。無不知者，於無分別體中，具有恆沙之用。若欲分別一切，卽無事不知，是名無不知者。般若偈云："般若無知，無事不知；般若無見，無事不見。"

問：經云："不見有無，卽眞解脫。"何者是不見有無？ 答：證得淨心時，卽名有，於中不生得淨心想，卽名不見有也。得想無生無住，不得作無生無住想，卽是不見無也。故云不見有無也。楞嚴經云："知見立知，卽無明本；知見無見，斯卽涅槃，亦名解脫。"問：云何是無所見？ 答：若見男子女人、及一切色像，於中不起愛憎，與不見等，卽是無所見也。

問：對一切色像時，卽名爲見；不對色像時，亦名見否？ 答：見。問：對物時，從有見不對物時，云何有見？ 答：今言見者，不論對物與不對物，何以故？ 爲見性常故。有物之時卽見，無物之時亦見也。故知物自有去來，見性無來去也。諸根亦爾。問：正見物時見中有物不？ 答：見中不立物。問：正見無物時，見中有無物否？ 答：見中不立無物。

問：有聲時，卽有聞；無聲時，還得聞否？ 答：亦聞。問：有聲時，從有聞；無聲時，云何得聞？ 答：今言聞者，不論有聲無聲，何以故？ 爲聞性常故。有聲時卽聞，無聲時亦聞。問：知是聞者是誰？ 答：是自性聞，亦名知者聞。

問：此頓悟門，以何爲宗，以何爲旨，以何爲體，以何爲用？ 答：無念爲宗，妄心不起爲旨，以清淨爲體，以智爲用。問：既言無念爲宗，未審無念者，無何念？ 答：無念者無邪念，非無正念。云何爲邪念，云何名正念？ 答：念有念無，卽名邪念。不念有無，卽名正念。

念善念惡，名爲邪念。不念善惡，名爲正念。乃至苦樂，生滅取捨怨親憎愛，並名邪念。不念苦樂等，即名正念。

問：云何是正念？答：正念者，唯念菩提。問：菩提可得否？答：菩提不可得。問：既不可得，云何唯念菩提？答：只如菩提，假立名字，實不可得，亦無前後得者，爲不可得故，即無有念。只箇無念，是名真念。菩提無所念，無所念者，即一切處無心。是無所念，只如上説，如許種無念者，皆是隨事方便，假立名字，皆同一體，無二無別。但知一切處無心，即是無念也；得無念時，自然解脱。

問：云何行佛行？答：不行一切行，即名佛行，亦名正行，亦名聖行。如前所説，不行有無憎愛等是也。大律卷五菩薩品云："一切聖人，不行於衆生行，衆生不行如是聖行。"

問：云何是正見？答：見無所見，即名正見。問：云何名見無所見？答：見一切色時，不起染著；不染著者，不起愛憎心，即名見無所見也。若得見無所見時，即名佛眼。更無別眼若見一切色時，起愛憎者，即名有所見。有所見者，即是衆生眼，更無別眼作衆生眼；乃至諸根，亦復如是。

問：既言以智爲用者，云何爲智？答：知二性空即是解脱；知二性不空，不得解脱，是名爲智，亦名了邪正，亦名識體用。二性空，即是體；知二性空，即是解脱。更不生疑，即名爲用，言二性空者，不生有無善惡愛憎，名二性空。

問：此門從何而入？答：從檀波羅蜜入。問：佛説六波羅蜜，是菩薩行，何故獨説檀波羅蜜，云何具足而得入也？答：迷人不解，五度皆因檀度生，但修檀度，即六度悉皆具足。問：何因緣故，名爲檀度？答：檀者名爲布施。問：布施何物？答：布施卻二性。

問：云何是二性？答：布施卻善惡性，布施卻有無性，愛憎性、空不空性、定不定性、淨不淨性、一切悉皆施卻，即得二性空。若得二性空時，亦得作二性空想，亦不得作念有施想，即是真行檀波羅蜜。名萬緣俱絕。萬緣俱絕者，即一切法性空是也。法性空者，即一切處無心是。若得一切處無心時，即無有一相可得。何以故？爲自性空故。無一相可得。無一相可得者，即是實相，實相者，即是如來妙色身相也。金剛經云："離一切諸相，則名諸佛。"

問：佛說六波羅蜜，今云何說一即能具足？願說一具六法之因。答：思益經云：綱明尊謂梵天言，若菩薩捨一切煩惱，名檀波羅蜜，即是布施。於諸法無所起，名尸波羅蜜，即是持戒。於諸法無所傷名羼提波羅蜜，即是忍辱。於諸法離相，名毗離耶波羅蜜，即是精進。於諸法無所住，名禪波羅蜜，即是禪定。於諸法無戲論，名般若波羅蜜，即是智慧。是名六法。今更名六法不異。一捨、二無起、三無念、四離相、五無住、六無戲論。如是六法，隨事方便，假立名字；至於妙理，無二無別。但知一捨，即一切捨；無起，即一切無起。迷途不契，悉謂有差，愚者滯其法數之中，即長輪生死。告汝學人，但修檀之一法，即萬法周圓，況於五法，豈不具耶。

問：三學等用，何者是三學？云何是等用？答：三學者，戒定慧是也。問：其義云何是戒定慧？答：清淨無染是戒；知心不動，對境寂然，是定。知心不動時，不生不動想，知心清淨時，不生清淨想，乃至善惡皆能分別，於中無染得自在者，是名爲慧也。若知戒定慧體俱不可得時即無分別者，即同一體，是名三學等用。

問：若心住淨時，不是著淨否？答：得住淨時，不作住淨想，是不著淨。問：心住空時，不是著空否？答：若作空想，即名著空。問：若心得住無住處時，不是著無所處否？答：但作空想，即無有著處。汝若欲了了識無所住心時，正坐之時，但知心莫思量一切物，一切善惡，都莫思量；過去事已過去，而莫思量，過去心自絕，即名無過去事；未來事未至，莫願莫求，未來心自絕，即名無未來事；現在事已現在於一切事，但知無著。無著者，不起憎愛心，卽是無著。現在心自絕，卽名無現在事。三世不攝，亦名無三世也。心若起去時，卽莫隨去，去心自絕，若住時亦莫隨住，住心自絕，卽無住心，卽是住無住處也。若了了自知，住在住時只物住，亦無住處，亦無無住處也。若自了了知心不住一切處，卽名了了見本心也，亦名了了見性也。只箇不住一切處心者，卽是佛心，亦名解脫心，亦名菩提心，亦名無生心，亦名色性空。經云：證無生法忍是也。汝若未得如是之時，努力努力，勤加用功，功成自會。所以會者，一切處無心，卽是會言無心者，無假不真也。假者，愛憎心是也；真者，無愛憎心是也。但無憎愛心，卽是二性空；二性空者，自然解脫也。

問：爲只坐用，行時亦得爲用否？答：今言用功者，不獨言坐，乃至行住坐臥，所造運爲一切時中，常用無間，卽名常住也。

問：方廣經云："五種法身：一實相法身，二功德法身，三法性法身，四應化法身，五虛空法身"，於自己身何者是？答：知心不壞，是實相法身；知心含萬象，是功德法身，知心無心，是法性法身，隨根應説，是應化法身，知心無形不可得，是虛空法身。若了此義者，卽知無證也。無得無證者，卽是證佛法法身，若有證有得以爲證者，卽邪見增上慢人也，名爲外道。何以故？維摩經云："舍利弗問天女曰，汝何所得，何所證辯，乃得如是。天女答曰：我無得無證乃得如是，若有得有證，卽於佛法中爲增上慢人也。"

問：經云：等覺妙覺，云何是等覺，云何是妙覺？答：卽色卽空，名爲等覺；二性空故，名爲妙覺。又云：無覺無無覺，名爲妙覺也。問：等覺與妙覺，爲別爲不別？答：爲隨事方便，假立二名，本體是一，無二無別，乃至一切法皆然也。

問：金剛云："無法可説，是名説法"，其義云何？答：般若體畢竟清淨，無有一物可得，是名無法可説；卽於般若空寂體中，具恆沙之用，即無事不知是名説法，故云無法可説，是名説法。問：若有善男子、善女人，受持讀誦此經，若爲人輕賤，是人先世罪業，應墮惡道，以今世人輕賤故，先世罪業，即爲消滅，當得阿耨多羅三藐三菩提，其義云何？答：只如有人，未遇大善知識，唯造惡業，清淨本心，被三毒無明所覆，不能顯了，故云爲人輕賤也。以今世人輕賤者，即是今日發心求佛道，爲無明滅盡，三毒不生，即本心明朗更無亂念，諸惡永滅，故以今世人輕賤也。無明滅盡、亂念不生，自然解脱，故云當得菩提。即發心時名爲今世，非隔生也。

又云：如來五眼者何？答：見色清淨，名爲肉眼；見體清淨，名爲天眼；於諸色境，乃至善惡悉能微細分之，無所染著，於中自在，名爲慧眼；見無所見，名爲法眼；無見無無見，名爲佛眼。

又云：大乘、最上乘，其義云何？答：大乘者，是菩薩乘；最上乘者，是佛乘。又問云：何修而得此乘？答：修菩薩乘者，即是大乘，證菩薩乘，更不起觀，至無修處，湛然常寂，不增不減，名最上乘，即是佛乘也。

問：涅槃云，定多慧少，不離無明，定少慧多，憎長邪見，定慧等故，即名解脱。其義如何？答：對一切善惡，悉能分別，是慧於所分別之處，不起愛憎，不隨所染，是定，即是定慧等用也。又問：無言無説，即名爲定，正言説之時，得名定否？答：今言定者，不論説與不説，常定。何以故？爲用定性，言分別時，即言説分別亦定；若以空心觀色時，即觀色時亦空；若不觀色，不説，不分別時，亦空；乃至見聞覺知，亦復如是。何以故？爲自性空，即於一切處悉空，空即無著，無著即是等用，爲菩薩常用如是等空之法得至究竟，故云定慧等者，即名解脱也。今更爲汝譬喻顯示，令汝惺惺，得解斷疑。譬如明鑑照像之時，其明動否，不也。不照時亦動否？不也。何以故？爲明鑑用無情明照，所以照時不動，不照亦不動。何以故？爲無情之中，無有動者，亦無不動者。又如日光照世之時，其光動否？不也。若不照時動否？不也。何以故？爲光無情故，用無情光照，所以不動，不照亦不動；照者是慧，不動者是定；菩薩用是定慧等法，得三菩提，故云定慧等用，卽是解脫也。今言無情者，無凡情、非無聖情也。

問：云何是凡情，云何是聖情？答：若起二性，卽是凡情；二性空故，卽是聖情。

問：經云，言語道斷，心行處滅，其義如何？答：以言顯義，得義言絶，義卽是空，空卽是道，道卽是絶言，故云言語道斷，心行處滅；謂得義實際，更不起觀，不起觀故，卽是無生；以無生故，卽一切色性空，色性空故，卽萬緣俱絶；萬絶俱絶者，卽是心行處滅。

問：如如者云何？答：如如是不動義，心真如故，名如如也。是知過去行佛、行此，行亦得成道，現在佛、行此行亦得成道，未來佛、有此，行亦得成道。三世所修，證道無異，故名如如也。維摩經云：諸佛亦如也。至於彌勒，亦如也；乃至一切衆生，悉皆如也。何以故？爲佛性不斷，有性故也。

問：卽色卽空，卽凡卽聖，是頓悟否？答：是。問：云何是卽色卽空，云何是卽凡卽聖？答：心有染卽色，心無染卽空，心有染卽凡，心無染卽聖。又云真空妙有故。卽色，色不可得故；卽空。今言空者，是色性自空，非色滅空；今言色者，是空性自色，非色能色也。

問：經云，盡無盡法門，如何？答：爲二性空故。見聞無生是盡，盡者，諸漏盡；無盡者，於無生體中，具恆沙妙用，隨事應現，悉皆具足；於本體中，亦無損減，是名無盡，卽是盡無盡法門也。問：盡與無盡，爲一爲別？答：體是一，説皆有別。問：體卽是一，云何説別？答：一者是説之體，説是體之用，爲隨事應用，故云體同説别。喻如天上一日，下置種種盆器盛水，一一器中，皆有於日，諸器中日，悉皆圓滿，與天上日亦無差別，故云體同；爲隨器立名，即有差別，所以有別，故云體同，説即有別；所現諸日，悉皆圓滿，於上本日，亦無損減，故云無盡也。

問：經云，不生不滅，何法不生，何法不滅？答：不善不生，善法不滅。問：何者善，何者不善？答：不善者是染漏心，善法者是無染漏心，但無染無漏，即是不生不滅；得無染無漏時，即清淨圓明，湛然常寂，畢竟不遷，是名善法不滅也，此即是不生不滅。

問：菩薩戒云，衆生受佛戒，即入諸佛位，位同大覺已，真是諸佛子，其義云何？答：佛戒者，清淨心是也。若有人發心修行清淨行，得無所受心者，名受佛戒也。過去諸佛，皆修清淨無受行，得成佛道；今有時人，發心修無受清淨行者，即與佛功德等用，無有異也，故云入諸佛位也。如是悟者，與佛悟同，故云位同大覺已，真是諸佛子，從清淨心生，智智清淨，名爲諸佛子，亦名真佛子。

問：只是佛之與法，爲是佛在先，爲是法在先，若法在先，法是何佛所説，若佛在先，承何教而成道？答：佛亦在法先，亦在法後。問：因何佛法先後？答：若據寂滅法，是法先佛後；若據文字法，是佛先法後。何以故？一切諸佛，皆因寂滅法而得成佛，即是法先佛後。經云：諸佛所師，所爲法也；得成道已，然始廣説十二部經，引化衆生，衆生承佛法教，修行得成佛，即是佛先法後也。

問：云何是説通宗不通？答：言行相違，即是説通宗不通。問：云何是宗通説亦通？答：言行無差，即是説通宗亦通。

問：經云到不到不到到之法，云何？答：説到行不到，名爲到不到；行到説不到，名爲不到到；行説俱到，名爲到到。

問：佛法不盡有爲，不住無爲，何者是不盡有爲，何者是不住無爲？答：不盡有爲者，從初發心，至菩提樹下，成等正覺，後至雙林，入般涅槃,於中一切法,悉皆不捨,即是不盡有爲也。不住無爲者,雖修無念,不以無念爲證;雖修空,不以空爲證;雖修菩提涅槃,無相無作,不以無相無作爲證,即是不住無爲也。

問:爲有地獄,爲無地獄? 答:亦有亦無。問:云何亦有亦無? 答:爲隨心所造,一切惡業,即有地獄;若心無染,自性空故,即無地獄。

問:受罪衆生,有佛性否? 答:亦同佛性。問:既有佛性,正入地獄時,佛性同入否? 答:不同入。問:正入之時,佛性復在何處? 答:亦同入。問:既同入,正入時,衆生受罪,佛性亦同受罪否? 答:佛性雖隨衆生同入,是衆生自受罪苦佛性元來不受。問:既同入,因何不受? 答:衆生者是有相,有相者即有成壞;佛性者是無相,無相者即是空性也。是故真空之性,無有壞者,喻如有人於空積薪,薪自受壞,空不受壞也;空喻佛性,薪喻衆生,故云同入而不同受也。

問:轉八識,成四智,束四智,成三身,幾箇識共成一智,幾箇識獨成一智? 答:眼耳鼻舌身,此五識共成成所作智,第六是意,獨成妙觀察智,第七心識,獨成平等性智;第八含藏識,獨成大圓鏡智。問:此四智爲別爲同? 答:體同名別。問:體既同,云何名別? 既隨事立名,正一體之時,何者是大圓鏡智? 答:湛然空寂,圓明不動,即大圓鏡智,能對諸塵不起愛憎,即是二性空,二性空即平等性智,能入諸根境界,善能分別,不起亂想,而得自在,即是妙觀察智;能令諸根隨事應用,悉入正受;無二相者,即是成所作智。

問:束四智成三身者,幾箇智共成一身,幾箇智獨成一身? 答:大圓鏡智,獨成法身,平等性智,獨成報身,妙觀察智與成所作智,共成化身。此三身亦假立名字分別,只令未解者看,若了此理,亦無三身應用。何以故? 爲體性無相,從無住本而立,亦無無住本。

問：云何是見佛真身？答：不見有無，卽是見佛真身。問：云何不見有無，卽是見佛真身？答：有因無立，無因有顯；本不立有，無亦不存；既不存無，有從何得。有之與無，相因始有，既相因而有，悉是生滅也。但離此二見，卽是見佛真身。問：只如有無尚不可交建立，真身復從何而立？答：爲有問故。若無問時，真身之名，亦不可立，何以故？譬如明鏡，若對物像時、卽現像，若不對像時，終不現像。

問：云何是常不離佛？答：心無起滅，對境寂然，一切時中，畢竟空寂，卽是常不離佛。

問：何者是無爲法？答：有爲是。問：今問無爲法，因何答有爲是？答：有因無立，無因有顯，本不立有，無從何生，若論真無爲者，卽不取有爲，亦不取無爲，是真無爲法也。何以故？經云：若取法相，卽著我人，若取非法相，卽著我人，是故不應取法，不應取非法，卽是取真法也。若了此理，卽真解脫，卽會不二法門。

問：何者是中道義？答：邊義是。問：今問中道，因何答邊義是？答：邊因中立，中因邊生，本若無邊，中從何有；今言中者，因邊始有故；知中之與邊，相因而立，悉是無常，色受想行識，亦復如是。

問：何名五陰等？答：對色染色，隨色受生，名爲色陰，爲領納入八風，好集邪信，卽隨領受中生，名爲受陰。迷心取想，隨想受生，名爲想陰；結集諸行，隨行受生，名爲行陰；於平等體，妄起分別，繫著虛識受生，名爲識陰；故云五陰。

問：經云，二十五有，何者是？答：受後有身是也。後有身者，卽六道受生也。爲衆生現世心迷，好結諸業，後卽隨業受生，故云後有也。世若有人，志修究竟解脫，證無生法忍者，卽永離三界，不受後有，不受後有者，卽證法身；法身者，卽是佛身。問：二十五有名，云何分別？答：本體是一，爲隨用立名，顯二十五有，二十五有，十惡十善五陰是。問：云何是十惡十善？答：十惡，殺、盜、婬、妄言、綺語、兩舌、惡口、乃至貪、瞋、邪見，此名十惡。十善者，但不行十惡卽是也。

問：上説無念，猶未盡決。答：無念者，一切處無心是，無一切境界，無餘思求是，對諸境色，永無起動，是卽無念。無念者，是名真念也。若以念爲念者，卽是邪念，非爲正念，何以故？經云：若教人六念，名爲非念，有六念，名爲邪念；無六念者，卽真念。經云：善男子，我等住於無念法中，得如是金色三十二相，放大光明，照無餘世界，不可思議功德，佛説之，猶不盡，何況餘乘能知也。得無念者，六根無染故，自然得入諸佛知見，得如是者，卽名佛藏，亦名法藏；卽能一切佛，一切法，何以故？爲無念故經云，一切諸佛等，皆從此經出。

問：既稱無念，入佛知見，復從何立？答：從無念立，何以故？經云：從無住本，立一切法。又云：喻如明鑑，鑑中雖無像，而能現萬像。何以故？爲鑑明故，能現萬像；學人爲心無染故，妄念不生，我人心滅，畢竟清淨；以清淨故，能生無量知見。頓悟者，不離此生，卽得解脱。何以知之？譬如師子兒，初生之時，卽真師子，修頓悟者亦復如是；卽修之時，卽入佛位，如竹春生筍，不離於春，卽與母齊，等無有異。何以故？爲心空故，修頓悟者，亦復如是。爲頓除妄念，永絶我人，畢竟空寂，卽與佛齊，等無有異，故云卽凡卽聖也。修頓悟者，不離此身，卽超三界。經云：不壞世間，而超世間，不捨煩惱，而入湼槃；不修頓悟者，猶如野干，隨逐師子，經百千劫，終不得成師子。

又問：真如之性，爲實空，爲實不空；若言不空，卽是有相，若言空者，卽是斷滅；一切衆生，當依何修而得解脫？答：真如之性，亦空亦不空，何以故？真如妙體，無形無相，不可得也，是名亦空。然於空無相體中，具足恒沙之用，卽無事不應，是名亦不空。經云：解一卽千從，迷一卽萬惑，若人守一，萬事畢，是悟道之妙也。經云：森羅及萬象，一法之所印，云何一法中，而生種種見？如此功業由行爲本，若不降心，依文取證，無有是處，自誑誑他，彼此俱墜，努力努力，細細審之，只是事來不受，一切處無心，得如是者，卽入湼槃，證無生法忍，亦名不二法門，亦名無諍，亦名一行三昧，何以故？畢竟清淨，無我人故。不起愛憎，是二性空，是無所見，卽是真如無得之辯，此論不傳無信，唯傳同見同行。當觀前人，有誠信心，堪任不退者，如是之人，乃可爲説，示之令悟。吾作此論，爲有緣人，非求名利，只如諸佛所説，千經萬論，只爲衆生迷故。心行不同，隨邪應説，卽有差別。如論究竟解脫理者，只是事來不受，一切處無心，永寂如空，畢竟清淨，自然解脫。汝莫求虛名，口説真如，心似猿猴，卽言行相違，名爲自誑，當墮惡道；莫求一世虛名快樂，不覺長劫受殃，努力努力。衆生自度，佛不能度；若佛能度衆生時，過去諸佛，如微塵數，一切衆生，總應度盡，何故我等至今，流浪生死，不得成佛，當知衆生自度，佛不能度，努力努力。自修，莫倚他佛力。經云：夫求法者，不著佛求。

　　問：於來世中，多有雜學之徒，云何共住？答：但和其光，不同其業，同處不同住。經云：隨流而性常也。只如學道者，自爲大事因緣解脫之事，俱勿輕未學，敬學如佛，不高己德，不疾彼能，自察於行，不舉他過，於一切處，悉無妨礙，自然快樂也。重説偈云：

　　　　忍辱第一道，　先須除我人，　事來無所受，
　　　　卽真菩提身。

金剛經云："菩薩無我法者，如來説名，真是菩薩。"又云："不取卽不

捨，永斷於生死，一切處無心，即名諸佛子。"涅槃經云："如來證涅槃，永斷於生死。"偈曰：

我今意況大好，　　他人罵時無惱，

無言不說是非，　　涅槃生死同道。

識達自家本宗，　　猶來無有青草。

一切妄想分別，　　將知世人不了。

寄言凡夫末末代，　除卻心中藥草，

我今意況大寬，　　不語無事心安。

從容自在解脫，　　東西去易不難，

終日無言寂寞，　　念念向理思看。

自然逍遙見道，　　生死定不相干，

我今竟況大奇，　　不向世上侵欺。

榮華總是虛悟，　　弊衣粗食充飢，

道逢世人懶語，　　世人咸說我癡。

外現瞪瞪暗鈍，　　心中明若瑠璃，

默契羅睺密行，　　非汝凡夫所知。

問：維摩經云，欲得淨土，當淨其心。云何是淨心？答：以畢竟淨爲淨。問：云何是畢竟淨爲淨？答：無淨無無淨，即是畢竟淨。問：云何是無淨，無無淨？答：一切處無心，是淨；得淨之時，不得作淨想，即名無淨也。得無淨時，亦不得作無淨想，即是無無淨也。

問：修道者以何爲證？答：畢竟證爲證。問：云何是畢竟證？答：無證無無證，是名畢竟證。問：云何是無證，云何是無無證？答：於外不染色聲等，於內不起妄念心，得如是者，即名爲證；得證之時，不得作證想，即名無證也。得此無證之時，亦不得作無證想，是名無證，即名無無證也。

問：云何解脫心？答：無解脫心，亦無無解脫心，即名真解脫也。經云：法尚應捨，何況非法也。法者是有，非法是無也。但不取有無，卽真解脫。

問：云何得道？答：以畢竟得爲得。問：云何是畢竟得？答：無得無無得，是名畢竟得。

問：云何是畢竟空？答：無空無無空，卽名畢竟空。

問：云何是真如定？答：無定無無定，卽名真如定。經云：無有定法，名阿耨多羅三藐三菩提，亦無定法，如來可説。經云：雖修空，不以空爲證，不得作空想，卽是也；雖修定不以定爲證，不得作定想，卽是也；雖得淨，不以淨爲證，不得作淨想，卽是也。若得定、得淨、得一切處無心之時、卽作得如是想者，皆是妄想，卽被繫縛，不名解脫。若得如是之時，了了自知，得自在，卽不得將此爲證，亦不得作如是想，卽得解脫。經云：若起精進心，是妄非精進也，若能心不妄，精進無有涯。

問：云何是中道？答：無中間，亦無二邊，卽中道也。云何是二邊？答：爲有彼心，有此心，卽是二邊。云何名彼心此心？答：外縛聲色，名爲彼心，內起妄念，名爲此心，若於外不染色，卽名無彼心，內不生妄念，卽名無此心，此非二邊也。心既無二邊，中亦何有哉，得如是者，卽名中道，真如來道；如來道者，卽一切覺人解脫也。經云：虛空無中邊，諸佛身亦然，然一切色空者，卽一切處無心也；一切處無心者，卽一切色性空；二義無別，亦名色空，亦名色無法也。汝若離一切處無心，得菩提解脫涅槃，寂滅禪定見性者，非也。一切處無心者，卽修菩提解脫涅槃，寂滅禪定，乃至六度，皆見性處。何以故？金剛經云："無有少法可得，是名阿耨多羅三藐三菩提也。"

問：若有修一切諸行，具足成就得受記否？答：不得。問：若以一切法無修，得成就，得受記否？答：不得。問：若恁麼時，當以何法而得受記？答：不以有行，亦不以無行，即得受記。何以故？維摩經云："諸行性相，悉皆無常。"湼槃經云："佛告迦葉，諸行是常，無有是處，汝但一切處無心，即無諸行，亦無無行，即名受記。"所言一切處無心者，無憎愛心是；言憎愛者，見好事不起愛心，即名無愛心也；見惡事不起憎心即名無憎心也。無愛者即名無染心，即是色性空也；色性空者，即是萬緣俱絕，萬緣俱絕者，自然解脱。

卷　下

諸方門人參問

　　師初至江西，參馬祖。祖問從何處來？曰：越州大雲寺來。祖曰：來此擬須何事？曰：來求佛法。祖曰：自家寶藏不顧，抛家散走作什麼，我這裏一物也無，求什麼佛法。師遂禮拜。問曰：阿那箇是慧海自家寶藏？祖曰：即今問我者，是汝寶藏，一切具足，更無欠少，使用自在，何假向外求覓。師於言下大悟，識自本心，不由知覺，踴躍禮謝。師事六載，後以受業師年老，遽歸奉養，乃晦迹藏用，外示癡訥，自撰頓悟入道要門論一卷，法門師姪玄晏，竊出江外，呈馬祖。祖覽訖，謂衆曰：越州有大珠，圓明光透，自在無遮障處也。衆中有知師姓朱者，迭相推識，結契來越上，尋訪依附，時號大珠和尚也。 師諱慧海建州人依越大雲寺道智和尚受業。

　　師謂學徒曰：我不會禪，並無一法可示於人，故不勞汝久立，且自歇去。時學侶漸多，日夜叩擊，事不得已，隨問隨答，其辯無礙。時有法師數人來謁，曰：擬伸一問，師還對否？師曰：深潭月影，任意撮摩。問：如何是佛？師曰：清潭對面，非佛而誰？衆皆茫然。良久，其僧又問：師說何法度人？師曰：貧道未曾有一法度人。曰：禪師家渾如此。師卻問曰：大德說何法度人？曰：講金剛般若經。師曰：講幾座來？曰：二十餘座。師曰：此經是阿誰説？僧抗聲曰：

禪師相弄，豈不知是佛説耶。師曰：若言如來有所説法，則爲謗佛，是人不解我所説義，若言此經不是佛説，則是謗經，請大德説看？僧無對。師少頃，又問：經云："若以色見我，以音聲求我，是人行邪道，不能見如來。"大德且道，阿那箇是如來？曰：某甲到此卻迷去。師曰：從來未悟，説什麼卻迷。僧曰：請禪師爲説。師曰：大德講經二十餘座，卻不識如來。其僧再禮拜，願垂開示。師曰：如來者，是諸法如義，何得忘卻。曰：是，是諸法如義。師曰：大德是亦未是。曰：經文分明，那得未是。師曰：大德如否？曰：如。師曰：木石如否？曰：如。師曰：大德如，同木石如否？曰：無二。師曰：大德與木石何別？僧無對。乃歎云，此上人者，難爲酬對。良久，卻問如何得大涅槃。師曰：不造生死業。對曰：如何是生死業？師曰：求大涅槃，是生死業，捨垢取淨，是生死業，有得有證，是生死業，不脱對治門，是生死業。曰：云何卽得解脱？師曰：本自無縛，不用求解，直用直行，事無等等。僧曰：如禪師和尚者實爲希有，禮謝而去。

　　有行者問：卽心卽佛，那箇是佛？師云：汝疑那箇不是佛，指出看？無對。師曰：達卽徧境是，不悟永乖疎。

　　有律師法明謂師曰：禪師家多落空。師曰：卻是座主家多落空。法明大驚，曰：何得落空？師曰：經論是紙墨文字，紙墨文字者，俱空；設於聲上建立名句等法，無非是空？座主執滯教體，豈不落空？法明曰：禪師落空否？師曰：不落空。曰：何卻不落空？師曰：文字等皆從智慧而生，大用現前，那得落空？法明曰：故知一法不達，不名悉達。師曰：律師不唯落空，兼乃錯用名言。法明作色問曰：何處是錯？師曰：律師未辨華竺之音，如何講説。曰：請禪師指出法明錯處？師曰：豈不知悉達是梵語耶？律師雖省過，而心猶憤然。具梵語薩婆曷剌他悉陀，中國翻云一切義成。舊云悉達多，猶是訛略梵語。又問曰：夫經律論是佛語，讀誦依教奉行，何故不見性？師曰：如狂狗趂塊，師子咬人，經律論是自性用，讀誦者是性法。<u>法明</u>又曰：<u>阿彌陀佛</u>，有父母及姓否？師曰：<u>阿彌陀</u>姓憍尸迦，父名<u>月上</u>，母名<u>殊勝妙顏</u>。曰：出何教文？師曰：出<u>陀羅尼集</u>。<u>法明</u>禮謝，讚歎而退。

有<u>三藏</u>法師，問真如有變易否？師曰：有變易。<u>三藏</u>曰：禪師錯也。師卻問<u>三藏</u>，有真如否？曰：有。師曰：若無變易，決定是凡僧也；豈不聞善知識者，能迴三毒爲三聚淨戒，迴六識爲六神通，迴煩惱作菩提，迴無明爲大智，真如若無變易，<u>三藏</u>真是自然外道也。<u>三藏</u>曰：若爾者，真如卽有變易？師曰：若執真如有變易，亦是外道。曰：禪師適來説真如有變易，如今又道不變易，如何卽是的當？師曰：若了了見性者，如摩尼珠現色，説變亦得，説不變亦得；若不見性人，聞説真如變，便作變解，聞説不變，便作不變解。<u>三藏</u>曰：故知南宗實不可測。

有道流問：世閒有法過自然否？師曰：有。曰：何法過得？師曰：能知自然者。曰：元氣是道否？師曰：元氣自元氣，道自道。曰：若如是者，則應有二？師曰：知無兩人。又問：云何爲邪，云何爲正？師曰：心逐物爲邪，物從心爲正。

有<u>源</u>律師來問：和尚修道，還用功否？師曰：用功。曰：如何用功？師曰：飢來喫飯，困來卽眠。曰：一切人總如是，同師用功否？師曰：不同。曰：何故不同？師曰：他喫飯時，不肯喫飯，百種須索；睡時不肯睡，千般計校，所以不同也。律師杜口。

有<u>韞光</u>大德問：禪師自知生處否？師曰：未曾死，何用論生，知生卽是無生法，無離生法，説有無主。祖師云：當生卽不生。曰：不見性人，亦得如此否？師曰：自不見性，不是無性，何以故？見卽是性，無性不能見；識卽是性，故名識性；了卽是性，喚作了性；能生萬法,喚作法性,亦名法身。馬鳴祖師云: 所言法者,謂衆生心,若心生故,一切法生,若心無生,法無從生,亦無名字。迷人不知,法身無象。應物現形,遂喚青青翠竹,總是法身,鬱鬱黃華,無非般若;黃華若是般若,般若即同無情;翠竹若是法身,法身即同草木;如人喫筍,應總喫法身也。如此之言,寧堪齒錄,對面迷佛,長劫希求,全體法中,迷而外覓。是以解道者,行住坐臥,無非是道;悟法者,縱橫自在,無非是法。大德又問: 太虛能生靈智否,真心緣於善惡否? 貪欲人,是道否? 執是執非人,向後心通否? 觸境生心人,有定否? 住於寂寞人,有慧否? 懷高傲物人,有我否? 執空執有人,有智否? 尋文取證人、苦行求佛人、離心求佛人、執心是佛人,此皆稱道否? 請禪師一一開示。師曰: 太虛不生靈智,真心不緣善惡,嗜欲深者機淺,是非交争者未通,觸境生心者少定,寂寞忘機者慧沉,傲物高心者我壯,執空執有者皆思,尋文取證者益滯,苦行求佛者俱迷,離心求佛者外道,執心是佛者爲魔。大德曰: 若如是,應畢竟無所有。師曰: 畢竟是大德,不是畢竟無所有。大德踊躍,禮謝而去。

師上堂曰: 諸人幸自好箇無事人,苦死造作,要擔枷落獄作麽,每日至夜奔波,道我參禪學道,解會佛法,如此轉無交涉也,只是逐聲色走,有何歇時。貧道聞江西和尚道,汝自家寶藏,一切具足,使用自在,不假外求;我從此一時休去,自己財寶,隨身受用,可謂快活;無一法可取,無一法可捨,不見一法生滅相,不見一法去來相,徧十方界,無一微塵許,不是自家財寶?但自子細觀察自心,一體三寶,常自現前,無可疑慮,莫尋思,莫求覓,心性本來清淨,故華嚴經云: "一切法不生,一切法不滅,若能如是解,諸佛常現前。" 又淨名經云: "觀身實相,觀佛亦然。" 若不隨聲色動念,不逐相貌生解,自然無事去,莫久立,珍重。此日大衆普集,久而不散。師曰: 請人何故在此不去；貧道已對面相呈，還肯休麼；有何事可疑，莫錯用心，枉費氣力；若有疑情，一任諸人，恣意早問。時有僧法淵問曰：云何是佛？云何是法？云何是僧？云何是一體三寶？願師垂示。師曰：心是佛，不用將佛求佛，心是法，不用將法求法，佛法無二，和合爲僧，即是一體三寶。經云：心佛與衆生，是三無差別。身口意清淨，名爲佛出世，三業不清淨，名爲佛滅度。喻如瞋時無喜，喜時無瞋，唯是一心，實無二體，本智法爾，無漏現前。如蛇化爲龍，不改其鱗，衆心迴心作佛，不改其面。性本清淨，不待修成，有證有修，即同增上慢者。真空無滯，應用無窮，無始無終，利根頓悟，用無等等，即是阿耨菩提，心無形相，即是微妙色身；無相即是實相法身。性相體空，即是虛空無邊身，萬行莊嚴，即是功德法身。此法身者，乃是萬化之本，隨處立名，智用無盡，名無盡藏。能生萬法，名本法藏。具一切智，是智慧藏。萬法歸如名如來藏。經云：如來者即諸法如義。又云：世閒一切生滅法，無有一法不歸如也。

有客問云：弟子未知律師、法師、禪師何者最勝？願和尚慈悲指示。師曰：夫律師者啟毗尼之法藏，傳壽命之遺風，洞持犯而達開遮，秉威儀而行軌範，牒三番羯磨，作四果初因，若非宿德白眉，焉敢造次？夫法師者，踞師子之座，瀉懸河之辯，對稠人廣衆，啟鑿玄關，開般若妙門，等三輪空施，若非龍象蹴踏，安敢當斯？夫禪師者，撮其樞要，直了心源，出沒卷舒，縱橫應物，咸均事理，頓見如來，拔生死深根，獲現前三昧，若不安禪靜慮，到這裏總須茫然。隨機授法，三學雖殊，得意忘言，一乘何異？故經云：十方佛土中，唯有一乘法，無二亦無三，除佛方便說，但以假名字，引導於衆生。客曰：和尚深達佛旨，得無礙辯。又問：儒、道、釋三教，爲同爲異？師曰：大量者用之即同，小機者執之即異，總從一性上起用，機見差別成三，迷悟由人，不在教之異同。

講唯識，道光座主問曰：禪師用何心修道？師曰：老僧無心可用，無道可修。曰：既無心可用，無道可修，云何每日聚眾，勸人學禪修道？師曰：老僧尚無卓錐之地，什麼處聚眾來，老僧無舌，何曾勸人來？曰：禪師對面妄語。師曰：老僧尚無舌勸人，焉解妄語。曰：某甲卻不不會禪師語論也。師曰：老僧自亦不會。

講華嚴，志座主問：何故不許青青翠竹盡是法身，鬱鬱黃華，無非般若？師曰：法身無象，應翠竹以成形，般若無知，對黃華而顯相，非彼黃華翠竹，而有般若法身也。故經云：佛真法身，猶若虛空，應物現形，如水中月，黃華若是般若，般若即同無情，翠竹若是法身，翠竹還能應用。座主會麼？曰：不了此意。師曰：若見性人，道是亦得，道不是亦得，隨用而說，不滯是非；若不見性人，說翠竹、著翠竹，說黃華、著黃華，說法身、滯法身，說般若、不識般若，所以皆成諍論。志禮謝而去。

人問：將心修行，幾時得解脫？師曰：將心修行，喻如滑泥洗垢；般若玄妙，本自無生，大用現前，不論時節。曰：凡夫亦得如此否？師曰：見性者即非凡夫，頓悟上乘，超凡越聖；迷人論凡論聖，悟人超越生死涅槃，迷人說事說理，悟人大用無方，迷人求得求證，悟人無得無求，迷人期遠劫證，悟人頓見。

維摩，座主問：經云，彼外道六師等，是汝之師，因其出家，彼師所墮，汝亦隨墮，其施汝者，不名福田，供養汝者，墮三惡道，謗於佛，毀於法，不入眾數，終不得滅度，汝若如是，乃可取食，今請禪師明爲解說。師曰：迷徇六根者，號之爲六師；心外求佛，名爲外道；有物可施，不名福田；生心受供，墮三惡道，汝若能謗於佛者，是不著佛求；毀於法者，是不著法求；不入眾數者，是不著僧求，終不得滅度者；智用現前，若有如是解者，便得法喜禪悅之食。

有行者問：有人問佛答佛，問法答法，喚作一字法門，不知是否？師曰：如鸚鵡學人語話，自語不得，爲無智慧故；譬如將水洗水，將火燒火，都無義趣。

人問：言之與語，爲同爲異？師曰：一也，謂言成句名語矣。且如靈辯滔滔，譬大川之流水，峻機疊疊，如圓器之傾珠，所以廓萬象，號懸河，剖乎義海，此是語也；言者，一字表心也。內著玄微外現妙相，萬機撓而不亂，清濁混而常分，齊王猶慙大夫之辭，文殊尚歎淨名之說，今之常人，云何能解。

源律師問：禪師常譚，卽心是佛，無有是處。且一地菩薩，分身百佛世界，二地增於十倍，禪師試現神通看？師曰：闍黎自己是凡是聖？曰：是凡。師曰：既是凡僧，能問如是境界？經云，仁者心有高下，不依佛慧，此之是也。又問：禪師每云，若悟道，現前身便解脫，無有是處。師曰：有人一生作善，忽然偷物入手，卽身是賊否？曰：故知是也。師曰：如今了了見性，云何不得解脫？曰：如今必不可，須經三大阿僧祇劫始得。師曰：阿僧祇劫，還有數否？源抗聲曰：將賊比解脫，道理得通否？師曰：闍黎自不解道，不可障一切人解；自眼不開，瞋一切人見物。源作色而去云：雖老渾無道。師曰：卽行去者是汝道。

講止觀，慧座主問：禪師辨得魔否？師曰：起心是天魔，不起心是陰魔，或起不起，是煩惱魔；我正法中，無如是事。曰：一心三觀，義又如何？師曰：過去心已過去，未來心未至，現在心無住，於其中閒，更用何心起觀。曰：禪師不解止觀？師曰：座主解否？曰解。師曰：如智者大師，說止破止，說觀破觀，住止沒生死，住觀心神亂，爲當將心止心，爲復起心觀觀，若有心觀，是常見法，若無心觀，是斷見法，亦有亦無，成二見法。請座主仔細說看。曰：若如是問，俱說不得也。師曰：何曾止觀。

人問：般若大否？師曰：大。曰幾許大？師曰：無邊際。曰般若小否？師曰：小。曰：幾許小？師曰：看不見。曰：何處是？師曰：何處不是。

維摩，座主問：經云，諸菩薩各入不二法門，維摩默然，是究竟否？師曰：未是究竟，聖意若盡，第三卷更説何事。座主良久，曰：請禪師爲説未究竟之意？師曰：如經第一卷，是引衆呼十大弟子住心，第二諸菩薩各説入不二法門，以言顯於無言，文殊以無言顯於無言，維摩不以言，不以無言，故默然，收前言語也。第三卷，從默然起説，又顯神通作用，座主會麼？曰：奇怪如是。師曰：亦未如是。曰：何故未是？師曰：且破人執情，作如此説。若據經意，只説色心空寂，令見本性，教捨僞行入眞行，莫向言語紙墨上討意度，但會淨名兩字便得。淨者本體也，名者迹用也，從本體起迹用，從迹用歸本體，體用不二，本迹非殊；所以古人道，本迹雖殊，不思議一也；一亦非一，若識淨名兩字假號，更説什麼究竟與不究竟；無前無後，非本非末，非淨非名，只示衆生本性不思議解脱。若不見性人，終身不見此理。

僧問：萬法盡空，識性亦爾，譬如水泡，一散更無再合，身死更不再生，即是空無，何處更有識性？師曰：泡因水有，泡散可即無水，身因性起，身死豈言性滅。曰：既言有性，將出來看。師曰：汝信有明朝否？曰：信。師曰：我將明朝來看。曰：明朝實是有，如今不可得。師曰：明朝不可得，不是無明朝。汝自不見性，不可是無性。今見著衣喫飯，行住坐卧，對面不識，可謂愚迷。汝欲見明朝與今日，不異將性覓性，萬劫終不見，亦如有人不見日，不是無日。

講青龍疏，座主問：經云，無法可説，是名説法，禪師如何體會？師曰：爲般若體，畢竟清淨，無有一物可得，是名無法，即於般若空寂體中，具河沙之用，即無事不知，是名説法。故云：無法可説，是名説法。

講華嚴，座主問：禪師信無情是佛否？師曰：不信。若無情是佛者，活人應不如死人，死驢死狗，亦應勝於活人。經云，佛身者，即法身也。從戒定慧生，從三明六通生，從一切善法生，若説無情是佛者，大德如今便死，應作佛去。

有法師問：持般若經最多功德，師還信否？師曰：不信。曰：若爾靈驗傳十餘卷，皆不堪信也。師曰：生人持孝，自有感應，非是白骨能有感應。經是文字紙墨一文字紙墨性空，何處有靈驗。靈驗者，在持經人用心，所以神通感物。試將一卷經，安著案上，無人受持，自能有靈驗否？僧問：未審一切名相，及法相，語之與默，如何通會，即得無前後？師曰：一念起時，本來無相無名，何得説有前後？不了名相本淨，妄計有前有後。夫名相關鑰，非智鑰不能開，中道者，病在中道，二邊者，病在二邊，不知現用，是無等等法身。迷悟得失，常人之法，自起生滅，埋没正智，或斷煩惱，或求菩提，背卻般若。

人問：律師何故不信禪？師曰：理幽難顯，名相易持，不見性者，所以不信；若見性者，號之爲佛。識佛之人，方能信人，佛不遠人，而人遠佛；佛是心作，迷人向文字中求，悟人向心而覺；迷人修因待果，悟人了心無相；迷人執物守我爲已，悟人般若應用現前；愚人執空執有生滯，智人見性了相靈通；乾慧辯者口疲，大智體了心泰；菩薩觸物斯照，聲聞怕境昧心，悟者日用無生，迷人現前隔佛。

人問：如何得神通去？師曰：神性靈通，徧周沙界，山河石壁，去來無礙，刹那萬里，往返無跡，火不能燒，水不能溺，愚人自無心智，欲得四大飛空。經云，取相凡夫，隨宜爲説，心無形相，即是微妙色身，無相即是實相，實相體空，喚作虛空無邊身，萬行莊嚴，故云功德法身，即此法身，是萬行之本，隨用立名，實而言之，只是清淨法身也。

人問：一心修道，過去業障，得消滅否？師曰：不見性人，未得消滅，若見性人，如日照霜雪。又見性人，猶如積草等須彌山，只用一星之火；業障如草，智慧似火。曰：云何得知業障盡？師曰：現前心通，前後生事，猶如對見，前佛後佛，萬法同時。經云，一念知一切法，是道場，成就一切智故。

有行者問：云何得住正法？師曰：求住正法者是邪，何以故？法無邪正故。曰：云何得作佛去？師曰：不用捨衆生心，但莫污染自性。經云，心佛及衆生，是三無差別。曰：若如是解者，得解脫否？師曰：本自無縛，不用求解；法過語言文字，不用數句中求，法非過現未來不可以因果中契；法過一切，不可比對；法身無象，應物現形，非離世閒，而求解脫。

僧問：何者是般若？師曰：汝疑不是者，試説看。又問：云何得見性？師曰：見卽是性，無性不能見。又問如何是修行？師曰：但莫污染自性，卽是修行；莫自欺誑，卽是修行；大用現前，卽是無等等法身。又問：性中有惡否？師曰：此中善亦不立。曰：善惡俱不立，將心何處用？師曰：將心用心，是大顛倒。曰：作麼生卽是？師曰：無作麼生，亦無可是。

人問：有人乘船，船底刺殺螺蜆，爲是人受罪，爲復船當罪？師曰：人船兩無心，罪正在汝。譬如狂風折樹損命，無作者，無受者，世界之中，無非衆生受苦處。

僧問：未審託情勢，指境勢，語默勢，乃至揚眉動目等勢，如何得通會於一念閒？師曰：無有性外事。用妙者，動寂俱妙；心真者，語默總真；會道者行住坐卧是道，爲迷自性，萬惑滋生。又問：如何是法有宗旨？師曰：隨其所立，卽有衆義，文殊於無住本立一切法。曰：莫同太虛否？師曰：汝怕同太虛否？曰：怕。師曰：解怕者不同太虛。又問：言方不及處，如何得解？師曰：汝今正説時，疑何處不及。

有宿德十餘人，同問：經云，破滅佛法，未審佛法可破滅否？師曰：凡夫外道，謂佛法可破滅；二乘人謂不可破滅，我正法中無此二見；若論正法，非但凡夫外道，未至佛地者，二乘亦是惡人。又問：真法、幻法、空法、非空法，各有種性否？師曰：夫法雖無種性，應物俱現。心，幻也，一切俱幻，若有一法不是幻者，幻卽有定。心、空也，一切皆空，若有一法不空，空義不立。迷時人逐法，悟時法由人。如森羅萬象至空而極，百川衆流，至海而極。一切賢聖，至佛而極。十二分經，五部毗尼，五韋陀論，至心而極。心者是總持之妙本，萬法之洪源，亦名大智慧藏，無住涅槃，百千萬名，盡心之異號耳。又問：如何是幻？師曰：幻無定相，如旋火輪，如乾闥婆城，如機關木人，如陽燄，如空華，俱無實法。又問何名大幻師？師曰：心名大幻師，身爲大幻城，名相爲大幻衣食，河沙世界，無有幻外事；凡夫不識幻，處處迷幻業；聲聞怕幻境，昧心而入寂；菩薩識幻法，達幻體，不拘一切名相。佛是大幻師，轉大幻法輪，成大幻涅槃，轉幻生滅，得不生不滅，轉河沙穢土，成清淨法界。

僧問：何故不許誦經，喚作客語？師曰：如鸚鵡只學人言，不得人意。經傳佛意，不得佛意，而但誦，是學語人，所以不許。曰：不可離文字言語，別有意耶？師曰：汝如是說，亦是學語。曰：同是語言，何偏不許？師曰：汝今諦聽，經有明文，我所說者，義語非文；衆生說者，文語非義；得意者越於浮言，悟理者超於文字，法過言語文字，何向數句中求；是以發菩提者，得意而忘言，悟理而遺教，亦猶得魚忘筌，得兔忘罤也。

有法師問：念佛是有相大乘禪，師意如何？師曰：無相猶非大乘，何況有相。經云，取相凡夫，隨宜爲說。又問：願生淨土，未審實有淨土否？師曰：經云，欲得淨土，當淨其心，隨其心淨，卽佛土淨，若心清淨，所在之處，皆爲淨土。譬如生國王家，決定紹王業，發心向佛道，是生淨佛國，其心若不淨，在所生處，皆是穢土。淨穢在心，不在國土。又問：每聞説道，未審何人能見？師曰：有慧眼者能見。曰：甚樂大乘，如何學得？師曰：悟卽得，不悟不得。曰：如何得悟處？師曰：但諦觀。曰：似何物？師曰：無物似。曰：應是畢竟空。師曰：空無畢竟。曰：應是有。師曰：有而無相。曰：不悟如何？師曰：大德自不悟，亦無人相障。又問：佛法在於三際否？師曰：見在無相，不在其外，應用無窮，不在於內，中閒無住處，三際不可得。曰：此言大混。師曰：汝正説混之一字時，在內外否？曰：弟子究檢，內外無踪跡。師曰：若無踪跡，明知上來語不混。曰：如何得作佛？師曰：是心是佛，是心作佛。曰：衆生入地獄，佛性入否？師曰：如今正作惡時，更有善否？曰：無。師曰：衆生入地獄，佛性亦如是。曰：一切衆生，皆有佛性，如何？師曰：作佛用，是佛性；作賊用，是賊性；作衆生用，是衆生性；性無形相，隨用立名。經云：一切賢聖，皆以無爲法而有差別。僧問：何者是佛？師曰：離心之外，卽無有佛。曰：何者是法身？師曰：心是法身，謂能生萬法故，號法界之身。起信論云：所言法者，謂衆生心，卽依此心，顯示摩訶衍義。又問：何名有大經卷，內在一微塵？師曰：智慧是經卷。經云，有大經卷，量等三千大千界，內在一微塵中；一塵者，是一念心塵也。故云，一念塵中，演出河沙偈，時人自不識。又問：何名大義城，何名大義王？師曰：身爲大義城，心爲大義王。經云：多聞者，善於義，不善於言説，言説生滅，義不生滅，義無形相，在言説之外。心爲大經卷，心爲大義王，若不了了識心者，不明善義，只是學語人也。又問：般若經云：度九類衆生，皆入無餘涅槃。又云，實無衆生得滅度者。此兩段經文，如何通會前後，人説皆云實度衆生，而不取衆生相，常疑未決，請師爲説。師曰：九類衆生，一身具足，隨造隨成,是故無明爲卵生,煩惱包裹爲胎生,愛水侵潤爲濕生,倏起煩惱爲化生。悟卽是佛,迷號衆生,菩薩只以念念心爲衆生;若了念念,心體俱空,名爲度衆生也。智者於自本際上,度於未形,未形既空,卽知實無衆生得滅度者。

僧問:言語是心否? 師曰:言語是緣,不是心。曰:離緣何者是心? 師曰:離言語無心。曰:離言語既無心。若爲是心? 師曰:心無形相,非離言語,非不離言語,心常湛然,應用自在。祖師云:若了心非心,始解心心法。

僧問:如何是定慧等學? 師曰:定是體,慧是用,從定起慧,從慧歸定;如水與波,一體更無前後,名定慧等學。夫出家兒,莫尋言逐語,行住坐臥,並是汝性用,什麼處與道不相應,且自一時休歇去,若不隨外境之風,性水常自湛湛,無事珍重。

(據長沙刻經處本)

〔附〕 景德傳燈錄(節選)

懷讓禪師第一世

江西道一禪師,漢州什邡人也,姓馬氏, 容貌奇異,牛行虎視,引舌過鼻,足下有二輪文。幼歲依資州唐和尚落髮,受具於渝州圓律師,唐開元中習禪定於衡嶽傳法院,遇讓和尚,同參九人,唯師密受心印。讓之一猶思之遷也,同源而異派,故禪法之盛始於二師。劉軻云:江西主大寂,湖南主石頭,往來憧憧,不見二大士,爲無知矣。西天般若多羅記達磨云:震旦雖闊無別路,要假姪孫腳下行,金雞解銜一顆米,供養十方羅漢僧。又,六祖能和尚謂讓曰:向後佛法,從汝邊去出馬駒,踏殺天下人。厥後江西法嗣布於天下,時號馬祖。

始自建陽佛迹嶺遷至臨川,次至南康龔公山。大曆中,隸名於開元精舍。時連帥路嗣恭聆風景慕,親受宗旨,由是四方學者雲集座下。一日謂衆曰，汝等諸人各信自心是佛，此心卽是佛心。達摩大師從南天竺國來躬至中華，傳上乘一心之法，令汝等開悟，又引楞伽經文以印衆生心地，恐汝顛倒不自信此心之法各各有之，故楞伽經云：佛語心爲宗，無門爲法門。又云：夫求法者應無所求，心外無別佛，佛外無別心，不取善，不捨惡，淨穢兩邊俱不依怙，達罪性空，念念不可得，無自性故。故三界唯心，森羅萬象，一法之所印。凡所見色，皆是見心，心不自心，因色故有心。汝但隨時言説，卽事卽理，都無所礙，菩提道果亦復如是。於心所生，卽名爲色；知色空故，生卽不生。若了此心，乃可隨時著衣喫飯，長養聖胎，任運過時，更有何事。汝受吾教，聽吾偈曰：心地隨時説，菩提亦只寧，事理俱無礙，當生卽不生。

僧問：和尚爲什麼説卽心卽佛？師云：爲止小兒啼。僧云：啼止時如何？師云：非心非佛。僧云：除此二種人來，如何指示？師云：向伊道不是物。僧云：忽遇其中人來時如何？師云：且教伊體會大道。僧問如何是西來意？師云：卽今是什麼意。

龐居士問：如水無筋骨能勝萬斛舟，此理如何？師云：這裏無水亦無舟，説什麼筋骨。

一日師上堂良久，百丈收却面前席，師便下堂。百丈問：如何是佛法旨趣？師云：正是汝放身命處。師問百丈：汝以何法示人？百丈竪起拂子。師云：只這箇，爲當別有？百丈抛下拂子。僧問如何得合道？師云：我早不合道。僧問如何是西來意？師便打。乃云，我若不打汝，諸方笑我也。有小師行脚迴於師前畫箇圓相，就上禮拜了，立。師云：汝莫欲作佛否？云：某甲不解捏目。師云：吾不如汝。小師不對。

鄧隱峰辭師，師云：什麼去處？對云：石頭去。師云：石頭路滑。對云：竿木隨身，逢場作戲，便去。纔到石頭，卽繞禪牀一帀，

振錫一聲。問：是何宗旨？石頭云：蒼天蒼天。隱峰無語，却迴舉
似於師。師云：汝更去，見他道蒼天，汝便噓噓。隱峰又去石頭，一
依前問是何宗旨？石頭乃噓噓。隱峰又無語歸來。師云：向汝道
石頭路滑。有僧於師前作四畫，上一長，下三短。問云：不得道一
長三短，離此四字外，請和尚答。師乃畫地一畫。云：不得道長短，
答汝了也。忠國師聞，別云：何不問老僧？

　　有一講僧來問云：未審禪宗傳侍何法？師却問曰：座主傳侍何
法？彼云：忝講得經論二十餘本。師云：莫是師子兒否？云：不敢。
師作噓噓聲。彼云：此是法。師云：是什麼法？云：師子出窟法。
師乃默然。彼云：此亦是法。師云：是什麼法？云：師子在窟法。
師云：不出不入是什麼法？無對，百丈代云：見麼？遂辭出門。師召
云：座主。彼即迴首。師云：是什麼？亦無對。師云：這鈍根阿師。

　　洪州廉使問云：弟子喫酒肉卽是，不喫卽是？師云：若喫，是中
丞祿；不喫，是中丞福。師入室弟子一百三十九人，各爲一方宗主，
轉化無窮。

　　師於真元四年正月中登建昌石門山，於林中經行，見洞壑平坦
處，謂侍者曰：吾之朽質當於來月歸茲地矣。言訖而迴。至二月四
日，果有微疾，沐浴訖，跏趺入滅。元和中追諡大寂禪師，塔曰大莊
嚴，今河昏縣影堂存焉。高僧傳云：大覺禪師。元國注云：按權德輿作塔銘言：
馬祖終於開元寺，茶毗於石門而建塔也。至會昌沙汰後，大中四年七月宣宗敕江西觀
察使裴休重建塔並寺，賜額寶峯。

懷讓禪師第二世馬祖法嗣

　　越州大珠慧海禪師者，建州人也，姓朱氏，依越州大雲寺道智
和尚受業。初至江西參馬祖。祖問曰：從何處來？曰：越州大雲寺
來？祖曰：來此擬須何事？曰：來求佛法。祖曰：自家寶藏不顧，抛

家散走作什麼？我這裏一物也無，求什麼佛法。師遂禮拜。問曰：阿那箇是慧海自家寶藏？祖曰：即今問我者是汝寶藏，一切具足，更無欠少，使用自在，何假向外求覓。師於言下自識本心不由知覺，踊躍禮謝。

師事六載後，以受業師年老，遂歸奉養。乃晦迹藏用，外示癡訥。自撰頓悟入道要門論一卷，被法門師姪玄晏竊出江外呈馬祖，祖覽訖，告衆云：越州有大珠，圓明光透，自在無遮障處也。衆中有知師姓朱者，迭相推識結契，來越上尋訪依附。時號大珠和尚者，因馬祖示出也。師謂曰：禪客，我不會禪，並無一法可示於人，故不勞汝久立，且自歇去。時學侶漸多，日夜叩激，事不得已，隨問隨答，其辯無礙。廣語出別卷。

時有法師數人來謁曰：擬伸一問，師還對否？師曰：深潭月影，任意撮摩。問：如何是佛？師曰：清潭對面，非佛而誰？衆皆茫然。法眼云：是即没交涉。良久，其僧又問：師説何法度人？師曰：貧道未曾有一法度人。曰：禪師家渾如此。師却問曰：大德説何法度人？曰：講金剛般若經。師：講幾座來？曰：二十餘座。師：此經是阿誰説？僧抗聲曰：禪師相弄，豈不知是佛説耶？師曰：若言如來有所説法，則爲謗佛，是人不解我所説義，若言此經不是佛説，則是謗經，請大德説看？無對。師少頃又問：經云：若以色見我，以音聲求我，是人行邪道，不能見如來。大德且道阿那箇是如來？曰：某甲到此却迷去。師曰：從來未悟，説什麼却迷。僧曰：請禪師爲説。師曰：大德講經二十餘座，却未識如來？其僧再禮拜，願垂開示。師曰：如來者是諸法如義，何得忘却。曰：是，是諸法如義。師曰：大德是亦未是？曰：經文分明，那得未是。師曰：大德如否？曰：如。師曰：木石如否？曰：如。師曰：大德如，同木石如否？曰：無二。師曰：大德與木石何別？僧無對。良久却問如何得大涅槃？

師曰：不造生死業。對曰：如何是生死業？師曰：求大涅槃是生死業，捨垢取淨是生死業，有得有證是生死業，不脫對治門是生死業。曰：云何即得解脫？師曰：本自無縛，不問求解，直用直行，是無等等。僧曰：如禪師和尚者實謂希有，禮謝而去。有行者問：即心即佛那箇是佛？師云：汝疑那箇不是佛，指出看？無對。師云：達則徧境是，不悟永乖疎。

有律師法明謂師曰：禪師家多落空。師曰：却是座主家多落空。法明大驚曰：何得落空？師曰：經論是紙墨文字，紙墨文字者俱空。設於聲上建立名句等法，無非是空。座主執滯教體，豈不落空。法明曰：禪師落空否？師曰：不落空。曰：何却不落空？師曰：文字等皆從智慧而生，大用現前，那得落空。法明曰：故知一法不達，不名悉達。師曰：律師不唯落空，兼乃錯用名言。法明作色問曰：何處是錯？師曰：律師未辨華竺之音，如何講說。曰：請禪師指出法明錯處？師曰：豈不知悉達是梵語耶？律師雖省過，而心猶憤然。具梵語薩婆曷剌他悉陀，中國翻云一切義成。舊云悉達多，猶是訛略梵語。又問曰：夫經律論是佛語，讀誦依教奉行，何故不見性？師曰：如狂狗趁塊，師子齩人，經律論是自性用，讀誦者是性法。法明曰：阿彌陀佛有父母及姓否？師曰：阿彌陀姓憍尸迦，父名月上，母名殊勝妙顏。曰：出何教文？師曰：出陀羅尼集。法明禮謝，讚歎而退。

有三藏法師問：真如有變易否？師曰：有變易。三藏曰：禪師錯也。師却問三藏，有真如否？曰：有。師曰：若無變易，決定是凡僧也。豈不聞善知識者，能迴三毒爲三聚淨戒，迴六識爲六神通，迴煩惱作菩提，迴無明爲大智。真如若無變易，三藏真是自然外道也。三藏曰：若爾者真如即有變易？師曰：若執真如有變易，亦是外道。曰：禪師適來說真如有變易，如今又道不變易，如何即是的當？師曰：若了了見性者，如摩尼珠現色，說變亦得，說不變亦得；

若不見性人，聞説真如變，便作變解，聞説不變，便作不變解。三藏曰：故知南宗實不可測。

有道流問：世間有法過自然否？師曰：有。曰：何法過得？師曰：能知自然者。曰：元氣是道否？師曰：元氣自元氣，道自道。曰：若如是者，則應有二。師曰：知無兩人。又問：云何爲邪？云何爲正？師曰：心逐物爲邪，物從心爲正。

有源律師來問：和尚修道，還用功否？師曰：用功。曰：如何用功？師曰：飢來喫飯，困來即眠。曰：一切人總如是，同師用功否？師曰：不同。曰：何故不同？師曰：他喫飯時不肯喫飯，百種須索，睡時不肯睡，千般計校，所以不同也。律師杜口。

有韞光大德問：禪師自知生處否？師曰：未曾死，何用論生，知生即是無生法，無離生法説有無生。祖師云當生即不生。曰：不見性人亦得如此否？師曰：自不見性，不是無性，何以故？見即是性，無性不能見，識即是性，故名識性。了即是性，喚作了性，能生萬法，喚作法性，亦名法身。馬鳴祖師云：所言法者謂衆生心，若心生故一切法生，若心無生法無從生，亦無名字，迷人不知法身無象應物現形，遂喚青青翠竹總是法身，鬱鬱黃花無非般若。黃花若是般若，般若即同無情，翠竹若是法身，法身即同草木。如人喫筍，應總喫法身也。如此之言，寧堪齒録。對面迷佛，長劫希求。全體法中迷而外覓，是以解道者行住坐臥無非是道；悟法者縱橫自在無非是法。大德又問：太虛能生靈智否？真心緣於善惡否？貪欲人是道否？執是執非人向後心通否？觸境生心人有定否？住寂寞人有慧否？懷傲物人有我否？執空執有人有智否？尋文取證人，苦行求佛人，離心求佛人，執心是佛人，此智稱道否？請禪師一一爲説。師曰：太虛不生靈智，真心不緣善惡，嗜欲深者機淺，是非交争者未通，觸境生心者少定，寂寞忘機者慧沉，傲物高心者我壯，執空執有者皆愚，尋文取證者益滯，苦行求佛者俱迷，離心求佛者外道，執心是佛者爲魔。大德曰：若如是，應畢竟無所有。師曰：畢竟是大德，不是畢竟無所有，大德踊躍禮謝而去。

（據四部叢刊三編影宋本景德傳燈錄卷六）

希　運

【簡介】　希運,生年不詳,死於公元八八五年(唐昭宗光啓元年)。他是南嶽懷讓系統下百丈懷海的弟子,臨濟宗創立人義玄的老師。由於他長期住高安(今江西高安縣)黃蘗山,世稱黃蘗禪師。他主要宣揚直指單傳心要,在當時有相當的影響。他的語録由裴休集録,題作黃蘗山斷際禪師傳心法要。

又,他的弟子臨濟宗創立人義玄(?——八六七年)的語録由義玄弟子慧然集録,題作鎮州臨濟慧照禪師語録,今從古尊宿語録中録出,編入附録中。

一、筠州黃蘗山斷際禪師
傳心法要 裴休集並序

有大禪師,法諱希運,住洪州高安縣黃蘗山鷲峯下,乃曹溪六祖之嫡孫,西堂百丈之法姪。獨佩最上乘離文字之印。唯傳一心,更無別法;心體亦空,萬緣俱寂。如大日輪昇虛空中,光明照耀淨無纖埃。證之者無新舊無淺深。説之者不立義解,不立宗主,不開户牖;直下便是,運念即乖,然後爲本佛。故其言簡,其理直,其道峻,其行孤。四方學徒望山而趨,覩相而悟,往來海衆常千餘人。予會昌二年廉于鐘陵,自山迎至州,憩龍興寺,且夕問道。大中二年廉于宛陵,復去禮迎至所部,安居開元寺,且夕受法。退而紀之,十得一二,佩爲心印,不敢發揚。今恐入神精義不聞於未來,遂出之，授門下僧<u>太舟法建</u>，歸舊山之<u>廣唐寺</u>，問長老法衆，與往日常所親聞，同異何如也。時<u>唐大中</u>十一年十月初八日序。

師謂<u>休</u>曰：諸佛與一切衆生，唯是一心，更無別法。此心無始已來，不曾生不曾滅，不青不黃，無形無相，不屬有無，不計新舊，非長非短，非大非小，超過一切限量，名言蹤跡對待，當體便是，動念卽乖。猶如虛空，無有邊際，不可測度。唯此一心卽是佛，佛與衆生更無別異。但是衆生著相外求，求之轉失。使佛覓佛，將心捉心，窮劫盡形終不能得。不知息念忘慮，佛自現前。此心卽是佛，佛卽是衆生。爲衆生時此心不減，爲諸佛時此心不添。乃至六度萬行河沙功德，本自具足，不假修添。遇緣卽施，緣息卽寂。若不決定信此是佛，而欲著相修行以求功用，皆是妄想，與道相乖。此心卽是佛，更無別佛，亦無別心。此心明淨猶如虛空，無一點相貌。舉心動念，卽乖法體，卽爲著相。無始已來無著相佛，修六度萬行欲求成佛，卽是次第。無始已來無次第佛，但悟一心，更無少法可得，此卽眞佛。佛與衆生一心無異，猶如虛空無雜無壞。如大日輪照四天下，日升之時明徧天下，虛空不曾明；日沒之時暗徧天下，虛空不曾暗。明暗之境自相陵奪，虛空之性廓然不變。佛及衆生心亦如此。若觀佛作清淨光明解脫之相，觀衆生作垢濁暗昧生死之相，作此解者，歷河沙劫終不得菩提，爲著相故。唯此一心，更無微塵許法可得，卽心是佛。

如今學道人，不悟此心體，便於心上生心，向外求佛，著相修行，皆是惡法，非菩提道。供養十方諸佛，不如供養一箇無心道人，何故？無心者無一切心也。如如之體，內如木石不動不搖，外如虛空不塞不礙。無能所，無方所，無相貌，無得失，趣者不敢入此法，恐落空無棲泊處，故望崖而退。例皆廣求知見，所以求知見者如毛，悟道者如角。文殊當理，普賢當行。理者真空無礙之理，行者離相無盡之行。觀音當大慈，勢至當大智。維摩者淨名也，淨者性也，名者相也，性相不異，故號淨名。諸大菩薩所表者，人皆有之，不離一心，悟之即是。今學道人，不向自心中悟，乃於心外著相取境，皆與道背。恆河沙者，佛說是沙，諸佛菩薩釋梵諸天步履而過，沙亦不喜；牛羊蟲蟻踐踏而行，沙亦不怒；珍寶馨香，沙亦不貪；糞尿臭穢，沙亦不惡。此心即無心之心，離一切相。衆生諸佛更無差別。但能無心，便是究竟。學道人若不直下無心，累劫修行終不成道，被三乘功行拘繫，不得解脫。

　　然證此心有遲疾，有聞法一念便得無心者，有至十信十住十行十迴向乃得無心者，有至十地乃得無心者；長短得無心乃住，更無可修可證，實無所得，真實不虛；一念而得，與十地而得者，功用恰齊，更無深淺，祇是歷劫枉受辛勤耳。造惡造善皆是著相，著相造惡枉受輪迴，著相造善枉受勞苦，總不如言下便自認取本法。此法即心，心外無法；此心即法，法外無心。心自無心，亦無無心者。將心無心，心卻成有，默契而已。絕諸思議，故曰言語道斷，心行處滅。此心是本源清淨佛，人皆有之，蠢動含靈，與諸佛菩薩，一體不異。祇為妄想分別，造種種業果。本佛上實無一物，虛通寂靜，明妙安樂而已。深自悟入，直下便是，圓滿具足，更無所欠。縱使三祇精進修行，歷諸地位，及一念證時，祇證元來自佛，向上更不添得一物，卻觀歷劫功用，總是夢中妄為。故如來云：我於阿耨菩提實無所得，若有所得，然燈佛則不與我授記。又云：是法平等無有高下，是名菩提，即此本源清淨心，與衆生諸佛，世界山河，有相無相，徧十方界，一切平等，無彼我相。此本源清淨心，常自圓明徧照，世人不悟，祇認見聞覺知為心；為見聞覺知所覆，所以不覩精明本體。但直下無心，本體自現，如大日輪昇於虛空，徧照十方更無障礙。

故學道人唯認見聞覺知施爲動作，空卻見聞覺知，卽心路絶無入處。但於見聞覺知處認本心，然本心不屬見聞覺知，亦不離見聞覺知；但莫於見聞覺知上起見解，亦莫於見聞覺知上動念；亦莫離見聞覺知覓心，亦莫捨見聞覺知取法。不卽不離，不住不著，縱橫自在，無非道場。世人聞道諸佛皆傳心法，將謂心上別有一法可證可取，遂將心覓法，不知心卽是法，法卽是心，不可將心更求於心，歷千萬劫終無得日。不如當下無心，便是本法。如力士迷額内珠，向外求覓，周行十方終不能得；智者指之，當時自見本珠如故。故學道人迷自本心，不認爲佛。遂向外求覓，起功用行，依次第證，歷劫勤求永不成道。不如當下無心。決定知一切法本無所有，亦無所得。無依無住，無能無所，不動妄念，便證菩提。及證道時，祇證本心佛。歷劫功用，並是虚修。如力士得珠時，祇得本額珠，不關向外求覓之力。故佛言：我於阿耨菩提實無所得。恐人不信，故引五眼所見，五語所言，真實不虛，是第一義諦。

學道人莫疑四大爲身。四大無我，我亦無主，故知此身無我亦無主。五陰爲心，五陰無我亦無主，故知此心無我亦無主。六根六塵六識和合生滅亦復如是。十八界既空，一切皆空。唯有本心蕩然清淨。有識食，有智食。四大之身，饑瘡爲患，隨順給養，不生貪著，謂之智食。恣情取味，妄生分別，唯求適口，不生厭離，謂之識食。聲聞者因聲得悟，故謂之聲聞。但不了自心，於聲教上起解。或因神通，或因瑞相，言語運動，聞有菩提涅槃，三僧祇劫修成佛道，皆屬聲聞道，謂之聲聞佛。唯直下頓了自心本來是佛，無一法可得，無一行可修，此是無上道，此是真如佛。學道人祇怕一念有，卽與道隔矣。念念無相，念念無爲，卽是佛。學道人若欲得成佛，一切佛法總不用學，唯學無求無著。無求卽心不生，無著卽心不滅，不生不滅卽是佛。八萬四千法門，對八萬四千煩惱，祇是教化接引門。本無一切法，離即是法，知離者是佛，但離一切煩惱，是無法可得。

學道人若欲得知要訣，但莫於心上著一物。言佛真法身猶若虛空，此是喻法身即虛空，虛空即法身。常人謂法身徧虛空處，虛空中含容法身。不知法身即虛空，虛空即法身也。若定言有虛空，虛空不是法身；若定言有法身，法身不是虛空。但莫作虛空解，虛空即法身；莫作法身解，法身即虛空。虛空與法身無異相，佛與眾生無異相；生死與涅槃無異相，煩惱與菩提無異相；離一切相即是佛。凡夫取境，道人取心，心境雙忘，乃是真法。忘境猶易，忘心至難。人不敢忘心，恐落空無撈摸處。不知空本無空，唯一真法界耳。此靈覺性，無始已來，與虛空同壽，未曾生未曾滅，未曾有未曾無，未曾穢未曾淨，未曾喧未曾寂，未曾少未曾老；無方所無內外，無數量無形相，無色象無音聲；不可覓不可求，不可以智慧識，不可以言語取，不可以境物會，不可以功用到。諸佛菩薩與一切蠢動含靈，同此大涅槃性。性即是心，心即是佛，佛即是法。一念離真，皆爲妄想。不可以心更求於心，不可以佛更求於佛，不可以法更求於法。故學道人直下無心，默契而已。擬心即差，以心傳心，此爲正見。慎勿向外逐境，認境爲心，是認賊爲子。爲有貪瞋癡，即立戒定慧。本無煩惱，焉有菩提。故祖師云：佛説一切法，爲除一切心，我無一切心，何用一切法。本源清淨佛上，更不著一物。譬如虛空，雖以無量珍寶莊嚴，終不能住；佛性同虛空，雖以無量功德智慧莊嚴，終不能住；但迷本性，轉不見耳。所謂心地法門，萬法皆依此心建立，遇境即有，無境即無，不可於淨性上轉作境解。所言定慧鑑用歷歷寂寂惺惺見聞覺知，皆是境上作解，暫爲中下根人説即得，若欲親證，皆不可作如此見解。盡是境法有没處，没於有地。但於一切法不作有無見，即見法也。

九月一日師謂休曰：自達摩大師到中國，唯説一心，唯傳一法，以佛傳佛，不説餘佛，以法傳法，不説餘法。法卽不可説之法，佛卽不可取之佛，乃是本源清淨心也。唯此一事實，餘二則非真。般若爲慧，此慧卽無相本心也。凡夫不趣道，唯恣六情，乃行六道。學道人一念計生死，卽落魔道；一念起諸見，卽落外道；見有生，趣其滅，卽落聲聞道；不見有生，唯見有滅，卽落緣覺道；法本不生今亦無滅，不起二見，不厭不忻，一切諸法唯是一心，然後乃爲佛乘也。凡夫皆逐境生心，心遂忻厭，若欲無境，當忘其心。心忘卽境空，境空卽心滅。若不忘心而但除境，境不可除祇益紛擾。故萬法唯心，心亦不可得，復何求哉。學般若人，不見有一法可得。絕意三乘，唯一真實，不可證得。謂我能證能得，皆增上慢人。法華會上拂衣而去者，皆斯徒也。故佛言我於菩提實無所得，默契而已。凡人臨欲終時，但觀五蘊皆空，四大無我，真心無相，不去不來。生時性亦不來，死時性亦不去，湛然圓寂，心境一如。但能如是直下頓了，不爲三世所拘繫，便是出世人也。切不得有分毫趣向，若見善相諸佛來迎，及種種現前，亦無心隨去：若見惡相種種現前，亦無心怖畏，但自忘心，同於法界，便得自在，此卽是要節也。

十月八日師謂休曰：言化城者，二乘及十地等覺妙覺，皆是權立接引之教，並爲化城。言寶所者，乃真心本佛自性之寶，此寶不屬情量，不可建立。無佛無衆生，無能無所，何處有城？若問此既是化城，何處爲寶所？寶所不可指，指卽有方所，非真寶所也。故云在近而已，不可定量言之。但當體會契之卽是。言闡提者，信不具也。一切六道衆生，乃至二乘，不信有佛果，皆謂之斷善根闡提。菩薩者深信有佛法，不見有大乘小乘，佛與衆生同一法性，乃謂之善根闡提。大抵因聲教而悟者謂之聲聞，觀因緣而悟者謂之緣覺，若不向自心中悟，雖至成佛，亦謂之聲聞佛。學道人多於教法上悟，不於心法上悟，雖歷劫修行，終不是本佛。若不於心悟，乃至於教法上悟，卽輕心重教，遂成逐塊，忘於本心。故但契本心，不用求法，心卽法也。凡人多爲境礙心，事礙理；常欲逃境以安心，屏事以存理。不知乃是心礙境，理礙事；但令心空境自空，但令理寂事自寂，勿倒用心也。凡人多不肯空心，恐落於空，不知自心本空。愚人除事不除心，智者除心不除事。菩薩心如虛空，一切俱捨，所作福德皆不貪著。然捨有三等，內外身心一切俱捨，猶如虛空無所取著，然後隨方應物，能所皆忘，是爲大捨；若一邊行道布德，一邊旋捨，無希望心，是爲中捨；若廣修衆善，有所希望，聞法知空，遂乃不著，是爲小捨。大捨如火燭在前，更無迷悟；中捨如火燭在傍，或明或暗；小捨如火燭在後，不見坑穽。故菩薩心如虛空，一切俱捨，過去心不可得，是過去捨；現在心不可得，是現在捨；未來心不可得，是未來捨；所謂三世俱捨。自如來付法迦葉已來，以心印心，心心不異。印著空，卽印不成文，印著物，卽印不成法。故以心印心，心心不異，能印所印，俱難契會，故得者少。然心卽無心，得卽無得。佛有三身，法身說自性虛通法，報身說一切清淨法，化身說六度萬行法。法身說法，不可以言語音聲形相文字而求，無所說，無所證，自性虛通而已。故曰無法可說，是名說法。報身化身皆隨機感現，所說法亦隨事應根以爲攝化，皆非真法。故曰報化非真佛，亦非說法者。所言同是一精明，分爲六和合。一精明者一心也，六和合者六根也。此六根各與塵合，眼與色合，耳與聲合，鼻與香合，舌與味合，身與觸合，意與法合，中間生六識，爲十八界。若了十八界無所有，束六和合爲一精明，一精明者卽心也。學道人皆知此，但不能免作一精明六和合解，遂被法縛，不契本心。如來現世，欲說一乘真法，則衆生不信興謗没於苦海，若都不說，則墮慳貪，不爲衆生，溥捨妙道，遂設方便說有三乘。乘有大小，得有淺深,皆非本法。故云唯有一乘道,餘二則非真,然終未能顯一心法。故召迦葉同法座,別付一心離言説法,此一枝法令別行,若能契悟者,便至佛地矣。

問:如何是道,如何修行？師云:道是何物,汝欲修行。問:諸方宗師相承,參禪學道如何？師云:引接鈍根人語,未可依憑。云:此既是引接鈍根人語,未審接上根人復説何法？師云:若是上根人,何處更就人,覓他自己尚不可得,何況更別有法當情,不見教中云法法何狀。云:若如此,則都不要求覓也。師云:若與麼,則省心力。云:如是,則渾成斷絕,不可是無也。師云:阿誰教他無,他是阿誰,你擬覓他。云:既不許覓,何故又言莫斷他。師云:若不覓,即便休,誰教你斷,你見目前虛空,作麼生斷他。云:此法可得便同虛空否？師云:虛空早晚向你道有同有異,我暫如此説,你便向者裏生解。云:應是不與人生解耶？師云:我不曾障你,要且解屬於情,情生則智隔。云:向者裏莫生情是否？師云:若不生情,阿誰道是。

問:纔向和尚處發言,爲甚麼便道話墮。師云:汝自是不解語人,有甚麼墮負。

問:向來如許多言説,皆是抵敵語,都未曾有實法指示於人。師云:實法無顛倒。汝今問處自生顛倒,覓甚麼實法。云:既是問處自生顛倒,和尚答處如何？師云:你且將物照面看,莫管他人。又云:祇如箇癡狗相似,見物動處便吠,風吹草木也不別。又云:我此禪宗,從上相承已來,不曾教人求知求解。只云學道,早是接引之詞,然道亦不可學。情存學解,卻成迷道。道無方所,名大乘心。此心不在内外中間,實無方所。第一不得作知解。只是説汝如今情量盡處爲道,情量若盡,心無方所。此道天真,本無名字。只爲世人不識,迷在情中,所以諸佛出來説破此事,恐汝諸人不了,權立道名。不可守名而生解，故云得魚忘筌。身心自然，達道識心。達本源故，號爲沙門。沙門果者，息慮而成，不從學得。汝如今將心求心，傍他家舍，祇擬學取，有甚麼得時。古人心利，纔聞一言，便乃絶學，所以喚作絶學無爲閒道人。今時人只欲得多知多解，廣求文義，喚作修行。不知多知多解，翻成壅塞。唯知多與兒酥乳喫，消與不消都總不知。三乘學道人皆是此樣，盡名食不消者。所謂知解不消，皆爲毒藥。盡向生滅中取，真如之中都無此事。故云我王庫内無如是刀，從前所有一切解處，盡須併卻令空，更無分別，即是空如來藏。如來藏者，更無纖塵可有，即是破有法王出現世間。亦云我於然燈佛所無少法可得。此語只爲空你情量知解，但銷鎔表裏情盡，都無依執，是無事人。三乘教網，祇是應機之藥，隨宜所説，臨時施設，各各不同，但能了知，即不被惑。第一不得於一機一教邊守文作解，何以如此？實無有定法如來可説。我此宗門不論此事，但知息心即休，更不用思前慮後。

問：從上來皆云即心是佛，未審即那箇心是佛？師云：你有幾箇心？云：爲復即凡心是佛，即聖心是佛？師云：你何處有凡聖心耶？云：即今三乘中説有凡聖，和尚何得言無？師云：三乘中分明向你道凡聖心是妄，你今不解，反執爲有，將空作實，豈不是妄。妄故迷心，汝但除卻凡情聖境，心外更無別佛；祖師西來，直指一切人全體是佛，汝今不識，執凡執聖，向外馳騁，還自迷心，所以向汝道即心是佛。一念情生即墮異趣，無始已來不異今日，無有異法，故名成等正覺。云：和尚所言即者，是何道理？師云：覓什麼道理，纔有道理，便即心異。云：前言無始已來不異今日，此理如何？師云：祇爲覓故，汝自異他；汝若不覓，何處有異？云：既是不異，何更用説即？師云：汝若不認凡聖，阿誰向汝道即；即若不即，心亦不心，可中心即俱忘，阿你更擬向何處覓去？

問：妄能障自心，未審而今以何遣妄？師云：起妄遣妄亦成妄，妄本無根，祇因分別而有，你但於凡聖兩處情盡，自然無妄，更擬若爲遣他，都不得有纖毫依執，名爲我捨兩臂必當得佛。云：既無依執，當何相承？師云：以心傳心。云：若心相傳，云何言心亦無？師云：不得一法，名爲傳心，若了此心，即是無心無法。云：若無心無法，云何名傳？師云：汝聞道傳心，將謂有可得也。所以祖師云，認得心性時，可説不思議，了了無所得，得時不説知，此事若教汝會，何堪也。

問：祇如目前虛空，可不是境，豈無指境見心乎？師云：什麼心教汝向境上見，設汝見得，只是箇照境底心，如人以鏡照面，縱然得見眉目分明，元來祇是影像，何關汝事。云：若不因照，何時得見？師云：若也涉因，常須假物，有什麼了時，汝不見他向汝道，撒手似君無一物，徒勞謾説數千般。云：他若識了，照亦無物耶？師云：若是無物更何用照，你莫開眼㿜語去。

上堂云：百種多知，不如無求最第一也，道人是無事人，實無許多般心，亦無道理可説，無事散去。

問：如何是世諦？師云：説葛藤作什麼？本來清淨，何假言説問答，但無一切心，即名無漏智。汝每日行住坐臥一切言語，但莫著有爲法，出言瞬目，盡同無漏。如今末法向去，多是學禪道者，皆著一切聲色，何不與我心心同虛空去，如枯木石頭去，如寒灰死火去，方有少分相應。若不如是，他日盡被閻老子拷你在，你但離卻有無諸法，心如日輪常在虛空，光明自然不照而照，不是省力底事。到此之時無棲泊處，即是行諸佛行，便是應無所住而生其心。此是你清淨法身，名爲阿耨菩提。若不會此意，縱你學得多知，勤苦修行，草衣木食，不識自心，盡名邪行，定作天魔眷屬，如此修行當復何益？誌公云：佛本是自心作，那得向文字中求，饒你學得三賢四果十地滿心，也祇是在凡聖內坐。不見道諸行無常，是生滅法，勢力盡，箭還墜，招得來生不如意，争似無爲實相門，一超直入如來地，爲你不是與麼人，須要向古人建化門廣學知解。誌公云：不逢出世明師，枉服大乘法藥；你如今一切時中行住坐臥，但學無心，久久須實得；爲你力量小，不能頓超，但得三年五年，或十年，須得箇入頭處，自然會去，爲汝不能如是，須要將心學禪學道，佛法有甚麼交涉。故云：如來所説，皆爲化人，如將黃葉爲金，止小兒啼，決定不實，若有實得，非我宗門下客，且與你本體有甚交涉。故經云：實無法少法可得名爲阿耨菩提，若也會得此意，方知佛道魔道俱錯，本來清淨皎皎地，無方圓，無大小，無長短等相，無漏無爲，無迷無悟，了了見，無一物，亦無人，亦無佛，大千沙界海中漚，一切聖賢如電拂，一切不如心真實。法身從古至今，與佛祖一般，何處欠少一毫毛。既會如是意，大須努力，盡今生去，出息不保入息。

問：六祖不會經書，何得傳衣爲祖？秀上座是五百人首座，爲教授師，講得三十二本經論，云何不傳衣？師云：爲他有心，是有爲法，所修所證，將爲是也，所以五祖付六祖，六祖當時祇是默契得，密授如來甚深意，所以付法與他。汝不見道法本法無法，無法法亦法，今付無法時，法法何曾法，若會此意，方名出家兒，方好修行，若不信，云何明上座走來大庾嶺頭尋六祖。六祖便問：汝來求何事，爲求衣，爲求法？明上座云：不爲衣來，但爲法來。六祖云：汝且暫時斂念，善惡都莫思量，明乃稟語。六祖云：不思善，不思惡，正當與麼時，還我明上座父母未生時面目來。明於言下忽然默契，便禮拜云：如人飲水，冷煖自知。某甲在五祖會中，枉用三十年功夫，今日方省前非。六祖云：如是，到此之時，方知祖師西來，直指人心見性成佛，不在言説。豈不見阿難問迦葉云：世尊傳金襴外，別傳何物？迦葉召阿難，阿難應諾。迦葉云：倒卻門前刹竿著，此便是祖師之標榜也; 甚深阿難三十年爲侍者, 祇爲多聞智慧, 被佛訶云。
汝千日學慧, 不如一日學道, 若不學道, 滴水難消。

（據金陵刻經處本）

二、黃蘗斷際禪師宛陵錄

裴相公問師曰: 山中四五百人, 幾人得和尚法? 師云: 得者莫
測其數, 何故? 道在心悟, 豈在言説, 言説祇是化童蒙耳。

問: 如何是佛? 師云: 卽心是佛, 無心是道。但無生心動念, 有
無長短, 彼我能所等心, 心本是佛, 佛本是心。心如虛空, 所以云佛
真法身猶若虛空, 不用別求, 有求皆苦。設使恆沙劫行六度萬行,
得佛菩提, 亦非究竟。何以故? 爲屬因緣造作故。因緣若盡, 還歸
無常。所以云, 報化非真佛, 亦非説法者。但識自心, 無我無人, 本
來是佛。問: 聖人無心卽是佛, 凡夫無心, 莫沈空寂否? 師云: 法無
凡聖, 亦無沈寂。法本不有, 莫作無見; 法本不無, 莫作有見。有之
與無, 盡是情見, 猶如幻翳。所以云: 見聞如幻翳, 知覺乃衆生。祖
師門中只論息機忘見, 所以忘機則佛道隆, 分別則魔軍熾。

問: 心既本來是佛, 還修六度萬行否? 師云: 悟在於心, 非關六
度萬行, 六度萬行盡是化門接物度生邊事。設使菩提真如實際解
脱法身, 直至十地四果聖位, 盡是度門, 非關佛心。心卽是佛, 所以
一切諸度門中, 佛心第一。但無生死煩惱等心, 卽不用菩提等法。
所以道, 佛説一切法, 度我一切心, 我無一切心, 何用一切法。從佛
至祖, 並不論別事, 唯論一心, 亦云一乘, 所以十方諦求, 更無餘
乘。此衆無枝葉, 唯有諸貞實, 所以此意難信。達摩來此土, 至梁
魏二國, 祇有可大師一人密信自心, 言下便會卽心是佛, 身心俱無,
是名大道; 大道本來平等, 所以深信含生同一真性, 心性不異, 卽性

卽心，心不異性，名之爲祖。所以云，認得心性時，可説不思議。

問：佛度衆生否？師云：實無衆生如來度者，我尚不可得，非我何可得，佛與衆生皆不可得。云：現有三十二相及度衆生，何得言無？師云：凡所有相，皆是虛妄，若見諸相非相，卽見如來。佛與衆生，盡是汝作妄見，只爲不識本心，謾作見解，纔作佛見，便被佛障，作衆生見，被衆生障，作凡作聖作淨作穢等見，盡成其障，障汝心故，總成輪轉。猶如獼猴放一捉一，無有歇期，一等是學，直須無學，無凡無聖，無淨無垢，無大無小，無漏無爲。如是一心中，方便勤莊嚴。聽汝學得三乘十二分教，一切見解，總須捨卻。所以除去所有，唯置一牀，寢疾而臥，祇是不起諸見。無一法可得，不被法障，透脱三界凡聖境域，始得名爲出世佛。所以云稽首如空無所依，出過外道，心既不異，法亦不異；心既無爲，法亦無爲。萬法盡由心變，所以我心空故諸法空，千品萬類悉皆同。盡十方空界同一心體，心本不異，法亦不異，祇爲汝見解不同，所以差別。譬如諸天共寶器食，隨其福德飯色有異。十方諸佛實無少法可得，名爲阿耨菩提。祇是一心，實無異相，亦無光彩，亦無勝負。無勝故無佛相，無負故無衆生相。云：心既無相，豈得全無三十二相八十種好化度衆生耶？師云：三十二相屬相，凡所有相，皆是虛妄，八十種好屬色。若以色見我，是人行邪道，不能見如來。

問：佛性與衆生性，爲同爲別？師云：性無同異。若約三乘教，卽說有佛性有衆生性，遂有三乘因果，卽有同異。若約佛乘，及祖師相傳，卽不說如是事，惟指一心，非同非異，非因非果。所以云，唯此一乘道，無二亦無三，除佛方便説。

問：無邊身菩薩，爲什麼不見如來頂相？師云：實無可見，何以故？無邊身菩薩，便是如來，不應更見。祇教你不作佛見、不落佛邊；不作衆生見，不落衆生邊；不作有見，不落有邊；不作無見，不落無邊；不作凡見，不落凡邊；不作聖見，不落聖邊；但無諸見，即是無邊身。若有見處，即名外道。外道者樂於諸見，菩薩於諸見而不動，如來者即諸法如義。所以云，彌勒亦如也，衆聖賢亦如也，如即無生，如即無滅，如即無見，如即無聞；如來頂即是圓見，亦無圓見，故不落圓邊。所以佛身無爲，不墮諸數。權以虛空爲喻，圓同太虛，無欠無餘，等閑無事，莫彊辯他境，辯著便成識。所以云，圓成沈識海，流轉若飄蓬，祇道我知也，學得也，契悟也，解脫也，有道理也。彊處即如意，弱處即不如意，似者箇見解，有什麽用處。我向汝道，等閑無事，莫謾用心，不用求真，唯須息見。所以內見外見俱錯，佛道魔道俱惡。所以文殊暫起二見，貶向二鐵圍山。文殊即實智，普賢即權智。權實相對治，究竟亦無權實，唯是一心，心且不佛不衆生，無有異見。纔有佛見，便作衆生見。有見無見，常見斷見、便成二鐵圍山，被見障故。祖師直指一切衆生本心本體本來是佛，不假修成，不屬漸次，不是明暗；不是明故無明，不是暗故無暗。所以無無明，亦無無明盡。入我此宗門，切須在意。如此見得，名之爲法；見法故，名之爲佛；佛法俱無，名之爲僧，喚作無爲僧，亦名一體三寶。夫求法者，不著佛求，不著法求，不著衆求，應無所求。不著佛求，故無佛；不著法求，故無法；不著衆求，故無僧。

問：和尚見今説法，何得言無僧亦無法？師云：汝若見有法可説，即是以音聲求我。若見有我，即是處所。法亦無法，法即是心。所以祖師云：付此心法時，法法何曾法，無法無本心，始解心心法。實無一法可得，名坐道場。道場者祇是不起諸見，悟法本空，喚作空如來藏。本來無一物，何處有塵埃，若得此中意，逍遙何所論。

問：本來無一物，無物便是否？師云：無亦不是，菩提無是處，亦無無知解。

問：何者是佛？師云：汝心是佛。佛即是心，心佛不異，故云即心卽佛。若離於心，別更無佛。云：若自心是佛，祖師西來如何傳授？師云：祖師西來，唯傳心佛。直指汝等心本來是佛，心心不異，故名爲祖。若直下見此意，卽頓超三乘一切諸位，本來是佛，不假修成。云：若如此，十方諸佛出世，説於何法？師云：十方諸佛出世，祇共説一心法。所以佛密付與摩訶大迦葉，此一心法體，盡虛空徧法界，名爲諸佛理。論這箇法，豈是汝於言句上解得他，亦不是於一機一境上見得他，此意唯是默契得，這一門名爲無爲法門。若欲會得，但知無心忽悟卽得。若用心擬學取，卽轉遠去。若無歧路心，一切取捨心，心如木石，始有學道分。云：如今現有種種妄念，何以言無？師云：妄本無體，卽是汝心所起，汝若識心是佛，心本無妄，那得起心更認於妄。汝若不生心動念，自然無妄。所以云：心生則種種法生，心滅則種種法滅。云：今正妄念起時，佛在何處？師云：汝今覺妄起時，覺正是佛；可中若無妄念，佛亦無；何故如此？爲汝起心作佛見，便謂有佛可成，作衆生見，便謂有衆生可度。起心動念，總是汝見處。若無一切見，佛有何處所。如文殊纔起佛見，便貶向二鐵圍山。云：今正悟時，佛在何處？師云：問從何來，覺從何起，語默動靜一切聲色盡是佛事，何處覓佛？不可更頭上安頭，嘴上加嘴。但莫生異見，山是山，水是水，僧是僧，俗是俗，山河大地日月星辰，總不出汝心。三千世界，都來是汝箇自己，何處有許多般。心外無法，滿目青山，虛空世界，皎皎地無絲髮許與汝作見解。所以一切聲色，是佛之慧目。法不孤起，仗境方生。爲物之故，有其多智。終日説何曾説，終日聞何曾聞。所以釋迦四十九年説，未曾説著一字。云：若如此，何處是菩提？師云：菩提無是處。佛亦不得菩提，衆生亦不失菩提。不可以身得，不可以心求，一切衆生卽菩提相。云：如何發菩提心？師云：菩提無所得。你今但發無所得心，決定不得一法，卽菩提心。菩提無住處，是故無有得者。故云：我於然燈佛所，無有少法可得。佛即與我授記。明知一切衆生本是菩提，不應更得菩提。你今聞發菩提心，將謂一箇心學取佛去，唯擬作佛，任你三祇劫修，亦祇得箇報化佛，與你本源真性佛有何交涉。故云：外求有相佛，與汝不相似。

問：本既是佛，那得更有四生六道種種形貌不同？師云：諸佛體圓，更無增減，流入六道，處處皆圓，萬類之中，箇箇是佛。譬如一團水銀，分散諸處，顆顆皆圓，若不分時，祇是一塊。此一即一切，一切即一，種種形貌，喻如屋舍，捨驢屋入人屋，捨人身至天身，乃至聲聞、緣覺菩薩佛屋，皆是汝取捨處，所以有別。本源之性，何得有別。

問：諸佛如何行大慈悲，爲衆生說法？師云：佛慈悲者，無緣故，名大慈悲。慈者不見有佛可成，悲者不見有衆生可度。其所說法，無說無示。其聽法者，無聞無得。譬如幻士爲幻人說法，者箇法，若爲道我從善知識言下領得，會也悟也。者箇慈悲，若爲汝起心動念學得他見解，不是自悟本心，究竟無益。

問：何者是精進？師云：身心不起，是名第一牢彊精進。纔起心向外求者，名爲歌利王愛遊獵去，心不外遊即是忍辱仙人，身心俱無，即是佛道。

問：若無心行此道得否？師云：無心便是行此道，更說什麼得與不得。且如瞥起一念便是境，若無一念，便是境忘心自滅，無復可追尋。

問：如何是出三界？師云：善惡都莫思量，當處便出三界。如來出世，爲破三有，若無一切心，三界亦非有。如一微塵破爲百分，九十九分是無，一分是有；摩訶衍不能勝出，百分俱無，摩訶衍始能勝出。

上堂云：即心是佛，上至諸佛，下至蠢動含靈，皆有佛性，同一心體，所以達摩從西天來，唯傳一心法，直指一切衆生本來是佛，不假修行，但如今識取自心，見自本性，更莫別求。云何識自心？即如今言語者正是汝心，若不言語，又不作用，心體如虛空相似，無有相貌，亦無方所，亦不一向是無，有而不可見故。祖師云：真性心地藏，無頭亦無尾，應緣而化物，方便呼爲智。若不應緣之時，不可言其有無；正應之時，亦無蹤跡，既知如此，如今但向無中棲泊，即是行諸佛路。經云：應無所住而生其心。一切衆生輪迴生死者，意緣走作，心於六道不停，致使受種種苦。淨名云：難化之人，心如猨猴，故以若干種法，制馭其心，然後調伏。所以心生種種法生，心滅種種法滅。故知一切諸法皆由心造，乃至人天地獄六道脩羅盡由心造。如今但學無心，頓息諸緣，莫生妄想分別，無人無我，無貪瞋，無憎愛，無勝負，但除卻如許多種妄想，性自本來清淨，即是修行菩提法佛等。若不會此意，縱你廣學，勤苦修行，木食草衣，不識自心，皆名邪行，盡作天魔外道水陸諸神，如此修行，當復何益？誌公云：本體是自心作，那得文字中求。如今但識自心，息卻思惟，妄想塵勞，自然不生。淨名云：唯置一牀，寢疾而臥，心不起也。如人臥疾，攀緣都息，妄想歇滅，即是菩提。如今若心裏紛紛不定，任你學到三乘四果十地諸位，合殺祇向凡聖中坐，諸行盡歸無常，勢力皆有盡期。猶如箭射於空，力盡還墜，卻歸生死輪迴，如斯修行，不解佛意，虛受辛苦，豈非大錯。誌公云：未逢出世明師，枉服大乘法藥，如今但一切時中行住坐臥，但學無心，亦無分別，亦無依倚，亦無住著；終日任運騰騰，如癡人相似，世人盡不識你，你亦不用教人識不識，心如頑石頭，都無縫罅；一切法透汝心不入，兀然無著，如此始有少分相應，透得三界境過，名爲佛出世；不漏心相，名爲無漏智；不作人天業，不作地獄業，不起一切心，諸緣盡不生，即此身心是自由人，不是一向不生祇是隨意而生。經云：菩薩有意生身，是也。忽若未會無心，著相而作者，皆屬魔業，乃至作淨土佛事，並皆成業，乃名佛障，障汝心故。被因果管束，去住無自由分，所以菩提等法，本不是有。如來所説，皆是化人，猶如黃葉爲金，權止小兒啼故，實無有法，名阿耨菩提。如今既會此意，何用區區；但隨緣消舊業，更莫造新殃，心裏明明，所以舊時見解總須捨卻。淨名云除去所有。法華云二十年中常令除糞，祇是除去心中作見解處。又云躑除戲論之糞。所以如來藏本自空寂，並不停留一法。故經云：諸佛國土亦復皆空。若言佛道是修學而得，如此見解全無交涉。或作一機一境揚眉動目祇對相當，便道契會也，得證悟禪理也。忽逢一人不解，便道都無所知，對他若得道理，心中便歡喜；若被他折伏不如他，便即心懷惆悵。如此心意學禪，有何交涉。任汝會得少許道理，祇得箇心所法，禪道總没交涉。所以達摩面壁，都不令人有見處。故云：忘機是佛道，分別是魔境。此性縱汝迷時亦不失，悟時亦不得，天真自性，本無迷悟，盡十方虛空界，元來是我一心體，縱汝動用造作，豈離虛空。虛空本來無大無小，無漏無爲，無迷無悟，了了見無一物；亦無人，亦無佛，絶纖毫的量，是無依倚，無粘綴，一道清流，是自性無生法忍，何有擬議。真佛無口，不解説法，真聽無耳，其誰聞乎，珍重！

師本是閩中人，幼於本州黃蘗山出家，額間隆起如珠，音辭明潤，志意沖澹，後遊天台，逢一僧如舊識，乃同行，屬澗水暴漲，師倚杖而止，其僧率師同過。師云：請兄先過，其僧即浮笠於水上便過。師云：我卻共箇稍子作隊，悔不一棒打殺。

有僧辭歸宗，宗云：往甚處去？云：諸方學五味禪去。宗云：諸方有五味禪，我這裏祇是一味禪。云：如何是一味禪？宗便打。僧云：會也會也。宗云：道道。僧擬開口，宗又打。其僧後到師處，師問甚麼處來？云：歸宗來。師云：歸宗有何言句？僧遂舉前話。師乃上堂舉此因緣云：馬大師出八十四人善知識，問著箇箇屙漉漉地，祇有歸宗較些子。

師在鹽官會裏，大中帝爲沙彌，師於佛殿上禮佛。沙彌云：不著佛求，不著法求，不著衆求，長老禮拜，當何所求？師云：不著佛求，不著法求，不著衆求，常禮如是事。沙彌云：用禮何爲，師便掌。沙彌云：太粗生。師云：這裏是什麼所在，説粗説細，隨後又掌，沙彌便走。

師行腳時到南泉，一日齋時，捧鉢向南泉位上坐。南泉下來見，便問長老什麼年中行道？師云：威音王已前。南泉云：猶是王老師孫在，師便下去。師一日出次，南泉云：如許大身材，戴箇些子大笠。師云：三千大千世界總在裏許。南泉云：王老師咻！師戴笠便行。

師一日在茶堂内坐，南泉下來，問定慧等學，明見佛性，此理如何？師云：十二時中不依倚一物。泉云：莫便是長老見處麼？師云：不敢。泉云：漿水錢且置，草鞋錢教什麼人還？師便休。後潙山舉此因緣問仰山，莫是黃檗搆他南泉不得麼？仰山云：不然，須知黃檗有陷虎之機。潙山云：子見處得與麼長。

一日普請，泉問什麼處去？師云：擇菜去。泉云：將什麼擇？師豎起刀子。泉云：只解作賓，不解作主。師扣三下。

一日五人新到，同時相看，一人不禮拜，以手畫一圓相而立。師云：還知道好隻獵犬麼？云：尋羚羊氣來。師云：羚羊無氣，汝向什麼處尋？云：尋羚羊蹤來。師云：羚羊無蹤，汝向什麼處尋？云：尋羚羊跡來。師云：羚羊無跡汝向什麼處尋？云：與麼則死羚羊也。師便休。來日陞座退，問昨日尋羚羊僧出來，其僧便出。師云：老僧昨日後頭未有語在，作麼生？其僧無語。師云：將謂是本色衲僧，元來祇是義學沙門。

　　師曾散衆在洪州開元寺，裴相公一日入寺行次，見壁畫，乃問寺主，這畫是什麼？寺主云：畫高僧。相公云：形影在這裏，高僧在什麼處？寺主無對。相公云：此間莫有禪僧麼？寺主云：有一人。相公遂請師相見，乃舉前話問師。師召云：裴休！休應諾。師云：在什麼處。相公於言下有省，乃再請師開堂。

　　上堂云：汝等諸人盡是噇酒糟漢，與麼行腳，笑殺他人，總似與麼容易，何處更有今日，汝還知大唐國裏無禪師麼？時有僧問，祇如諸方見今出世，匡徒領衆，爲什麼卻道無禪師？師云：不道無禪，祇道無師。後溈山舉此因緣問仰山云：意作麼生？仰山云：鵝王擇乳，素非鴨類。溈山云：此實難辨。

　　裴相一日托一尊佛於師前胡跪云：請師安名？師召云：裴休！休應諾。師云：與汝安名竟。相公便禮拜。相公一日上詩一章，師接得便坐卻，乃問會麼？相公云：不會。師云：與麼不會，猶較些子，若形紙墨，何有吾宗。詩曰：自從大士傳心印，額有圓珠七尺身，掛錫十年棲蜀水，浮杯今日渡漳濱；千徒龍象隨高步，萬里香花結勝因，願欲事師爲弟子，不知將法付何人。師答曰：心如大海無邊際，口吐紅蓮養病身，雖有一雙無事手，不曾祇揖等閑人。夫學道者，先須屏卻雜學諸緣，決定不求，決定不著；聞甚深法，恰似清風屆耳，瞥然而過，更不追尋，是爲甚深，入如來禪，離生禪想。從上祖師唯傳一心，更無二法，指心是佛，頓超等妙二覺之表，決定不流至第二念，始似入我宗門。如斯之法，汝取次人到這裏擬作麼生學。所以道擬心時，被擬心魔縛；非擬心時，又被非擬心魔縛；非非擬心時，又被非非擬心魔縛。魔非外來，出自你心。唯有無神通菩薩，足跡不可尋。若以一切時中心有常見，卽是常見外道。若觀一切法空作空見者，卽是斷見外道。所以三界唯心，萬法唯識，此猶是對外道邪見人說。若說法身以爲極果，此對三賢十聖人言。故

佛斷二愚，一者微細所知愚，二者極微細所知愚。佛既如是，更說
什麼等妙二覺來。所以一切人但欲向明，不欲向闇，但欲求悟，不
受煩惱無明，便道佛是覺，衆生是妄。若作如是見解，百劫千生輪
迴六道，更無斷絕。何以故？爲謗諸佛本源自性故。他分明向你道，
佛且不明，衆生且不闇，法無明闇故。佛且不强，衆生且不弱，法無
强弱故。佛且不智，衆生且不愚，法無愚智故。是你出頭總道解
禪，開著口便發病。不說本，祇說末，不說迷，祇說悟，不說禮，祇說
用，總無你話論處。他一切法且本不有，今亦不無，緣起不有，緣滅
不無；本亦不有，本非本故；心亦不心，心非心故；相亦非相，相非相
故。所以道無法無本心，始解心心法。法即非法，非法即法；無法
無非法，故是心心法。忽然瞥起一念，了知如幻如化，即流入過去
佛；過去佛且不有，未來佛且不無。又且不喚作未來佛。現在念念
不住，不喚作現在佛。佛若起時，即不擬他是覺是迷，是善是惡，輒
不得執滯他，斷絕他。如一念瞥起，千重關鎖鎖不得，萬丈繩索索
他不住。既若如是，爭合便擬滅他止他，分明向你道爾燄識，你作
麼生擬斷他。喻如陽燄，你道近，十方世界求不可得；始道遠，看時
祇在目前；你擬趁他，他又轉遠去；你始避他，他又來逐你。取又不
得，捨又不得。既若如此，故知一切法性自爾，即不用愁他慮他。

　　如言前念是凡，後念是聖，如手翻覆一般，此是三乘教之極也。
據我禪宗中，前念且不是凡，後念且不是聖，前念不是佛，後念不是
衆生。所以一切色是佛色，一切聲是佛聲。舉著一理，一切理皆
然。見一事，見一切事；見一心，見一切心；見一道，見一切道，一切
處無不是道；見一塵，十方世界山河大地皆然；見一滴水，即見十方
世界一切性水。又見一切法，即見一切心。一切法本空，心即不
無，不無即妙有，有亦不有，不有即有，即真空妙有。既若如是，十
方世界，不出我之一心；一切微塵國土，不出我之一念。若然，說什

麼內之與外，如蜜性甜，一切蜜皆然，不可道這箇蜜甜，餘底苦也。
何處有與麼事，所以道虛空無內外，法性自爾。虛空無中間，法性
自爾。故衆生卽佛，佛卽衆生，衆生與佛，元同一體。生死湼槃，
有爲無爲，元同一體。世間出世間，乃至六道四生，山河大地，有性
無性，亦同一體。言同者，名相亦空，有亦空，無亦空，盡恆沙世界，
元是一空。既若如此，何處有佛度衆生，何處有衆生受佛度。何故
如此，萬法之性自爾故。若作自然見，卽落自然外道；若作無我無
我所見，墮在三賢十聖位中。你如今云何將一尺一寸，便擬量度虛
空。他分明向汝道法法不相到，法自寂故，當處自住，當處自真，以
身空故名法空，以心空故名性空，身心總空，故名法性空。乃至千
途異說，皆不離你之本心。如今說菩提湼槃真如佛性二乘菩薩者，
皆指葉爲黃金。拳掌之說，若也展手之時。一切大衆若天若人，皆
見掌中都無一物。所以道本來無一物，何處有塵埃。本既無物，三
際本無所有。故學道人單刀直入，須見這箇意始得。故達摩大師
從西天來至此土，經多少國土，祇覓得可大師一人，密傳心印，印你
本心，以心印法，以法印心，心既如此，法亦如此。同真際，等法性，
法性空中，誰是授記人，誰是成佛人，誰是得法人。他分明向你道，
菩提者不可以身得，身無相故；不可以心得，心無相故；不可以性
得，性卽便是本源自性天真佛故。不可以佛更得佛，不可以無相更
得無相，不可以空更得空，不可以道更得道。本無所得，無得亦不
可得。所以道無一法可得，祇教你了取本心。當下了時，不得了
相，無了無不了相，亦不可得。如此之法，得者卽得，得者不自覺
知，不得者亦不自覺知。如此之法，從上已來，有幾人得知，所以道
天下忘己者有幾人。如今於一機一境一經一教一世一時一名一字
六根門前領得，與機關木人何別？忽有一人出來，不於一名一相上
作解者，我說此人盡十方世界覓這箇人不可得，以無第二人故。繼

於祖位，亦云釋種，無雜純一。故言王若成佛時，王子亦隨出家，此意大難知，祇教你莫覓，覓便失卻。如癡人山上叫一聲，響從谷出，便走下山趁，及尋覓不得，又叫一聲，山上響又應，亦走上山上趁。如是千生萬劫，祇是尋聲逐響人，虛生浪死漢。汝若無聲即無響。涅槃者，無聞無知無聲，絕跡絕踪，若得如是，稍與祖師鄰房也。

問：如王庫藏內，都無如是刀，伏願誨示？師云：王庫藏者，即虛空性也。能攝十方虛空世界，皆總不出你心，亦謂之虛空藏菩薩；你若道是有是無，非有非無，總成羊角；羊角者，即你求覓者也。

問：王庫藏中有真刀否？師云：此亦是羊角。云：若王庫藏中本無真刀，何故云王子持王庫中真刀出至異國，何獨言無？師云：持刀出者，此喻如來使者，你若言王子持王庫中真刀出去者，庫中應空去也。本源虛空性，不可被異人將去，是什麼語？設你有者，皆名羊角。

問：迦葉受佛心印得爲傳語人否？師云：是。云：若是傳語人，應不離得羊角。師云：迦葉自領得本心，所以不是羊角；若以領得如來心，見如來意，見如來色相者，即屬如來使，爲傳語人。所以阿難爲侍者二十年，但見如來色相，所以被佛訶云：唯觀救世者，不能離得羊角。

問：文殊執劍於瞿曇前者如何？師云：五百菩薩得宿命智，見過去生業障；五百者即你五陰身是，以見此宿命障故，求佛求菩薩涅槃，所以文殊將智解劍，害此有見佛心故，故言你善害。云：何者是劍？師云：解心是劍。云：解心既是劍，斷此有見佛心，祇如能斷見心，何能除得？師云：還將你無分別智，斷此有見分別心。云：如作有見有求佛心，將無分別智劍斷，爭奈有智劍在何？師云：若無分別智，害有見無見，無分別智亦不可得。云：不可以智更斷智，不可以劍更斷劍。師云：劍自害劍，劍劍相害，即劍亦不可得；智自害智，智智相害，卽智亦不可得。母子俱喪，亦復如是。

問：如何是見性？師云：性卽是見，見卽是性，不可以性更見性，聞卽是性，不可以性更聞性。祇你作性見能聞能見性，便有一異法生，他分明道所可見者，不可更見。你云何頭上更著頭，他分明道如盤中散珠，大者大圓，小者小圓，各各不相知，各各不相礙，起時不言我起，滅時不言我滅，所以四生六道，未有不如時。且衆生不見佛，佛不見衆生，四果不見四向，四向不見四果，三賢十聖不見等妙二覺，等妙二覺不見三賢十聖，乃至水不見火，火不見水，地不見風，風不見地，衆生不入法界，佛不出法界。所以法性無去來，無能所見，既如此，因什麼道我見我聞，於善知識處得契悟，善知識與我說法，請佛出世與衆生說法。迦旃延祇爲以生滅心傳實相法，被淨名呵責。分明道一切法本來無縛，何用解他；本來不染，何用淨他。故云實相如是，豈可說乎。汝今祇成是非心，染淨心，學得一知一解，遶天下行，見人便擬定當取，誰有心眼，誰強誰弱，若也如此，天地懸殊，更說什麼見性。

問：既言性卽見，見卽性，祇如性自無障礙，無劑限，云何隔物卽不見？又於虛空中，近卽見，遠卽不見者，如何？師云：此是你妄生異見，若言隔物不見，無物言見，便謂性有隔礙者，全無交涉。性且非見非不見，法亦非見非不見。若見性人，何處不是我之本性。所以六道四生山河大地，總是我之性淨明體。故云見色便見心，色心不異故。祇爲取相作見聞覺知，去卻前物始擬得見者，卽墮二乘人中依通見解也。虛空中近則見，遠則不見，此是外道中收，分明道非內亦非外，非近亦非遠，近而不可見者，萬物之性也。近尚不可見，更道遠而不可見，有什麼意旨。問：學人不會，和尚如何指示？師云：我無一物，從來不曾將一物與人，你無始已來，祇爲被人指示，覓契覓會，此可不是弟子與師俱陷王難；你但知一念不受，卽是無受身；一念不想，即是無想身；決定不遷流造作，即是無行身；莫思量卜度分別，即是無識身。你如今纔別起一念，即入十二因緣，無明緣行亦因亦果，乃至老死亦因亦果。故善財童子一百一十處求善知識，祇向十二因緣中求，最後見彌勒，彌勒卻指見文殊，文殊者即汝本地無明。若心心別異向外求善知識者，一念纔生即滅，纔滅又生，所以汝等比丘，亦生亦老亦病亦死，酬因答果已來，即五聚之生滅，五聚者五陰也。一念不起，即十八界空，即身便是菩提華果，即心便是靈智，亦云靈臺，若有所住著，即身為死屍，亦云守死屍鬼。

問：淨名默然，文殊讚歎云：是真入不二法門，如何？師云：不二法門，即你本心也。說與不說，即有起滅，無言說時，無所顯示，故文殊讚歎。云：淨名不說，聲有斷滅否？師云：語即默，默即語，語默不二，故云聲之實性亦無斷滅，文殊本聞亦無斷滅。所以如來常說，未曾有不說時；如來說即是法，法即是說，法說不二故；乃至報化二身，菩薩聲聞，山河大地，水鳥樹林，一時說法；所以語亦說，默亦說，終日說而未嘗說。既若如是，但以默為本。問：聲聞人藏形於三界，不能藏於菩提者，如何？師云：形者質也，聲聞人但能斷三界見修，已離煩惱，不能藏於菩提，故還被魔王於菩提中捉得，於林中宴坐，還成微細見菩提心也。菩薩人已於三界菩提決定不捨不取，不取故，七大中覓他不得，不捨故，外魔亦覓他不得。汝但擬著一法，印子早成也。印著有，即六道四生文出，印著空，即無相文現。如今但知決定不印一切物，此印為虛空不一不二。空本不空，印本不有。十方虛空世界諸佛出世，如見電光一般；觀一切蠢動含靈，如響一般；見十方微塵國土，恰似海中一滴水相似；聞一切甚深法，如幻如化，心心不異，法法不異，乃至千經萬論，祇為你之一心；若能不取一切相，故言如是一心中，方便勤莊嚴。

問：如我昔爲歌利王割截身體如何？師云：仙人者卽是你心，歌利王好求也，不守王位，謂之貪利。如今學人，不積功累德，見者便擬學，與歌利王何別。如見色時，壞卻仙人眼，聞聲時，壞卻仙人耳，乃至覺知時，亦復如是，喚作節節支解。云：祇如仙人忍時，不合更有節節支解，不可一心忍，一心不忍也。師云：你作無生見，忍辱解，無求解，總是傷損。云：仙人被割時，還知痛否？又云：此中無受者，是誰受痛？師云：你既不痛，出頭來覓箇甚麼？

問：然燈佛授記，爲在五百歲中，五百歲外？師云：五百歲中不得授記，所言授記者，你本決定不忘，不失有爲，不取菩提，但以了世非世，亦不出五百歲外別得授記，亦不於五百歲中得授記。云：了世三際相不可得已否？師云：無一法可得。云：何故言頻經五百世，前後極時長。師云：五百世長遠，當知猶是仙人，故然燈授記時，實無少法可得。

問：教中云，銷我億劫顛倒想，不歷僧祇獲法身者，如何？師云：若以三無數劫修行，有所證得者，盡恆沙劫不得；若於一刹那中獲得法身，直了見性者，猶是三乘教之極談也。何以故？以見法身可獲故，皆屬不了義教中收。

問：見法頓了者，見祖師意否？師云：祖師心出虛空外，云：有限劑否？師云：有無限劑，此皆數量對待之法。祖師云：且非有限量，非無限量，非非有無限量，以絶待故。你如今學者，未能出得三乘教外，爭喚作禪師，分明向汝道，一等學禪，莫取次妄生異見，如人飲水，冷煖自知。一行一住一刹那間，念念不異，若不如是，不免輪回。問：佛身無爲，不墮諸數，何故佛身舍利八斛四斗？師云：你作如是見，祇見假舍利，不見真舍利。云：舍利爲是本有，爲復功勳？師云：非是本有，亦非功勳。云：若非本有，又非功勳，何故如來舍利，唯鍊唯精，金骨常存？師乃呵云：你作如此見解，爭喚作學禪人，你見虛空曾有骨否？諸佛心同太虛，覓什麽骨？云：如今見有舍利，此是何法？師云：此從你妄想心生，卽見舍利。云：和尚還有舍利否，請將出來看？師云：真舍利難見，你但以十指撮盡妙高峯爲微塵，卽見真舍利。

夫參禪學道，須得一切處不生心，祇論忘機卽佛道隆，分別卽魔軍盛，畢竟無毛頭許少法可得。

問：祖傳法付與何人？師云：無法與人。云：云何二祖請師安心？師云：你若道有，二祖卽合覓得心，覓心不可得故。所以道與你安心竟，若有所得，全歸生滅。

問：佛窮得無明否？師云：無明卽是一切諸佛得道之處，所以緣起是道場。所見一塵一色，便合無邊理性，舉足下足不離道場，道場者無所得也。我向你道祇無所得，名爲坐道場。云：無明者爲明爲暗？師云：非明非暗，明暗是代謝之法，無明且不明，亦不暗，不明祇是本明，不明不暗，祇這一句子，亂卻天下人眼。所以道假使滿世間，皆如舍利弗，盡思共度量，不能測佛智，其無礙慧，出過虛空，無你語論處。釋迦量等三千大千世界，忽有一菩薩出來一跨，跨卻三千大千世界，不出普賢一毛孔，你如今把什麽本領擬學他？云：既是學不得，爲什麽道歸源性無二，方便有多門，如之何？師云：歸源性無二者，無明實性，卽諸佛性。方便有多門者，聲聞人見無明生，見無明滅；緣覺人但見無明滅，不見無明生，念念證寂滅；諸佛見眾生終日生而無生，終日滅而無滅，無生無滅，卽大乘果。所以道果滿菩提圓，華開世界起。舉足卽佛，下足卽眾生。諸佛兩足尊者，卽理足，事足，眾生足，生死足，一切等足，足故不求。是你如今念念學佛，卽嫌著眾生，若嫌著眾生，卽是謗他十方諸佛，所以佛出世來，執除糞器，蠲除戲論之糞，祇教你除卻從來學心見心，除得盡，卽不墮戲論，亦云搬糞出。祇教你不生心，心若不生，自然成大智者，決定不分別佛與衆生，一切盡不分別，始得入我曹溪門下。故自古先聖云：少行我法門，所以無行爲我法門，祇是一心門，一切人到這裏盡不敢入，不道全無，祇是少人得，得者卽是佛，珍重！

問：如何得不落階級？師云：終日喫飯，未曾咬著一粒米；終日行，未曾踏著一片地；與麼時，無人我等相，終日不離一切事，不被諸境惑，方名自在人。念念不見一切相，莫認前後三際，前際無去，今際無住，後際無來，安然端坐，任運不拘，方名解脱，努力努力。此門中千人萬人，祇得三箇五箇，若不將爲事，受殃有日在。故云，著力今生須了卻，誰能累劫受餘殃。

師於唐大中年中終於本山，宣宗敕諡斷際禪師，塔曰廣業。

　　　　　　　　　　　　　　　　（據金陵刻經處本）

附　録

一、齊鄴下南天竺僧菩提達摩傳

菩提達摩，南天竺婆羅門種，神慧疎朗，聞皆曉悟，志存大乘，冥心虚寂，通微徹數，定學高之。悲此邊隅以法相導，初達宋境南越，末又北度至魏，隨其所止，誨以禪教。

于時合國盛弘講授，乍聞定法，多生譏謗。有道育慧可，此二沙門，年雖在後，而鋭志高遠，初逢法將知道有歸，尋親事之經四五載，給供諮接。感其精誠，誨以真法。如是安心，謂壁觀也；如是發行，謂四法也；如是順物，教護譏嫌；如是方便，教令不著。

然則入道多途，要唯二種，謂理、行也。藉教悟宗，深信含生同一真性；客塵障故，令捨偽歸真，疑住壁觀；無自無他，凡聖等一，堅住不移，不隨他教，與道冥符，寂然無爲，名理入也。行入，四行萬行同攝。初，報怨行者，脩道苦至，當念往劫，捨本逐末，多起愛憎，今雖無犯，是我宿作，甘心受之，都無怨對。經云：逢苦不憂，識達故也。此心生時，與道無違；體怨進道故也。二、隨緣行者，衆生無我，苦樂隨緣；縱得榮譽等事，宿因所構，今方得之，緣盡還無，何喜之有；得失隨緣，心無增減，違順風静冥順於法也。三、名無所求行，世人長迷，處處貪著，名之爲求；道士悟真，理與俗反，安心無爲，形隨運轉；三界皆苦，誰而得安。經曰：有求皆苦，無求乃樂也。四、名稱法行，即性淨之理也。

摩以此法開化魏土，識真之士從奉歸悟，録其言誥卷流于世，自言年一百五十餘歲，遊化爲務，不測于終。

釋僧可，一名慧可，俗姓姬氏，虎牢人。外覽墳素，内通藏典，末懷道京輦默觀時尚，獨蘊大照，解悟絕羣。雖成道非新，而物貴師受，一時令望，咸共非之，但權道無謀，顯會非遠，自結斯要，誰能繫之。年登四十，遇天竺沙門菩提達摩遊化嵩洛，可懷寶知道，一見悦之，奉以爲師。畢命承旨，從學六載，精究一乘，理事兼融，苦樂無滯，而解非方便，慧出神心。可乃就境陶研淨穢，埏埴方知，力用堅固，不爲緣陵。達摩滅化洛濱，可亦埋形河涘。而昔懷嘉譽，傳檄邦畿，使夫道俗來儀，請從師範。可乃奮其奇辯，呈其心要。故得言滿天下，意非建立，玄籍遐覽，未始經心。後以天平之初，北就新鄴，盛開祕苑，滯文之徒，是非紛舉。

時有道恒禪師，先有定學，王宗鄴下，徒侶千計，承可説法，情事無寄，謂之魔語。乃遣衆中通明者，來珍可門。既至，聞法泰然心服，悲感盈懷，無心返告。恒又重喚，亦不聞命，相從多使，皆無返者。他日遇恒，恒曰：我用爾許功夫，開汝眼目，何因致此諸使？答曰：眼本自正，因師故邪耳。恒遂深恨謗惱於可，貨賕俗府，非理屠害，初無一恨，幾其至死。恒衆慶快，遂使了本者絕學浮華，謗黷者操刀自擬，始悟一音所演，欣怖交懷，海迹蹄澄，淺深斯在。

可乃縱容順俗，時惠精猷，乍託吟謠；或因情事澄汰，恒抱寫割煩蕪，故正道遠而難希，封滯近而易結，斯有由矣。遂流離鄴衛，亟展寒温，道竟幽而且玄，故末緒卒無榮嗣。

有向居士者，幽遁林野木食，於天保之初道味相師。致書通好曰：影由形起，響逐聲來，弄影勞形，不知形之是影，揚聲止響，不識聲是響根；除煩惱而求涅槃者，喻去形而覓影，離衆生而求佛，喻默聲而尋響；故迷悟一途，愚智非別。無名作名，因其名則是非生矣；無理作理，因其理則諍論起矣。幻化非真，誰是誰非；虛妄無實，何空何有。將知得無所得，失無所失，未及造談，聊伸此意，想爲答之。可命筆述意曰：説此真法皆如實，與真幽理竟不殊，本迷摩尼謂瓦礫，豁然自覺是真珠；無明智慧等無異，當知萬法卽皆如，愍此二見之徒輩，申詞措筆作斯書。觀身與佛不差別，何須更覓彼無餘。其發言入理，未加鉛墨，時或纘之，乃成部類，具如別卷。

時復有化公彥公和禪師等，各通冠玄奥，吐言清迥，托事寄懷，聞諸口實，而人世非遠，碑記罕聞，微言不傳，清德誰序，深可痛矣。

時有林法師，在鄴盛講勝鬘并制文義，每講人聚，乃選通三部經者，得七百人，預在其席。及周滅法與可同學共護經像。

初，達摩禪師以四卷楞伽授可曰：我觀漢地惟有此經，仁者依行，自得度世，可專附玄理，如前所陳。遭賊斫臂，以法御心，不覺痛苦，火燒斫處，血斷帛裹，乞食如故，曾不告人。後林又被賊斫其臂，叫號通夕，可爲治裹，乞食供林。林怪可手不便怒之。可曰：餅食在前，何不自裹？林曰：我無臂也，可不知耶？可曰：我亦無臂，復何可怒？因相委問，方知有功，故世云無臂林矣。每可説法竟曰：此經四世之後，變成名相，一何可悲。

有那禪師者，俗姓馬氏，年二十一，居東海講禮易，行學四百，南至相州遇可説法，乃與學士十人出家受道。諸門人於相州東設齋辭別，哭聲動邑。那自出俗，手不執筆及俗書，惟服一衣一盂，一坐一食以可常行，兼奉頭陀，故其所往不參邑落。

有慧滿者，滎陽人，姓張，舊住相州隆化寺，遇那説法，便受其道，專務無著；一衣一食，但畜二針，冬則乞補，夏便通捨覆赤而已。自述一生無有怯怖，身無蚤虱，睡而不夢，住無再宿，到寺則破柴造履，常行乞食。貞觀十六年，於洛州南會善寺側宿栢墓中，遇雪深三尺，其旦入寺見曇曠，法師怪所從來。滿曰：法友來耶？遣尋坐處，四邊五尺許雪自積聚，不可測也。故其聞有括訪諸僧逃隱,滿便持衣盂周行聚落無可滯礙,隨施隨散,索爾虛閑。有請宿齋者,告云:天下無人方受爾請。故滿每説法云:諸佛説心,令知心相是虛忘法,今乃重加心相,深違佛意。又增論議,殊乖大理。故使那滿等師常齎四卷楞伽以爲心要,隨説隨行,不爽遺委,後於洛陶中無疾坐化,年可七十,斯徒並可之宗系,故可別敍。

(選自金陵刻經處本唐道宣續高僧傳卷一六)

二、唐蘄州東山弘忍傳

釋弘忍,姓周氏,家寓淮左潯陽,一云黃梅人也。王父暨考,皆干名不利,貴于丘園。其母始娠,移月而光照庭室,終夕若晝。其生也灼爍如初異香襲人,舉家欣駭。迨能言,辭氣與鄰兒弗類。既成童丱絶其遊弄。厥父偏愛,因令誦書。無記應阻其宿熏,真心早萌其成現。

一旦,出門徙倚間,如有所待。時東山信禪師邂逅至焉。問之曰:何姓名乎?對問朗暢,區別有歸,理逐言分,聲隨響答。信師熟視之,歎曰:此非凡童也。具體占之,止闕七大人之相不及佛矣。苟預法流二十年後,必大作佛事,勝任荷寄。乃遣人隨其歸舍,具告所親,喻之出家。父母欣然,乃曰:禪師佛法大龍,光被遠邇,緇門俊秀,歸者如雲,豈伊小駿,那堪擊訓,若垂虛受,固無留恡,時年七歲也。

至雙峯習乎僧業,不逞艱辛。夜則斂容而坐,恬澹自居,泊受形俱,戒檢精厲,信每以頓漸之旨,日省月試之。忍聞言察理,觸事忘情,痘正受塵,渴方飲水如也。信知其可教,悉以其道授之。復命建浮圖,功畢,密付法衣以爲質要,將知嶷雪山之肥膩,構作醍醐,滄海底之金剛，棲傾巨樹，擁納之侶，麕至蟬聯。商人不入於化城，貧女大開於寶藏，入其趣者號東山法門歟。

以高宗上元二年十月二十三日告滅，報齡七十有四。是日氛霧冥暗，山石崩圮，門弟子神秀等奉瘞全身于東山之岡也。

初，忍於咸享初，命二三禪子各言其志，神秀先出偈，慧能和焉，乃以法服付慧能，受衣化於韶陽。神秀傳法荊門洛下。南北之宗自茲始矣。

又，信禪師嘗於九江，遙望雙峯，見紫雲如蓋，下有白氣橫開六歧，信謂忍曰：汝知之乎？曰：師之法旁出一枝，相踵六世，信甚然之。及法融化金陵牛頭山，胎厥孫謀至于慧忠，凡六人號牛頭六祖，此則四祖法又分枝矣。然融望忍則庶孽耳，安可匹嫡乎。

開元中太子文學閭丘均爲塔碑焉。代宗勅謚大滿禪師，塔曰法雨也。蘄春自唐季割屬偏霸，暨開寶乙亥歲王師平江南之前，忍肉身墮淚如血珠焉，僧徒不測，乃李氏國亡之應也。今每歲孟冬州人鄰邑奔集作忌齋，猶成繁盛矣。其諱日將近，必雨霧陰慘，不然霰雪交霏，至日則晴朗焉。

（選自金陵刻經處本宋贊寧續高僧傳卷八）

三、唐荊州當陽山度門寺神秀傳

釋神秀，俗姓李氏，今東京尉氏人也。少覽經史，博綜多聞，既而奮志出塵，剃染受法。後遇蘄州雙峯東山寺五祖忍師，以坐禪爲務，乃歎伏曰：此真吾師也。決心苦節以樵汲自役而求其道。

昔魏末有天竺沙門達摩者，得禪宗妙法，自釋迦佛相傳授，以衣鉢爲記，世相傳付，航海而來。梁武帝問以有爲之事，達摩貴傳逐門心要，機教相乖，若水投石。乃之魏隱於嵩丘少林寺，尋卒。其年魏使宋雲於葱嶺見之。門徒發其冢，但有衣履而已。以法付慧可，可付粲，粲付道信，信付忍，忍與信俱住東山，故謂其法爲東山法門。

　　秀既事忍，忍默識之，深加器重，謂人曰：吾度人多矣，至於懸解圓照無先汝者。忍於上元中卒。秀乃往江陵當陽山居焉。四海緇徒，嚮風而靡，道譽馨香，普蒙熏灼。則天太后聞之，召赴都，肩輿上殿，親加跪禮，内道場豐其供施，時時問道。勅於昔住山置度門寺以旌其德。時王公已下，京邑士庶，競至禮謁，望塵拜伏，日有萬計。洎中宗孝和帝即位，尤加寵重。中書令張説嘗問法執弟子禮，退謂人曰：禪師身長八尺，厖眉秀目，威德巍巍，王霸之器也。

　　初，秀同學能禪師與之德行相埒，互得發揚無私於道也。嘗奏天后請追能赴都，能懇而固辭。秀又自作尺牘序帝意徵之，終不能起。謂使者曰：吾形不揚，北土之人，見斯短陋，或不重法。又先師記吾以嶺南有緣，且不可違也。了不度大庾嶺而終。天下散傳其道，謂秀宗爲北，能宗爲南，南北二宗名從此起。

　　秀以神龍二年卒，士庶皆來送葬，詔賜謚曰大通禪師。又於相王舊邸造報恩寺。岐王範燕國公張説徵士盧鴻各爲碑誄，服師喪者名士達官不可勝紀。門人普寂義福並爲朝野所重，蓋宗先師之道也。

　　系曰：夫甘苦相傾，氣味殊致，甘不勝苦，則純苦乘時，苦不勝甘，則純甘用事，如是則爲藥治病，偏重必離也。昔者達摩没而微言絶，五祖喪而大義乖，秀也拂拭以明心，能也俱非而唱道。及乎流化北方，尚修練之勤，從是分岐，南服興頓門之説。由兹荷澤行于中土，以頓門隔修練之煩，未移磐石，將紲促象車之者，空費躁心。致令各親其親，同黨其黨，故有盧奕之彈奏，神會之徙遷，伊蓋施療專其一味之咎也，遂見甘苦相傾之驗矣。理病未效，乖競先成，秖宜爲法重人，何至因人揖法，二弟子濯擊師足，洗垢未遑，折脛斯見，其是之喻歟。

（選自金陵刻經處本宋贊寧續高僧傳卷八）

四、古尊宿語録（節選）

一、大鑑下一世（懷讓）

南嶽大慧禪師諱懷讓，金州人也。俗姓杜，於儀鳳二年四月八日降誕，感白氣應於玄象，在安康之分。太史瞻見，遂奏聞高宗皇帝。帝乃問何祥瑞？太史對曰：國之法器，不染世榮。帝傳敕金州太守韓偕親往存慰其家。家有三子，惟師最小，年始三歲，炳然殊異，性惟恩讓，父乃安名懷讓。

至年十歲，惟樂佛書。時有三藏玄静過舍，見而奇之。告其父母曰：此子若出家，必獲上乘，廣度衆生。至垂拱三年，方十五歲，辭親往荆州玉泉寺依弘景律師出家。通天二年受戒，後習毗尼藏。一日自歎曰：夫出家者，爲無爲法，天上人間，無有勝者。時同學坦然，知師志氣高邁，勸師同謁嵩山安禪師。安啓發之，乃直詣曹溪禮六祖。

六祖問什麼處來？師云：嵩山安和尚處來。祖云：什麼物與麼來？師無語。遂經八載，忽然有省，乃白祖云：某甲有箇會處。祖云：作麼生？師云：説似一物即不中。祖云：還假修證也無？師云：修證即不無，污染即不得。祖云：只此不污染是諸佛之護念，汝既如是，吾亦如是。西天二十七祖般若多羅讖汝曰：震旦雖闊無別路，要假兒孫脚下行，金鷄解銜一粒粟，供養什邡羅漢僧。又讖，傳道一法。心裏能藏事，説向漢江濱，湖波探水月，將照二三人。祖云：先師有言，從吾向後，勿傳此衣，但以法傳，若傳此衣，命如懸絲，惟示道化，聽吾偈曰：心地含諸種，普雨悉皆萌，頓悟華情已，菩提果自成。汝向後出一馬駒，踏殺天下人，應在汝心，不須速説。

師侍奉一十五載，唐先天二年，始往南嶽，居般若寺，示徒云：一切萬法，皆從心生，心無所生，法無能住，若達心地，所作無礙，非遇上根，宜慎辭哉。僧問：如鏡鑄像，像成後光歸何處？師云：如大德未出家時，相狀向什麼處去？僧云：成後爲什麼不鑑照？師云：雖然不鑑照，謾他一點不得。

馬祖居南嶽傳法院，獨處一庵，唯習坐禪，凡有來訪者都不顧，師往彼亦不顧。師觀其神宇有異，遂憶六祖讖，乃多方而誘導之。一日將甎於庵前磨，馬祖亦不顧，時既久，乃問曰：作什麼？師云：磨作鏡。馬祖云：磨甎豈得成鏡？師云：磨甎既不成鏡，坐禪豈能成佛？祖乃離座云：如何即是？師云：譬牛駕車，車若不行，打牛即是，打車即是？又云：汝學坐禪，爲學坐佛，若學坐禪，禪非坐臥，若學坐佛，佛非定相；於無住法不應取捨。汝若坐佛，即是殺佛；若執坐相，非達其理。馬祖聞斯示誨，豁然開悟。禮拜問云：如何用心，即合無相三昧？師云：汝學心地法門，如下種子，我說法要，譬彼天澤，汝緣合故，當見其道。馬祖：道非色相，云何能見？師云：心地法眼能見乎道，無相三昧亦復然矣。祖云：有成壞否？師云：若以成壞聚散而見道者非也。聽吾偈曰：心地含諸種，遇澤悉皆萌，三昧華無相，何壞復何成。馬祖一蒙開悟，心地超然，侍奉十秋，日益深奧。

師入室弟子六人，各印可曰：汝等六人，同證吾身，各契其一。一人得吾眉善威儀；常浩。一人得吾眼善顧眄；智達。一人得吾耳善聽理；坦然。一人得吾鼻善知氣；神照。一人得吾舌善談説；嚴峻。一人得吾心善古今。道一。

　　後馬祖闡化於江西開元寺。師問衆曰：道一爲衆説法否？衆曰：已爲衆説法。師云：未見通箇消息來。遂遣一僧去，囑云：待伊上堂時，但問作麼生，記取答話來。僧如教迴舉似師，馬祖云：自從胡亂後三十年，不曾少鹽醬。師然之。

　　師天寶三年八月十一日示寂於南嶽，敕謚大慧禪師最勝輪之塔，吏部侍郎歸登撰塔記。

二、大鑑下二世（道一）

　　馬祖大寂禪師諱道一，漢州什邡人也，俗姓馬氏。江西法嗣布於天下，時號馬祖焉。

　　問：如何是修道？師云：道不屬修，若言修得，修成還壞，卽同聲聞，若言不修，卽同凡夫。云：作何見解卽得達道？云：自性本來具足，但於善惡事上不滯，喚作修道人，取善捨惡，觀空入定，卽屬造作，更若向外馳求，轉疎轉遠，但盡三界心量一念妄想，卽是三界生死根本，但無一念卽除生死根本，卽得法王無上珍寶，無量劫來，凡夫妄想，諂曲邪僞，我慢貢高合爲一體。故經云：但以衆法合成此身，起時唯法起，滅時唯法滅。此法起時不言我起，滅時不言我滅。前念後念中念，念念不相待，念念寂滅，喚作海印三昧，攝一切法，如百千異流，同歸大海，都名海水，住於一味，卽攝衆味，住於大海，卽混諸流。如人在大海中浴，卽用一切水。所以聲聞悟迷，凡夫迷悟，聲聞不知聖心本無地位因果階級心量，妄想修因證果住其空定八萬劫二萬劫，雖卽已悟却迷。諸菩薩觀如地獄苦，沉空滯寂，不見佛性，若是上根衆生，忽遇善知識指示，言下領會，更不歷於階級地位，頓悟本性。故經云：凡夫有反覆心，而聲聞無也。對迷説悟，本既無迷，悟亦不立。一切衆生從無量劫來，不出法性三昧，長在法性三昧中著衣喫飯言談祇對，六根運用一切施爲，盡是法性，不解返源，隨名逐相，迷情妄起，造種種業。若能一念返照全體聖心，汝等諸人各達自心，莫記吾語，縱饒説得河沙道理，其心亦不增，總説不得其心亦不減，説得亦是汝心，説不得亦是汝心。乃至分身放光現十八變，不如還我死灰來，淋過死灰無力，喻聲聞妄修因證果，未淋過死灰有力，喻菩薩道業純熟，諸惡不染；若説如來權教三藏河沙劫説不可盡，猶如鉤鏁亦不斷絶，若悟聖心總無餘事，久立珍重。

上堂龐居士問：不與萬法爲侶者是什麼人？師云：待汝一口噏盡西江水卽向汝道。又問：不昧本來身，請師高著眼。師直下覷士云：一等没弦琴，唯師彈得妙。師直上覷士禮拜，師歸方丈，居士隨後云：適來弄巧成拙。問：如何是佛？師云：卽心是佛。問：離四句絶百非，請師真指西來意？師云：我今日無心情，汝去西堂問取智藏。僧至西堂問，西堂以手指頭云：我今日頭痛不能爲汝説得，汝去問海兄。僧去問海兄，海兄云：我到者裏却不會。僧回舉似師。師云：藏頭白，海頭黑。

師採藤次見水潦便作放勢，水潦近前接師，卽便踏倒水潦起來，呵呵大咲云：無量妙義百千三昧，盡在一毛頭上，識得根源去。

師令僧馳書與徑山欽和尚，書中畫一圓相。徑山纔開見，索筆於中著一點。後有僧舉似忠國師，國師云：欽師猶被馬師惑。

問：和尚爲甚麼説卽心卽佛？師曰：爲止小兒啼。曰：啼止時如何？師曰：非心非佛。曰：除此二種人來如何指示？師曰：向伊道不是物。曰：忽遇其中人來時如何？師曰：且教伊體會大道。問：如何是西來意？師曰：卽今是甚麼意？

師問：僧什麼處來。云：湖南來。師云：東湖水滿也未？云：未。師云：許多時雨水尚未滿。道吾云：滿也。雲巖云：湛湛地。洞山云：什麼劫中曾欠少。又問:如水無筋骨,能勝萬斛舟,此理如何?師曰:這裏無水亦無舟,説甚麽筋骨。

一夕,西堂百丈南泉隨侍翫月次。師問:正恁麽時如何?堂曰:正好供養;丈曰:正好修行;泉拂袖便行。師曰:經歸藏,禪歸海,唯有普願獨超物外。

師問百丈,汝以何法示人?丈竪起拂子。師曰:祇這箇爲當別有?丈抛下拂子。

僧問:如何得合道?師曰:我早不合道。問:如何是西來意?師便打。曰:我若不打汝,諸方笑我也。

有小師耽源行脚回,於師前畫一圓相,就上拜了,立。師曰:汝莫欲作佛否?曰:某甲不解捏目。師曰:吾不如汝。小師不對。

有講僧來問曰:未審禪宗傳持何法?師却問曰:座主傳持何法?主曰:忝講得經論二十餘本。師曰:莫是師子兒否?主曰:不敢。師作嘘嘘聲。主曰:此是法。師曰:是甚麽法?主曰:師子出窟法。師乃默然。主曰:此亦是法。師曰:是甚麽法?主曰:師子在窟法。師曰:不出不入是甚麽法?主無對。百丈代云:見麽。遂辭出門。師召曰:座主。主回首。師曰:是甚麽?主亦無對。師曰:這鈍根阿師。

洪州廉使問曰:喫酒肉即是,不喫即是?師曰:若喫是中丞禄,不喫是中丞福。

師入室弟子一百三十九人,各爲一方宗主,轉化無窮。

師於貞元四年正月中登建昌石門山於林中經行,見洞壑平坦,謂侍者曰:吾之朽質當於來月歸兹地矣。言訖而回,既而示疾。院主問:和尚近日尊候如何?師曰:日面佛,月面佛。二月一日沐浴,跏趺入滅。元和中謚大寂禪師,塔名大莊嚴。

三、大鑑下三世(懷海)

百丈懷海禪師福州長樂人也。師參馬大師爲侍者，檀越每送齋飯來，師纔揭開盤蓋，馬大師拈起一片胡餅示衆云：是甚麼每日如此。師經三年。

一日，隨侍馬祖，路行次聞野鴨聲。馬祖云：什麼聲？師云：野鴨聲。良久，馬祖云：適來聲向什麼處去？師云：飛過去。馬祖廻頭將師鼻便搊，師作痛聲。馬祖云：又道飛過去。師於言下有省。卻歸侍者寮哀哀大哭。同事問曰：汝憶父母耶？師曰：無。曰：被人罵耶？師曰：無。曰：哭作甚麼？師曰：我鼻孔被大師搊得痛不徹。同事曰：有甚因緣不契？師曰：汝問取和尚去。同事問大師曰：海侍者有何因緣不契，在寮中哭，告和尚爲某甲説。大師曰：是伊會也，汝自問取他。同事歸寮曰：和尚道汝會也，教我自問汝。師乃呵呵大笑。同事曰：適來哭，如今爲甚卻笑？師曰：適來哭如今笑。同事罔然。明日，馬祖昇堂纔坐，師出來卷卻簟。馬祖便下座，師隨至方丈。馬祖云：適來要舉轉因緣，你爲什麼卷卻簟？師曰：爲某甲鼻頭痛。馬祖云：你什麼處去來？師云：昨日偶有出入，不及參隨。馬祖喝一喝，師便出去。

馬祖一日問師什麼處來？師云：山後來。祖云：還逢著一人麼？師云：不逢著。祖云：爲什麼不逢著？師云：若逢著卽舉似和尚。祖云：什麼處得者箇消息來？師云：某甲罪過。祖云：却是老僧罪過。師再參馬祖，祖竪起拂子。師云：卽此用離此用？祖掛拂子於舊處，良久，祖云：你已後開兩片皮將何爲人？師遂取拂子竪起。祖云：卽此用離此用？師亦掛拂子於舊處。祖便喝，師直得三日耳聾。

後住洪州大雄山，以居處巖巒峻極，故號百丈。既處之，未朞月，參玄之賓，四方麇至。潙山黄蘗當其首一。

一日師謂衆曰：佛法不是小事，老僧昔被馬大師一喝，直得三日耳聾。黄蘗聞舉，不覺吐舌。師曰：子已後莫承嗣馬祖去麽，蘗曰：不，然今日因和尚舉得見馬祖大機大用，然且不識馬祖，若嗣馬祖，已後喪我兒孫。師曰：如是如是，見與師齊，減師半德，見過於師，方堪傳授，子甚有超師之見。蘗便禮拜。

因僧問西堂，有問有答，即且置無問無答時，如何？堂曰：怕爛卻那。師聞舉乃曰：從來疑這箇老兄。曰：請和尚道？師曰：一合相不可得。師謂衆曰：有一人長不喫飯不道饑，有一人終日喫飯不道飽。衆無對。

雲巖問：和尚每日區區爲阿誰？師曰：有一人要。巖曰：因甚麽不教伊自作？師曰：他無家活。僧問：抱璞投師，請師一決。師云：昨夜南山虎咬大蟲。云：不繆真詮，爲甚麽不垂方便？師云：掩耳偷鈴漢。云：不得中郎鑑，還同野舍薪。師便打。僧云：蒼天蒼天！師云：得與麽多口？云：罕遇知音。拂袖便出。師云：百丈今日輸卻一半。佛鑑云：雖得一場榮，刖却一雙足。至晚，侍者問和尚被這僧不肯了便休。師便打者。云：蒼天蒼天！師云：罕遇知音者作禮。師云：一狀領過。

有一僧哭入法堂。師云：作什麽？僧云：父母俱喪，請師揀日。師云：明日一時埋卻。問：如何是奇特事？師云：獨坐大雄峯。僧禮拜。師便打。

西堂問師，你向後作麽生開示於人？師以手卷舒兩邊。堂云：更作麽生？師以手點頭三下上。堂云：靈光獨耀，迴脱根塵，體露真常，不拘文字，心性無染，本自圓成，但離妄緣，即如如佛。問：依經解義，三世佛冤，離經一字，如同魔説時如何？師云：固守動静，三世佛冤，此外別求，如同魔説。

　　馬祖令人馳書并醬三甕與師。師令排向法堂前，乃上堂，衆纔集，師以拄杖指醬甕云：道得卽不打破，道不得卽打破，衆無語。師便打破，歸方丈。

　　上堂，衆纔集，師以拄杖趁下，却召大衆，大衆回頭。師云：是什麽？溈山問仰山：百丈再參馬祖豎拂因緣，此二尊宿意旨如何？仰山云：此是顯大機大用。溈山云：馬祖出八十四人善知識，幾人得大機，幾人得大用？仰山云：百丈得大機，黃蘗得大用，餘者盡是唱道之師。溈山云：如是如是。

　　師因普請開田回，問：運闍黎開田不易。蘗云：衆僧作務。師云：有煩道用。蘗云：爭取辭勞。師云：開得多少田？蘗作鋤田勢。師便喝。蘗掩耳而出。

　　師問黃蘗：甚處來？蘗云：山下採菌子來。師云：山下有一虎子，汝還見麽？蘗便作虎聲。師於腰下取斧作斫勢。蘗約住便掌。師至晚上堂云：大衆，山下有一虎子，汝等諸人出入好看，老僧今朝親遭一口。後溈山問仰山云：黃蘗虎話作麽生？仰山云：和尚如何？溈山云：百丈當時便合一斧斫殺，因什麽到如此？仰山云：不然。溈山云：子又作麽生？仰山云：不唯騎虎頭，亦解把虎尾。溈山云：寂子甚有險崖之句。

　　師每日上堂，常有一老人聽法，隨衆散去，一日不去。師乃問：立者何人？老人云：某甲於過去迦葉佛時，曾住此山。有學人問大修行底人還落因果也無？對云：不落因果，墮在野狐身，今請和尚代一轉語。師云：汝但問。老人便問：大修行底人還落因果也無？師云：不昧因果。老人於言下大悟，告辭。師云：某甲已免野狐身，住在山後，乞依亡僧燒送。師令維那白槌告衆，齋後普請送亡僧，大衆不能詳。至晚參師，舉前因緣次。黃蘗便問：古人錯對一轉語，落在野狐身，今人轉轉不錯是如何？師云：近前來向汝道。黃檗近前打師一掌。師云：將謂胡鬚赤，更有赤鬚胡。時潙山在會下作典座。司馬頭陀舉野狐話問典座，作麽生？典座以手撼門扇三下。司馬云：太粗生。典座云：佛法不是者箇道理。後潙山舉黃檗問野狐話問仰山，仰山云：黃檗常用此機。潙山云：汝道天生得，從人得。仰山云：亦是稟受師承，亦是自宗通。潙山云：如是如是。

黃檗問：從上古人以何法施人？師良久，黃檗云：後代兒孫將何傳授？師云：將謂你者漢是箇人。便歸方丈。

師與潙山作務次。師問：有火也無？潙山云：有。師云：在什麽處？潙山把一莖柴吹過與師。師接云：如蟲蝕木，因普請鋤地次。

有僧聞鼓聲，舉起鋤頭大咲歸去。師云：俊哉！此是觀音入理之門。後喚其僧，問：你今日見甚道理？云：某甲早辰未喫粥，聞鼓聲歸喫飯。師呵呵大笑。

問：如何是佛？師云：汝是阿誰？云：某甲。師云：汝識某甲否？云：分明箇。師堅起拂子，問汝見拂子否？云：見。師更不管。

師令僧去章敬處，見伊上堂説法，你便展開坐具禮拜，起將一隻鞋以袖拂却上塵，倒頭覆下。其僧到章敬一依師旨，章敬云：老僧罪過。

（以上選自卷一）

四、大鑑下三世語之餘

百丈大智禪師僧問：大通智勝佛，十劫坐道場，佛法不現前，不得成佛道。如何？師云：劫者滯也，亦云住也。住一善滯於十善，西國云佛，此土云覺，自己鑒覺。滯著於善，善根人無佛性，故云：佛法不現前，不得成佛道。觸惡住惡，名衆生覺；觸善住善，名聲聞覺；不住善惡二邊，不依住將爲是者名二乘覺，亦名辟支佛覺；既不依住善惡二邊，亦不作不依住知解名菩薩覺；既不依住亦不作無依住知解，始得名爲佛覺。如云：佛不住佛，名真福田。若於千萬人中忽有一人得者，名無價寶，能於一切處爲導師，無佛處云是佛，無法處云是法，無僧處云是僧，名轉大法輪。

問：從上祖宗，皆有密語遞相傳授，如何？師云：無有密語，如來無有秘密藏。祇如今鑑覺語言分明，覓形相了不可得，是密語。從須陁洹向上直至十地，但有語句，盡屬法之塵垢；但有語句，盡屬煩惱邊收；但有語句，盡屬不了義教。但有語句盡不許也，了義教俱非也，更討什麼密語？

問：空生大覺中，如海一漚發，如何？師云：空喻於漚，海喻於性，自己靈覺之性，過於虛空，故云：空生大覺中，如海一漚發。

問：伐林莫伐樹，如何？師云：林者喻於心，樹者喻於身，因說林故生怖，故云：伐林莫伐樹。

問：語也垛生招箭，言既垛生，不得無患，患累既同，緇素何辯？師云：但却發箭途中相拄，如其相差，必有所傷，谷中尋響，累劫無形，響在口邊，得失在於來問，却問所歸，還被於箭，亦如知幻不是幻。三祖云：不識玄旨，徒勞念靜。亦云認物爲見，如持瓦礫，用將何爲；若言不見，木石何殊？是故見與不見，二俱有失。舉一例：諸問本無煩惱三十二相如何？師云：是佛邊事本有煩惱，今有三十二相，祇如今凡情是。

問：無邊身菩薩不見如來頂相，如何？師云：爲作有邊見無邊見，所以不見如來頂相。祇如今都無一切有無等見，亦無無見，是名頂相現。

問：如今沙門盡言我依佛教，學一經一論，一禪一律，一知一解，合受檀越四事供養，爲消得否？師云：但約如今照用，一聲一色一香一味，於一切有無諸法，一一境上，都無纖塵取染，亦不依住無

取染，亦不依住無知解，者箇人日食萬兩黄金亦能消得。秖如今照一切有無等法，於六根門頭刮削併當貪愛，有纖毫治不去，乃至乞施主一粒米一縷線，箇箇披毛戴角，牽犁負重，一一須償他始得。爲不依佛，佛是無著人、無求人、無依人，如今波波貪覓佛盡皆背也。故云：久親近於佛不識於佛性，唯觀救世者輪迴六趣中，久乃見佛者，爲説佛難值。文殊是七佛祖師，亦云是娑婆世界第一主首菩薩。無端作見佛想、聞法想，被佛威神力故，猶降二鐵圍山。不是不解，特與諸學人作標則，令諸後學人莫作與麽見聞，但無一切有無等法，有無等見，一一箇箇透過三句外，是名如意寶，是名寶華承足。若作佛見法見，但是一切有無等見，名眼瞖見所見，故亦名見纏，亦名見蓋，亦名見孽。秖如今念念及一切見聞覺知，及一切塵垢祛得盡。但是一塵一色，總是一佛，但起一念，總是一佛，三世五陰，念念誰知其數，是名佛闐塞虚空，是名分身佛，是名寶塔。是以常歎言：嗟見今日所依之命，依一顆米一莖菜，餧時不得食飢死，不得水渴死，不得火寒死，欠一日不生，欠一日不死，被四大把定，不如先達者入火不燒，入水不溺，倘要燒便燒，要溺便溺，要生卽生，要死卽死，去住自由，者箇人有自由分。心若不亂，不用求佛求菩提涅槃，若著佛求屬貪，貪變成病，故云佛病最難治。謗佛毀法乃可取食，食者是自己靈覺性無漏，飯解脱食，此語治十地菩薩病，是從初至十地也。秖如今但有一切求心，盡名破戒比丘，名字羅漢盡名野干，灼然銷他，供養不得。秖如今聞聲如響等，齅香如風等，離一切有無等法，亦不住於離，亦無不住知解，此人一切罪垢不能相累，爲求無上菩提涅槃，故名出家，猶是邪願，況乎世間諍論覓勝負，説我能我解，貪一門徒，愛一弟子，戀一住處，結一檀越，一衣一食一名一利；又言我得一切無閡，秖是自誑。秖如今能於自己五陰不爲其主，被人割截，節節支解，都無怨咨之心，亦不煩惱，乃至自己弟子被人鞭打，從頭至足如上一一等事，都無一念生彼我心，猶依住無一念將爲是，此名法塵垢，十地之人脱不去流入生死河，所以常勸衆人，須懼法塵煩惱，如懼三塗，乃有獨立分。假使有一法過於涅槃者，亦無少許生珍重想，此人步步是佛，不假脚踏蓮華，分身百憶；祇如今於一切有無等法，有纖毫愛染心，縱然脚踏蓮華，亦同魔作。若執本清淨、本解脱、自是佛、自是禪道解者，即屬自然外道，若執因緣修成證得者即屬因緣外道，執有即屬常見外道，執無即屬斷見外道，執亦有亦無即屬邊見外道，執非有非無即屬空見外道，亦云愚癡外道。祇如今但莫作佛見、涅槃等見，都無一切有無等見，亦無無見名正見，無一切聞、亦無無聞名正聞，是名摧伏外道。無凡夫魔來是大神呪，無二乘魔來是大明呪，無菩薩魔來是無上呪，乃至亦無佛魔來，是無等等呪。一變衆生諂曲修羅，二變二乘諂曲修羅，三變菩薩諂曲修羅，是三變淨土。但是一切有無凡聖等法，喻如金鑛，自己如理喻如於金，金與鑛各相去離，真金露現，忽有人覓錢覓寶，變金爲錢與他；亦如麪體真正無諸沙鹵，有人乞餺麪變麪爲餺與他；亦如智臣善解王意，王若行時索㒈陁婆，即便奉馬，食時索㒈陁婆，即便奉鹽；此等喻學玄旨人，善能通達，應機不失，亦云六絶師子。誌公云：隨人造作百變，十地菩薩，不飢不飽，入水不溺，入火不燒，倘要燒且不可得燒，他被量數管定，佛則不與麼入火不燒，倘要燒便燒，要溺便溺，他使得四大風水自由，一切色是佛色，一切聲是佛聲，自己滓穢諂曲心盡透過三句外，得説此語，菩薩清淨，弟子明白，所有言説，不執無有，一切照用，不拘清濁。有病不喫藥是愚人，無病喫藥是聲聞人，定執一法名定性聲聞，一向多聞名增上慢聲聞。知他名有學聲聞，沈空滯寂及自知名無學聲聞。貪瞋癡等是毒，十二分教是藥，毒未銷藥不得除，無病喫藥，藥變成病，病去藥不消，不生不滅是無常義。涅槃經云：有三惡欲：一欲得四衆圍繞，二欲得一切人爲我門徒，三欲得一切人知我是聖人及阿羅漢。迦葉經云：一欲求見未來佛，二欲求轉論王，三欲求刹利大姓，四欲得婆羅門大姓，乃至厭生死求涅槃，如是惡欲，先須斷之。秖如今但有取染動念，盡名惡欲，盡屬六天，總被波旬管。

問：二十年中常令除糞如何？師云：但息一切有無知見，但息一切貪求，箇箇透過三句外，是名除糞。秖如今求佛求菩提，求一切有無等法，是名運糞入，不名運糞出。秖如今作佛見作佛解，但有所見所求所著，盡名戲論之糞，亦名粗言，亦名死語；如云大海不宿死屍，等閑説話不名戲論，説者辯清濁名戲論，教文都總有二十一般空，淘擇衆生塵累，沙門持齋持戒忍辱柔和慈悲喜捨，尋常是僧家法則，會與麽會宛然依佛教，秖是不許貪著依執，若希望得佛得菩提等法者，似手觸火。文殊云：若起佛見法見，應當害己。所以文殊執劍於瞿曇，鴦掘持刀於釋氏。如云菩薩行五無間，而不入無間地獄，他是圓通無間，不同衆生五逆無間，彼波旬直至佛盡是垢膩，都無纖毫依執，如是名二乘道；況乎静論覓勝負，説我能我解，秖名静論僧，不名無爲僧。秖如今但不貪染一切有無諸法，是名無生，是名正信；信著一切法名信，不具亦名信不圓，亦名偏信，不具故名一闡提。如今欲得驀直悟解，但人法俱泯，人法俱絶，人法俱空，透三句外，是名不隨諸數。人者是信法者，是戒施聞慧等，菩薩忍不成佛忍，不作衆生忍，不持戒忍不破戒，故云不持不犯，智濁照清，慧清識濁，在佛名照慧，在菩薩名智，在二乘及衆生邊則名識，亦名煩惱，在佛名果中説因，在衆生名因中説果，在佛名轉法輪，在衆生名法輪轉，在菩薩名瓔珞莊嚴具，在衆生名五陰叢林，在佛名本地無明，是無明明，故云無明爲道體，不同衆生暗蔽無明。彼是所，此是能，彼是所聞，此是能聞，不一不異，不斷不常，不來不去；是生語句，是出轍語句，不明不暗，不佛不衆生，總與麽也來去斷常佛與衆生是死語，徧不徧同異斷常等是外道義。般若波羅蜜是自己佛性，亦云摩訶衍，摩訶是大義，衍是乘義，若守住自己知覺，又成自然外道；不用守如今鑑覺，不用別求佛，若更別求又屬因緣外道。此土初祖云：心有所是必有所非，若貴一物則被一物惑，若重一物則被一物惑，信被信惑，不信又成謗，莫貴莫不貴，莫信莫不信；佛亦不是無爲，雖不是無爲，又不是冥寞，猶如虛空，佛是大心衆生鑑覺多，鑑覺雖多，他鑑覺清淨，貪瞋鬼捉他不著；佛是纏外人，無纖毫愛取，亦無無愛取知解，是名具足六度萬行，若要莊嚴具種種皆有，如不要他不用亦不失，他使得因果福智自由是修行，非是執勞負重喚作修行，却不與麼三身一體，一體三身，一者法身實相佛法身佛。不明不暗，明暗屬幻化，實相由對虛得名，本無一切名目。如云：佛身無爲，不墮諸數，成佛獻蓋等是升合擔語；要從濁辨清得名，故云實相法身佛，是名清淨法身毗盧遮那佛，亦名虛空法身佛，亦名大圓鏡智，亦名第八識，亦名性宗，亦名空宗，亦名佛居不淨不穢土，亦名在窟師子，亦名金剛後得智，亦名無垢檀，亦名第一義空，亦名玄旨。三祖云：不識玄旨，徒勞念静。二報身佛，菩提樹下佛，亦名幻化佛，亦名相好佛，亦名應身佛，是名圓滿報身盧舍那佛，亦名平等性智，亦名第七識，亦名酬因答果佛，同五十二禪那數，同阿羅漢辟支佛，同一切菩薩等，同受生滅等苦，不同衆生繫業等苦。三化身佛，祇如今於一切有無諸法，都無貪染，亦無無染，離四句外，所有言説辯才名化身佛，是名千百億化身釋迦牟尼佛，亦名大神變，亦名遊戲神通，亦名妙觀察智，亦名第六識。供養者淨三業，前際無煩惱可斷，中際無自性可守，後際無佛可成，是三際斷，是三業清淨，是三輪空，是三檀空。云何比丘給侍於佛，所謂不漏六根者，亦名莊嚴空，無諸漏林樹莊嚴空，無諸染華果莊嚴空，無佛眼約修行人法眼，辨清濁亦不作辨清濁知解，是名乃至無眼。寶積經云: 法身不可以見聞覺知求, 非肉眼所見, 以無色故; 非天眼所見, 以無妄故, 非慧眼所見, 以離相故; 非法眼所見, 以離諸行故; 非佛眼所見, 以離諸識故。若不作如是見, 是名佛見。同色非形色名真色, 同空非太虛名真空, 色空亦是藥病相治語。法界觀云: 不可言卽色不卽色, 亦不可言卽空不卽空, 眼耳鼻舌身意不納一切有無諸法, 名轉入第七地, 七地菩薩不退, 七地向上三地, 菩薩心地明白易染, 說火卽燒; 從色界向上布施是病, 慳貪是藥, 從色界向下慳貪是病, 布施是藥; 有作戒者割斷世間法, 但不身手作無過, 名無作戒, 亦云無表戒, 亦云無漏戒; 但有舉心動念, 盡名破戒。秖如今但不被一切有無諸境惑亂, 亦不依住不惑亂, 亦無不依住知解, 是名徧學, 是名勤護念, 是名廣流布。未悟未解時名母, 悟了名子, 亦無無悟解知解, 是名母子俱喪。無善纏無惡纏, 無佛纏無眾生纏, 量數亦然, 乃至都無一切量數纏, 故云佛是出纏。過量人貪愛知解義句, 如母愛子, 唯多與兒酥喫, 消與不消都總不知, 此語喻十地受人天尊貴煩惱, 生色界無色界禪定福樂煩惱, 不得自在神通飛騰隱顯徧至十方諸佛淨土聽法之煩惱, 學慈悲喜捨因緣煩惱, 學空平等中道煩惱, 學三明六通四無闕煩惱, 學大乘心發四弘誓願煩惱, 初地二地三地四地明解煩惱, 五地六地七地諸知見煩惱, 八地九地十地菩薩雙照二諦煩惱, 乃至學佛果百萬阿僧祇諸行煩惱, 唯貪義句知解不知卻是繫縛煩惱, 故云見河能漂香象。問: 見否? 答曰: 見。問: 見後如何? 答曰: 見無二, 既云見無二, 不以見見於見, 若見更見, 爲前見是爲後見是? 如云見見之時, 是非是見, 見猶離見, 見不能及, 所以不行見法, 不行聞法, 不行覺法, 諸佛疾與授記難曰見, 既不是授記之言, 復何用記。師云: 先悟宗人不被一切有無諸法相拘, 如浣垢衣, 故云離相名佛, 虛實盡不存, 中旨獨玄玄, 達一路同道, 後進契其階, 故云授記耳。無明爲父, 貪愛爲母, 自己是病還醫自己是

藥，自己是刀還殺自己無明，貪愛父母故云殺父害母，一語類破一
切法，喫非時食者亦復如是。祗如今但是一切有無等法，盡是喫非
時食，亦名惡食，是穢食置於寶器，是破戒，是妄語，是雜食。佛是
無求人，如今貪求一切有無諸法，但是所有所作皆背也，却是謗佛。
但有貪染盡名授手，祗如今但不貪染，亦不依住不貪染，亦無不依
住知解，是名般若。火是燒手指，是不惜軀命，是節節支解，是出世
間，是掌世界於他方。祗如今若於十二分教及一切有無諸法，於藏
腑中，有纖毫停留，是不出網，但有所求所得，但有生心動念，盡名
野干。祗如今於藏腑中都無所求，都無所得，此人是大施主，是師
子吼，亦不依住無所得，亦無不依住知解，是名六絕師子。人我不
生，諸惡不起，是納須彌於芥子中，不起一切貪瞋八風等，是悉能噏
四大海水入口中，不受一切虛妄語言，是不入耳中，不令身起一切
惡於人，是納一切火於腹中。祗如今於一一境不惑不亂，不瞋不
喜，於自己六根門頭刮削并當得淨潔，是無事人，勝一切，如解頭陁
精進，是名天眼，亦名了照爲眼，是名法界性，是作車載因果佛，出
世度衆生，則前念不生，後念莫續，前念業謝名度衆生，前念若瞋即
將喜藥治之，即名爲有佛度衆生；但是一切言教，祗如治病，爲病不
同藥亦不同，所以有時説有佛，有時説無佛，實語治病，病若得瘥箇
箇是實語治病，若不瘥箇箇是虛妄語，實語是虛妄語生，見故虛妄
是實語斷，衆生顚倒故爲病，是虛妄祗有虛妄藥相治。佛出世度衆
生是九部教語，是不了義教語，瞋及喜，病及藥，總是自己，更無兩
人。何處有佛出世，何處有衆生可度？如經云：實無衆生得滅度
者。亦云：不愛佛菩提，不貪染有無諸法，名爲度他；亦不守住自
己，名爲自度。爲病不同藥亦不同，處方不同，不得一向固執，依佛
依菩提等法，盡是依方；故云：至於智者不得，一向教中所辯，喻於
黃葉，亦如空拳誑小兒。若人不知此理，名同無明。如云：行般若

菩薩不得取我語，及依教救，瞋如石頭，愛如河水。祇如今但無瞋無愛，是透山河石壁，直爲治聾俗病，多聞辯説治眼病。從人至佛是得，從人至地獄是失，是非亦然。三祖云：得失是非一時放却，不執住一切有無諸法，是名不住有緣，亦不依住不依住，是名不住空忍；執自己是佛，自己是禪道解者，名内見，執因緣修證而成者，名外見。誌公云：内見外見俱錯，眼耳鼻舌各各不貪染一切有無諸法，是名受持四句偈，亦名四果，六入無迹，亦名六通。祇如今但不被一切有無諸法閡，亦不依住不閡，亦無不依住知解是名神通，不守此神通是名無神通。如云：無神通菩薩足迹不可尋，是佛向上人最不可思議，人是自己，天是智照，讚卽喜，喜者屬境，境是天，讚是人，人天交接兩得相見；亦云淨智爲天，正智爲人，本不是佛向渠説，是佛名體結。祇如今但莫作佛知解，亦無無不依住知解，是名滅結，亦名真如，亦名體如，求佛求菩提，名現身意。祇如今但有一切求心，盡名現身意。如云：求菩提雖是勝求，重增塵累，求佛是佛衆，求一切有無諸法是衆生衆。祇如今鑑覺，但不依住一切有無諸法，是不入衆數。祇如今於一一聲香味觸法等不愛，於一一境不貪，但無十句濁心是了因，成佛學文句覓解者名緣因，成佛見佛知佛則得，説佛有知有見，却是謗佛；若云佛知佛見，佛聞佛説卽得；見火卽得，火見卽不得，如刀割物卽得，物割刀卽不得；知佛人、見佛人、聞佛人、説佛人、如恒河沙，是佛知是佛見，是佛聞是佛説，萬中無一。祇爲自無眼，依他作眼，教中喚作比量智，祇如今貪佛知解，亦是比量智；世間譬喻是順喻，不了義教是順喻，了義教是逆喻，捨頭目髓腦是逆喻，如今不愛佛菩提等法是逆喻，難捨喻於頭目髓腦，如照著一切有無境法名頭，被一切有無境法相撓著名手，都未照前境時名髓腦，聖地習凡，因佛入衆生中，同類誘引化導，同渠餓鬼肢節火然，與渠説般若波羅蜜，令渠發心，若一向在聖地，憑何得至彼共渠語,佛入諸類與衆生作船筏,同渠受苦,無限勞極,佛入苦處,亦同衆生受苦,佛祇是去住自由,不同衆生,佛不是虛空受苦,何得不苦,若說不苦,此語違負,等閑莫說,錯說佛神通自在不自在,且慚愧人不敢說佛是有爲是無爲,不敢說佛自由不自由,除讚藥方外,不欲得露現兩頭醜陋。教云:若人安佛菩提,置有所是邊,其人得大罪,亦云如不識佛人前,向渠與麼說無過。如無漏牛乳能治有漏病,其牛者不在高原,不居下隰,此牛乳堪作藥,高原喻於佛,下隰喻於衆生。如云:如來實智法身,又無此病,辯才無閡,昇騰自在,不生不滅,是名生老病死,疼痛瘤癭是暗喫菌羹,患痢疾,而終是暗爲藏明,頭迹明暗都遣,莫取無取,亦無無取,他不明不暗,王宮生。納耶輸陁羅八相成道,聲聞外道妄想所計,如云非雜食身,絁陁云:我知如來,決定不受不食,第一須具兩隻眼,照破兩頭事,莫祇帶一隻眼向一邊行,卽有那箇邊到功德天,黑暗女相隨有智主人,二俱不受,祇如今心如虛空相似,學始有所成。西國高祖云:雪山喻大湼槃。此土初祖云:心心如木石。三祖云:兀爾忘緣。曹谿云:善惡都莫思量。先師云:如迷人不辯方所。肇公云:閉智塞聰,獨覺冥冥者矣。文殊云:心同虛空故,敬禮無所觀,甚深修多羅,不聞不受持。祇如今但是一切有無諸法,都不見不聞,六根杜塞,若能與麼學與麼持經,始有修行分,者箇語逆耳苦口,可中與麼作,得至第二第三生,能向無佛處坐大道場,示現成等正覺,變惡爲善,變善爲惡,使惡法教化十地菩薩,使善法教化地獄餓鬼,能向明處解明縛,能向暗處解暗縛,撮金成土,撮土成金,百般作得變弄自由,於恒沙世界外有求救者,婆伽婆卽披三十二相現其人前,同渠語音,與渠說法,隨機感化,應物殊形,變現諸趣,離我我所,猶屬彼邊事,猶是小用,亦是佛事門中收大用者,大身隱於無形,大音匿於希聲,如木中之火,如鐘鼓之聲,因緣未具時,不可言其有無,傍報生天，棄之如涕唾，菩薩六度萬行，如乘死屍過岸，如在牢獄厠孔得出，佛披三十二相相喚作垢膩之衣。亦云：若説佛一向不受五陰，無有是處，佛不是虚空，何得一向不受；佛祇是去住自由，不同衆生，從一天界至一天界，從一佛刹至一佛刹，諸佛常法。又云：若據三乘教，受他信施供養，他在地獄中，菩薩行慈悲同類化導報恩，不可常在湼槃。又云如火見火，但莫手觸，火不燒人。祇如今但無十句，濁心、貪心、愛心、染心、瞋心、執心、住心、依心、著心、取心、戀心，但是一句各有三句，箇箇透過三句外，但是一切照用任聽縱横，但是一切舉動施爲語默啼笑，盡是佛慧。

（以上選自卷二）

五、鎮州臨濟慧照禪師語録（義玄）

　府主王常侍與諸官請師升座，師上堂云：山僧今日事不獲已，曲順人情，方登此座，若約祖宗門下稱揚大事，直是開口不得，無你措足處。山僧此日以常侍堅請，那隱綱宗，還有作家戰將，直下展陣開旗麼，對衆證據看。僧問：如何是佛法大意？師便喝，僧禮拜。師云：這箇師僧却堪持論。問：師唱誰家曲，宗風嗣阿誰？師云：我在黄蘗處三度發問，三度被打，僧擬議，師便唱，隨後打，云：不可向虚空裏釘橛去也。有座主問：三乘十二分教，豈不是明佛性？師云：荒草不曾鋤。主云：佛豈賺人也？師云：佛在什麼處？主無語。師云：對常侍前，擬瞞老僧，速退速退，妨他別人請問。復云：此日法筵爲一大事故，更有問話者麼，速致問來。你纔開口早勿交涉也。何以如此不見釋尊？云：法離文字，不屬因，不在緣故，爲你信不及，所以今日葛藤恐滯。常侍與諸官員昧他佛性，不如且退，喝一喝。云：少信根人，終無了日，久立珍重。

　師一日到河北府，府主王常侍請師升座，時麻谷出問：大悲千手眼，那箇是正眼？師云：大悲千手眼那箇是正眼，速道速道？麻谷拽師下座。麻谷却坐師近前。云：不審麻谷擬議。師亦拽麻谷下座，師却坐，麻谷便出去，師便下座。

上堂，云：赤肉團上，有一無位真人，常從汝等諸人面門出入，未證據者看看。時有僧出問：如何是無位真人？師下禪牀把住云：道、道，其僧擬議，師托開云：無位真人是什麼乾屎橛，便歸方丈。

上堂，有僧出禮拜，師便喝。僧云：老和尚莫探頭好。師云：你道落在什麼處？僧便喝。又有僧問：如何是佛法大意？師便喝，僧禮拜。師云：你道好喝也無？僧云：草賊大敗。師云：過在什麼處？僧云：再犯不容。師便喝。是日兩堂首座相見，同時下喝。僧問：師還有賓主也無？師云：賓主歷然。師云：大衆要會臨濟賓主句，問取堂中二首座，便下座。

上堂，僧問：如何是佛法大意？師豎起拂子。僧便喝，師便打。又僧問：如何是佛法大意？師亦豎起拂子。僧便喝，師亦喝。僧擬議，師便打。師乃云：大衆，夫爲法者不避喪身失命，我二十年在黃蘗先師處，三度問佛法的的大意，三度蒙佗賜杖，如蒿枝拂著相似，如今更思得一頓棒喫，誰人爲我行得？時有僧出衆云：某甲行得，師拈棒與佗，其僧擬接，師便打。

上堂，僧問如何是劍刃上事？師云：禍事禍事，僧擬議，師便打。問：祇如石室行者踏碓，忘却移脚向什麼處去？師云：沒溺深泉。師乃云：但有來者不虧欠，伊惣識伊來處，若與麼來恰似失却不與麼來，無繩自縛，一切時中，莫亂斟酌，會與不會都來是錯，分明與麼道，一任天下人貶剥，久立珍重。

上堂，云：一人在孤峯頂上，無出身之路，一人在十字街頭，亦無向背，那箇在前，那箇在後？不作維摩詰，不作傅大士，珍重。

上堂，云：有一人論劫在途中，不離家舍；有一人離家舍不在途中，那箇合受人天供養？便下座。

上堂，僧問：如何是第一句？師云：三要印開朱點窄，未容擬議主賓分。問：如何是第二句？師云：妙解豈容無著問，漚和爭負截流機。問：如何是第三句？師云：看取棚頭弄傀儡，抽牽都藉裏頭人。師又云：一句語須具三玄門，一玄門須具三要，有權有用，汝等諸人作麼生會？下座。

師晚參，示衆云：有時奪人不奪境，有時奪境不奪人，有時人境俱奪，有時人境俱不奪。時有僧問：如何是奪人不奪境？師云：煦日發生鋪地錦，嬰孩垂髮白如絲。僧云：如何是奪境不奪人？師云：王令已行天下徧，將軍塞外絕烟塵。僧云：如何是人境兩俱奪？師云：并汾絕信，獨處一方。僧云：如何是人境俱不奪？師云：王登寶殿，野老謳謌。師乃云：今時學佛法者，且要求真正見解，若得真正見解，生死不染，去住自由，不要求殊勝，殊勝自至道流。秖如自古先德，皆有出人底路，如山僧指示人處；秖要你不受人惑，要用便用，更莫遲疑。如今學者不得，病在甚處？病在不自信處，你若自信不及，即便茫茫地，狥一切境轉，被佗萬境回換，不得自由，你若能歇得念念馳求心，便與祖佛不別，你欲得識祖佛麼？秖你面前聽法底是。學人信不及，便向外馳求。設求得者皆是文字勝相，終不得他活祖意，莫錯諸禪德，此時不遇萬劫千生，輪迴三界，狥好境掇去，驢牛肚裏生道流，約山僧見處與釋迦不別，今日多般用處，欠少什麼一道神光，未曾間歇，若能如是見得，秖是一生無事人。大德，三界無安，猶如火宅，此不是你久停住處，無常殺鬼一剎那間，不揀貴賤老少。你要與祖佛不別，但莫外求。你一念心上清淨光，是你屋裏法身佛；你一念心上無分別光，是你屋裏報身佛；你一念心上無差別光，是你屋裏化身佛；此三種身是你，即今目前聽法底人，秖爲不向外馳求，有此功用。據經論家取三種身爲極則，約山僧見處不然，此三種身是名言，亦是三種依。古人云：身依義立土，據體論法，性身法性土，明知是光影。大德，你且識取弄光影底人，是諸佛之本源，一切處是道流歸舍處，是你四大色身不解説法聽法，脾胃肝膽不解説法聽法，虛空不解説法聽法，是什麼解説法聽法，是你目前歷歷底，勿一箇形段孤明，是這箇解説法聽法。若如是見得，便與祖佛不别，但一切時中，更莫間斷，觸目皆是。祇爲情生智隔，想變體殊，所以輪迴三界，受種種苦。若約山僧見處，無不甚深，無不解脱，道流心法，無形通貫。十方在眼曰見，在耳曰聞，在鼻齅香，在口談論，在手執捉，在足運奔，本是一精明，分爲六和合，一心既無，隨處解脱。山僧與麼説意在什麼處？祇爲道流一切馳求，心不能歇，上佗古人閑機境，道流取山僧見處，坐斷報化佛頭十地滿心，猶如客作兒，等妙二覺擔枷鎖漢，羅漢辟支，猶如厠穢，菩提涅槃如繫驢橛，何以如此？祇爲道流不達三祇劫空，所以有此障礙，若是真正道人，終不如是。但能隨緣消舊業，任運著衣裳，要行即行，要坐即坐，無一念心希求佛果，緣何如此？古人云：若欲作業求佛，佛是生死大兆，大德時光可惜，祇擬傍家波波地學禪學道，認名認句，求佛求祖，求善知識，意度莫錯，道流，你祇有一箇父母，更求何物，你自返照看。古人云：演若達多失却頭，求心歇處即無事。大德，且要平常，莫作模樣，有一般不識好惡禿奴，便即見神見鬼，指東劃西，好晴好雨，如是之流盡須抵償，向閻老前吞熱鐵丸，有日好人家男女，被這一般野狐精魅，所著便即捏，惟瞎屢生索，飯錢有日在。

師示衆云：道流切要求取真正見解，向天下横行，免被這一般精魅惑亂，無事是貴人，但莫造作，祇是平常，你擬向外傍家求過，覓脚手錯了，也祇擬求佛，佛是名句，你還識馳求底麼，三世十方佛祖出來，也祇爲求法，如今參學道流，也祇爲求法得法，始了未得，依前輪迴五道。云何是法？法者是心法，心法無形，通貫十方，目前現用人信不及，便乃認名認句，向文字中求，意度佛法，天地懸殊，道流，山僧説法，説什麼法？説心地法，便能入凡入聖，入淨入穢，入真入俗，要且不是你真俗凡聖，能與一切真俗凡聖安着名字，真俗凡聖與此人安着名字不得，道流把得便用，更不着名字，號之爲玄旨，山僧説法與天下人别。祇如有箇文殊普賢出來，目前各現一身問法，纔道咨和尚我早辨了也，老僧穩坐，更有道流來相見時，我盡辨了也。何以如此？祇爲我見處别，外不取凡聖，内不住根本，見徹更不疑謬。

　　師示衆云：道流佛法無用功處，祇是平常無事，屙屎送尿，著衣喫飯，困來即臥，愚人笑我，智乃知焉。古人云：向外作工夫，總是癡頑漢，你且隨處作主，立處皆真，境來回换不得，縱有從來習氣五無間業，自爲解脱大海。今時學者總不識法，猶如觸鼻羊，逢着物安在口裏，奴郎不辨，賓主不分，如是之流邪心入道，閙處即入不得，名爲真出家人，正是真俗家人。夫出家者須辨得平常真正見解，辨佛辨魔，辨真辨僞，辨凡辨聖，若如是辨得，名真出家；若魔佛不辨，正是出一家入一家，唤作造業衆生，未得名爲真出家。祇如今有一箇佛魔，同體不分，如水乳合，鵝王喫乳，如明眼道流，魔佛俱打，你若愛聖憎凡，生死海裏浮沉。

　　問：如何是佛魔？師云：你一念心疑處是佛魔，你若達得萬法無生，心如幻化，更無一塵一法，處處清淨是佛；然佛與魔是染淨二境，約山僧見處，無佛無衆生，無古無今，得者便得，不歷時節，無修無證，無得無失，一切時中，更無別法，設有一法過此者，我説如夢如化。山僧所説，皆是道流，即今目前孤明歷歷地聽者，此人處處不滯，通貫十方三界，自在入一切境差别，不能回换，一刹那間透入法界，逢佛説佛，逢祖説祖，逢羅漢説羅漢，逢餓鬼説餓鬼，向一切處游履國土，教化衆生，未曾離一念，隨處清淨，光透十方，萬法一如。道流大丈夫兒，今日方知本來無事，祇爲你信不及，念念馳求。捨頭覓頭，自不能歇。如圓頓菩薩入法界現身，向淨土中，厭凡忻聖，如此之流取捨未忘，染淨心在，如禪宗見解，又且不然，直是現今更無時節，山僧説處皆是一期，藥病相治，總無實法，若如是見得，是真出家，日消萬兩黄金，道流莫取次，被諸方老師印破面門，道我解禪解道，辯似懸河，皆是造地獄業。若是真正學道人不求世間過，切急要求真正見解，若達真正見解圓明，方始了畢。

問: 如何是真正見解? 師云: 你但一切入凡入聖，入染入淨，入諸佛國土，入彌勒樓閣，入毗盧遮那法界，處處皆現國土，成住壞空，佛出於世，轉大法輪，却入涅槃，不見有去來相貌，求其生死了不可得，便入無生法界，處處游履國土，入華嚴世界，盡見諸法空相，皆無實法，唯有聽法無依道人，是諸佛之母，所以佛從無依生，若悟無依，佛亦無得，若如是見得者，是真正見解。學人不了爲執名句，被他凡聖名礙，所以障其道眼，不得分明，祇如十二分教皆是表顯之説，學者不會，便向表顯名句上生解，皆是依倚落在因果，未免三界生死，你若欲得生死去住，脱著自由，即今識取聽法底人，無形無相，無根無本，無住處，活潑潑地，應是萬種施設用處祇是無處，所以覓著轉遠，求之轉乖，號之爲秘密。道流，你莫認著箇夢幻伴子，遲晚中間便歸無常，你向此世界中覓箇什麽物作解脱? 覓取一口飯喫，補毳過時，且要訪尋知識，莫因循逐樂，光陰可惜，念念無常，麤則被地水火風，細則被生住異滅四相所逼，道流今時且要識取四種無相境，免被境擺撲。

問: 如何是四種無相境? 師云: 你一念心疑，被地來礙; 你一念心愛，被水來溺; 你一念心嗔，被火來燒; 你一念心喜，被風來飄。若能如是辨得，不被境轉，處處用境，東涌西没，南涌北没，中涌邊没，邊涌中没，履水如地，履地如水。緣何如此? 爲達四大如夢如幻故。道流，你祇今聽法者，不是你四大，能用你四大，若能如是見得，便乃去住自由。約山僧見處，勿嫌底法，你若愛聖，聖者聖之名。有一般學人向五臺山裏求文殊早錯了也。五臺山無文殊，你欲識文殊麼？祇你目前用處，始終不異，處處不疑，此箇是活文殊。你一念心無差別光，處處總是真普賢。你一念心自能解縛，隨處解脫，此是觀音三昧法，互爲主伴，出則一時出，一卽三，三卽一，如是解得，始好看教。

師示衆云：如今學道人，且要自信，莫向外覓，總上他閑塵境，都不辨邪正。祇如有祖有佛，皆是教迹中事，有人拈起一句子語，或隱顯中出，便卽疑生，照天照地，傍家尋問，也大茫然。大丈夫兒，莫祇麼論主論賊，論是論非，論色論財，論說閑話過日。山僧此間不論僧俗，但是來者盡識得伊，任伊向甚處出來，但有聲名文句皆是夢幻，却見乘境底人是諸佛之玄旨，佛境不能自稱我是佛境，還是這箇無依道人乘境出來。若有人出來問我求佛，我卽應清淨境出；有人問我菩薩，我卽應慈悲境出；有人問我菩提，我卽應淨妙境出；有人問我涅槃，我卽應寂靜境出。境卽萬般差別，人卽不別，所以應物現形，如水中月。道流你若欲得如法，直須是大丈夫兒始得，若萎萎隨隨地則不得也。夫如甖嗄上音西，下所嫁切之器，不堪貯醍醐；如大器者直要不受人惑，隨處作主，立處皆真，但有來者，皆不得受。你一念疑卽魔入心，如菩薩疑時生死魔，得便但能息念，更莫外求，物來卽照，你但信現今用底一箇事也無，你一念心生，三界隨緣，被境分爲六塵，你如今應用處欠少什麼，一刹那間便入淨入穢，入彌勒樓閣，入三眼國土，處處遊履，唯見空名。

問：如何是三眼國土？師云：我共你入淨妙國土中，著清淨衣，說法身佛；又入無差別國土中，著無差別衣，說報身佛；又入解脫國土中，着光明衣，說化身佛；此三眼國土皆是依變，約經論家取法身爲根本，報化二身爲用。山僧見處法身即不解説法，所以古人云：身依義立土，據體論法性，身法性土，明知是建立之法，依通國土空拳黄葉用誑小兒，蒺藜菱刺，枯骨上覓什麼汁？心外無法，内亦不可得，求什麼物？你諸方言道有修有證，莫錯設有修得者，皆是生死業；你言六度萬行齊修，我見皆是造業；求佛求法即是造地獄業，求菩薩亦是造業，看經看教亦是造業，佛與祖師是無事人，所以有漏有爲、無漏無爲爲清淨業。有一般瞎禿子，飽喫飯了，便坐禪觀行，把捉念漏不令放起，厭喧求静是外道法。祖師云：你若住心看静，舉心外照，攝心内澄，凝心入定，如是之流，皆是造作。是你如今與麼聽法底人，作麼生擬修他證他莊嚴他，渠且不是修底物，不是莊嚴得底物，若教他莊嚴一切物即莊嚴得，你且莫錯，道流，你取這一般老師口裏語爲是真道，是善知識不思議，我是凡夫心，不敢測度他老宿瞎屢生，你一生秖作這箇見解，孤負這一雙眼，冷噤噤地如凍凌上驢駒相似，我不敢毀善知識怕生口業，道流夫大善知識，始敢毀佛毀祖，是非天下排斥三藏教，罵辱諸小兒向逆順中覓人，所以我於十二年中，求一箇業性如芥子許不可得，若似新婦子禪師，便即怕趂出院，不與飯喫，不安不樂。自古先輩到處人不信，被遞出始知是貴，若到處人盡肯，堪作什麼，所以師子一吼，野干腦裂。道流諸方説有道可修，有法可證，你説證何法，修何道，你今用處欠少什麼物，修補何處，後生小阿師不會，便即信這般野狐精魅，許他説事繫縛，他人言道，理行相應，護惜三業，始得成佛。如此説者，如春細雨。古人云：路逢達道人，第一莫向道所以言：若人修道道不行，萬般邪境競頭生，智劍出來無一物，明頭未顯暗頭明。所以古人云：平常心是道。大德，覓什麼物？現今目前聽法無依道人，歷歷地分明未曾欠少，你若欲得與祖佛不別，但如是見，不用疑誤，你心心不異，名之活祖，心若有異，則性相别，心不異故，即性相不别。

問: 如何是心心不異處? 師云: 你擬問早異了也。性相各分, 道流莫錯, 世出世諸法, 皆無自性, 亦無生性, 但有空名, 名字亦空, 你祇麼認他閑名爲實, 大錯了也。設有皆是依變之境, 有箇菩提依涅槃、依解脫、依三身、依境智、依菩薩、依佛、依你向依變國土中覓什麼物, 乃至三乘十二分教, 皆是拭不淨故紙, 佛是幻化身, 祖是老比丘, 你還是娘生已否, 你若求佛, 即被佛魔攝, 你若求祖, 即被祖魔縛, 你若有求皆苦, 不如無事。有一般禿比丘, 向學人道, 佛是究竟, 於三大阿僧祇劫, 修行果滿, 方始成道。道流, 你若道佛是究竟, 緣什麼八十年後向拘尸羅城雙林樹間側臥而死去, 佛今何在, 明知與我生死不別。你言三十二相八十種好, 是佛轉輪聖王, 應是如來, 明知是幻化。古人云: 如來舉身相, 爲順世間情, 恐人生斷見, 權且立虛名, 假言三十二, 八十也空聲, 有身非覺體, 無相乃真形。你道佛有六通, 是不可思議, 一切諸天神仙阿修羅大力鬼亦有神通, 應是佛否? 道流莫錯。祇如何修羅與天帝釋戰, 戰敗領八萬四千眷屬, 入藕絲孔中藏, 莫是聖否? 如山僧所舉, 皆是業通依通。夫如佛六通者不然, 入色界不被色惑, 入聲界不被聲惑, 入香界不被香惑, 入味界不被味惑, 入觸界不被觸惑, 入法界不被法惑。所以達六種色聲香味觸法, 皆是空相, 不能繫縛。此無依道人, 雖是五蘊漏質, 便是地行神通。道流, 真佛無形, 真法無相, 你祇麼幻化上頭作模作樣, 設求得者, 皆是野狐精魅, 並不是真佛, 是外道見解。夫如真學道人, 並不取佛, 不取菩薩羅漢, 不取三界殊勝, 迴然獨脫, 不與物拘, 乾坤倒覆, 我更不疑, 十方諸佛現前, 無一念心喜, 三塗地獄頓現, 無一念心怖。緣何如此? 我見諸法空相變, 即有不變, 即無三界唯心, 萬法唯識, 所以夢幻空花, 何勞把捉。唯有道流, 目前現今聽法底人, 入火不燒, 入水不溺, 入三塗地獄, 如遊園觀, 入餓鬼畜生而不受報, 緣何如此? 無嫌底法。你若愛聖憎凡,生死海裏沉浮，煩惱由心，故有無心，煩惱何拘，不勞分別，取相自然，得道須臾。你擬傍家波波地學得，於三祇劫中，終歸生死，不如無事向叢林中，牀角頭交脚坐。道流，如諸方有學人來，主客相見了，便有一句子語辨前頭。善知識被學人拈出箇機權語，路向善知識，口角頭擺過，看你識不識？你若識得是境，把得便拋向坑子裏，學人便卽尋常，然後便索，善知識語依前奪之。學人云：上智哉！是大善知識。卽云你大不識好惡，如善知識把出箇境塊子，向學人面前弄，前人辨得了不作主，不受境惑。善知識便卽現半身，學人便喝善知識，又入一切差別語路中擺撲，學人云：不識好惡老禿奴，善知識歎曰：真正道流，如諸方善知識，不辨邪正，學人來問菩提湼槃三身境智，瞎老師便與他解説，被他學人罵著，便把棒打他，言無禮度，自是你善知識，無眼不得嗔他，有一般不識好惡禿奴，卽指東劃西，好晴好雨好燈籠，露柱你看眉毛有幾莖，這箇具機緣，學人不會，便卽心狂，如是之流，總是野狐精魅魍魎，被他好學人嗌嗌微笑，言瞎老禿奴惑亂他天下人。道流，出家兒且要學道，祇如山僧往日，曾向毗尼中留心，亦曾於經論尋討，後方知是濟世藥，表顯之説，遂乃一時拋却，卽訪道參禪，後遇大善知識，方乃道眼分明，始識得天下老和尚知其邪正，不是娘生下便會，還是體究練磨，一朝自省。道流，你欲得如法見解，但莫受人惑，向裏向外，逢著便殺，逢佛殺佛，逢祖殺祖，逢羅漢殺羅漢，逢父母殺父母，逢親眷殺親眷，始得解脱，不與物拘，透脱自在。如諸方學道流，未有不依物出來底，山僧向此間，從頭打手上出來，手上打口裏出來，口裏打眼裏出來，眼裏打未有一箇獨脱出來底，皆是上他古人閑機境。山僧無一法與人，祇是治病解縛，你諸方道流，試不依物出來，我要共你商量十年五歲，並無一人，皆是依草附葉，竹木精靈，野狐精魅，向一切糞塊上亂咬，瞎漢枉消他十方信施，道我是出家兒，作如是見解，向你道無佛、無法、無修、無證，祇與麼傍家，擬求什麼物，瞎漢頭上安頭，是你欠少什麼？道流，是你目前用底與祖佛不別，祇麼不信，便向外求，莫錯向外，無法，內亦不可得。你取山僧口裏語，不如休歇無事去。已起者莫續，未起者不要放起，便勝你十年行腳。約山僧見處，無如許多般，祇是平常著衣喫飯，無事過時，你諸方來者，皆是有心求佛求法求解脫求出離三界，癡人你要出三界，什麼處去？佛祖是賞繫底名句，你欲識三界麼，不離你今聽法底心地，你一念心貪是欲界，你一念心嗔是色界，你一念心癡是無色界，是你屋裏家具子三界，不自道我是三界還是道流，目前靈靈地照燭萬般酌度世界底人，與三界安名。大德，四大色身是無常，乃至脾胃肝膽髮毛爪齒，唯見諸法空相，你一念心歇得處，喚作菩提樹，你一念心不能歇得處，喚作無明樹，無明無住處，無明無始終，你若念念心歇不得，便上他無明樹，便入六道四生，披毛戴角，你若歇得便是清淨身界，你一念不生便是上菩提樹，三界神通變化，意生化身，法喜禪悅，身光自照，思衣羅綺千重，思食百味具足，更無橫病；菩提無住處，是故無得者，道流大丈夫漢更疑箇什麼？目前用處，更是阿誰，把得便用，莫著名字，號爲玄旨，與麼見得勿嫌底法。古人云：心隨萬境轉，轉處實能幽，隨流認得性，無喜亦無憂。道流，如禪宗見解，死活循然，參學之人，大須子細，如主客相見，便有言論往來，或應物現形，或全體作用，或把機權喜怒，或現半身，或乘師子，或乘象王。如有真正學人便喝，先拈出一箇膠盆子。善知識，不辨是境，便上他境上作模作樣，學人便喝，前人不肯放，此是膏肓之病，不堪醫，喚作客看主；或是善知識，不拈出物，隨學人問處卽奪，學人被奪，抵死不放，此是主看客，或有學人應一箇清淨境出善知識前，善知識辨得是境，把得拋向坑裏，學人言大好善知識，卽云：咄哉！不識好惡，學人便禮拜，此喚作主看主；或有學人披枷帶鎖出善知識前，善知識更與安一重枷鑣，學人歡喜，彼此不辨，呼爲客看客。大德，山僧如是所舉，皆是辨魔揀異，知其邪正。道流，寔情大難，佛法幽玄，解得可可地，山僧竟日與他説破，學者總不在意，千徧萬徧，脚底踏過，黑没烉地，無一箇形段，歷歷孤明，學人信不及，便向名句上生解，年登半百，秪管傍家負死屍行，擔却擔子天下走，索草鞋錢有日在。大德，山僧説向外無法，學人不會，便即向裏作解，便即倚壁坐，舌拄上齶，湛然不動，取此爲是祖門佛法也，大錯是你。若取不動清淨境爲是，你即認他無明爲郎主。古人云：湛湛黑暗深坑，實可怖畏，此之是也。你若認他動者，是一切草木皆解動，應可是道也。所以動者是風大，不動者是地大，動與不動俱無自性，你若向動處捉他，他向不動處立，你若向不動處捉他，他向動處立。譬如潛泉魚，鼓波而自躍。大德，動與不動是二種境，還是無依道人用動用不動，如諸方學人來。山僧此間作三種根器斷，如中下根器來，我便奪其境而不除其法；或中上根器來，我便境法俱奪，如上上根器來，我便境法人俱不奪；如有出格見解人來，山僧此間，便全體作用，不歷根器，大德到這裏，學人著力處，不通風石火電光即過了也。學人若眼定動即没交涉，擬心即差，動念即乖，有人解者，不離目前。大德，你擔鉢囊屎擔子傍家走，求佛求法，即今與麼馳求底，你還識渠麼，活潑潑地祇是勿根株橛，不聚撥不散求，著即轉遠不求，還在目前，靈音屬耳，若人不信，徒勞百年。道流，一刹那間便入華藏世界，入毗盧遮那國土，入解脱國土，入神通國土，入清淨國土，入法界，入穢入淨，入凡入聖，入餓鬼畜生，處處討覓尋，皆不見有生有死，唯有空名，幻化空花，不勞把捉，得失是非，一時放却。道流，山僧佛法的的相承，從麻谷和尚丹霞和尚道一和尚廬山拽石頭和尚，一路行徧天下，無人信得，盡皆起謗，如道一和尚用處純一無雜，學人三百五百，盡皆不見佗意；如廬山和尚自在真正順逆用處．學人不測涯際，悉皆茫然；如丹霞和尚翫珠隱顯，學人來者，皆悉被罵；如麻谷用處苦，如黃檗近傍不得，如石鞏用處向箭頭上覓人，來者皆懼，如山僧今日用處，真正成壞，翫弄神變，入一切境，隨處無事，境不能換，但有來求者，我即便出看渠，渠不識我，我便著數般衣。學人生解，一向入我言句，苦哉！瞎禿子無眼人把我著底衣，認青黃赤白，我脫却入清淨境中，學人一見便生忻欲，我又脫却，學人失心，茫然狂走，言我無衣，我即向渠道，你識我著衣底人否？忽爾回頭認我了也。大德，你莫認衣，衣不能動，人能著衣，有箇清淨衣，有箇無生衣，菩提衣，涅槃衣，有祖衣，有佛衣。大德，但有聲名文句，皆悉是衣，變從臍輪氣海中鼓激，牙齒敲磕成其句義，明知是幻化。大德，外發聲語業，内表心所法以思有念，皆悉是衣，你祇麽認他著底衣爲寔解，縱經塵劫，祇是衣通三界循還，輪回生死，不如無事相逢，不相識共語，不知名今時，學人不得，蓋爲認名字爲解，大策子上抄死老漢語，三重五重複子裹，不教人見道是玄旨，以爲保重，大錯瞎屢生，你向枯骨上覓什麽汁？有一般不識好惡，向教中取意度商量，成於句義，如把屎塊子向口裏含了，吐過與別人，猶如俗人打傳口令相似，一生虛過也。道我出家被佗問著佛法，便即杜口無詞，眼似漆突，口如楄擔，如此之類，逢彌勒出世移置佗方世界，寄地獄受苦。大德，你波波地往諸方覓什麽物？踏你脚板闊，無佛可求，無道可成，無法可得，外求有相，佛與汝不相似，欲識汝本心，非合亦非離。道流，真佛無形，真道無體，真法無相，三法混融，和合一處，辨既不得，喚作茫茫業識衆生。

問：如何是真佛、真法、真道，乞垂開示？師云：佛者心清淨是，法者心光明是，道者處處無礙淨光是，三即一，皆是空名而無寔有，如真正學道人，念念心不間斷，自達摩大師從西土來，祇是覓箇不受人惑底人。後遇二祖，一言便了，始知從前虛用功夫。山僧今日見處與祖佛不別，若第一句中得與祖佛爲師，若第二句中得與人天爲師，若第三句中得自救不了。

問：如何是西來意？師云：若有意自救不了。云：既無意，云何二祖得法？師云：得者是不得。云：既若不得，云何是不得底意？師云：爲你向一切處馳求，心不能歇，所以祖師言：咄哉！丈夫將頭覓頭，你言下便自回光返照，更不別求，知身心與祖佛不別，當下無事，方名得法。大德，山僧今時事不獲已，話度説出許多不才淨，你且莫錯據我見處，寔無許多般道理，要用便用，不用便休。祇如諸方説六度萬行以爲佛法，我道是莊嚴門、佛事門，非是佛法，乃至持齋持戒，擎油不潤，道眼不明，盡須抵債索飯錢有日在，何故如此？入道不通理，復身還信施，長者八十一，其樹不生耳；乃至孤峯獨宿，一食卯齋，長坐不臥，六時行道，皆是造業底人；乃至頭目髓腦，國城妻子，象馬七珍，盡皆捨施，如是等見皆是苦身心，故還招苦果，不如無事，純一無雜，乃至十地滿心菩薩皆求此，道流蹤跡了不可得，所以諸天歡喜，地神捧足，十方諸佛，無不稱歎，緣何如此？爲今聽法道人用處無蹤跡。

問：大通智勝佛，十劫坐道場，佛法不現前，不得成佛道，未審此意如何，乞師指示？師云：大通者是自己於處處達其萬法無性無相，名爲大通；智勝者，於一切處不疑，不得一法名爲智勝佛者，心清淨光明，透徹法界，得名爲佛；十劫坐道場者，十波羅密是；佛法不現前者，佛本不生，法本不滅，云何更有現前不得成佛道者，佛不應更作佛。古人云：佛常在世間，而不染世間法。道流，你欲得作佛莫隨萬物，心生種種法生，心滅種種法滅，一心不生，萬法無咎，世與出世，無佛無法，亦不現前，亦不曾失，設有者皆是名言章句，接引小兒，施設藥病，表顯名句，且名句不自名句，還是你目前昭昭靈靈鑒覺，聞知照燭底，安一切名句，大德，造五無間業，方得解脱。

問: 如何是五無間業? 師云: 殺父害母, 出佛身血, 破和合僧, 焚燒經像等, 此是五無間業。云: 如何是父? 師云: 無明是父。你一念心, 求起滅處不得, 如響應空, 隨處無事, 名爲殺父。云: 如何是母? 師云: 貪愛爲母。你一念心入欲界中, 求其貪愛, 唯見諸法空相, 處處無著, 名爲害母。云: 如何是出佛身血? 師云: 你向清淨法界中, 無一念心生解, 便處處黑暗, 是出佛身血。云: 如何是破和合僧? 師云: 你一念心, 正達煩惱結, 使如空無所依, 是破和合僧。云: 如何是焚燒經像? 師云: 見因緣空、心空、法空, 一念決定斷, 迥然無事, 便是焚燒經像。大德, 若如是達得, 免被佗凡聖名礙, 你一念心, 祇向空拳指上生定解, 根境法中虛捏怪, 自輕而退, 屈言我是凡夫, 佗是聖人, 禿屢生有甚死急, 披佗師子皮, 却作野干鳴, 大丈夫漢不作丈夫氣息, 自家屋裏物不肯信, 祇麼向外覓, 上佗古人閑名句, 倚陰博陽不能特達, 逢境便緣, 逢塵便執, 觸處惑起, 自無准定。道流, 莫取山僧説處, 何故説無憑據, 一期間圖畫虛空, 如彩畫像等喻。道流, 莫將佛爲究竟, 我見猶如廁孔, 菩薩羅漢盡是枷鎖縛人底物, 所以文殊仗劍殺於瞿曇, 鴦掘持刀害於釋氏。道流, 無佛可得, 乃至三乘五性圓頓教迹, 皆是一期藥病相治, 並無實法, 設有皆是相似表顯, 路布文字差排, 且如是説。道流, 有一般禿子便向裏許著功, 擬求出世之法錯了也。若人求佛, 是人失佛, 若人求道, 是人失道, 若人求祖, 是人失祖。大德, 莫錯, 我且不取你解經論, 我亦不取你國王大臣, 我亦不取你辯似懸河, 我亦不取你聰明智慧, 唯要你真正見解。道流, 設解得百本經論, 不如一箇無事底阿師, 你解得, 卽輕懱他人勝負, 修羅人我無明長地獄業, 如善星比丘解十二分教, 生身陷地獄, 大地不容, 不如無事休歇去, 飢來喫飯, 睡來合眼, 愚人笑我, 智乃知焉。道流, 莫向文字中求, 心動疲勞, 吸冷氣無益, 不如一念緣起無生, 超出三乘, 權學菩薩。大德, 莫因循過日, 山僧往日未有見處時，黑漫漫地光陰不可空過，腹熱心忙，奔波訪道，後還得力，始到今日，共道流如是話度，勸諸道流莫爲衣食，看世界易過，善知識難遇，如優曇花，時一現耳。你諸方聞道，有箇臨濟老漢出來，便擬問難，教語不得，被山僧全體作用學人，空開得眼口，總動不得，懵然不知以何答我。我向伊道，龍象蹴踏，非驢所堪，你諸處祇指胷點肋，道我解禪解道，三箇兩箇到這裏不奈何，咄哉！你將這箇身心，到處簸兩片皮，誑謼閭閻喫鐵棒，有日在，非出家兒盡向阿修羅界攝，夫如至理之道，非靜論而求，激揚鑑鎩以摧外道；至於佛祖相承，更無別意，設有言教落在化儀，三乘五性人天因果，如圓頓之教，又且不然，童子善財皆不求過。大德，莫錯用心，如大海不停死屍，祇麼擔却擬天下走，自起見障，以礙於心，日上無雲，麗天普照，眼中無翳，空裏無花。道流，你欲得如法，但莫生疑，展則彌綸法界，收則絲髮不立，歷歷孤明，未曾欠少，眼不見耳。不聞喚作什麼物。古人云：説似一物則不中。你但自家看，更有什麼説亦無盡，各自著力，珍重。

勘辨

黃蘗因入厨次，問：飯頭作什麼？飯頭云：揀衆僧米。黃蘗云：一日喫多少？飯頭云：二石五。黃蘗云：莫太多麼？飯頭云：猶恐少在。黃蘗便打，飯頭却舉似師。師云：我爲汝勘這老漢，纔到侍立次。黃蘗舉前話。師云：飯頭不會，請和尚代一轉話。師便問：莫太多麼？黃蘗云：何不道來日更喫一頓。師云：説什麼來日，即今便喫，道了便掌。黃蘗云：這風顛漢又來這裏捋虎鬚。師便喝。出去後，潙山問仰山，此二尊宿意作麼生？仰山云：和尚作麼生？潙山云：養子方知父慈。仰山云：不然。潙山云：子又作麼生？仰山云：大似勾賊破家。

師問：僧什麼處來？僧便喝，師便揖坐。僧擬議，師便打。師見僧來，便竪起拂子，僧禮拜，師便打。又見僧來，亦竪起拂子，僧不顧，師亦打。

師一日同普化赴施主家齋次，師問：毛吞巨海，芥納須彌，爲是神通妙用，本體如然。普化踏倒飯牀。師云：太粗生。普化云：這裏是什麼所在，説粗説細。師來日又同普化赴齋，問：今日供養何似昨日。普化依前踏倒飯牀。師云：得卽得太粗生。普化云：瞎漢佛法，説什麼粗細。師乃吐舌。

師一日與河陽木塔長老同在僧堂地爐内坐，因説普化每日在街市掣風掣顛，知佗是凡是聖，言猶未了，普化入來，師便問：汝是凡是聖？普化云：汝且道我是凡是聖？師便喝。普化以手指云：河陽新婦子，木塔老婆禪，臨濟小厮兒，却具一隻眼。師云：這賊。普化云：賊，賊便出去。

一日普化在僧堂前喫生菜，師見云：大似一頭驢。普化便作驢鳴。師云，這賊。普化云：賊，賊便出去。

因普化常於街市搖鈴云：明頭來，明頭打，暗頭來，暗頭打，四方八面來，旋風打，虛空來，連架打。師令侍者去，纔見如是道，便把住云：總不與麼來時如何？普化托開云：來日大悲院裏有齋。侍者回舉似師。師云：我從來疑著這漢。

有一老宿參師，未曾人事，便問禮拜卽是，不禮拜卽是？師便喝。老宿便禮拜。師云：好箇草賊。老宿云：賊，賊便出去。師云：莫道無事好，首座侍立次。師云：還有過也無？首座云：有。師云：賓家有過，主家有過？首座云：二俱有過。師云：過在什麼處？首座便出去。師云：莫道無事好。後有僧舉似南泉，南泉云：官馬相踏。

師因入軍營赴齋門首見員僚師，指露柱問是凡是聖？員僚無語。師打露柱云：直饒道得也祇是箇木橛。便入去。

師問：院主什麼處來？主云：州中糶黃米去來。師云：糶得盡麼？主云：糶得盡。師以杖面前畫一畫，云還糶得這箇麼？主便喝。師便打。典座至，師舉前語。典座云：院主不會和尚意。師云：你作麼生。典座便禮拜，師亦打。有座主來相看次。師問座主：講何經論？主云：某甲荒虛，粗習百法論。師云：有一人於三乘十二分教明得，有一人於三乘十二分教明不得，是同是別？主云：明得卽同明不得卽別。樂普爲侍者在師後立，云：座主這裏是什麼所在，説同説別。師回首問侍者：汝又作麼生？侍者便喝。師送座主回來，遂問侍者，適來是汝喝老僧，侍者云：是師。便打。

師聞第二代德山垂示云：道得也三十棒，道不得也三十棒。師令樂普去問：道得爲什麼也三十棒？待伊打汝，接住棒送一送，看他作麼生？普到彼，如教而問，德山便打，普接住送一送。德山便歸方丈。普回舉似師。師云：我從來疑著這漢，雖然如是，汝還見德山麼？普擬議，師便打。

王常侍一日訪師，同師於僧堂前看，乃問這一堂僧還看經麼？師云：不看經。侍云：還學禪麼？師云：不學禪。侍云：經又不看，禪又不學，畢竟作箇什麼？師云：總敎伊成佛作祖去。侍云：金屑雖貴，落眼成翳，又作麼生？師云：將謂你是箇俗漢。

師問杳山，如何是露地白牛？山云：吽吽。師云：啞那。山云：長老作麼生？師云：這畜生。

師問樂普云：從上來一人行棒，一人行喝呵，那箇親？普云：總不親。師云：親處作麼生？普便喝，師乃打。

師見僧來，展開兩手，僧無語。師云：會麼？云：不會。師云：渾崙擘不開，與你兩文錢。

大覺到參，師舉起拂子，大覺敷坐具，師擲下拂子，大覺收坐具，入僧堂。衆僧云：這僧莫是和尚親，故不禮拜又不喫棒。師聞令唤覺,覺出。師云:大衆道汝未參長老。覺云:不審,便自歸衆。

趙州行脚時參師,遇師洗脚次,州便問:如何是祖師西來意?師云:恰值老僧洗脚。州近前作聽勢。師云:更要第二杓惡水潑在。州便下去。

有定上座到參,問如何是佛法大意?師下繩牀,擒住與一掌,便托開。定佇立傍,僧云:定上座何不禮拜,定方禮拜,忽然大悟。

（以上選自卷四）

六、臨濟禪師語録之餘

師問洛浦云:從上來一人行棒,一人行喝呵（原誤作阿）,那箇親?洛浦云:總不親。師曰:親處作麼生?洛浦便喝,師便打。

一日大覺到參,師舉起拂子。大覺敷坐具,師擲下拂子。大覺收坐具,入僧堂。衆僧云:這僧莫是和尚親,故不禮拜,又不喫棒。師聞令唤覺。覺出,師云:大衆道汝未參長老。覺云:不審。便自歸衆。

麻谷到參,敷坐具,問十二面觀音阿那面正?師下繩牀,一手收坐具,一手搊麻谷,云:十二面觀音向什麼處去也?麻谷轉身擬坐繩牀,師拈拄杖打。麻谷接却相捉入方丈。

師問僧:有時一喝如金剛王寶劍,有時一喝如踞地金毛師子,有時一喝如探竿影草,有時一喝不作一喝用,汝作麼生會?僧擬議,師便喝。

師問一尼,善來善來?尼便喝。師拈棒云:更道更道。尼又喝。師便打。

龍牙問:如何是祖師西來意?師云:與我過禪板來,牙便過禪板與師,師接得便打。牙云:打卽任打,要且無祖師意。牙後到翠微,問如何是祖師西來意?微云:與我過蒲團來,牙便過蒲團與翠微。翠微接得便打。<u>牙</u>云:打即任打,要且無祖師意。<u>牙</u>住院後有僧,入室請益云:和尚行脚時參二尊宿,因緣還肯佗也無?<u>牙</u>云:肯即深肯,要且無祖師意。

<u>徑山</u>有五百衆,少人參請。<u>黃檗</u>令師到<u>徑山</u>,乃謂師曰:汝到彼作麼生?師云:某甲到彼自有方便。師到<u>徑山</u>,裝腰上法堂見<u>徑山</u>,<u>徑山</u>方舉頭,師便喝,<u>徑山</u>擬開口,師拂袖便行。尋有僧問<u>徑山</u>,這僧適來有什麼言句便喝和尚?<u>徑山</u>云:這僧從<u>黃檗</u>會裏來,你要知麼,自問取佗。

<u>徑山</u>五百衆,太半分散。<u>普化</u>一日於街市中,就人乞直裰,人皆與之,<u>普化</u>俱不要。師令院主買棺一具,<u>普化</u>歸來,師云:我與汝做得箇直裰了也,<u>普化</u>便自擔去繞街市叫云:<u>臨濟</u>與我做直裰了也,我往東門遷化去,市人競隨看之。<u>普化</u>云:我今日未,來日往南門遷化去,如是三日,人皆不信,至第四日,無人隨看,獨出城外,自入棺內,倩路行人釘之,即時傳布市人,競往開棺,乃見全身脫去,祇聞空中鈴響,隱隱而去。

行録

師初在<u>黃檗</u>會下,行業純一,首座乃歎曰:雖是後生,與衆有異。遂問上座,在此多少時?師云:三年。首座云:曾參問也無?師云:不曾參問,不知問箇什麼?首座云:汝何不去問堂頭和尚,如何是佛法的的大意?師便去問,聲未絕,<u>黃檗</u>便打,師下來。首座云:問話作麼生?師云:某甲問聲未絕,和尚便打,某甲不會。首座云:但更去問。師又去問,<u>黃檗</u>又打。如是三度發問,三度被打。師來白首座云:幸蒙慈悲,令某甲問訊和尚,三度發問,三度被打,自恨障緣,不領深旨,今且辭去。首座云:汝若去時,須辭和尚去。師禮拜退。首座先到和尚處云:問話底後生甚是如法,若來辭時,方便接佗,向後穿鑿成一株大樹,與天下人作陰涼去在。師去辭<u>黃</u>

蘗,蘗云:不得往別處去,汝向高安灘頭大愚處去,必爲汝說。

　　師到大愚,大愚問什麼處來,師云:黃蘗處來。大愚云:黃蘗有何言句?師云:某甲三度問佛法的的大意,三度被打,不知某甲有過無過?大愚云:黃蘗與麼老婆心切,爲汝得徹困,更來這裏問有過無過,師於言下大悟。云:元來黃蘗佛法無多子。大愚搊住云:這尿牀鬼子,適來道有過無過,如今却道黃蘗佛法無多子,你見箇什麼道理,速道速道。師於大愚脅下築三拳。大愚托開云:汝師黃蘗非干我事。

　　師辭大愚却回黃蘗。黃蘗見來,便問這漢來來去去,有什麼了期。師云:秖爲老婆心切,便人事了。侍立。黃蘗問:什麼處去來?師云:昨奉慈旨,令參大愚去來。黃蘗云:大愚有何言句?師遂舉前話。黃蘗云:作麼生得這漢來,待痛與一頓。師:說什麼待來,卽今便喫,隨後便掌。黃蘗云:這風顛漢却來這裏捋虎鬚。師便喝。黃蘗云:侍者引這風顛漢參堂去。後溈山舉此話問仰山,臨濟當時得大愚力得黃蘗力?仰山云:非但騎虎頭亦解抵虎尾。

　　師栽松次,黃蘗問深山裏栽許多作什麼?師云:一與山門作境致,二與後人作標榜,道了將钁頭打地三下。黃蘗云:雖然如是,子已喫吾三十棒了也。師又以钁頭打地三下,作噓噓聲。黃蘗云:吾宗到汝,大興於世。後溈山舉此語問仰山,黃蘗當時秖囑臨濟一人,更有人在?仰山云:有,秖是年代深遠,不欲舉似和尚。溈山云:雖然如是,吾亦要知,汝但舉看。仰山云:一人指南吳越令行,遇大風卽止。識風穴和尚也。

　　師侍立德山次,山云今日困。師云:這老漢寐語作什麼?山便打,師掀倒繩牀,山便休。

　　師普請鋤地次,見黃蘗來,拄钁而立。黃蘗云:這漢困那?師云:钁也未舉,困箇什麼。黃蘗便打,師接住棒,一送送倒。黃蘗

喚: 維那, 維那⌉扶起我。維那近前扶, 云: 和尚争容得這風顛漢無
禮。黃蘗纔起, 便打維那。師鑽地云: 諸方火葬, 我這裏一時活埋。
後溈山問仰山, 黃蘗打維那意作麼生? 仰山云: 正賊走却, 邏蹤人
喫棒。

　　師一日在僧堂前坐, 見黃蘗來, 便閉却目, 黃蘗乃作怖勢, 便歸
方丈。師隨至方丈禮謝, 首座在黃蘗處侍立, 黃蘗云: 此僧雖是後
生, 却知有此事。首座云: 老和尚脚跟不點地, 却證據箇後生。黃
蘗自於口上打一摑。首座云: 知即得。

　　師見普化乃云: 我在南方馳書到溈山時, 知你先在此住, 待我
來, 及我來得, 汝佐贊我, 今欲建立黃蘗宗旨, 汝切須爲我成褫。普
化珍重下去。克符後至, 師亦如是道, 符亦珍重下去。三日後普化
却上問訊云: 和尚前日道甚麼? 師拈棒便打下, 又三日克符亦上問
訊, 乃問和尚前日打普化作什麼? 師亦拈棒打下。

　　師會下有同學二人相問, 離却中下二機, 請兄道一句子。一人
云: 擬問即失; 一人云: 恁麼則禮拜老兄去也。前人云: 賊。師聞
得, 陞堂云: 要會臨濟賓主句, 問取堂中二禪客, 便下座。

　　有僧來問: 禮拜則是, 不禮拜則是? 師便喝。僧作禮。師云:
這賊。僧亦云: 這賊。便出去。師云: 莫道無事好。首座侍立, 師回
顧云: 還有過也無? 座云: 有。師云: 賓家有過, 主家有過? 座云:
二俱有過。師云: 過在甚麼處? 座便出去。師云: 莫道無事好。後
有僧舉似南泉, 泉云: 官馬相踏。

　　師問: 僧什麼處來? 僧便喝, 師便揖坐, 僧擬議, 師便打。師見
僧來, 便豎起拂子, 僧禮拜, 師便打。又見僧來, 亦豎起拂子, 僧不
顧, 師亦打。

　　示衆云: 參學之人, 大須子細, 如賓主相見, 便有言論往來, 或
應物現形, 或全體作用, 或把機權喜怒, 或現半身, 或乘師子, 或乘

象王，如有真正學人，便喝先拈出一箇膠盆子。善知識不辨是境，便上他境上作模作樣，便被學人又喝，前人不肯放下，此是膏肓之病，不堪醫治，喚作賓看主。或是善知識不拈出物，祇隨學人問處即奪，學人被奪，抵死不肯放，此是主看賓。或有學人應一箇清淨境，出善知識前，知識辨得是境，把得拋向坑裏，學人言大好善知識。知識即云：咄哉！不識好惡，學人便禮拜，此喚作主看主。或有學人披枷帶鎖，出善知識前，知識更與安一重枷鎖，學人歡喜，彼此不辨，喚作賓看賓。大德，山僧所舉，皆是辨魔揀異，知其邪正。

師到明化，化問：來來去去作什麼？師云：祇徒踏破草鞋。化云：畢竟作麼生？師云：老漢話頭也不識。

又往鳳林，路逢一婆婆，問：甚處去？師云：鳳林去。婆云：恰值鳳林不在。師云：甚處去？婆便行。師乃喚，婆婆回頭，師便行。

師陞堂，有僧出，師便喝，僧亦喝，便禮拜，師便打。問：僧甚處來？曰：定州來。師拈棒，僧擬議，師便打，僧不肯。師曰：已後遇明眼人去在，僧後參三聖，纔舉前話，三聖便打，僧擬議，聖又打。

師應機多用喝，會下參徒亦學師喝。師曰：汝等總學我喝，我今問汝：有一人從東堂出，一人從西堂出，兩人齊喝一聲，這裏分得賓主麼？汝且作麼生分，若分不得，已後不得學老僧喝。

示眾云：我有時先照後用，有時先用後照，有時照用同時，有時照用不同時。先照後用有人在；先用後照有法在；照用同時，駈耕夫之牛，奪飢人之食，敲骨取髓，痛下鍼錐；照用不同時，有問有答，立賓立主，合水和泥，應機接物。若是過量人，向未舉已前，撩起便行，猶較些子。

師見僧來，舉起拂子，僧禮拜，師便打。又有僧來，師亦舉拂子，僧不顧，師亦打。又有僧來參，師舉拂子，僧曰：謝和尚指示，師亦打。

師在堂中睡，黃蘗下來見，以拄杖打板頭一下，師舉頭見是黃蘗却睡。黃蘗又打板頭一下，却往上間，見首座坐禪，乃云：下間後生却坐禪，汝這裏妄想作什麼？首座云：這老漢作什麼？黃蘗打板頭一下，便出去。後溈山問仰山，黃蘗入僧堂意作麼生？仰山云：兩彩一賽。

一日普請次，師在後行，黃蘗回頭見師空手，乃問钁頭在什麼處？師云：有一人將去了也。黃蘗云：近前來共汝商量箇事，師便近前，黃蘗竪起钁頭，云：祗這箇天下人拈掇不起，師就手攣得竪起云：爲什麼却在某甲手裏？黃蘗云：今日大有人普請，便歸院。後溈山問仰山，钁頭在黃蘗手裏，爲什麼却被臨濟奪却？仰山云：賊是小人，智過君子。

師爲黃蘗馳書去溈山時，仰山作知客，接得書，便問這箇是黃蘗底，那箇是專使底。師便掌，仰山約住云：老兄知是般事，便休同去見溈山。溈山便問，黃蘗師兄多少衆？師云：七百衆。溈山云：什麼人爲導首？師云：適來已達書了也。師却問溈山和尚，此間多少衆？溈山云：一千五百衆。師云：太多生。溈山云：黃蘗師兄亦不少。師辭溈山，仰山送出云：汝向後北去，有箇住處。師云：豈有與麼事？仰山云：但去已後，有一人佐輔老兄在，此人祗是有頭無尾，有始無終。師後到鎮州，普化已在彼中，師出世，普化佐贊於師。師住未久，普化全身脫去。師因半夏上黃蘗，見和尚看經。師云：我將謂是箇人，元來是揞黑豆。老和尚住數日，乃辭去。黃蘗云：汝破夏來，不終夏去。師云：某甲暫來禮拜和尚，黃蘗遂打，趁令去。師行數里，疑此事却回終夏。

師一日辭黃蘗，蘗問什麼處去？師云：不是河南，便歸河北。黃蘗便打，師約住與一掌，黃蘗大笑，乃喚侍者，將百丈先師禪板机案來。師云：侍者將火來。黃蘗云：雖然如是，汝但將去，已後坐却天下人舌頭去。在後潙山問仰山，臨濟莫辜負佗黃蘗也無？仰山云：不然。潙山云：子又作麼生？仰山云：知恩方解報恩。潙山云：從上古人還有相似底也無？仰山云：有，秖是年代深遠，不欲舉似和尚。潙山云：雖然如是，吾亦要知，子但舉看。仰山云：秖如楞嚴會上阿難讚佛云：將此深心奉塵刹，是則名爲報佛恩，豈不是報恩之事。潙山云：如是如是，見與師齊，減師半德，見過於師，方堪傳授。

師到達摩塔頭，塔主云：長老先禮佛，先禮祖？師云：佛祖俱不禮。塔主云：佛祖與長老是什麼冤家？師便拂袖而出。

師行脚時到龍光，光上堂，師出問云：不展鋒鋩如何得勝？光據坐。師云：大善知識，豈無方便？光瞪目云：嗄！師以手指云：這老漢今日敗闕也。

到三峰，平和尚問曰：什麼處來？師云黃蘗來。平云：黃蘗有何言句？師云：金牛昨夜遭塗炭，直至如今不見蹤。平云：金風吹玉管，那箇是知音？師云：直透萬重關，不住清霄內。平云：子這一問太高生。師云：龍生金鳳子，衝破碧琉璃。平云：且坐喫茶。又問：近離甚處。師云：龍光。平云：龍光近日如何？師便出去。

到大慈，慈在方丈內坐。師問：端居丈室時如何？慈云：寒松一色千年別，野老拈花萬國春。師云：今古永超圓智體，三山鑼斷萬重關。慈便喝，師亦喝。慈云：作麼？師拂袖便出。

到襄州華嚴，嚴倚拄杖作睡勢。師云：老和尚瞌睡作麼？嚴云：作家禪客，宛爾不同。師云：侍者點茶來與和尚喫。嚴乃喚維那，第三位，安排這上座。

到翠峯，峯問甚處來？師云：黃蘗來。峯云：黃蘗有何言句指示於人？師云：黃蘗無言句。峯云：爲什麼無？師云：設有亦無舉處。峯云: 但舉看。師云: 一箭過西天。

到象田,師問不凡不聖,請師速道。田云: 老僧祇與麼。師便喝云: 許多禿子在這裏覓什麼椀。

到鳳林,林問有事相借問得麼? 師云: 何得剜肉作瘡。林云: 海月澄無影,遊魚獨自迷。師云: 海月既無影,遊魚何得迷。林云: 觀風知浪起,翫水野帆飄。師云: 孤輪獨照江山靜,自笑一聲天地驚。林云: 任將三寸輝天地一句,臨機試道看? 師云: 路逢劍客須呈劍,不是詩人莫獻詩。鳳林便休。師乃有頌: 大道絕同,任向西東,石火莫及,電光罔通。潙山問仰山,石火莫及,電光罔通,從上諸聖,將什麼爲人? 仰山云: 和尚意作麼生? 潙山云: 但有言說,都無實義。仰山云: 不然。潙山云: 子又作麼生? 仰山云: 官不容針,私通車馬。

到金牛,牛見師來,橫按拄杖,當門踞坐,師以手敲拄杖三下,却歸堂中第一位坐,牛下來見,乃問: 夫賓主相見,各具威儀,上座從何而來,太無禮生? 師云: 老和尚道什麼? 牛擬開口,師便打。牛作倒勢,師又打。牛云: 今日不著便。潙山問仰山,此二尊宿還有勝負也無? 仰山云: 勝卽總勝,負卽總負。

師臨遷化時,據坐云: 吾滅後不得滅却吾正法眼藏,三聖出云: 爭敢滅却和尚正法眼藏。師云: 已後有人問你,向他道什麼? 三聖便喝。師云: 誰知吾正法眼藏,向這瞎驢邊滅却,言訖端然示寂。

興化禪師語錄 南嶽下六世嗣臨濟

師諱存獎,初謁臨濟,濟令師充侍者。濟問新到甚處來? 云: 鑾城。濟云: 有事相借問得麼? 云: 新戒不會。濟云: 打破大唐國,覓箇不會人,難得參堂去。師問: 適來新到是成襆伊耶? 濟云: 我誰管你成襆不成襆? 師云: 和尚只會將死雀就地彈,不解,將一轉

語蓋覆却。濟云：你又作麽生？師云：請和尚作新到。濟遂云：新戒
不會。師云：却是老僧罪過。濟云：你語藏鋒。師擬議，濟便打。至
晚濟謂師云：我今日問新到是將死雀就地彈，就窠裏打，及你出得
語，又喝起向青雲裏打。師云：草賊大敗，濟又打。

師開堂日，拈香云：此一炷香本爲三聖師兄。三聖爲我太
孤，便合承嗣大覺，大覺爲我太賒，我於三聖處會得賓主句，若不遇
大覺師兄，洎乎誤却我平生，我於大覺處喫棒，見得臨濟先師在黃
蘖處喫棒底道理，此一炷香供養我臨濟先師。

示衆云：今日不問如何若何，便請單刀直入，興化與你證明時，
有旻德長老出作禮起，便喝，師亦喝。德又喝。師又喝，德作禮歸
衆。師云：適來若是別人，三十棒一棒也不較，何故爲他旻德長老
會一喝不作一喝用，師入堂，見首座乃云：我見你了也。座便喝，師
打露柱一下，便出去。首座隨後上方丈，云：適來觸忤，和尚便作
禮，師就地打一棒，座無語。師見同參來，纔上法堂，師便喝，僧亦
喝，行三兩步，師又喝，僧亦喝，須臾近前，師拈棒，僧又喝。師云：
你看這瞎漢猶作主在，僧擬議，師便打，直打下法堂。時有僧問：這
僧有甚觸忤和尚處？師云：見伊適來，也有權也有實，也有照也有
用，及乎我將手向伊面前橫兩遭，便去不得，似這般瞎漢不打，更待
何時。僧問：四方八面來時如何？師云：打中間底，僧作禮。師云：
興化今日赴箇村齋，中路遇一陣卒風暴雨，却去古廟裏避得過。僧
問：多子塔前共談何事？師云：一人傳虛，萬人傳實。師舉三聖，僧
問如何是祖師西來意？三聖云：臭肉來蠅。師云：興化即不然，破
脊驢上足蒼蠅。

上堂云：我聞三聖道，我逢人即出，出即不爲人。興化即不然，
我逢人即不出，出即便爲人下座，師巡堂次垂語云：我有一隻聖箭，
遇作家即分付至下間，有一道者云便請。師云：你喚什麽作聖箭？

道者把衲衣便拂，師接住云：祇者箇別更有在，道者擬議，師便打。師到雲居問權借一問以爲影草時如何？雲居道不得師三度舉話頭，雲居無語。師云：情知和尚道不得，且禮三拜。雲居一日上堂云：我二十年前，興化問我當時機思遲鈍，道不得爲他致得，問頭奇特，不敢辜他。如今祇消一個，何必後有，僧舉似師。師云：二十年祇道得箇，何必興化即不然，不消一箇不必後。三聖拈云二十年道得底是雲居，如今商量猶較興化半月程。師見僧來云：你未恁麼來？山僧早行了也，僧便喝。師云：據令而行，僧又喝。師云：作家僧又喝，師便打。問：王程有限時如何？師云：日馳五百。

同光帝駕幸河北，回至魏府行宮，帝坐朝，僧錄名員來朝後，帝遂問左右，此間莫有德人否？近臣奏曰：適來僧錄名員，皆是德人。帝曰：此是名利之德，莫有道德之人否？近臣奏曰：此間有興化長老，甚是德人，帝乃召之。師來朝見，帝賜坐，茶湯畢。帝遂問：朕收下中原，獲得一寶，未曾有人酬價。師云：如何是陛下中原之寶？帝以手舒幞頭脚。師云：君王之寶，誰敢酬價。聖顔大悦，賜紫衣師號，師皆不受，宣馬一疋，與師乘騎，馬忽驚墜，師遂傷足。帝聞宣藥救療，師喚院主，院主至，侍立次，師云：與我作箇木栿子。院主做了將來，師接得遶院行。問僧云：汝等還識老僧麼？僧云：和尚爭得不識。師云：瘸脚法師説得行不得。又至法堂上，令維那聲鐘上堂，師如前垂示，衆皆無對。師擲下栿子，端然而逝，勅謚廣濟大師，墖曰通寂。

臨濟慧照禪師塔記

師諱義玄，曹州南華人也，俗姓邢氏，幼而穎異，長以孝聞，及落髮受具，居於講肆，精究毗尼，博賾經論。俄而歎曰：此濟世之醫方也，非教外別傳之旨，即更衣游方，首參黄蘗，次謁大愚，其機緣語句，载于行録。既受黄檗印可，尋抵河北鎮州城東南隅臨滹沱河側，小院住持，其臨濟因地得名。時普化先在彼佯狂混衆，聖凡莫測，師至即佐之，師正旺化，普化全身脱去，乃符仰山小釋迦之懸記也。適丁兵革，師即棄去，太尉默君和於城中捨宅爲寺，亦以臨濟爲額，迎師居焉。後拂衣南邁至河府，府主王常侍延以師禮，住未幾，即來大名府興化寺，居于東堂。師無疾，忽一日攝衣據坐，與三聖問答畢，寂然而逝，時唐咸通八年丁亥孟陬月十日也。門人以師全身建塔於大名府西北隅，勅謚慧照禪師，塔號澄靈。合掌稽首，記師大畧。住鎮州保壽嗣法小師沼謹書。

（以上選自卷五）

（據上海佛學書局影印明刻本古尊宿語録）

五、五燈會元（節選）

一、百丈海禪師法嗣（大安）

福州長慶大安禪師，號懶安。郡之陳氏子，受業於黄檗山，習律乘。嘗自念言，我雖勤苦，而未聞玄極之理，乃孤錫遊方，將往洪井。路出上元，逢一老父，謂師曰：師往南昌，當有所得。師即造百丈，禮而問曰：學人欲求識佛，何者即是？丈曰：大似騎牛覓牛。師曰：識得後如何？丈曰：如人騎牛至家。師曰：未審始終如何保任？丈曰：如牧牛人執杖視之，不令犯人苗稼。師自兹領旨，更不馳求。同參祐禪師，創居溈山，師躬耕助道，及祐歸寂，衆請接踵住持。

上堂，汝諸人總來就安，求覓甚麼？若欲作佛，汝自是佛，擔佛傍家走，如渴鹿趁陽燄相似，何時得相應去？汝欲作佛，但無許多顛倒攀緣妄想，惡覺垢淨衆生之心，便是初心正覺，佛更向何處別討？所以安在潙山，三十來年，喫潙山飯，屙潙山屎，不學潙山禪。秖看一頭水牯牛，若落路入草，便把鼻孔拽轉來，纔犯人苗稼，即鞭撻調伏。既久可憐生，受人言語，如今變作箇露地白牛，常在面前，終日露迴迴地，趁亦不去。汝諸人各自有無價大寶，從眼門放光，照見山河大地，耳門放光，領採一切善惡音響，如是六門，晝夜常放光明，亦名放光三昧。汝自不識取，影在四大身中，內外扶持，不教傾側，如人負重擔，從獨木橋上過，亦不教失脚，且道是甚麼物任持，便得如是，且無絲髮可見，豈不見誌公和尚云：內外追尋覓揔無，境上施爲渾大有，珍重。

僧問：一切施爲是法身用，如何是法身？師曰：一切施爲是法身用。曰：離却五蘊，如何是本來身？師曰：地水火風，受想行識。曰：這箇是五蘊。師曰：這箇異五蘊。問：此陰已謝，彼陰未生時如何？師曰：此陰未謝，那箇是大德？曰：不會。師曰：若會此陰，便明彼陰。

問：大用現前不存軌則時如何？師曰：汝用得但用。僧乃脫膊遶師三匝。師曰：向上事何不道取，僧擬開口，師便打，曰：這野狐精出去。

有僧上法堂，顧視東西不見師，乃曰：好箇法堂，秖是無人。師從門裏出曰：作麼，僧無對。

雪峯因入山採得一枝木，其形似蛇，於背上題曰：本自天然，不假雕琢。寄與師，師曰：本色住山人，且無刀斧痕。

僧問：佛在何處？師曰：不離心。又問：雙峯上人有何所得？師曰：法無所得，設有所得，得本無得。問：黃巢軍來，和尚向甚麼處回避？師曰：五蘊山中。曰：忽被他捉著時如何？師曰：惱亂將軍。

師大化閩城，唐中和三年歸黃蘗示寂，塔于楞伽山，諡圓智禪師。

（以上選自卷四）

二、龍潭信禪師法嗣（青原下四世宣鑒）

鼎州德山宣鑒禪師，簡州周氏子，丱歲出家，依年受具，精究律藏。於性相諸經，貫通旨趣，常講金剛般若，時謂之周金剛。嘗謂同學曰：一毛吞海，海性無虧，纖芥投鋒，鋒利不動，學與無學，唯我知焉。後聞南方禪席頗盛，師氣不平，乃曰：出家兒千劫學佛威儀，萬劫學佛細行，不得成佛；南方魔子敢言直指人心，見性成佛，我當摟其窟穴，滅其種類，以報佛恩。遂擔青龍疏鈔出蜀，至澧陽，路上見一婆子賣餅，因息肩買餅點心。婆指擔曰：這箇是甚麽文字？師曰：青龍疏鈔。婆曰：講何經？師曰：金剛經。婆曰：我有一問，你若答得，施與點心，若答不得，且別處去。金剛經道：過去心不可得，現在心不可得，未來心不可得，未審上座點那箇心？師無語，遂往龍潭。至法堂曰：久嚮龍潭，及乎到來，潭又不見，龍又不現。潭引身曰：子親到龍潭。師無語，遂棲止焉。

一夕，侍立次，潭曰：更深，何不下去。師珍重便出，却回曰，外面黑。潭點紙燭度與師，師擬接，潭復吹滅。師於此大悟，便禮拜。潭曰：子見箇甚麽？師曰：從今向去，更不疑天下老和尚舌頭也。至來日，龍潭陞座謂衆曰：可中有箇漢，牙如劍樹，口似血盆，一棒打不回頭，他時向孤峯頂上立吾道去在。師將疏鈔堆法堂前，舉火炬曰：窮諸玄辯，若一毫置於大虛，竭世樞機，似一滴投於巨壑，遂焚之。

於是禮辭，直抵溈山，挾複子上法堂，從西過東，從東過西，顧視方丈曰：有麽有麽。山坐次殊不顧盼。師曰：無無，便出至門首。乃曰：雖然如此，也不得草草。遂具威儀，再入相見，纔跨門提起坐具曰：和尚，山擬取拂子，師便喝，拂袖而出。潙山至晚問首座，今日新到在否？座曰：當時背却法堂，著草鞋出去也。山曰：此子已後向孤峯頂上，盤結草庵，呵佛罵祖去在。

師住澧陽三十年，屬唐武宗廢教，避難於獨浮山之石室。大中初武陵太守薛廷望再崇德山精舍，號古德禪院。將訪求哲匠住持，聆師道行，屢請不下山，廷望乃設詭計，遣吏以茶鹽誣之，言犯禁法，取師入州瞻禮，堅請居之，大闡宗風。

上堂，若也於己無事，則勿妄求，妄求而得，亦非得也。汝但無事於心，無心於事，則虛而靈，空而妙；若毛端許言之本末者，皆爲自欺。何故毫釐繫念，三塗業因，瞥爾情生，萬劫羈鎖，聖名凡號，盡是虛聲，殊相劣形，皆爲幻色，汝欲求之，得無累乎。及其厭之，又成大患，終而無益。

小參示衆曰：今夜不答話，問話者三十棒。時有僧出禮拜，師便打。僧曰：某甲話也未問，和尚因甚麽打某甲？師曰：汝是甚麽處人？曰：新羅人。師曰：未跨船舷好與三十棒。法眼云：大小德山話作橛。玄覺云：叢林中喚作隔，下語且從。秖如德山道，問話者三十棒，意作麽生。

僧參師，問維那今日幾人新到？曰八人。師曰：喚來一時生按著。龍牙問：學人仗鏌鎁劍，擬取師頭時如何？師引頸近前曰：囚法眼別云：汝向甚麽處下手。牙曰：頭落也。師呵呵大笑。牙後到洞山舉前話。山曰：德山道甚麽？牙曰：德山無語。洞曰：莫道無語，且將德山落底頭，呈似老僧看，牙方省，便懺謝。有僧舉似師，師曰：洞山老人不識好惡，這漢死來多少時，救得有甚麽用處。

僧問：如何是菩提？師打曰：出去莫向這裏屙。問：如何是佛？師曰：佛是西天老比丘。

雪峯問：從上宗乘，學人還有分也無？師打一棒，曰：道甚麽？曰：不會。至明日，請益。師曰：我宗無語句，實無一法與人。峯因此有省。嚴頭聞之曰：德山老人一條脊梁骨，硬似鐵，拗不折，然雖如此，於唱教門中，猶較些子。保福問招慶，祇如嚴頭出世，有何言教過於德山，便恁麼道？慶云：汝不見嚴頭道如人學射，久方中。福云：中後如何？慶云：展闊黎莫不識痛痒。福云：和尚今日非唯舉話。慶云：展闊黎是甚麼心行。明招云大小招慶，錯下名言。

示衆曰：道得也三十棒，道不得也三十棒。臨濟聞得謂洛浦曰：汝去問他道得爲甚麼也三十棒，待伊打汝，接住棒送一送，看伊作麼生？浦如教而問，師便打，浦接住送一送，師便歸方丈。浦回舉似臨濟，濟曰：我從來疑着這漢，雖然如是，你還識德山麼？浦擬議，濟便打。嚴頭云：德山老人尋常祇據一條白棒，佛來亦打，祖來亦打，争奈較些子。東禪齊云：祇如臨濟道，我從前疑着這漢是肯底語不肯底語，爲當別有道理？試斷看。

上堂，問即有過，不問猶乖。有僧出禮拜，師便打。僧曰：某甲始禮拜，爲甚麼便打？師曰：待汝開口，堪作甚麼？師令侍者喚義存，即雪峯也。存上來，師曰：我自喚義存，汝又來作甚麼？存無對。

上堂，我先祖見處即不然，這裏無祖無佛，達摩是老臊胡，釋迦老子是乾屎橛，文殊普賢是擔屎漢，等覺妙覺是破執凡夫，菩提涅槃是繫驢橛，十二分教是鬼神簿，拭瘡疣紙，四果三賢、初心十地，是守古塚鬼，自救不了。

有僧相看，乃近前作相撲勢。師曰：與麼無禮，合喫山僧手裏棒。僧拂袖便行。師曰：饒汝如是，也祇得一半。僧轉身便喝。師打曰：須是我打你始得。曰：諸方有明眼人在。師曰：天然有眼。僧擘開眼曰：猫便出。師曰：黄河三千年一度清。

師見僧來，乃閉門。其僧敲門，師曰：阿誰？曰：師子兒。師乃開門，僧禮拜。師騎僧項，曰：這畜生甚處去來。

雪峯問南泉斬猫兒意旨如何？師乃打趁却，喚曰會麼？峯曰：

不會。師曰: 我恁麼老婆心也不會。

僧問: 凡聖相去多少? 師便喝。

師因疾,僧問還有不病者也無? 師曰有。曰: 如何是不病者? 師曰: 阿耶、阿耶。師復告衆曰: 捫空追響,勞汝心神,夢覺覺非,竟有何事。言訖,安坐而化,即唐咸通六年十二月三日也,謚見性禪師。

（以上選自卷七）

三、潙山祐禪師法嗣(潙仰宗慧寂)

袁州仰山慧寂通智禪師,韶州懷化葉氏子,年九歲於廣州和安寺投通禪師出家。即不語通。十四歲父母取歸,欲與婚媾,師不從,遂斷手二指,跪致父母前,誓求正法,以答劬勞,父母乃許。再詣通處,而得披剃,未登具,即遊方。初謁耽源,已悟玄旨,後參潙山,遂升堂奧。

耽源謂師曰: 國師當時傳得六代祖師圓相,共九十七箇,授與老僧,乃曰: 吾滅後三十年,南方有一沙彌到來,大興此教,次第傳受,無令斷絶。我今付汝,汝當奉持。遂將其本過與師。師接得一覽,便將火燒却。耽源一日問,前來諸相,甚宜秘惜。師曰: 當時看了便燒却也。源曰: 吾此法門,無人能會,唯先師及諸祖師,諸大聖人,方可委悉,子何得焚之? 師曰: 慧寂一覽,已知其意,但用得不可執本也。源曰: 然雖如此,於子即得,後人信之不及。師曰: 和尚若要重錄不難。即重集一本呈上,更無遺失。源曰: 然。

耽源上堂,師出衆作此○相,以手拓呈了,却叉手立。源以兩手相交作拳示之,師進前三步,作女人拜,源點頭,師便禮拜。

師浣衲次,耽源曰: 正恁麼時,作麼生? 師曰: 正恁麼時,向甚麼處見?

　　後參溈山，溈問汝是有主沙彌無主沙彌？師曰：有主。曰：主在甚麼處？師從西過東立。溈異之。

　　師問：如何是真佛住處？溈曰：以思無思之妙，返思靈燄之無窮，思盡還源，性相常住，事理不二，真佛如如。師於言下頓悟。自此執侍前後，盤桓十五載。

　　後參巖頭，頭舉起拂子，師展坐具，巖拈拂子置背後，師將坐具搭肩上而出。巖曰：我不肯汝放，秖肯汝收。

　　掃地次，溈問塵非掃得，空不自生，如何是塵非掃得？師掃地一下。溈曰：如何是空不自生？師指自身，又指溈。溈曰塵非掃得，空不自生，離此二途，又作麼生？師又掃地一下，又指自身，并指溈。

　　溈一日指田問師，這丘田那頭高，這頭低。師曰：却是這頭高，那頭低。溈曰：你若不信，向中間立看兩頭。師曰：不必立中間，亦莫住兩頭。溈曰：若如是著水看，水能平物。師曰：水亦無定，但高處高平，低處低平。溈便休。

　　有施主送絹與溈山，師問：和尚受施主如是供養，將何報答？溈敲禪牀示之。師曰：和尚何得將衆人物，作自己用。

　　師在溈山爲直歲，作務歸。溈問：甚麼處去來？師曰：田中來。溈曰：田中多少人？師插鍬叉手。溈曰：今日南山大有人刈茅。師拔鍬便行。玄沙：我若見即踏倒鍬子。僧問鏡清：仰山插鍬意旨如何？清云：狗銜赦書，諸侯避道。云：秖如玄沙踏倒意旨如何？清云：不奈船何，打破戽斗。云：南山刈茅，意旨如何？清云：李靖三兄久經行陣。雲居錫云：且道鏡清下此一判著不著。

　　師在溈山牧牛時踢天泰上座，問曰：一毛頭師子現，即不問百億毛頭，百億師子現，又作麼生？師便騎牛歸，侍立溈山次，舉前話方了，却見泰來。師曰：便是這箇上座。溈遂問百億毛頭百億師子現，豈不是上座道？泰曰是。師曰：正當現時，毛前現毛後現？泰曰：現時不説前後。潙山大笑。師曰：師子腰折也，便下去。

一日，第一座舉起拂子曰：若人作得道理，即與之。師曰：某甲作得道理還得否？座曰：但作得道理便得。師乃攣將拂子去。雲居錫云：甚麼處是仰山道理。

一日雨下，天性上座謂師曰：好雨。師曰：好在甚麼處？性無語。師曰：某甲却道得。性曰：好在甚麼處？師指雨，性又無語。師曰：何得大智而默。

師隨潙山遊山，到磐陀石上坐。師侍立次，忽鴉銜一紅柿落在面前，潙拾與師，師接得洗了度與潙。潙曰：子甚處得來？師曰：此是和尚道德所感。潙曰：汝也不得無分，即分半與師。玄沙云：大小潙山被仰山一坐至今起不得。

潙山問師，忽有人問汝，汝作麼生祇對？師曰：東寺師叔若在，某甲不致寂寞。潙曰：放汝一箇不祇對罪。師曰：生之與殺，祇在一言。潙曰：不負汝見，別有人不肯。師曰：阿誰？潙指露柱曰：這箇。師曰：道甚麼？潙曰：道甚麼？師曰：白鼠推遷，銀臺不變。

師問潙山大用現前，請師辨白。潙山下座歸方丈，師隨後入。潙問：子適來問甚麼話？師再舉。潙曰：還記得吾答語否？師曰：記得。潙曰：你試舉看？師便珍重出去。潙曰：錯。師回首曰：閑。師弟若來，莫道某甲無語好。

師問東寺曰：借一路過那邊還得否？寺曰：大凡沙門不可祇一路也，別更有麼？師良久，寺却問：借一路過那邊得否？師曰：大凡沙門不可祇一路也，別更有麼？寺曰：祇有此。師曰：大唐天子決定姓金。

師在潙山前坡牧牛次，見一僧上山，不久便下來，師乃問上座：何不且留山中？僧曰：祇爲因緣不契。師曰：有何因緣，試舉看？曰：

和尚問某名甚麼? 某答:歸真。和尚曰:歸真何在? 某甲無對。師曰:上座却回,向和尚道,某甲道得也。和尚問作麼生道? 但曰眼裏耳裏鼻裏,僧回一如所教。溈曰:脱空謾語漢,此是五百人善知識語。

師卧次,夢入彌勒内院衆堂中,諸位皆足,惟第二位空,師遂就座。有一尊者白槌曰:今當第二座説法。師起,白槌曰:摩訶衍法,離四句絶百非,諦聽諦聽,衆皆散去。及覺舉似溈,溈曰:子已入聖位,師便禮拜。

師侍溈行次,忽見前面塵起,溈曰:面前是甚麼? 師近前看了,却作此束相,溈點頭。

溈山示衆曰:一切衆生皆無佛性。鹽官示衆曰:一切衆生皆有佛性。鹽官有二僧往探問,既到溈山,聞溈山舉揚莫測其涯,若生輕慢,因一日與師言話次,乃勸曰:師兄須是勤學佛法,不得容易。師乃作此〇相以手拓呈了,却抛向背後,遂展兩手,就二僧索,二僧罔措。師曰:吾兄直須勤學,佛法不得容易.便起去。時二僧却回。鹽官行三十里,一僧忽然有省,乃曰當知溈山道一切衆生,皆無佛性,信之不錯,便回溈山。一僧更前行數里,因過水,忽然有省,自歎曰:溈山道一切衆生皆無佛性,灼然有,他怎麼道,亦回溈山,久依法席。

溈山同師牧牛次,溈曰:此中還有菩薩也無? 師曰:有。溈曰:汝見那箇是,試指出看? 師曰:和尚疑那箇不是,試指出看? 溈便休。

師送果子上溈山,溈接得,問子甚麼處得來? 師曰:家園底。溈曰:堪喫也未? 師曰:未敢嘗先,獻和尚。溈曰:是阿誰底? 師曰:慧寂底。溈曰:既是子底,因甚麼教我先嘗? 師曰:和尚嘗千嘗萬。溈便喫曰:猶帶酸澀在。師曰:酸澀莫非自知? 溈不答。

赤干行者聞鐘聲，乃問有耳打鐘，無耳打鐘？師曰：汝但問，莫愁我答不得？干曰：早箇問了也。師喝曰：去。

師夏末問訊溈山次，溈曰：子一夏不見上來，在下面作何所務？師曰：某甲在下面鉏得一片畬，下得一籮種。溈曰：子今夏不虛過。師却問：未審和尚一夏之中作何所務？溈曰：日中一食，夜後一寢。師曰：和尚今夏亦不虛過，道了乃吐舌。溈曰：寂，子何得自傷己命。

溈山一日見師來，即以兩手相交過，各撥三下，却豎一指；師亦以兩手相交過，各撥三下，却向脅仰，一手覆一手，以目瞻視溈山休去。

溈山餂鴉生飯，回頭見師曰，今日爲伊上堂一上。師曰：某甲隨例得聞。溈曰：聞底事作麼生？師曰：鴉作鴉鳴，鵲作鵲噪。溈曰：爭奈聲色何？師曰：和尚適來道甚麼？溈曰：我祇道爲伊上堂一上。師曰：爲甚麼喚作聲色？溈曰：雖然如此，驗過也無妨。師曰：大事因緣又作麼生驗？溈豎起拳，師曰：終是指東畫西。溈曰：子適來問甚麼？師曰：問和尚大事因緣。溈曰：爲甚麼喚作指東畫西？師曰：爲著聲色故，某甲所以問過。溈曰：並未曉了此事。師曰：如何得曉了此事？溈曰：寂子聲色，老僧東西。師曰：一月千江，體不分水。溈曰：應須與麼始得？師曰：如金與金，終無異色，豈有異名？溈曰：作麼生是無異名底道理？師曰：瓶盤釵釧劵盂盆。溈曰：寂子說禪如師子吼，驚散狐狼野干之屬。

師後開法王莽山，問僧近離甚處？曰廬山。師曰：曾到五老峯麼？曰：不曾到。師曰：闍黎不曾遊山。雲門云：此語皆爲慈之悲，故有落草之談。

上堂，汝等諸人，各自回光返照，莫記吾言，汝無始劫來，背明投暗，妄想根深，卒難頓拔，所以假設方便，奪汝粗識，如將黃葉止啼，有甚麼是處，亦如人將百種貨物，與金寶作一鋪貨賣，祇擬輕重來機，所以道石頭是真金鋪，我這裏是雜貨鋪，有人來覓鼠糞，我亦拈與他，來覓真金，我亦拈與他。時有僧問：鼠糞卽不要，請和尚真金。師曰：齧鏃擬開口，驢年亦不會，僧無對。師曰：索喚則有交易，不索喚則無我，若說禪宗，身邊要一人相伴亦無，豈況有五百七百衆邪！我若東說西說，則爭頭向前采拾，如將空拳誑小兒，都無實處，我今分明向汝說聖邊事，且莫將心湊泊，但向自己性海，如實而修，不要三明六通，何以故？此是聖末邊事，如今且要識心達本，但得其本，不愁其末，他時後日，自具去在，若未得本，縱饒將情學他亦不得，汝豈不見潙山和尚云：凡聖情盡，體露真常，事理不二，卽如如佛。問如何是祖師意？師以手於空作此⑩相示之，僧無語。

師謂第一座曰：不思善不思惡，正恁麼時，作麼生？座曰：正恁麼時是某甲放身命處。師曰：何不問老僧？座曰：正恁麼時不見有和尚？師曰：扶吾教不起。

師因歸潙山省覲。潙問：子既稱善知識，爭辨得諸方來者，知有不知有，有師承無師承，是義學是玄學，子試說看。師曰：慧寂有驗處，但見僧來。便竪起拂子，問伊諸方還說這箇不說。又曰：這箇且置諸方，老宿意作麼生？潙嘆曰：此是從上宗門中牙爪。潙問：大地衆生業識，茫茫無本可據，子作麼生知他有之與無？師曰：慧寂有驗處。

時有一僧從面前過，師召曰：闍黎，僧回首，師曰：和尚這箇便是業識茫茫，無本可據。潙曰：此是師子一滴乳，迸散六斛驢乳。師問僧甚處來？曰：幽州。師曰：我恰要箇幽州信，米作麼價？曰：某甲來時，無端從市中過，踏折他橋梁，師便休。

師見僧來，竪起拂子，僧便喝。師曰：喝卽不無，且道老僧過在甚麼處？曰：和尚不合將境示人。師便打。

有梵僧從空而至，師曰：近離甚處？曰：西天。師曰：幾時離彼？曰：今早。師曰：何太遲生？曰：遊山翫水。師曰：神通遊戲則不無，闍黎佛法須還老僧始得。曰：特來東土禮文殊却遇小釋迦，遂出梵書貝多葉，與師作禮乘空而去，自此號小釋迦。

師住東平時，潙山令僧送書并鏡與師。師上堂提起示衆曰：且道是潙山鏡東平鏡，若道是東平鏡又是潙山送來，若道是潙山鏡又在東平手裏，道得則留取，道不得則撲破去也。衆無語，師遂撲破，便下座。

僧參次，便問和尚還識字否，師曰：隨分。僧以手畫此〇相拓呈，師以衣袖拂之，僧又作此〇相拓呈，師以兩手作背拋勢，僧以目視之，師低頭，僧遶師一匝，師便打，僧遂出去。師坐次，有僧來作禮，師不顧，其僧乃問師識字否？師曰：隨分。僧乃右旋一匝，曰：是甚麼字？師於地上書十字酬之。僧又左旋一匝，曰是甚字？師改十字作卍字。僧畫此〇相以兩手拓如脩羅掌日月勢，曰：是甚麼字？師乃畫此㊉相對之。僧乃作婁至德勢，師曰：如是如是，此是諸佛之所護念，汝亦如是，吾亦如是，善自護持，其僧禮謝騰空而去。

時有一道者見，經五日後遂問師，師曰：汝還見否？道者曰：某甲見出門騰空而去。師曰：此是西天羅漢，故來探吾道。道者曰：某雖覩種種三昧，不辨其理。師曰：吾以義爲汝解釋，此是八種三昧，是覺海變爲義海，體則同然，此義合有因有果，即時異時，總別不離隱身三昧也。師問：僧近離甚處？曰：南方。師舉挂杖曰：彼中老宿還說這箇麼？曰：不說。師曰：既不說這箇，還說那箇否？曰：不說。師召大德，僧應諾。師曰：參堂去，僧便出。師復召曰：大德，僧回首。師曰：近前來，僧近前，師以挂杖頭上點一下，曰：去。

　　劉侍御問：了心之旨可得聞乎？師曰：若要了心，無心可了，無了之心，是名真了。

　　師一日在法堂上坐，見一僧從外來，便問訊了，向東邊叉手立，以目視師，師乃垂下左足，僧却過西邊叉手立，師垂下右足，僧向中間叉手立，師收雙足，僧禮拜。師曰：老僧自住此，未曾打着一人，拈拄杖便打，僧便騰空而去。

　　陸希聲相公欲謁師，先作此○相封呈，師開封，於相下面書云：不思而知落第二頭，思而知之落第三首，遂封回。韋宙相公機語相似，兹不重出。公見即入山，師乃門迎，公纔入門，便問三門俱開，從何門入？師曰：從信門入。公至法堂，又問不出魔界便入佛界時如何？師以拂子倒點三下，公便設禮。又問和尚還持戒否？師曰：不持戒。曰：還坐禪否？師曰：不坐禪。公良久，師曰會麼？曰：不會。師曰：聽老僧一頌：滔滔不持戒，兀兀不坐禪，釅茶三兩椀，意在钁頭邊。師却問：承聞相公看經得悟是否？曰：弟子因看涅槃經，有云：不斷煩惱而入涅槃，得箇安樂處。師竪起拂子，曰：秖如這箇作麼生入？曰：入之一字，也不消得。師曰：入之一字，不爲相公，公便起去。法燈云：上座且道入之一字爲甚麼？人又云：相公且莫煩惱。

　　龐居士問：久嚮仰山到來，爲甚麼却覆？師竪起拂子，士曰：恰是。師曰：是仰是覆？士乃打露柱曰：雖然無人，也要露柱證明。師擲拂子曰：若到諸方，一任舉似。師指雪師子問衆，有過得此色者？麼衆無對。雲門云：當時便好與推倒。

　　師問雙峰，師弟近日見處如何？曰據某見處，實無一法可當情。師曰：汝解猶在境。曰：某秖如此，師兄又如何？師曰：汝豈不知無一法可當情者。潙山聞曰：寂子一句，疑殺天下人。玄覺云：經道實無有法，然燈佛與我授記，他道實無，一法可當情，爲甚麼道解猶在境，且道利害在甚麼處。

師臥次，僧問曰：身還解說法也無？師曰：我說不得，別有一人說得。曰：說得底人在甚麼處？師推出枕子。溈山聞曰：寂子用劍刃上事。

師閉目坐次，有僧潛來身邊立，師開目於地上作此⊛相顧視其僧，僧無語。師携拄杖行次，僧問和尚手中是甚麼？師便拈向背後曰：見麼？僧無對。師問一僧，汝會甚麼？曰：會卜。師提起拂子曰：這箇六十四卦中阿那卦收？僧無對。師自代云：適來是雷天大壯，如今變爲地火明夷。問僧名甚麼？曰靈通。師曰：便請入燈籠。曰：早箇入了也。法眼別云：喚甚麼作燈籠。

問古人道，見色便見心，禪牀是色，請和尚離却色，指學人心。師曰：那箇是禪牀，指出來看，僧無語。玄覺云：忽然被伊却指禪牀作麼生對伊？有僧云：却請和尚道。玄覺代拊掌三下。

問：如何是毗盧師？師乃叱之。僧曰：如何是和尚師？師曰：莫無禮。

師共一僧語，旁有僧曰：語底是文殊，默底是維摩。師曰：不語不默底莫是汝否？僧默然。師曰：何不現神通？曰：不辭現神通，祇恐和尚收作教。師曰：鑒汝來處未有教外底眼。問天堂地獄相去幾何？師將拄杖畫地一畫。

師住觀音時出牓云：看經次，不得問事。有僧來問訊，見師看經，旁立而待。師卷却經，問會麼？曰：某甲不看經，爭得會？師曰：汝已後會去在。其僧到巖頭，頭問甚處來？曰：江西觀音來。頭曰：和尚有何言句？僧舉前話，頭曰：這箇老師，我將謂被故紙埋却，元來猶在。

僧思鄴問禪宗頓悟，畢竟入門的意如何？師曰：此意極難，若是祖宗門下上根上智，一聞千悟，得大揔持，其有根微智劣，若不安禪靜慮，到這裏揔須茫然。曰：除此一路，別更有入處否？師曰：

有。曰：如何即是。師曰：汝是甚處人？曰：幽州人。師曰：汝還思彼處否？曰：常思。師曰：能思者是心，所思者是境，彼處樓臺林苑，人馬駢闐，汝反思底還有許多般也無？曰：某甲到這裏，總不見有。師曰：汝解猶在心，信位即得，人位未在。曰：除却這箇，別更有意也無？師曰：別有別無，即不堪也。曰：到這裏作麼生即是？師曰：據汝所解，祇得一玄，得坐披衣，向後自看，鄧禮謝之。

師接機利物，爲宗門標準，再遷東平，將順寂，數僧侍立，師以偈示之曰：一二二三子，平目復仰視，兩口一無舌，即是吾宗旨。至日午陞座辭衆，復説偈曰：年滿七十七，無常在今日，日輪正當午，兩手攀屈膝。言訖，以兩手抱膝而終。閱明年，南塔涌禪師遷靈骨歸仰山，塔于集雲峯下，諡智通禪師妙光之塔。

（以上選自卷九）

四、羅漢琛禪師法嗣（法眼宗文益）

金陵清涼院文益禪師，餘杭魯氏子。七歲依新定智通院全偉禪師落髮，弱齡稟具於越州開元寺，屬律匠希覺師，盛化于明州鄮山育王寺，師往預聽習，究其微旨。復傍探儒典，遊文雅之場，覺師目爲我門之游夏也。

師以玄機一發，雜務俱捐，振錫南邁，抵福州參長慶，不大發明。後同紹修法進三人，欲出嶺，過地藏院阻雪，少憩，附爐次。藏問：此行何之？師曰：行脚去。藏曰：作麼生是行脚事？師曰：不知。藏曰：不知最親切。又同三人舉肇論，至天地與我同根處，藏曰：山河大地，與上座自己，是同是別？師曰：別。藏豎起兩指，師曰：同。藏又豎起兩指，便起去。雪霽辭去，藏門送之。問曰：上座尋常説三界唯心，萬法唯識，乃指庭下片石曰：且道此石在心內在心外？師曰：在心內。藏曰：行脚人著甚麼來由安片石在心頭。師窘無以對。卽放包依席下,求決擇。近一月餘,日呈見解,説道理。藏語之曰:佛法不恁麼。師曰:某甲詞窮理絶也。藏曰:若論佛法,一切見成。師於言下大悟,因議留止。

進師等以江表叢林,欲期歷覽,命師同往。至臨川,州牧請住崇壽院。開堂日,中坐茶筵未起時,僧正白師曰:四衆已圍繞和尚法座了也。師曰:衆人却參真善知識。少頃陞座,僧問:大衆雲集,請師舉唱。師曰:大衆久立。乃曰:衆人既盡在此,山僧不可無言,與大衆舉一古人方便,珍重,便下座。子方上座自長慶來,師舉長慶偈問曰:作麼生是萬象之中獨露身?子方舉拂子。師曰:恁麼會又爭得。曰:和尚尊意如何?師曰:喚甚麼作萬象?曰:古人不撥萬象。師曰:萬象之中獨露身,説甚麼撥不撥。子方豁然悟解,述偈投誠。自是諸方會下,有存知解者,翕然而至,始則行行如也。師微以激發,皆漸而服膺,海參之衆,常不減千計。

上堂,大衆立久,乃謂之曰:祇恁麼,便散去,還有佛法,道理也無?試説看。若無,又來這裏作麼?若有,大市裏人叢處亦有,何須到這裏?諸人各曾看還源觀,百門義海,華嚴論,涅槃經,諸多策子,阿那箇教中有這箇時節?若有,試舉看。莫是恁麼經裏有恁麼語,是此時節麼?有甚麼交涉,所以道微言滯於心首。嘗爲緣慮之場,實際居於目前,翻爲名相之境,又作麼得翻去,若也翻去,又作麼生得正夫(按應作"去"),還會麼?莫祇恁麼念策子,有甚麼用處。

僧問:如何披露,卽得與道相應?師曰:汝幾時披露,卽與道不相應。問:六處不知音時如何?師曰:汝家眷屬一羣子。師又曰:作麼生會,莫道恁麼來問,便是不得汝道,六處不知音,眼處不知音,耳處不知音。若也根本是有爭解無得。古人道,離聲色著聲色,離名字著名字,所以無想天修得,經八萬大劫,一朝退墮,諸事

儼然，蓋爲不知根本眞實，次第修行，三生六十劫四生一百劫。如
是直到三祇果滿，他古人猶道不如一念緣起無生，超彼三乘權學等
見。又，道彈指圓成八萬門，刹那滅却三祇劫也，須體究若如此用
多少氣力。

　　僧問：指即不問，如何是月？師曰：阿那箇是汝不問底指？又
僧問：月即不問如何是指？師曰：月。曰：學人問指，和尚爲甚麼對
月？師曰：爲汝問指。

　　江南國主，重師之道，迎住報恩禪院，署淨慧禪師。僧問：洪鐘
纔擊，大衆雲臻，請師如是。師曰：大衆會何似汝會。問：如何是古
佛家風？師曰：甚麼處看不足。問：十二時中，如何行履即得與道
相應？師曰：取捨之心成巧僞。問：古人傳衣當記何人？師曰：汝
甚麼處見古人傳衣？問：十方賢聖皆入此宗，如何是此宗？師曰：
十方賢聖皆入。問：如何是佛向上人？師曰：方便呼爲佛。問：如
何是學人一卷經？師曰：題目甚分明。問：聲色兩字甚麼人透得？
師却謂衆曰：諸上座且道這箇僧還透得也未？若會此僧問處，透聲
色也不難。問：求佛知見，何路最徑？師曰：無過此。問：瑞草不凋
時如何？師曰：謾語。問：大衆雲集，請師頓決疑網。師曰：寮舍內
商量，茶堂內商量？問：雲開見日時如何？師曰：謾語眞箇。問：如
何是沙門所重處？師曰：若有纖毫所重，即不名沙門。問：千百億
化身，於中如何是清淨法身？師曰：揔是。問：簇簇上來，師意如
何？師曰：是眼不是眼？問：全身是義，請師一決。師曰：汝義
自破。

　　問：如何是古佛心？師曰：流出慈悲喜捨。問：百年暗室，一燈
能破，如何是一燈？師曰：論甚麼百年。問：如何是正眞之道？師
曰：一願也教汝行，二願也教汝行。問：如何是一眞之地？師曰：地
則無一眞。曰：如何卓立？師曰：轉無交涉。問：如何是古佛？師

曰：即今也無嫌疑。問：十二時中，如何行履？師曰：步步踏著。問：古鏡未開，如何顯照？師曰：何必再三。問：如何是諸佛玄旨？師曰：是汝也有。問：承教有言從無住本立一切法，如何是無住本？師曰：形興未質名起未名。問：亡僧衣衆人唱，祖師衣甚麼人唱？師曰：汝唱得亡僧甚麼衣？問：蕩子還鄉時如何？師曰：將甚麼奉獻？曰：無有一物。師曰：日給作麼生？

師後住清涼，上堂曰：出家人但隨時及節便得，寒即寒熱即熱，欲知佛性義，當觀時節因緣，古今方便不少。不見石頭和尚因看肇論云：會萬物爲己者，其唯聖人乎？他家便道聖人無己，靡所不己有，一片言語喚作參同契。末上云：竺土大僊心，無過此語也，中間也祇隨時説話。上座今欲會萬物爲自己去，蓋爲大地無一法可見。他又囑云：光陰莫虛度。適來向上座道：但隨時及節便得，若也移時失候，即是虛度光陰，於非色中作色解。上座於非色中作色解，即是移時失候。且道色作非色解，還當不當？上座若恁麼會，便是沒交涉，正是癡狂兩頭走，有甚麼用處。上座但守分，隨時過好，珍重。

僧問：如何是清涼家風？師曰：汝到別處，但道到清涼來。問：如何得諸法無當去？師曰：甚麼法當著？上座曰：争奈日夕何。師曰：閑言語。問：觀身如幻化，觀内亦復然時如何？師曰：還得恁麼也無。問：要急相應，唯言不二，如何是不二之言？師曰：更添些子得麼？問：如何是法身？師曰：這箇是應身。問：如何是第一義？師曰：我向你道是第二義。

師問修，山主毫氂有差，天地懸隔，兄作麼生會？修曰：毫氂有差，天地懸隔。師曰：恁麼會又争得。修曰：和尚如何？師曰：毫氂有差，天地懸隔，修便禮拜。東禪齊云：山主恁麼，祇對爲甚麼，不肯及乎。再請益，法眼亦祇恁麼道，便得去。且道疑訛在甚麼處？若看得透道，上座有來由。

師與悟空禪師向火，拈起香匙，問曰：不得喚作香匙，兄喚作甚麼？空曰：香匙。師不肯。空後二十餘日，方明此語。

僧參次，師指簾時有二僧同去捲，師曰：一得一失。東禪齊云：上座作麼生會？有云：爲伊不明旨便去捲簾，亦有道指者卽會，不指而去者卽失，恁麼會還可不可？既不許恁麼會，且問上座阿那箇得，阿那箇失？

雲門問：僧甚處來？曰：江西來。門曰：江西一隊老宿瘝語住也未？僧無對。後僧問師：不知雲門意作麼生？師曰：大小雲門，被這僧勘破。問：僧甚處來？曰：道場來。師曰：明合暗合，僧無語。

師令僧取土添蓮盆。僧取土到。師曰：橋東取橋西取？曰：橋東取。師曰：是真實是虛妄？

問：僧甚處來？曰：報恩來。師曰：衆僧還安否？曰安。師曰：喫茶去。

問：僧甚處來？曰泗州，禮拜大聖來。師曰：今年大聖出塔否？曰：出。師却問傍僧曰：汝道伊到泗州不到？

師問寶資長老，古人道，山河無隔礙，光明處處透，且作麼生是處處透底光明。資曰：東畔打羅聲。歸宗柔別云：和尚擬隔礙。

師指竹問僧：還是麼？曰：見。師曰：竹來眼裏，眼到竹邊。曰：揔不恁麼。法燈別云：當時但蹩眼向師。歸宗柔別云：和尚秪是不信某甲。

有俗士獻畫障子，師看了，問曰：汝是手巧心巧？曰心巧。師曰：那箇是汝心？士無對。歸宗柔代云：某甲今日却成容易。

僧問如何是第二月？師曰：森羅萬象。曰：如何是第一月？師曰：萬象森羅。

上堂，盡十方世界皎皎地，無一絲頭，若有一絲頭，卽是一絲頭。法燈云：若有一絲頭，不是一絲頭。

師指凳子曰：識得凳子，周匝有餘。雲門云：識得凳子，天地懸殊。

僧問：如何是塵劫來事？師曰：盡在于今。

師因患脚，僧問訊次，師曰：非人來時不能動，及至人來動不得。且道佛法中，下得甚麼語。曰：和尚且喜得較，師不肯，自別云：和尚今日似減。

因開井被沙塞却泉眼，師曰：泉眼不通被沙礙，道眼不通被甚麼礙？僧無對。師代曰：被眼礙。

師見僧般土次，乃以一塊土放僧擔上，曰：吾助汝，僧曰：謝和尚慈悲。師不肯，一僧別云：和尚是甚麼心行，師便休去。

師謂小兒子曰：因子識得你爺，你爺名甚麼？兒無對。法燈代云：但將衣袖掩面。師却問僧：若是孝順之子，合下得一轉語，且道合下得甚麼語？僧無對。師代曰：他是孝順之子。

師問講百法論僧曰：百法是體用雙陳，明門是能所兼舉，座主是能，法座是所，作麼生説兼舉？有老宿代云：某甲喚作箇法座。歸宗柔云：不勞和尚如此。

師一日，與李王論道罷，同觀牡丹花，王命作偈，師卽賦曰：擁毳對芳叢，由來趣不同，髮從今日白，花是去年紅，艷冶隨朝露，馨香逐晚風，何須待零落，然後始知空。王頓悟其意。

師頌三界唯心曰：三界唯心，萬法唯識，唯識唯心，眼聲耳色，色不到耳，聲何觸眼，眼色耳聲，萬法成辦，萬法匪緣，豈觀如幻，山河大地，誰堅誰變。頌華嚴六相義曰：華嚴六相義，同中還有異，異若異於同，全非諸佛意，諸佛意總別，何曾有同異？男子身中入定時，女子身中不留意，不留意，絶名字，萬象明明無理事。

師緣被於金陵，三坐大道場，朝夕演旨，時諸方叢林，咸遵風化，異域有慕其法者，涉遠而至，玄沙正宗中興於江表。師調機順物，斥滯磨昏，凡舉諸方三昧，或入室呈解，或叩激請益，皆應病與藥，隨根悟入者不可勝紀。

周顯德五年戊午七月十七日示疾，國主親加禮問。閏月五日剃髮澡身，告衆訖，跏趺而逝，顏貌如生，壽七十有四，臘五十四。城下諸寺院，具威儀迎引，公卿李建勳以下素服奉全身於江寧縣丹陽起塔，謚大法眼禪師，塔曰無相。後李主創報慈院，命師門人玄覺言導師開法，再謚師大智藏大導師。

(以上選自卷九)

五、黄檗運禪師法嗣(臨濟宗義玄)

鎮州臨濟義玄禪師，曹州南華邢氏子，幼負出塵之志，及落髮進具，便慕禪宗。

初在黄檗會中，行業純一。時睦州爲第一座，乃問上座在此多少時？師曰：三年。州曰：曾參問否？師曰：不曾參問，不知問箇甚麽？州曰：何不問堂頭和尚，如何是佛法的的大意？師便去問，聲未絕，檗便打。師下來，州曰：問話作麽生？師曰：某甲問聲未絕，和尚便打，某甲不會。州曰：但更去問。師又問，檗又打，如是三度問，三度被打。師白州曰：早承激勸問法，累蒙和尚賜棒，自恨障緣，不領深旨，今且辭去。州曰：汝若去，須辭和尚了去。師禮拜退。州先到黄檗處曰：問話上座，雖是後生，却甚奇特，若來辭，方便接伊，已後爲一株大樹，覆蔭天下人去在。師來日辭黄檗，檗曰：不須他去，祗往高安灘頭參大愚，必爲汝說。師到大愚，愚曰：甚處來？師曰：黄檗來。愚曰：黄檗有何言句？師曰：某甲三度問佛法的的大意，三度被打，不知某甲有過無過？愚曰：黄檗與麽老婆心切，爲汝得徹困，更來這裏問有過無過。師於言下大悟，乃曰：元來黄檗佛法無多子。愚搊住曰：這尿牀鬼子，適來道有過無過，如今却道黄檗佛法無多子，你見箇甚麽道理，速道速道。師於大愚肋下築三拳，愚拓開曰：汝師黄檗，非干我事。師辭大愚，却回黄檗，檗見便

問，這漢來來去去，有甚了期？師曰：祇爲老婆心切，便人事了，侍
立。蘗問：甚處去來。師曰：昨蒙和尚慈旨，令參大愚去來。蘗曰：
大愚有何言句？師舉前話。蘗曰：大愚老漢饒舌，待來痛與一頓。
師曰：説甚待來，即今便打。隨後便掌。蘗曰：這風顛漢來這裏捋
虎鬚。師便喝。蘗喚侍者曰：引這風顛漢參堂去。潙山舉問仰山，臨
濟當時得大愚力，得黃蘗力？仰云：非但騎虎頭，亦解把虎尾。

　　黃蘗一日普請次，師隨後行，蘗回頭見師空手，乃問钁在何處？
師曰：有一人將去了也。蘗曰：近前來，共汝商量箇事。師便近前，
蘗竪起钁曰：祇這箇，天下人拈掇不起。師就手掣得，竪起曰：爲甚
麼却在某甲手裏？蘗曰：今日自有人普請，便回寺。仰山侍潙山次，潙
舉此話未了，仰便問钁在黃蘗手裏，爲甚麼却被臨濟奪却？潙云：賊是小人，智過君子。

　　師普請鋤地次，見黃蘗來拄钁而立，蘗曰：這漢困那，師曰：钁
也未舉，困箇甚麼。蘗便打。師接住棒，一送送倒。蘗呼維那，扶起我
來。維那扶起曰，和尚争容得這風顛漢無禮？蘗纔起便打維那。
師钁地曰：諸方火葬，我這裏活埋。潙山問仰山，黃蘗打維那意作麼生？仰
云：正賊走却，邏贓人喫棒。

　　師一日在僧堂裏睡，蘗入堂見以拄杖打板頭一下，師舉首見是
蘗，却又睡，蘗又打板頭一下，却往上間，見首座坐禪，乃曰：下間後
生却坐禪，汝在這裏妄想作麼？座曰：這老漢作甚麼？蘗又打板頭
一下，便出去。潙山舉問仰山，祇如黃蘗意作麼生？仰云：兩彩一賽。

　　師栽松次，蘗曰：深山裏栽許多松作甚麼？師曰：一與山門作
境致，二與後人作標牓，道了將钁頭柾地三下。蘗曰：雖然如是，子
已喫吾三十棒了也。師又柾地三下，噓一噓。蘗曰：吾宗到汝，大興
於世。潙山舉問仰山，黃蘗當時祇囑臨濟一人，更有人在？仰云：有，祇是年代深遠，
不欲舉似和尚。潙云：雖然如是，吾亦要知，汝但舉看。仰云：一人指南，吳越令行，遇
大風即止。

黃蘗因入厨下，問飯頭作甚麼？頭曰：揀衆僧飯米。蘗曰：一頓喫多少？頭曰：二石五。蘗曰：莫太多麼？頭曰：猶恐少在。蘗便打。頭舉似師。師曰：我與汝勘這老漢。纔到侍立，蘗舉前話，師曰：飯頭不會，請和尚代一轉語。蘗曰：汝但舉。師曰：莫太多麼？蘗曰：來日更喫一頓。師曰：説甚麼來日，即今便喫。隨後打一掌。蘗曰：這風顛漢又來這裏捋虎鬚。師喝一喝，便出去。溈山舉問仰山，此二尊宿意作麼生？仰山云：和尚作麼生？溈山云：養子方知父慈。仰山云：不然。溈山云：子又作麼生？仰山云：大似勾賊破家。

師半夏上黃蘗山，見蘗看經，師曰：我將謂是箇人，元來是唵或作揞黑豆老和尚。住數日乃辭。蘗曰：汝破夏來，何不終夏去。師曰：某甲暫來禮拜和尚。蘗便打，趁令去。師行數里，疑此事，却回。終夏後又辭蘗，蘗曰：甚處去？師曰：不是河南，便歸河北。蘗便打，師約住與一掌。蘗大笑，乃喚侍者將百丈先師禪板几案來。師曰：侍者將火來。蘗曰：不然，子但將去，已後坐斷天下人舌頭去在。

師到達摩塔頭，塔主問：先禮佛先禮祖？師曰：祖佛俱不禮。主曰：祖佛與長老有甚冤家？師拂袖便出。

師爲黃蘗馳書至溈山與仰山語次，仰曰：老兄向後北去有箇住處。師曰：豈有與麼事？仰曰：但去，已後有一人佐輔汝，此人秖是有頭無尾，有始無終。懸記普化。

師後住鎮州臨濟，學侶雲集。一日謂普化克符二上座曰：我欲於此建立黃蘗宗旨，汝且成褫我，二人珍重，下去。三日後普化却上來問：和尚三日前説甚麼？師便打。三日後克符上來問，和尚前日打普化作甚麼？師亦打。至晚小參曰：有時奪人不奪境，有時奪境不奪人，有時人境兩俱奪，有時人境俱不奪。問答語具克符章。

僧問：如何是真佛、真法、真道，乞師開示？師曰：佛者心清淨是，法者心光明是，道者處處無礙淨光是。三卽一，皆是空名而無實有，如真正作道人，念念心不間斷。自達磨大師從西土來，秪是覓箇不受人惑底人。後遇二祖，一言便了，始知從前虛用工夫。山僧今日見處，與祖佛不別。若第一句中薦得，堪與祖佛爲師，若第二句中薦得，堪與人天爲師；若第三句中薦得，自救不了。僧便問：如何是第一句？師曰：三要印開朱點窄，未容擬議主賓分。曰：如何是第二句？師曰：妙解豈容無著問，漚和爭負截流機。曰：如何是第三句？師曰：但看棚頭弄傀儡，抽牽全藉裏頭人。乃曰：大凡演唱宗乘，一句中須具三玄門，一玄門須具三要，有權有實，有照有用，汝等諸人作麼生會？師謂僧曰：有時一喝如金剛王寶劍，有時一喝如踞地師子，有時一喝如探竿影草，有時一喝不作一喝用，汝作麼生會？僧擬議。師便喝。

示衆：參學之人，大須子細，如賓主相見，便有言論往來，或應物現形，或全體作用，或把機權喜怒，或現半身，或乘師子，或乘象王。如有真正學人，便喝先拈出一箇膠盆子，善知識不辨是境，便上他境上作模作樣，便被學人又喝，前人不肯放下，此是膏肓之病，不堪醫治，喚作賓看主。或是善知識不拈出物，秪隨學人問處卽奪，學人被奪抵死不肯放，此是主看賓。或有學人應一箇清淨境出善知識前，知識辨得是境，把得拋向坑裏，學人言大好善知識，知識卽云咄哉！不識好惡，學人便禮拜，此喚作主看主。或有學人披枷帶鎖，出善知識前，知識更與安一重枷鎖，學人歡喜，彼此不辨，喚作賓看賓。大德，山僧所舉，皆是辨魔揀異知其邪正。

師問洛浦，從上來一人行棒，一人行喝，阿那箇親？曰：惣不親。師曰：親處作麼生？浦便喝，師乃打。

上堂，有一人論劫在途中，不離家舍，有一人離家舍，不在途中，那箇合受人天供養？師問：院主，甚處去來？曰：州中糶黃米來。師曰：羅得盡麽？主曰：羅得盡。師以拄杖畫一畫，曰：還羅得這箇麽？主便喝，師便打。典座至，師舉前話，座曰：院主不會和尚意。師曰：你又作麽生？座禮拜，師亦打。

上堂，一人在孤峯頂上無出身路，一人在十字街頭亦無向背，且道那箇在前，那箇在後？不作維摩詰，不作傅大士，珍重。有一老宿參便問：禮拜卽是，不禮拜卽是？師便唱，宿便拜。師曰：好箇草賊。宿曰：賊，賊，便出去。師曰：莫道無事好。時首座侍立，師曰：還有過也無？座曰：有。師曰：賓家有過，主家有過？曰：二俱有過。師曰：過在甚麽處？座便出去，師曰：莫道無事好。南泉聞云：官馬相踏。

師到京行化，至一家門首曰：家常添鉢，有婆曰：太無厭生。師曰：飯也未曾得，何言太無厭生。婆便閉却門。

師陞堂，有僧出，師便喝，僧亦喝，便禮拜，師便打。

趙州游方到院，在後架洗脚次，師便問：如何是祖師西來意？州曰：恰遇山僧洗脚。師近前作聽勢，州曰：會卽便會，啗啄作什麽？師便歸方丈。州曰：三十年行脚，今日錯爲人下註脚。

問：僧甚處來？曰：定州來，師拈棒，僧擬議，師便打，僧不肯。師曰：已後遇明眼人去在。僧後參三聖，纔舉前話，三聖便打，僧擬議，聖又打。

師應機多用喝，會下參徒，亦學師喝。師曰：汝等揔學我喝，我今問汝：有一人從東堂出，一人從西堂出，兩人齊喝一聲，這裏分得賓主麽？汝且作麽生分？若分不得，已後不得學老僧喝。

示衆：我有時先照後用，有時先用後照，有時照用同時，有時照用不同時。先照後用有人在，先用後照有法在。照用同時，駈耕夫之牛，奪飢人之食，敲骨取髓，痛下針錐。照用不同時，有問有答，立賓立主，合水和泥，應機接物。若是過量，人向未舉，已前撩起便行,猶較些子。

師行脚時到龍光,值上堂師出,問不展鋒鋩,如何得勝?光據坐,師曰:大善知識,豈無方便?光瞪目曰:嗄。師以手指曰:這老漢今日敗缺也。

次到三峯平和尚處,平問甚處來?師曰:黃蘗來。平曰:黃蘗有何言句?師曰:金牛昨夜遭塗炭,直至如今不見蹤。平曰:金風吹玉管,那箇是知音?師曰:直透萬重關,不住青霄內。平曰:子這一問太高生。師曰:龍生金鳳子,衝破碧琉璃。平曰:且坐喫茶。又問:近離甚處?師曰:龍光。平曰:龍光近日如何?師便出去。

又往鳳林,路逢一婆子,婆問:甚處去?師曰:鳳林去。婆曰:恰值鳳林不在。師曰:甚處去?婆便行。師召,婆婆回首,師便行。一作師曰誰道不在。到鳳林,林曰:有事相借問得麼?師曰:何得剜肉作瘡。林曰:海月澄無影,遊魚獨自迷。師曰:海月既無影,遊魚何得迷。林曰:觀風知浪起,翫水野帆飄。師曰:孤蟾獨耀江山静,長嘯一聲天地秋。林曰:任張三寸揮天地,一句臨機試道看。師曰:路逢劍客須呈劍,不是詩人不獻詩,林便休。師乃有頌曰:大道絶同,任向西東,石火莫及,電光罔通。溈山問仰山,石火莫及,電光罔通,從上諸聖以何爲人?仰云:和尚意作麼生?溈云:但有言説,都無實義。仰云:不然。溈云:子又作麼生?仰云:官不容針,私通車馬。

麻谷問:十二面觀音,那箇是正面?師下禪床擒住曰:十二面觀音甚處去也,速道速道。谷轉身擬坐,師便打,谷接住棒,相捉歸方丈。

師問一尼,善來惡來?尼便喝,師拈棒曰:更道更道。尼又喝,師便打。

師一日拈鰗餅示洛浦曰:萬種千般,不離這箇,其理不二。浦曰:如何是不二之理?師再拈起餅示之。浦曰:與麼,則萬種千般也。師曰：屙屎見解。浦曰：羅公照鏡。

　　師見僧來，舉起拂子，僧禮拜，師便打。又有僧來，師亦舉拂子，僧不顧，師亦打。又有僧來參，師舉拂子，僧曰：謝和尚指示，師亦打。雲門代云：秖宜老漢。大覺云：得即得，猶未見臨濟機在。

　　麻谷問：大悲千手眼那箇是正眼？師搊住曰：大悲千手眼作麼生是正眼，速道速道。谷拽師下禪牀却坐，師問訊曰：不審。谷擬議，師便喝。拽谷下禪牀却坐，谷便出。

　　上堂，僧問：如何是佛法大意？師竪起拂子，僧便喝，師便打。又僧問：如何是佛法大意？師亦竪拂子，僧便喝，師亦喝，僧擬議，師便打。乃曰：大衆，夫爲法者不避喪身失命，我於黃蘗先師處，三度問佛法的的大意，三度被打，如蒿枝拂相似，如今更思一頓，誰爲下手？時有僧出曰：某甲下手。師度與拄杖，僧擬接，師便打。

　　同普化赴施主齋次，師問：毛吞巨海，芥納須彌，爲復是神通妙用，爲復是法爾如然？化趯倒飯牀，師曰：太粗生。曰：這裏是甚麼所在，説粗説細。次日又同赴齋，師復問：今日供養何似昨日？化又趯倒飯牀，師曰：得即得，太粗生。化喝曰：瞎漢，佛法説甚麼粗細，師乃吐舌。

　　師與王常侍到僧堂，王問這一堂僧還看經麼？師曰：不看經。曰：還習禪麼？師曰：不習禪。曰：既不看經，又不習禪，畢竟作箇甚麼？師曰：揔教伊成佛作祖去。曰：金屑雖貴，落眼成翳。師曰：我將謂你是箇俗漢。

　　師上堂次，兩堂首座相見，同時下喝。僧問師，還有賓主也無？師曰：賓主歷然。師召衆曰：要會臨濟賓主句，問取堂中二首座。

　　師後居大名府興化寺東堂，咸通八年丁亥四月十日將示滅，説傳法偈曰：沿流不止問如何，真照無邊説似他，離相離名人不稟，吹毛用了急須磨。復謂衆曰：吾滅後不得滅却吾正法眼藏。三聖出曰：争敢滅却和尚正法眼藏。師曰：已後有人問你，向他道甚麼？聖便喝。師曰：誰知吾正法眼藏，向這瞎驢邊滅却。言訖，端坐而逝。塔全身于府西北隅，謚慧照禪師，塔曰澄靈。

（以上選自卷一一）

六、雲巖晟禪師法嗣（曹洞宗良价）

瑞州洞山良价悟本禪師，會稽俞氏子。幼歲從師念般若心經，至無眼耳鼻舌身意處，忽以手抆面，問師曰：某甲有眼耳鼻舌等，何故經言無？其師駭然異之，曰：吾非汝師。卽指往五洩山，禮默禪師披剃。年二十一，詣嵩山具戒，遊方。

首詣南泉，值馬祖諱辰修齋，泉問衆曰：來日設馬祖齋，未審馬祖還來否？衆皆無對。師出對曰：待有伴卽來。泉曰：此子雖後生，甚堪雕琢。師曰：和尚莫壓良爲賤。

次參溈山，問：頃聞南陽忠國師有無情説法話，某甲未究其微。溈曰：闍黎莫記得麼？師曰：記得。溈曰：汝試舉一徧看。師遂舉，僧問如何是古佛心？國師曰：牆壁瓦礫是。僧曰：牆壁瓦礫豈不是無情？國師曰：是。僧曰：還解説法否？國師曰：常説熾然，説無間歇。僧曰：某甲爲甚麼不聞？國師曰：汝自不聞，不可妨他聞者也。僧曰：未審甚麼人得聞？國師曰：諸聖得聞。僧：和尚還聞否？國師曰：我不聞。僧曰：和尚既不聞，争知無情解説法？國師曰：賴我不聞，我若聞卽齊於諸聖，汝卽不聞我説法也。僧曰：恁麼則衆生無分去也。國師曰：我爲衆生説，不爲諸聖説。僧曰：衆生聞後如何？國師曰：卽非衆生。僧曰：無情説法，據何典教？國師曰：灼然言不該典，非君子之所談，汝豈不見華嚴經云：刹説衆生説三世一切説。師舉了，溈曰：我這裏亦有，祇是罕遇其人。師曰：某甲未明，乞師指示。溈竪起拂子，曰：會麼？師曰：不會，請和尚説。潙曰:父母所生口,終不爲子説。師曰:還有與師同時慕道者否?潙曰:此去澧陵攸縣石室相連,有雲巖道人,若能撥草瞻風,必爲子之所重。師曰:未審此人如何?潙曰:他曾問老僧,學人欲奉師去時如何,老僧對他道:直須絶滲漏始得。他道還得不違師旨也無?老僧道:第一不得道老僧在這裏。

師遂辭潙山,徑造雲巖。舉前因緣了,便問無情説法,甚麼人得聞?巖曰:無情得聞。師曰:和尚聞否?巖曰:我若聞,汝即不聞吾説法也。師曰:某甲爲甚麼不聞?巖豎起拂子,曰:還聞麼?師曰:不聞。巖曰:我説法汝尚不聞,豈況無情説法乎。師曰:無情説法,該何典教?巖曰:豈不見彌陁經云:水鳥樹林悉皆念佛念法。師於此有省,乃述偈曰:也大奇也大奇,無情説法不思議,若將耳聽終難會,眼處聞時方得知。

師問雲巖,某甲有餘習未盡。巖曰:汝曾作甚麼來?師曰:聖諦亦不爲。巖曰:還歡喜也未?師曰:歡喜則不無,如糞掃堆頭,拾得一顆明珠。師問雲巖,擬欲相見時如何?曰:問取通事舍人。師曰:見問次,曰:向汝道甚麼?

師辭雲巖,巖曰:甚麼處去?師曰:雖離和尚,未卜所止。曰:莫湖南去?師曰:無。曰:莫歸鄉去?師曰:無。曰:早晚却回。師曰:待和尚有住處即來。曰:自此一別,難得相見。師曰:難得不相見。臨行又問百年後。忽有人問:還邈得師真否,如何祇對?巖良久曰:祇這是。師沈吟,巖曰:价闍黎承當箇事,大須審細。師猶涉疑。後因過水睹影,大悟前旨。有偈曰:切忌從他覓,迢迢與我疎,我今獨自往,處處得逢渠,渠今正是我,我今不是渠,應須恁麼會,方得契如如。他日因供養雲巖真次,僧問:先師道祇這是莫便是否?師曰:是。曰:意旨如何?師曰:當時幾錯會先師意。曰:未審先師還知有也無?師曰:若不知有爭解,恁麼道若知有爭,肯恁麼道。長慶云: 既知有, 爲甚麼恁麼道。又云: 養子方知父慈。

師在渢潭見初首座, 有語曰: 也大奇也大奇, 佛界道界不思議。師遂問曰: 佛界道界卽不問, 祇如説佛界道界底是甚麼人？初良久無對。師曰: 何不速道。初曰: 争卽不得。師曰: 道也未曾道, 説甚麼争卽不得。初無對。師曰: 佛之與道, 俱是名言, 何不引教？初曰: 教道甚麼？師曰: 得意忘言。初曰: 猶將教意向心頭作病在。師曰: 説佛界道界底病大小？初又無對。次日忽遷化, 時稱師爲問殺首座。

价師自唐大中末於新豐山接誘學徒, 厥後盛化豫章高安之洞山, 權開五位, 善接三根, 大闡一音, 廣弘萬品, 橫抽寶劍, 剪諸見之稠林, 妙叶弘通, 截萬端之穿鑿。又得曹山深明的旨, 妙唱嘉猷, 道合君臣, 偏正回互, 由是洞上玄風, 播於天下, 故諸方宗匠, 咸共推尊之曰曹洞宗。

師因雲巖諱日營齋, 僧問: 和尚於雲巖處得何指示？師曰: 雖在彼中, 不蒙指示。曰: 既不蒙指示, 又用設齋作甚麼？師曰: 争敢違背他。曰: 和尚初見南泉, 爲甚麼却與雲巖設齋？師曰: 我不重先師道德佛法, 祇重他不爲我説破。曰: 和尚爲先師設齋, 還肯先師也無？師曰: 半肯半不肯。曰: 爲甚麼不全肯？師曰: 若全肯卽孤負先師也。

問: 欲見和尚本來, 師如何得見？師曰: 年牙相似, 卽無阻矣。僧擬進語, 師曰: 不躡前蹤, 別請一問, 僧無對。雲居代云: 恁麼則不見和尚本來師也。僧問長慶, 如何是年牙相似者？慶云: 古人恁麼道, 闍黎久向這裏覓箇甚麼？

問: 寒暑到來如何回避？師曰: 何不向無寒暑處去。曰: 如何是無寒暑處？師曰: 寒時寒殺闍黎, 熱時熱殺闍黎。

上堂, 還有不報四恩三有者麼？衆無對。又曰: 若不體此意,何超始終之患，直須心心不觸物，步步無處所，常無間斷，始得相應，直須努力，莫閑過日。

問：僧甚處來？曰：遊山來。師曰：還到頂麽？曰：到。師曰：頂上有人麽？曰：無人。師曰：怎麽則不到頂也。曰：若不到頂，爭知無人。師曰：何不且住？曰：某甲不辭住西天，有人不肯。師曰：我從來疑著這漢。

師與泰首座冬節喫果子次，乃問有一物上拄天，下拄地，黑似漆，常在動用中，動用中收不得，且道過在甚麽處？泰曰：過在動用中。同安顯別云：不知。師喚侍者，撥退果棹。

問：雪峯從甚處來？曰：天台來。師曰：見智者否？曰：義存喫鐵棒有分。

僧問：如何是西來意？師曰：大似駭雞犀。

問：蛇吞蝦蟇，救則是不救則是？師曰：救則雙目不睹，不救則形影不彰。

有僧不安，要見師，師遂往。僧曰：和尚何不救取人家男女？師曰：你是甚麽人家男女？曰：某甲是大闡提人家男女。師良久，僧曰：四山相逼時如何？師曰：老僧日前也向人家屋簷下過來。曰：回互不回互？師曰：不回互。曰：教某甲向甚處去？師曰：粟畬裏去。僧噓一聲曰：珍重，便坐脱。師以拄杖敲頭三下，曰：汝祇解與麽去，不解與麽來。

因夜參不點燈，有僧出問話退後。師令侍者點燈，乃召適來問話僧出來。其僧近前，師曰：將取三兩粉來與這箇上座，其僧拂袖而退，自此省發，遂罄捨衣資設齋。得三年，後辭師，師曰：善爲。時雪峯侍立，問曰：祇如這僧辭去幾時却來？師曰：他祇知一去，不解再來。其僧歸堂，就衣鉢下坐化。峯上報師，師曰：雖然如此，猶較老僧三生在。

雪峯上問訊，師曰：入門來須有語，不得道早箇入了也。峯曰：某甲無口。師曰：無口且從，還我眼來，峯無語。_{雲居別前語云：待某甲有口卽道。長慶別云：恁麼則某甲藴退。}

雪峯般柴次，乃於師面前拋下一束，師曰：重多少？峯曰：盡大地人提不起。師曰：争得到這裏？峯無語。

問僧甚處來？曰：三祖塔頭來。師曰：既從祖師處來，又要見老僧作甚麼？曰：祖師卽別，學人與和尚不別。師曰：老僧欲見闍黎本來師還得否？曰：亦須待和尚自出頭來始得。師曰：老僧適來暫時不在。

官人問：有人修行否？師曰：待公作男子卽修行。僧問：相逢不拈出，舉意便知有時如何？師乃合掌頂戴。問：僧作甚麼來？曰：孝順和尚來。師曰：世間甚麼物最孝順？僧無對。

上堂，有一人在千人萬人中，不背一人，不向一人，你道此人具何面目？雲居出曰：某甲參堂去。

師有時曰，體得佛向上事，方有些子語話分。僧問：如何是語話？師曰：語話時闍黎不聞。曰：和尚還聞否？師曰：不語話時卽聞。

問：如何是正問正答？師曰：不從口裏道。曰：若有人問，師還答否？師曰：也未曾問。

問：如何是從門入者非寶？師曰：便好休。

問：和尚出世幾人肯？師曰：並無一人肯。曰：爲甚麼並無一人肯？師曰：爲他箇箇氣宇如王師。

問講維摩經僧曰：不可以智知，不可以識識，喚作甚麼語？曰：讚法身語。師曰：喚作法身，早是讚也。

問：時時勤拂拭，爲甚麼不得他衣鉢，未審甚麼人合得？師曰：不入門者。曰：祇如不入門者還得也無？師曰：雖然如此，不得不與他。却又曰：直道本來無一物，猶未合得他衣鉢，汝道甚麼人合得？這裏合下得一轉語，且道下得甚麼語？時有一僧下九十六轉語，並不契，末後一轉，始愜師意。師曰：闍黎何不早恁麼道。別有一僧密聽，秖不聞末後一轉，遂請益其僧，僧不肯説。如是三年相從，終不爲舉。一日因疾，其僧曰：某三年請舉前話，不蒙慈悲，善取不得惡取去，遂持刀白曰：若不爲某舉，即殺上座去也。其僧悚然曰：闍黎且待我爲你舉。乃曰：直饒將來亦無處著，其僧禮謝。

有庵主不安，凡見僧便曰：相救相救，多下語不契。師乃去訪之，主亦曰相救。師曰：甚麼相救？主曰：莫是藥山之孫雲巖嫡子麼？師曰：不敢。主合掌曰：大家相送，便遷化。僧問：亡僧遷化向甚麼處去？師曰：火後一莖茆。

問師：尋常教學人行鳥道，未審如何是鳥道？師曰：不逢一人。曰：如何行？師曰：直須足下無私去。曰：秖如行鳥道，莫便是本來面目否？師曰：闍黎因甚顛倒？曰：甚麼處是學人顛倒？師曰：若不顛倒，因甚麼却認奴作郎？曰：如何是本來面目？師曰：不行鳥道。

師謂衆曰：知有佛向上人，方有語話分。僧問：如何是佛向上人？師曰：非佛。保福別云：佛非。法眼別云：方便呼爲佛。

師與密師伯過水，乃問過水事作麼生？伯曰：不濕脚。師曰：老老大大作這箇語話。伯曰：你又作麼生？師曰：脚不濕。

問：僧甚處去來？曰製鞋來。師曰：自解依他？曰：依他。師曰：他還指教汝也無？曰：允即不違。

僧問茱萸，如何是沙門行？萸曰：行則不無，有覺即乖。別有僧舉似師，師曰：他何不道未審是甚麼行？僧遂進此語。萸曰：佛行，佛行。僧回舉似師。師曰：幽州猶似可，最苦是新羅。東禪齊枯云：此語還有疑訛也，無若有，且道甚麼處，不得若無他，又道最苦是新羅，還點檢得出麼？他道行則不無，有覺卽乖，却令再問是甚麼行，又道佛行。那僧是會了問，不會了問，請斷看。

僧却問：如何是沙門行？師曰：頭長三尺，頸長二寸。師令侍者持此語問三聖然和尚，聖於侍者手上掐一掐，侍者回舉似師，師肯之。

師見幽上座來，遽起，向禪床後立，幽曰：和尚爲甚麼回避學人？師曰：將謂闍黎不見老僧？

問：如何是玄中又玄？師曰：如死人舌。

師洗鉢次，見兩烏爭蝦蟇，有僧便問：這箇因甚麼，到恁麼地？師曰：祇爲闍黎。

問：如何是毗盧師法身主？師曰：禾莖粟稈。問三身之中，阿那身不墮衆數？師曰：吾常於此切。僧問曹山先師道，吾常於此切意作麼生？山云：要頭便斫去。又問雪峯，峯以挂杖劈口打云：我亦曾到洞山來。

會下有老宿去雲巖回，師問：汝去雲巖作甚麼？宿曰：不會。師代曰：堆堆地。

師行脚時，會一官人，曰三祖信心銘弟子擬註。師曰：纔有是非紛然失心，作麼生註？法眼代云：恁麼則弟子不註也。

師看稻次，見朗上座牽牛，師曰：這箇牛須好看，恐傷人苗稼。朗曰：若是好牛應不傷人苗稼。

僧問：如何是青山白雲父？師曰：不森森者是。曰：如何是白雲青山兒？師曰：不辨東西者是。曰：如何是白雲終日倚？師曰：去離不得。曰：如何是青山總不知？師曰：不顧視者是。

問：清河彼岸是甚麼草？師曰：是不萌之草。

師作五位君臣頌曰：正中偏三更，初夜月明前，莫怪相逢不相識，隱隱猶懷舊日嫌。偏中正失曉，老婆逢古鏡，分明覿面別無真，休更迷頭猶認影。正中來無中，有路隔塵埃，但能不觸當今諱，也

勝前朝斷舌才。兼中至兩刃，交鋒不須避，好手猶如火裏蓮，宛然
自有冲天志。兼中到不落，有無誰敢和人人盡欲出常流，折合還歸
炭裏坐。

上堂，向時作麼生？奉時作麼生？功時作麼生？共功時作麼
生？功功時作麼生？僧問：如何是向？師曰：喫飯時作麼生？曰：
如何是奉？師曰：背時作麼生？曰：如何是功？師曰：放下钁頭時
作麼生？曰：如何是共功？師曰：不得色。曰：如何是功功？師曰
不共。乃示頌曰：聖主由來法帝堯，御人以禮曲龍腰，有時鬧市頭
邊過，到處文明賀聖朝。淨洗濃粧爲阿誰，子規聲裏勸人歸，百花
落盡啼無盡，更向亂峯深處啼。枯木花開劫外春，倒騎玉象趁麒
麟，而今高隱千峯外，月皎風清好日辰。衆生諸佛不相侵，山自高
兮水自深，萬別千差明底事，鷓鴣啼處百花新。頭角纔生已不堪，
擬心求佛好羞慚，迢迢空劫無人識，肯向南詢五十三。

師因曹山辭，遂囑曰：吾在雲巖先師處，親印寶鏡三昧，事窮的
要，今付於汝。詞曰：如是之法，佛祖密付，汝今得之，宜善保護。
銀盌盛雪，明月藏鷺，類之弗齊，混則知處。意不在言，來機亦赴，
動成窠臼，差落顧佇。背觸俱非，如大火聚，但形文彩，卽屬染污。
夜半正明，天曉不露，爲物作則，用拔諸苦。雖非有爲，不是無語，
如臨寶鏡，形影相覩。汝不是渠，渠正是汝，如世嬰兒，五相完具。
不去不來，不起不住，婆婆和和，有句無句。終不得物，語未正故，
重離六爻，偏正回互。疊而爲三，變盡成五，如荎草味，如金
剛杵。正中妙挾，敲唱雙舉，通宗通塗，挾帶挾路。錯然則吉，不可
犯忤，天真而妙，不屬迷悟。因緣時節，寂然昭著，細入無間，大絶
方所。毫忽之差，不應律呂，今有頓漸，緣立宗趣。宗趣分矣，卽是
規矩，宗通趣極，真常流注。外寂中搖，係駒伏鼠，先聖悲之，爲法檀
度。隨其顛倒，以緇爲素，顛倒想滅，肯心自許。要合古轍，請觀前

古，佛道垂成，十劫觀樹。如虎之缺，如馬之䰠，之成切。以有下劣，
寶兒珍御。以有驚異，狸奴白牯，翌以巧力，射中百步，箭鋒相直，
巧力何預？木人方歌，石女起舞，非情識到，寧容思慮。臣奉於君，
子順於父，不順非孝，不奉非輔。潛行密用，如愚若魯，但能相續，
名主中主。師又曰：末法時代，人多乾慧，若要辨驗真僞，有三種滲
漏：一曰見滲漏，機不離位，墮在毒海；二曰情滲漏，滯在向背，見處
偏枯；三曰語滲漏，究妙失宗，機昧終始，濁智流轉，於此三種，子宜
知之。又綱要偈三首：一、敲唱俱行偈曰，金針雙鎖備，叶路隱全
該，寶印當風妙，重重錦縫開；二、金鎖玄路偈曰：交互明中暗，功齊
轉覺難，力窮忘進退，金鎖網鞔鞔；三、不墮凡聖亦名理事不涉偈曰：事
理俱不涉，回照絕幽微，背風無巧拙，電火爍難追。上堂，道無心合
人，人無心合道，欲識箇中意，一老一不老。後僧問曹山，如何是一老？山
云：不扶持。云：如何是一不老？山云：枯木。僧又舉似逍遙忠，忠云：三從六義。

問僧：世間何物最苦？曰：地獄最苦。師曰：不然，在此衣線
下，不明大事，是名最苦。

師與密師伯行次，指路傍院曰：裏面有人說心說性。伯曰：是
誰？師曰：被師伯一問，直得去死十分。伯曰：說心說性底誰？師
曰：死中得活。

問：僧名甚麽？曰：某甲。師曰：阿那箇是闍黎主人公？曰見。
祇對次，師曰：苦哉，苦哉！今時人例皆如此，祇認得驢前馬後底將
爲自己，佛法平沈，此之是也。賓中主尚未分，如何辨得主中主？
僧便問：如何是主中主？師曰：闍黎自道取。曰：某甲道得即是賓
中主。雲居代云：某甲道得不是賓中主。如何是主中主？師曰：恁麽道即
易，相續也大難。遂示頌曰：嗟見今時學道流，千千萬萬認門頭，恰
似入京朝聖主，祇到潼關便即休。

師不安，令沙彌傳語雲居，囑曰：他或問和尚安樂否？但道雲

巖路相次絶也，汝下此語須遠立，恐他打汝。沙彌領旨去傳語，聲未絶，早被雲居打一棒，沙彌無語。同安顯代云：恁麼則雲巖一枝不墜也。雲居錫云：上座且道雲巖路絶不絶。崇壽稠云：古人打此一棒，意作麼生？

師將圓寂，謂衆曰：吾有閑名在世，誰人爲吾除得。衆皆無對。時沙彌出曰：請和尚法號，師曰：吾閑名已謝。石霜云：無人得他肯。雲居云：若有閑名，非吾先師。曹山云：從古至今，無人辨得。疎山云：龍有出水之機，無人辨得。

僧問和尚違和，還有不病者也無？師曰：有。曰：不病者還看和尚否？師曰：老僧看他有分。曰：未審和尚如何看他？師曰：老僧看時，不見有病。師乃問僧：離此殼漏子，向甚麼處與吾相見，僧無對。師示頌曰：學者恒沙無一悟，過在尋他舌頭路，欲得忘形泯蹤跡，努力慇懃空裏步。乃命剃髮澡身披衣，聲鐘辭衆，儼然坐化。時大衆號慟，移晷不止，師忽開目謂衆曰：出家人心不附物，是真修行，勞生惜死，哀悲何益？復令主事辦愚癡齋，衆猶慕戀不已。延七日，食具方備，師亦隨衆齋畢，乃曰：僧家無事，大率臨行之際，勿須喧動，遂歸丈室，端坐長往，當咸通十年三月，壽六十三，臘四十二。謚悟本禪師，塔曰慧覺。

（以上選自卷一三）

七、洞山价禪師法嗣（曹洞宗本寂）

撫州曹山本寂禪師，泉州莆田黄氏子。少業儒，年十九，往福州靈石出家，二十五登戒。尋謁洞山，山問：闍黎名甚麼？師曰：本寂。山曰：那箇聻？師曰：不名本寂。山深器之。自此入室，盤桓數載，乃辭去。山遂密授洞上宗旨。復問曰：子向甚麼處去？師曰：不變異處去。山曰：不變異處豈有去邪？師曰：去亦不變異。遂往曹溪禮祖塔，回吉水，衆嚮師名，乃請開法。師志慕六祖，遂名山爲曹。尋值賊亂，乃之宜黃。有信士王若一捨何王觀請師住持，師更何王爲荷王，由是法席大興，學者雲萃，洞山之宗，至師爲盛。

師因僧問五位君臣旨訣，師曰：正位卽空界，本來無物；偏位卽色界，有萬象形；正中偏者，背理就事；偏中正者，舍事入理；兼帶者，冥應衆緣，不墮諸有，非染非淨，非正非偏，故曰虛玄大道，無著真宗。從上先德，推此一位最妙最玄當詳審辨明，君爲正位，臣爲偏位，臣向君是偏中正，君視臣是正中偏，君臣道合是兼帶語。僧問：如何是君？師曰：妙德尊寰宇，高明朗太虛。曰：如何是臣？師曰：靈機弘聖道，真智利羣生。曰：如何是臣向君？師曰：不墮諸異趣，凝情望聖容。曰：如何是君視臣？師曰：妙容雖不動，光燭本無偏。曰：如何是君臣道合？師曰：混然無內外，和融上下平。師又曰：以君臣偏正言者，不欲犯中，故臣稱君，不敢斥言是也。此吾法宗要。乃作偈曰：學者先須識自宗，莫將真際雜頑空，妙明體盡知傷觸，力在逢緣不借中，出語直教燒不着，潛行須與古人同，無身有事超歧路，無事無身落始終。復作五相●偈曰：白衣須拜相，此事不爲奇，積代簪纓者，休言落魄時。◐偈曰：子時當正位，明正在君臣，未離兜率界，烏雞雪上行。⊙偈曰：燄裏寒冰結，楊花九月飛，泥牛吼水面，木馬逐風嘶。○偈曰：王宮初降日，玉兔不能離，未得無功旨，人天何太遲。❸偈曰：渾然藏理事，朕兆卒難明，威音王未曉，彌勒豈惺惺。

稠布衲問：披毛帶角是甚麼墮？師曰：是類墮。曰：不斷聲色是甚麼墮？師曰：是隨墮。曰：不受食是甚麼墮？師曰：是尊貴墮。乃曰：食者卽是本分事，知有不取，故曰尊貴墮；若執初心，知有自己及聖位，故曰類墮；若初心知有己事，回光之時，擯却色聲香味觸法，得寧謐，卽成功勳後，却不執六塵等事，隨分而昧，任之則礙，所以外道六師是汝之師。彼師所墮，汝亦隨墮，乃可取食，食者卽是

正命食也。亦是就六根門頭見聞覺知,祗是不被他染污,將爲墮且
不是同向前均,他本分事尚不取,豈況其餘事邪？師凡言墮,謂混
不得,類不齊;凡言初心者,所謂悟了同未悟耳。師作四禁偈曰:莫
行心處路,不掛本來衣,何須正恁麼,切忌未生時。

　　僧問:學人通身是病,請師醫。師曰:不醫。曰:爲甚麼不醫？
師曰:教汝求生不得,求死不得。問:沙門豈不是具大慈悲底人？
師曰:是。

　　曰:忽遇六賊來時如何？師曰:亦須具大慈悲。曰:如何具大
慈悲？師曰:一劍揮盡。曰:盡後如何？師曰:始得和同。

　　問:五位對賓時如何？師曰:汝即今問那箇位？曰:某甲從偏
位中來,請師向正位中接。師曰:不接。曰:爲甚麼不接？師曰:恐
落偏位中去。師却問僧:祗如不接是對賓是不對賓？曰:早是對賓
了也。師曰:如是如是。

　　問:萬法從何而生？師曰:從顛倒生。曰:不顛倒時萬法何在？
師曰:在。曰:在甚麼處？師曰:顛倒作麼。

　　問:不萌之草爲甚麼能藏香象？師曰:闍黎幸是作家。又問:
曹山作麼問三界擾擾,六趣昏昏,如何辨色？師曰:不辨色。曰:爲
甚麼不辨色？師曰:若辨色即昏也。

　　師聞鐘聲,乃曰:阿㖿,阿㖿。僧問:和尚作甚麼？師曰:打著
我心,僧無對。五祖戒代云:作賊人心虛。

　　問:維那甚處來？曰:牽醋槽去來。師曰:或到險處又作麼生
牽,那無對。雲居代云:正好著力。疎山代云:切須放却始得。

　　問金峯志曰:作甚麼來？曰:蓋屋來。師曰:了也來？曰:這邊
則了。師曰:那邊事作麼生？曰:候下工曰白和尚。師曰:如是
如是。

　　師一日入僧堂向火,有僧曰:今日好寒。師曰:須知有不寒者。

曰：誰是不寒者？師筴火示之，僧曰：莫道無人好。師拋下火。僧曰：某甲到這裏却不會。師曰：日照寒潭明更明。

　　問：不與萬法爲侶者是甚麼人？師曰：汝道洪州城裏如許多人，甚麼處去。

　　問：眉與目，還相識也無？師曰：不相識。曰：爲甚麼不相識？師曰：爲同在一處。曰：恁麼則不分去也？師曰：眉且不是目。曰：如何是目？師曰：端的去。曰：如何是眉？師曰：曹山却疑。曰：和尚爲甚麼却疑？師曰：若不疑，卽端的去也。

　　問：如何是無刃劒？師曰：非淬鍊所成。曰：用者如何？師曰：逢者皆喪。曰：不逢者如何？師曰：亦須頭落。曰：逢者皆喪則固是，不逢者爲甚麼頭落？師曰：不見道能盡一切。曰：盡後如何？師曰：方知有此劒。

　　問：於相何真？師曰：卽相卽真。曰：當何顯示？師豎起拂子。問：幻本何真？師曰：幻本元真。法眼別云幻本不真。曰：當幻何顯？師曰：卽幻卽顯。法眼別云：幻卽無當。曰：恁麼則始終不離於幻也。師曰：覓幻相不可得。問：卽心卽佛卽不。問：如何是非心非佛？師曰：兔角不用無，牛角不用有。

　　問：如何是常在底人？師曰：恰遇曹山暫出。曰：如何是常不在底人？師曰：難得僧問。

　　清稅孤貧，乞師賑濟。師召稅闍黎，稅應諾。師曰：清原白家酒三盞，喫了猶道未沾唇。玄覺云：甚麼處是與他酒喫。

　　問：擬豈不是類？師曰：直是不擬亦是類。曰：如何是異？師曰：莫不識痛痒好鏡清。

　　問：清虛之理，畢竟無身時如何？師曰：理卽如此，事作麼生？曰：如理如事。師曰：謾曹山一人卽得，爭奈諸聖眼何？曰：若無諸聖眼，爭鑑得箇不恁麼。師曰：官不容針，私通車馬。

　　雲門問：不改易底人來，師還接否？師曰：曹山無恁麼閑工夫。

　　問：人人盡有弟子在塵中，師還有否？師曰：過手來，其僧過手，師點曰，一二三四五六足。

　　問：魯祖面壁用表何事？師以手掩耳。

　　問：承古有言，未有一人倒地，不因地而起，如何是倒？師曰：肯卽是。曰：如何是起？師曰：起也。

　　問：子歸就父，爲甚麼父全不顧？師曰：理合如是。曰：父子之恩何在？師曰：始成父子之恩。曰：如何是父子之恩？師曰：刀斧斫不開。

　　問：靈衣不掛時如何？師曰：曹山孝滿。曰：孝滿後如何？師曰：曹山好顛酒。

　　問：教中道大海不宿死屍，如何是大海？師曰：包含萬有者。曰：既是包含萬有，爲甚麼不宿死屍？師曰：絕氣息者不著。曰：既是包含萬有，爲甚麼絕氣息者不著？師曰：萬有非其功，絕氣息者有其德。曰：向上還有事也無？師曰：道有道無卽得争，奈龍王按劍何。

　　問：具何知解，善能問難？師曰：不呈句。曰：問難箇甚麼？師曰：刀斧斫不入。曰：恁麼問難還有不肯者麼？師曰：有。曰：是誰？師曰：曹山。

　　問：世間甚麼物最貴？師曰：死貓兒頭最貴。曰：爲甚麼死貓兒頭最貴？師曰：無人著價。

　　問：無言如何顯？師曰：莫向這裏顯。曰：甚麼處顯？師曰：昨夜床頭失却三文錢。

　　問：日未出時如何？師曰：曹山也曾恁麼來？曰：出後如何？師曰：猶較曹山半月程。

　　問：僧作甚麼？曰：掃地。師曰：佛前掃佛後掃？曰：前後一時掃。師曰:與曹山過靸鞋來。

僧問:抱璞投師,請師雕琢。師曰:不雕琢。曰:爲甚麼不雕琢?師曰:須知曹山好手。

問:如何是曹山眷屬?師曰:白髮連頭戴,頂上一枝花。

問:古德道盡大地唯有此人,未審是甚麼人?師曰:不可有第二月也。曰:如何是第二月?師曰:也要老兄定當。曰:作麼生是第一月?師曰:險。

師問德上座,菩薩在定,聞香象渡河出甚麼經?曰:出涅槃經。師曰:定前聞定後聞?曰:和尚流也。師曰:道也太煞道,祇道得一半。曰:和尚如何?師曰:灘下接取。

問:學人十二時中如何保任?師曰:如經蠱毒之鄉,水也不得沾著一滴。

問:如何是法身主?師曰:謂秦無人。曰:這箇莫便是否?師曰:斬。

問:親何道伴,即得常聞於未聞。師曰:同共一被蓋。曰:此猶是和尚得聞,如何是常聞於未聞。師曰:不同於木石。曰:何者在先,何者在後?曰:不見道常聞於未聞。

問:國內按劍者是誰?師曰:曹山。法燈別云:汝不是恁麼人。曰:擬殺何人?師曰:一切總殺。曰:忽逢本生父母,又作麼生?師曰:揀甚麼?曰:爭奈自己何。師曰:誰奈我何。曰:何不自殺。師曰:無下手處。

問:一牛飲水,五馬不嘶時如何?師曰:曹山解忌口。

問:常在生死海中沉没者是甚麼人?師曰:第二月。曰:還求出也無?師曰:也求出,祇是無路。曰:未審甚麼人接得伊?師曰:擔鐵枷者。

問:雪覆千山,爲甚麼孤峯不白?師曰:須知有異中異。曰:如何是異中異？師曰：不墮諸山色。

　　紙衣道者來參，師問：莫是紙衣道者否？者曰：不敢。師曰：如何是紙衣下事者？曰：一裘纔掛體，萬法悉皆如。師曰：如何是紙衣下用者？近前應諾，便立脱。師曰：汝祇解恁麽去，何不解恁麽來？者忽開眼。

　　問曰：一靈真性不假胞胎時如何？師曰：未是妙者。曰：如何是妙？師曰：不借借者，珍重便化。師示頌曰：覺性圓明無相身，莫將知見妄踈親，念異便於玄體昧，心差不與道爲鄰，情分萬法沈前境，識鑒多端喪本真。如是句中全曉會，了然無事。

　　昔時人問强上座曰：佛真法身猶若虚空，應物現形，如水中月，作麽生説箇應底道理？曰：如驢覷井。師曰：道則太煞道，祇道得八成。曰：和尚又如何？師曰：如井覷驢。

　　僧與藥山問僧年多少？曰：七十二。山曰：是七十二那？曰：是。山便打。此意如何？師曰：前箭猶似可，後箭射人深。曰：如何免得此棒？師曰：王勅既行，諸侯避道。

　　問：如何是佛法大意？師曰：填溝塞壑。問：如何是師子？師曰：衆獸近不得。曰：如何是師子兒？師曰：能吞父母者。曰：既是衆獸近不得，爲甚麽却被兒吞？師曰：豈不見道子若哮吼，祖父俱盡。曰：盡後如何？師曰：全身歸父。曰：未審祖盡時，父歸何所？師曰：所亦盡。曰：前來爲甚麽道全身歸父？師曰：譬如王子能成一國之事。又曰：闍黎此事不得孤滯，直須枯木上更撒些子華。

　　雲門問：如何是沙門行？師曰：喫常住苗稼者是。曰：便恁麽去時如何？師曰：你還畜得麽？曰：畜得。師曰：你作麽生畜？曰：著衣喫飯，有甚麽難。師曰：何不道披毛戴角，門便禮拜。

　　陸亘大夫問南泉姓甚麽？泉曰：姓王。曰：王還有眷屬也無？泉曰：四臣不昧。曰：王居何位？泉曰：玉殿苔生後。

僧舉問師：玉殿苔生意旨如何？師曰：不居正位。曰：八方來朝時如何？師曰：他不受禮。曰：何用來朝？師曰：違則斬。曰：違是臣分上，未審君意如何？師曰：樞密不得旨。曰：恁麼則燮理之功，全歸臣相也。師曰：你還知君意麼？曰：外方不敢論量。師曰：如是如是。問縱有是非，紛然失心時如何？師曰：斬。

僧問香嚴，如何是道？嚴曰：枯木裏龍吟。曰：如何是道中人？嚴曰：髑髏裏眼睛。玄沙別云：龍藏枯木。僧不領，乃問石霜，如何是枯木裏龍吟？霜曰：猶帶喜在。曰：如何是髑髏裏眼睛？霜曰：猶帶識在。又不領，乃問師，如何是枯木裏龍吟？師曰：血脈不斷。曰：如何是髑髏裏眼睛？師曰：乾不盡。曰：未審還有得聞者麼？師曰：大地未有一人不聞。曰：未審枯木裏龍吟是何章句？師曰：不知是何章句。聞者皆喪。遂示偈曰：枯木龍吟真見道，髑髏無識眼初明，喜識盡時消息盡，當人那辨濁中清。

問：朗月當空時如何？師曰：猶是堦下漢。曰：請師接上堦。師曰：月落後來相見。

師尋常應機，曾無軌轍。於天復辛酉夏夜，問知事曰：今日是幾何日月？曰：六月十五。師曰：曹山平生行腳，到處祇管九十日爲一夏，明日辰時行腳去。及時焚香宴坐而化，閱世六十二，臘三十七，葬全身於山之西阿，謚元證禪師，塔曰福圓。

（以上選自卷一三）

八、雪峰存禪師法嗣（雲門宗文偃）

韶州雲門山光奉院文偃禪師，嘉興人也，姓張氏。幼依空王寺志澄律師出家，敏質生知，慧辯天縱。及長落髮稟具，於毗陵壇侍澄數年，探窮律部。以己事未明，往參睦州。州纔見來，便閉却門。師乃扣門，州曰：誰？師曰：某甲。州曰：作甚麼？師曰：己事未明，乞師指示。<u>州</u>開門，一見便閉却。師如是連三日扣門，至第三日，<u>州</u>開門，師乃拶入，<u>州</u>便擒住，曰：道道。師擬議，<u>州</u>便推出。曰：秦時<u>𨍏</u>㯿鑽。遂掩門，損師一足。師從此悟入。<u>州</u>指見<u>雪峰</u>。

師到<u>雪峰莊</u>，見一僧，迺問：上座今日上山去那？僧曰：是。師曰：寄一則因緣，問：<u>堂頭和尚</u>，祇是不得道是別人語。僧曰：得。師曰：上座到山中，見和尚上堂，衆纔集便出握腕，立地曰：這老漢項上鐵枷何不脱却？其僧一依師教。<u>雪峰</u>見這僧與麽道，便下座，攔胷把住。曰：速道速道。僧無對。<u>峰</u>拓開曰：不是汝語。僧曰：是某甲語。<u>峰</u>曰：侍者將繩棒來。僧曰：不是某語，是莊上一浙中上座，教某甲來道。<u>峰</u>曰：大衆去莊上，迎取五百人善知識來。師次日上<u>雪峰</u>，<u>峰</u>纔見，便曰：因甚麽得到與麽地？乃低頭。從兹，契合温研積稔，密以宗印授焉。師出嶺，徧謁諸方，覼窮殊軌，鋒辯險絶，世所盛聞。後抵<u>靈樹</u>，冥符<u>知聖禪師</u>接首座之説。

初，<u>知聖</u>住<u>靈樹</u>二十年，不請首座，常云：我首座生也，我首座牧牛也，我首座行脚也。一日令擊鐘，三門外接首座。衆出迓，師果至，直請入首座寮解包。人天眼目見靈樹章。後<u>廣主</u>命師出世，<u>靈樹</u>開堂日，主親臨曰：弟子請益。師曰：目前無異路。法眼別云：不可無益於人。師乃曰：莫道今日謾諸人好，抑不得已，向諸人前作一場狼籍，忽遇明眼人，見成一場笑具，如今避不得也。且問你諸人，從上來有甚事，欠少甚麽，向你道無事，已是相埋没也，雖然如是，也須到這田地始得，亦莫越口快亂問，自己心裏，黑漫漫地，明朝後日，大有事在。你若根思遲回，且向古人，建化門庭，東覷西覰，看是箇甚麽道理，你欲得會麽，都緣是你自家無量劫來，妄想濃厚，一期聞人説著，便生疑心，問佛問法，問向上向下，求覓解會，轉没交涉，擬心即差，況復有言有句，莫是不擬心是麽，莫錯會好，更有甚麽事，珍重。

上堂，我事不獲已，向你諸人道，直下無事，早是相埋没了也。更欲踏步向前，尋言逐句，求覓解會，千差萬別，廣設問難，贏得一場口滑，去道轉遠，有甚麼休歇時。此事若在言語上，三乘十二分教，豈是無言語，因甚麼更道教外別傳？若從學解機智得，秖如十地聖人説法，如雲如雨，猶彼呵責，見性如隔羅縠，以此故知一切有心，天地懸殊，雖然如此，若是得底人，道火不能燒，口終日説事，未嘗掛著唇齒，未嘗道著一字，終日着衣喫飯，未嘗觸着一粒米，掛一縷絲，雖然如此，猶是門庭之説也。須是實得恁麼始得，若約衲僧門下句裏呈機，徒勞佇思，直饒一句下承當得，猶是瞌睡漢。

時有僧問：如何是一句？師曰：舉上堂三乘十二分教，橫説豎説，天下老和尚，縱橫十字説與我拈針鋒許説底道理來，看恁麼道早是作死馬醫，雖然如此，且有幾箇到此境界，不敢望汝言中有響，句裏藏鋒，瞬目千差，風恬浪静，伏惟尚饗。僧來參，師乃拈起袈裟，曰：汝若道得，落我袈裟圈襀裏，汝若道不得，又在鬼窟裏坐，作麼生？自代曰：某甲無氣力。

師一日打椎，曰：妙喜世界百雜碎，拓鉢向湖南城裏喫粥飯去來，上堂諸兄弟，盡是諸方參尋知識，決擇生死，到處，豈無尊宿垂慈方便之詞，還有透不得底句麼？出來舉看，待老漢與你大家商量，有麼有麼。時有僧出擬伸問次，師曰：去，去西天路迢迢十萬餘，便下座。

舉世尊，初生下，一手指天，一手指地，周行七步，目顧四方云：天上天下，唯我獨尊。師曰：我當時若見，一棒打殺與狗子喫，却貴圖天下太平。

師在文德殿赴齋，有鞠常侍問靈樹果子熟也未？師曰：甚麼年中得信道生？

僧問：如何是西來意？師曰：山河大地。曰：向上更有事也無？

師曰: 有。曰: 如何是向上事? 師曰: 釋迦老子在西天, 文殊菩薩居東土。問: 如何是雲門山? 師曰: 庚峰定穴。問: 如何是大修行人。師曰: 一楖在手。

上堂因聞鐘聲, 乃曰: 世界與麼廣闊, 爲甚麼鐘聲披七條?

問: 一生積惡不知善, 一生積善不知惡, 此意如何? 師曰: 燭。

問: 如何是和尚非時爲人一句? 師曰: 早朝牽犂, 晚間拽杷。

舉雪峰云: 三世諸佛向火燄上轉大法輪。師曰: 火燄爲三世諸佛説法, 三世諸佛立地聽。

上堂, 舉一則語教汝, 直下承當。早是撒屎著汝頭上也, 直饒拈一毫頭, 盡大地一時明得也, 是剜肉作瘡。雖然如此, 汝亦須是實到這箇田地始得, 若未切不得掠虛, 却須退步, 向自己根脚下推尋, 看是箇甚麼道理, 實無絲毫許與汝作解會, 與汝作疑惑。況汝等各各當人, 有一段事大用現前, 更不煩汝一毫頭氣力, 便與祖佛無別。自是汝諸人信根淺薄, 惡業濃厚, 突然起得許多頭角, 擔鉢囊千鄉萬里, 受屈作麼。且汝諸人, 有甚麼不足處, 大丈夫漢阿誰無分, 獨自承當得, 猶不著便, 不可受人欺謾, 取人處分。纔見老和尚開口便好, 把特石鼇口塞, 便是屎上青蠅相似, 鬪咬將去, 三箇五箇聚頭商量, 苦屈兄弟古德一期。爲汝諸人不奈何, 所以方便垂一言半句, 通汝入路, 知是般事, 拈放一邊, 自着些子筋骨, 豈不是有少許相親處。快與快與, 時不待人, 出息不保入息, 更有甚麼身心別處閑用, 切須在意, 珍重。

上堂, 盡乾坤一時將來着汝眼睫上, 你諸人聞恁麼道, 不敢望你出來, 性燥把老漢打一摑, 且緩緩子細看, 是有是無, 是箇甚麼道理, 直饒你向這裏明得。若遇衲僧門下好槌折脚, 若是箇人聞説, 道甚麼處有老宿出世, 便好驀面唾污我耳目。汝若不是箇手脚, 纔聞人舉, 便承當得, 早落第二機也。汝不看他德山和尚, 纔見僧入門，拽杖便趁，睦州和尚纔見僧入門來，便云：見成公案，放汝三十棒。自餘之輩，合作麼生，若是一般掠虛漢，食人涎唾，記得一堆一擔骨董，到處馳騁，驢唇馬嘴，誇我解問十轉五轉話，饒你從朝問到夜，論劫恁麼還曾夢見麼，甚麼處是與人著力處，似這般底有人屈祢僧齋，也道得飯喫，有甚埂共語處。他日閻羅王面前，不取汝口解說，諸兄弟若是得底人，他家依眾遣日，若也未得，切莫容易過時，大須子細。古人大有葛藤相爲處，祇如雪峰道盡大地，是汝自己夾山道，百草頭上薦取老僧，鬧市裏識取天子。洛浦云：一塵纔起大地全收，一毛頭師子，全身揔是汝，把取飜覆思量，看日久歲深，自然有箇入路。此事無汝替代處，莫非各在當人分上。老和尚出世，祇爲汝證明，汝若有少許來由，亦昧汝不得，若實未得方便撥汝，即不可兄弟一等，是踏破草鞋，拋却師長父母脚，直須著些子精彩始得，若未有箇入頭處，遇着本色，骰豬狗手脚，不惜性命，入泥入水相爲，有可骰嚼，眨上眉毛，高掛鉢囊，拗折拄杖，十年二十年，辦取徹頭，莫愁不成辦，直是今生不得徹頭，來生亦不失人身，向此門中，亦乃省力不虛，孤負平生，亦不孤負師長父母十方施主，直須在意。莫空遊州獵縣，橫擔拄杖，一千里二千里走，這邊經冬，那邊過夏，好山好水堪取，性多齋供，易得衣鉢，苦屈苦屈，圖他一粒米，失却半年糧，如此行脚，有甚麼利益？信心檀越，把菜粒米，作麼生消得。直須自看，無人替代，時不待人，忽然一日，眼光落地，到前頭將甚麼抵擬，莫一似落湯螃蟹，手脚忙亂，無汝掠虛。說大話處莫將等閑空過，時光一失，人身萬劫不復，不是小事，莫據目前俗人。尚道"朝聞道，夕死可矣"，況我沙門，合履踐箇甚麼事，大須努力，珍重。

　　僧問靈樹，如何是祖師西來意？樹默然遷化，後門人立行狀碑，欲入此語，問師曰：先師默然處，如何上碑？師對曰：師上堂，佛法也太煞有，秪是舌頭短，良久曰，長也。

普請般柴次，師遂拈一片抛下曰：一大藏教，秪説這箇見。僧量米次，問：米籮裏有多少達磨眼睛？僧無對。師代曰：斗量不盡。

上堂，人人自有光明在看時，不見暗昏昏作麽生，是諸人自己光明？自代曰：厨庫三門。又曰：好事不如無。

示衆：古德道藥病相治，盡大地是藥，那箇是你自己？乃曰：遇賤卽貴。僧曰：乞師指示。師拍手一下，拈拄杖曰：接取拄杖子。僧接得拗作兩橛。師曰：直饒恁麽也好與三十棒。

上堂，一言纔舉，千車同轍，該括微塵，猶是化門之説，若是衲僧合作麽生？若將佛意祖意這裏商量，曹溪一路平沉，還有人道得麽，道得底出來。

僧問：如何是超佛越祖之談？師曰：餬餅。曰：這裏有甚麽交涉？師曰：灼然有甚麽交涉，乃曰：汝等諸人，没可作了見人道着祖意，便問超佛超祖之談，汝且喚甚麽作佛，喚甚麽作祖？且説超佛越祖底道理看？問箇出三界，汝把將三界來看？有甚麽見聞覺知隔礙着汝？有甚麽聲塵色法與汝可了？了箇甚麽，椀以那箇爲差殊之見？他古聖不奈何横身爲物，道箇舉體全真，物物覰體，不可得。我向汝道，直下有甚麽事，早是相埋没了也。汝若實未有入頭處，且獨自參詳，除却着衣喫飯，屙屎送尿，更有甚麽事，無端起得，如許多般妄想作甚麽？更有一般底，如等閑相似，聚頭學得箇古人話路，識性記持，妄想卜度，道我會佛法了也。秪管説葛藤取性，過時更嫌不稱意，千鄉萬里，抛却父母師長，作這去就，這般打野埋漢，有甚麽死急行脚去，以拄杖趂下。

上堂，故知時運澆漓，代千像季，近日師僧北去，言禮文殊，南去謂遊衡嶽，怎麽行脚，名字比丘，徒消信施，苦哉苦哉！問着黑漆相似，祇管取性過時，設有三箇兩箇狂學多聞，記持話路，到處覓相似語句。印可老宿，輕忽上流作薄福業，他日閻羅王釘釘之時，莫道無人向你説。若是初心後學，直須擺動精神，莫空記人説處，多虛不如少實，向後祇是自賺，有甚麼事近前。

上堂，衆集，師以拄杖指面前曰：乾坤大地，微塵諸佛，總在裏許，爭佛法覓勝負，還有人諫得麼？若無人諫得，待老漢與你諫看。僧曰：請和尚諫。師曰：這野狐精。

上堂，拈拄杖曰：天親菩薩無端變作一條柳栗杖，乃畫一畫，曰：塵沙諸佛，盡在這裏，葛藤便下座。

上堂，我看汝諸人，二三機中尚不能攜得，空披衲衣何益，汝還會麼？我與汝註破，久後到諸方，若見老宿，舉一指，豎一拂子，云：是禪是道，拽拄杖，打破頭便行，若不如此，盡落天魔眷屬，壞滅吾宗。汝若實不會，且向葛藤社裏看。我尋常向汝道，微塵剎土中，三世諸佛，西天二十八祖，唐土六祖，盡在拄杖頭上。説法神通變現，聲應十方，一任縱橫，汝還會麼？若不會，且莫掠虛，然雖如此，且諦當實見也，未直饒到此田地也。未夢見衲僧沙彌，在三家村裏，不逢一人，驀拈拄杖，畫一畫曰，總在這裏，又畫一畫曰，總從這裏出去也，珍重。

師一日以手入木師子口，叫曰齩殺我也，相救。歸宗柔代云：和尚出手太殺。

上堂，聞聲悟道，見色明心，遂舉起手曰：觀世音菩薩將錢買餬餅，放下手曰：元來祇是饅頭。

上堂，乾坤之內，宇宙之間，中有一寶，秘在形山，拈燈籠向佛殿裏，將三門來，燈籠上作麼生？自代曰：逐物意移。又曰：雲起雷興。

示衆曰：十五日已前不問汝，十五日已後道將一句來，衆無對。

自代曰：日日是好日。

上堂，拈拄杖曰：凡夫實謂之有，二乘析謂之無，圓覺謂之幻有，菩薩當體卽空，衲僧家見拄杖，便喚作拄杖，行但行，坐但坐，不得動着。

僧問：**如何是佛法大意？**師曰：春來草自青。

問：**新到甚處？**曰：**新羅**。師曰：將甚麼過海？曰：草賊大敗。師引手曰：爲甚麼在我這裏？曰：恰是。師曰：一任踔跳，僧無對。

問：**牛頭**未見四祖時如何？師曰：**家家觀世音**。曰：見後如何？師曰：火裏蚏蟟吞大蟲。

問：如何是**雲門**一曲？師曰：臘月二十五。曰：唱者如何？師曰：且緩緩。問：如何是**雪嶺**泥牛吼？師曰：山河走。曰：如何是**雲門木馬嘶**？師曰：天地黑。問：從上來事，請師提綱。師曰：朝看東南，暮看西北。曰：便恁麼會時如何？師曰：東家點燈西家暗坐。

問：十二時中，如何卽得不空過？師曰：向甚麼處著此一問。曰：學人不會，請師舉。師曰：將筆硯來，僧乃取筆硯來，師作一頌曰：舉不顧卽差互，擬思量何劫悟。

問：如何是學人自己。師曰：遊山翫水。曰：如何是和尚自己？師曰：賴遇維那不在。問：一口吞盡時如何？師曰：我在你肚裏。曰：和尚爲甚麼在學人肚裏？師曰：還我話頭來。問：如何是道？師曰：去。曰：學人不會，請師道。師曰：闍黎公驗分明，何在重判。

問：生死到來，如何排遣？師展手曰：還我生死來？

問：父母不聽，不得出家，如何得出家？師曰：淺。曰：學人不會。師曰：深。問：如何是學人自己？師曰：怕我不知。

問：萬機喪盡時如何？師曰：與我拈佛殿來，與汝商量。曰：豈關他事。師喝曰：這掠虛漢。

問：樹凋葉落時如何？師曰：體露金風。

問：如何是佛？師曰：乾屎橛。問：如何是諸佛出身處？師曰：東山水上行。

問：古人面壁意旨如何？師曰：念七。

問：如何是祖師西來意？師曰：日裏看山。

師問僧，近離甚麼處？曰：南嶽。師曰：我不曾與人葛藤，近前來，僧近前。師曰：去。

僧問：如何是和尚家風？師曰：有讀書人來報。

問：如何是透法身句？師曰：北斗裏藏身。問：如何是西來意？

師曰：久雨不晴。又曰：粥飯氣。

問：承古有言，牛頭橫說豎說，猶未知有向上關捩子，如何是向上關捩子﹖師曰：東山西嶺青。

問：如何是端坐念實相？師曰：河裏失錢河裏攦。

上堂，函蓋乾坤目，機銖兩不涉，世緣作麼生承當？衆無對自代曰：一鏃破三關。

僧問：如何是雲門劍？師曰：祖。問：如何是玄中的？師曰：埋。問：如何是吹毛劍？師曰：骼。又曰：齒契。問：如何是正法眼？師曰：普。問：如何是啐啄機？師曰：響。問：如何是雲門一路？師曰：親。問：殺父殺母，向佛前懺悔，殺佛殺祖，向甚麼處懺悔？師曰：露。問：鑿壁偷光時如何？師曰：恰。問：三身中那身說法？師曰：要。問：承古有言，了即業障本來空，未了應須償宿債，未審二祖是了未了？師曰：確。

師垂語曰：會佛法，如河沙百草頭上，道將一句來。自代云：俱。

僧問：如何是一代時教？師曰：對一說。

問：不是目前機，亦非目前事，時如何？師曰：倒一說。

問：如何是法身向上事？師曰：向上與汝道卽不難，作麼生會法身？

曰：請和尚鑒。師曰：鑒卽且置，作麼生會法身？曰：與麼與麼？師曰：這箇是長連牀上學得底，我且問你，法身還解喫飯麼？僧無對。

師問嶺中順維那，古人竪起拂子，放下拂子，意旨如何順？曰：拂前見拂後見？師曰：如是如是。師後却舉問僧：汝道當初諾伊不諾伊，僧無對。師曰：可知禮也。

問：僧甚處來？曰：禮塔來。師曰：謾我。曰：實禮塔來。師曰：五戒也不持。

師嘗舉馬太師道，一切語言是提婆宗，以這箇爲主，乃曰：好語秪是無人問我時有。僧問：如何是提婆宗？師曰：西天九十六種，你是最下種。

問：僧近離甚處？曰：西禪。師曰：西禪近日有何言句？僧展兩手，師打一掌。僧曰：某甲話在。師却展兩手，僧無語，師又打。

師舉臨濟三句語問塔主，秪如塔中和尚得第幾句，主無對。師曰：你問我主，便問。師曰：不快卽道。主曰：作麼生是不快卽道？師曰：一不成，二不是。

問：直歲甚處去來？曰：刈茆來。師曰：刈得幾箇祖師？曰：三百箇。師曰：朝打三千，暮打八百，東家杓柄長，西家杓柄短，又作麼生？歲無語，師便打。

僧問：秋初夏末前程，若有人問，作麼生祇對？師曰：大衆退後。曰：未審過在甚麼處？師曰：還我九十日飯錢來。

有講僧參經時，乃曰未到雲門時，恰似初生月，及乎到後曲彎彎地。師得知，乃召問，是你道否？曰：是。師曰：甚好。吾問汝作麼生是初生月？僧乃斫額作望月勢。師曰：你如此已後失却目在。

僧經旬日復來，師又問：你還會也未？曰：未會。師曰：你問我。僧便問：如何是初生月？師曰：曲彎彎地。僧罔措，後果然失目。

上堂，諸和尚子莫妄想，天是天，地是地，山是山，水是水，僧是僧，俗是俗。良久，曰：與我拈案山來。僧便問：學人見山是山，水是水時如何？師曰：三門爲甚麼騎佛殿從這裏過？曰：恁麼則不妄想去也。師曰：還我話頭來。

上堂，你若不相當，且覓箇入頭處，微塵諸佛在你舌頭上，三藏聖教在你腳跟底，不如悟去好，還有悟得底麼？出來，對衆道，看示衆，盡十方世界乾坤大地，以拄杖畫，云：百雜碎三乘十二分教，達磨西來，放過即不可，若不放過，不消一喝。

示衆，真空不壞有，真空不異色。僧便問：作麼生是真空？師曰：還聞鐘聲麼？曰：此是鐘聲。師曰：驢年夢見麼。

上堂，平地上死人無數，過得荊棘林者是好手。時有僧出曰：與麼則堂中第一座有長處也。師曰：蘇嚕蘇嚕。

瑠長老舉菩薩手中赤幡問師，作麼生？師曰：你是無禮漢。瑠曰：作麼生無禮？師曰：是你外道，奴也作不得。

僧問：佛法如水中月，是否？師曰：清波無透路。曰：和尚從何得？師曰：再問復何來？曰：正與麼時如何？師曰：重疊關山路。

上堂，拈拄杖曰：拄杖子化爲龍，吞卻乾坤了也。山河大地甚處得來。師有偈曰：不露風骨句，未語先分付，進步口喃喃，知君大罔措。

示衆，大用現前，不存軌則。時有僧問：如何是大用現前？師拈起拄杖，高聲唱曰：釋迦老子來也。

上堂，要識祖師麼？以拄杖指曰：祖師在你頭上踔跳，要識祖師眼睛麼，在你腳跟下。又曰：這箇是祭鬼神茶飯，雖然如此，鬼神也無厭足。

示衆，一人因説得悟，一人因唤得悟，一人聞舉便回去，你道便回去意作麽生？復曰，也好與三十棒。

上堂，光不透脱，有兩般病，一切處不明，面前有物是一，又透得一切法空，隱隱地似有箇物相似，亦是光不透脱，又法身亦有兩般病，得到法身爲法執，不忘己見猶存，坐在法身邊，是一直饒透得法身去，放過即不可，子細點檢，將來有甚麽氣息，亦是病。

問僧，光明寂照遍河沙，豈不是張拙秀才語。曰：是。師曰：話墮也。

僧問：如何是法身？師曰：六不收。問：不起一念，還有過也無？師曰：須彌山。問：如何是清淨法身？師曰：花藥欄。曰：便恁麽去時如何？師曰：金毛師子。問：如何是塵塵三昧？師曰：鉢裏飯，桶裏水。問：一言盡道時如何？師曰：裂破。問：如何是佛法大意？師曰：面南看北斗。問：一切智通無障礙時如何？師曰：掃地潑水相公來。

師到天童，童曰：你還定當得麽？師曰：和尚道甚麽？童曰：不會，則目前包裹。師曰：會則目前包裹。

師到曹山見示衆云：諸方盡把格，則何不與他道，却令他不疑去。師問：密密處爲甚麽不知有山？曰：祇爲密密，所以不知有。師曰：此人如何親近？山曰：莫向密密處親近。師曰：不向密密處親近時如何？山曰：始解親近。師應喏喏。

師到鵝湖，聞上堂曰：莫道未了底人，長時浮逼逼地，設使了得底，明明得知有去處，尚乃浮逼逼地。師下問首座，進來和尚意作麽生？曰：浮逼逼地。師曰：首座久在此住，頭白齒黄，作這箇語話。曰：上座，又作麽生？師曰：要道即得見即便見，若不見莫亂道。曰：祇如道浮逼逼地，又作麽生？師曰：頭上着枷，脚下着杻。曰：與麽則無佛法也。師曰：此是文殊普賢大人境界。

僧舉灌溪上堂曰:十方無壁落,四面亦無門,淨躶躶赤灑灑没可把。師曰:舉卽易出也,大難。曰:上座不肯,和尚與麼道那?師曰:你適來與麼舉那?曰:是。師曰:你驢年夢見灌溪。曰:某甲話在。師曰:我問你十方無壁落,四面亦無門,你道大梵天王與帝釋天商量甚麼事?曰:豈干他事。師喝曰:逐隊喫飯漢。

師到江州,有陳尚書者請齋,纔見便問儒書中,卽不問三乘十二分教,自有座坐,作麼生是衲僧行脚事?師曰:曾問幾人來?書曰:卽今問上座。師曰:卽今且置,作麼生是教意?書曰:黃卷赤軸。師曰:這箇是文字語言,作麼生是教意?書曰:口欲談而辭喪,心欲緣而慮忘。師曰:口欲談而辭喪,爲對有言,心欲緣而慮忘,爲對妄想,作麼生是教意?書無語。師曰:見説尚書看法華經是否?書曰:是。師曰:經中道一切治生産業,皆與實相不相違背,且道非非想天有幾人退位?書無語。師曰:尚書且莫草草,三經五論,師僧抛却,特入叢林,十年二十年,尚不奈何,尚書又爭得會?書禮拜曰:某甲罪過。

師唱。道靈樹雲門凡三十載,機緣語句備載廣録,以乾和七年己酉四月十日順寂,塔全身於方丈後,十七載示夢阮紹莊曰:與吾寄語秀華宫,使特進李托,奏請開塔,遂致奉勑迎請内庭供養,逾月方還,因改寺爲大覺,謚大慈雲匡真弘明禪師。

（以上選自卷一五）

（據影印南宋寶祐刻本釋普濟撰五燈會元）

張　説

【簡介】　張説,字道濟,一字説之,生於公元六六七年(唐高宗乾封二年),死於公元七三〇年(唐玄宗開元十八年),河南洛陽人。他在武則天時應詔對策,授太子校書,中宗時任黃門侍郎等職,睿宗時進同中書門下平章事,玄宗時任中書令,封燕國公。舊唐書卷九七,新唐書卷一二五有傳。

　　張説長於文辭,當時朝廷許多重要文件都出於他之手。同時,他也篤信佛教,與當時許多著名禪僧有往來,寫有許多有關佛教的像讚、經讚及碑銘。其中特別要提到的是,他寫的唐玉泉寺大通禪師碑,記載了禪宗北宗神秀一系的主要思想和傳承,具有重要的史料價值。中唐以後,由於禪宗南宗的興起,以及對神秀一系的排斥,有關北宗的史料大都湮没無聞。其實在神會提倡南宗慧能思想前,北宗神秀一系在當時佛教界有相當大的影響的。因此張説此碑爲歷來治禪宗史者所重視。

一、盧舍那像贊並序

　　詩云:"哀哀父母,生我劬勞,欲報之德,昊天罔極。"是傷不可止也。戀而懷無所及之感,其有飾聖以資親,修法以展慕,豈非孝子持明之心哉! 武擔山靜亂寺,盧舍那丈六鐵像者,沙門履徹爲先妣用無價黃金之裝也。徹師俗姓劉氏,青城真人知古之弟,道門釋種,守律護戒,了<u>如來</u>廣大之心,達<u>如來</u>加持之力,見虛空界,劃縵茶壇,知定慧手,結金剛印。過去不悟,因後行而追福;當來未開,措前緣而證道。覩佛相者,成一切智;承佛光者,壞無始業。<u>張説</u>聞其事而懌之,乃合掌西南遥禮,偈曰:

大雄<u>盧舍那</u>,妙法甚深秘,神變加持力,普昇不動位。孝哉彼沙門,愛母而錫類,法財裝妙色,空色不相異。慧日破金山,慈光觸寶地,善來金剛手,一一見佛事。

(選自叢書集成本張燕公集卷八)

二、般若心經贊

萬行起心,心人之主;三乘歸一,一法之宗。知心無所得,是真得;見一無不通,是玄通。<u>如來</u>説五蘊皆空,人本空也;<u>如來</u>説諸法空相,法亦空也。知法照空,見空舍(<u>唐文粹</u>作"捨")法,二者知見,復非空耶?是故定與慧俱,空中法立。入此門者爲明門,行此路者爲超路,非夫行深般若者,其孰能證於此乎?祕書少監、駙馬都尉、<u>滎陽鄭萬鈞</u>,深藝之士也,學有傳癖,書成草聖,遒揮洒手翰,鐫刻<u>心經</u>,樹聖善之寶坊,啓未來之華葉。佛以無依相而設,法本生我以無,得心而傳,今則無滅。道濟(<u>唐文粹</u>作"存")文字,意齊天壤,<u>國老張説</u>,聞而嘉焉,讚揚佛事,題之樂石。

(同上)

三、藍田法池寺二法堂贊並序

<u>法池</u>西三歸院二法堂,兹寺長老<u>初上</u>禪師所造也。禪師本姓

彭，名<u>至</u>知。至性篤孝，執親之喪，七日不食。微言密行，志道探玄，究<u>易</u>、<u>老</u>、<u>莊</u>太一之旨。善正書，與<u>鍾</u>、<u>王</u>同格，其精至點畫宛秀，毫縷必見，如折槁荷，磨文石，筋理灑颯，固非人力所致也。中朝名士，山藪高尚，法流開勝，遠近慕焉。及晚年，專意於禪誦，平生藝業，脫若遺塵矣。常歎曰：帝王父母許我出家，雨露生成，恩猶（<u>唐文粹</u>作"惟"）一揆，依<u>如來</u>教，創是功德，萬一乎獻福二宮，潛祐七祖，將與一切咸登道場。於是<u>三歸堂</u>以<u>長安</u>元年辛丑子月望日癸未立，<u>善法堂</u>以<u>開元</u>元年癸丑丑月望日戊辰建。禪師母弟<u>仁琬</u>，弟子沙門<u>啓疑</u>，及沙彌<u>令哲</u>左右斯業，寔有力焉。（<u>唐文粹</u>於此下有"而作贊曰"四字）

三歸堂贊

敬告諸佛子，一心清淨觀，欲求真正道，當從信根入。是佛虛空相，是法微妙光，定慧不相離，是僧和合義。人空法亦空，二空亦復空，住心三寶空，是名三歸處。

善法堂贊

至哉初上人，建立<u>善法堂</u>，彩翠三世佛，莊嚴清淨眼。能運無礙心，普入於一切，見若不染色，知若不取色。（<u>唐文粹</u>作"識"）是名真寔見，亦名解脫知，佛觀離生滅，諸法等如是。

（同上）

四、進佛像表

臣<u>説</u>言：去年行塞至<u>朔州忍辱尼寺</u>，見有<u>高祖</u><u>太宗</u>造金像銀趺，刻題尊號，彼州士女，屢瞻佛光。臣懇思聖心，如在咫尺。伏以皇帝事業，遠存荒塞，拯溺救焚，身勤慮苦，歸誠佛寶，何神不據？信知功遍區域，澤周生人，心憑神靈，躬履危險，故皇天眷命，奄有邦家。後嗣聖人，欽承大寶，所當思由積德而興帝系，本艱難而成王業。先聖一心奉佛者，蓋爲百姓求福也。陛下爲繼文之主，實創業之功，再廓氛祲，重安廟社，垂統萬億，同符祖宗。夫惟興王，必籍佐命，咸有一德，克享天心。書曰："非天私我有商，惟天佑于一德，非商求于下民，惟民歸于一德。"功臣同德，可不念哉？物有小而感深，事有微而傳遠。臣謹將金像隨表奉進，謹言。

（同上卷九）

五、唐陳州龍興寺碑

觀夫廣大無相者空虛也，四輪倚之而住對微無體者佛性也，萬法因之以生。聖人有以見三界成壞，皆有爲殼，故剖之以戒嘴；聖人有以見六趣輪迴，是無明網，故決之以定力。爍寶光之慧炬，而沛善利之慈舟；返迷路率於中道，狗橫流登於彼岸。以言乎真實之要，總攝一乘；以言乎天地之間，曲成萬物。大矣哉！道心包舉，等太虛而無際；法教流通，彌曠刼而常在。則有乘如來方便，出應化門；用大士因緣，處帝王位。俾庶類咸若，謂之光宅天下；令衆生修善，名爲莊嚴佛國。

龍興寺者，皇帝卽位之歲，溥天之所置也。唐祚中微，周德更盛，歷載十六，奸臣擅命，伯明氏有盜國之心，一闚提有害聖之迹。皇上操北斗，起東朝，排閶闔，運扶搖，張目而叱之，殷乎若震雷發地，欻虢翕響，以克彼二凶；赫然若太陽昇天，晞照仰像，以復我萬

邦。返元后傳國之璽，受光武登壇之玉。尊祖繼宗，郊天祀地之禮
既洎；修舊布新，改物班瑞之典又備。乃考出世之法，鼓大雄之事，
入無功用之品，住不思議之方。一光所燭，庶兆爲之清涼；一音所
宣，大千爲之震動。雲蒸風靡，不崇朝而壞之踴塔徧天下矣。

　　陳州者，上古太皥之墟，近代睢陽之地，置守則列爲郡，封王則
建爲國，本其風俗，豪侈靡麗舊矣。翿東門之下，接袂成帷；鵁宛邱
之上，炫服成市；信豫章之郊，一都會也。刺史南陽韓府君名琦，其
爲邦也，勝殘去殺，聖主之得賢臣。別駕彭城郡王名隆業，其從政
也，能肅而恭，高陽之有才子。長史南陽張齊賢，儒林之選也；司馬
河南雲盈，公族之良也。士曹從事八人，錄事參軍千璆爲稱首；六
屬官人二十五人，宛邱縣令崔修己爲稱首。或以藝榮，或以門進，
高車一轍，美利同人，禮舉刑清，於是乎在。因邦甸積秭之蓄，偶日
月正旦之初，欽若王言，建立靈寺。上略其趾，下務其終。百工不
勸而巫，庶役不徵而會，經始如雲，成之不日。夫其帶四郭五衢之
陌，踞重塘閭閻之端，福地砥平，長垣雲矗。高門有閌，大廈斯飛，
連廊曲閣，交軒對霤。木磨而不雕，土塗而不飾。壯無僭侈，以約
費爲工；儉無偪陋，以淨居爲寶。法王宮殿，近寶花之域；菩薩伽
藍，住金燈之地，亦猶是也。

　　上座處元，寺主真度、維舶、守慎等，戒珠如月，獨潔麒麟之行；
法寶如山，普聞師子之吼。克諧善衆，底定神居，甘露飽而滿盈，天
香醉而圍繞。于時陳、項之老，褒衣而博帶，璠璠然相造而諏曰：
“久矣！吾黨之惑也，倥侗顓蒙，情實橫放，悉愛我業，聰明不開。
日有忘其生生，月無覺其滅滅，一息之漏，可勝言哉！而今舉足至
于道場，申臂及于淨土，晝則目禪誦之事，夜則耳鐘梵之音，何悟是
生，晚臻斯樂。”豈不思天子之至仁乎！惻下人之昏墊，遹上聖之
昭軌，假有相之途，詣無生之理，灑冥澤於已滅，蒂元根於未始，百

靈之所歸依，萬宇之所欣喜，非獨陳而已矣。蓋神闢天，聖開地，世之祖也；纂帝寶，基皇統，孝之主也；殄譌狂，破魔孽，威無外也；廣正典，紹度門，德無大也。通幽洞明，兼粗該精，滂洋而行，混濩厥成，一收功而四善舉，一推心而羣願立。咨如是，則龍興之化，曷有量哉！夫業可大而燕没焉，不貽於後；事可尊而苞蘊焉，不述於世，臣子之罪也。敢請圖之！然言語之不到者心識，心識之不到者真如。二乘聞之而不見，十地見之而未了，而我云何能知能説，竊比六時之鳥，七寶之樹？是出乎和雅音聲，是讚乎微妙功德，記其在處，長者之金園，銘其事因，育王之石柱。其詞曰：

聖王在上，於昭于天，唐雖舊邦，其命維新，龍興返政，滅二暴臣，少康非儗，于舜爲鄰。皇王烝哉！

於廓元教，生人户牖，神化洒心，小大稽首，掌擎萬域，潛移仁壽，三代之前，蓋未曾有。最上乘哉！

泱泱陳服，韓侯道之，奕奕寶坊，邦人造之，天龍護持，賢聖熙熙，受福維祺，帝心則怡。正理興哉！

（同上卷一四）

六、唐玉泉寺大通禪師碑

讚夫總四大者，成乎身矣；立萬法（唐文粹作“始”）者，主乎心矣。身是虛哉，即身見空，始同妙用，心非實也。觀心若幻，乃等真如。名數入焉妙本乖，言説出焉真宗隱，故如來有意傳要道，力持至德，萬刼而遙付法印，一念而頓授佛身。誰其宏之？實大通禪師其人也。

禪師尊稱大通，諱神秀，本姓李，陳留尉氏人也。心洞九漏，懸

解先覺。身長八尺，秀眉大耳，應王伯之象，合聖賢之度。少爲諸
生，遊問江表，老莊玄者，書易大義，三乘經論，四分律義，說通訓
詁，音參吳晉，爛乎如襲孔翠，玲然如振金玉。既而獨鑒潛發，多聞
旁施，遽知天命之年，自拔人間之世。企聞蘄州有忍禪師，禪門之
法嗣也。自菩提達摩天竺東來，以法傳惠可，惠可傳僧璨，僧璨傳
道信，道信傳弘忍，繼明重跡，相承五光。乃不遠退阻，翩飛謁詣，
虛受與沃心懸會，高悟與真乘同徹，盡捐（唐文粹作“纔指”）忘識，
湛見本心，住寂滅境，行無是處。有師而成，卽燃燈佛所；無依而
說，是空王法門。服勤六年，不捨晝夜。大師歎曰：“東山之法，盡
在秀矣”。命之洗足，引之並坐，於是涕辭而去，退藏於密，儀鳳中
始隸玉泉，名在僧録。寺東七里，地坦山雄，目之曰：“此正楞伽孤
峯，度門蘭若，蔭松藉草，吾將老焉。”雲從龍，風從虎，大道出，賢人
覩。岐陽之地，就去成都，華陰之山，學來如市，未云多也。後進得
以拂三有，超四禪，昇堂七十，味道三千，不是過也。

　　爾其開法大略，則專念以息想，極力以攝心。其入也，品均凡
聖；其到也，行無前後。趣定之前，萬緣盡閉，發慧之後，一切皆如。
特奉楞伽，遞爲心要，過此以往，未之或知。久視年中，禪師春秋高
矣，詔請而來，跌坐覲君，肩輿上殿，屈萬乘而稽首，洒九重而宴居。
傳聖道者不北面，有盛德者無臣禮。遂推爲兩京法主，三帝國師，
仰佛日之再中，慶優曇之一現。混（唐文粹作“然”）處都邑，婉其秘
旨，每帝王分座，后妃臨席，鵷鷺四匝，龍象三繞。時熾炭待礦，故
對默而心降；時診（唐文粹作“賑”）飢投味，故告約而義領。一雨溥
霑於衆緣，萬籟各吹於本分，非夫安住無畏，應變無方者，孰能至爾
乎。聖敬日崇，朝恩代積，當陽初會之所，置寺曰度門，尉氏先人之
宅，置寺曰報恩，軾閭名卿，表德非擬。局厭誼（唐文粹作“誼”）輩，
長懷虛壑，累乞還山。既聽中駐，久矣衰憊，無他患苦，魄散神全，

形遺力謝。<u>神龍</u>二年二月二十八日夜中，顧命趺坐，泊如化滅。禪師<u>武德</u>八年乙酉，受具於天宮，至是年丙午，後終於此寺，蓋僧臘八十矣。生於<u>隋</u>末，百有餘歲，未嘗自言，故人莫審其數也。

三界火心，四部冰背，榱崩梁壞，雷動雨泣。凡諸寶身，生是金口，故其喪也，如執親焉，詔使吊哀，侯王歸賵。三月二日，册謚<u>大通</u>，展飾終之義，禮也。時厭五日，假安闕塞，緩及葬之期，懷也。宸駕臨訣至午橋，王公悲送至<u>伊水</u>，羽儀陳設至山龕。仲秋暨（<u>唐文粹</u>作“既”）望，還詔乃下，帝諾先許，冥遂宿心。太常卿鼓吹導引，城門郎護監送喪（<u>唐文粹</u>作“喪葬”）。是日天子出<u>龍門</u>，泫金襯，登高停蹕，目盡迴輿。自<u>伊</u>及江，扶道候哀（<u>唐文粹</u>作“哀候”），幡花百轝，香雲千里。維十月哉生魄明，卽舊居後岡，安神啓塔，國錢嚴飾，賜逾百萬。巨鐘是先帝所鑄，羣經是後王所賜。金榜御題，華幡内造，塔寺尊重，遠稱標絶。

初，禪師形解東<u>洛</u>，相見南<u>荆</u>，白霧積晦于禪山，素蓮寄生于坐樹。則雙林變色，<u>泗水</u>逆流，至人遠代，同符異感。百日卒哭也，在<u>龍華寺</u>設大會八千人，度二十七人。二祥練縞也，咸就西明道場，數如前會。萬迴菩薩，乞施後宮，寶衣盈箱，珍價敵國，親舉寵費（原作“與寵貴”，據<u>唐文粹</u>校改），侑供巡香。其廣福博因，存没如此。日月逾邁，榮落相推，於戲法子，永戀宗極。痛慈舟之遽失，恨湧塔之遟開，<u>石城</u>之歎也不孤，<u>盧山</u>之碑焉可作。竊比<u>子貢</u>之論夫子也，生於天地，不知天地之高厚，飲於江海，不知江海之廣深。强名無迹，以慰其心。銘曰：

頟珠内隱，匪指莫効，心境外塵，匪磨莫照。海藏安静，風識牽縈，不入度門，孰探法要。偉哉禪伯，獨立天下，功收密詣，解却名假。詣無所得，解亦都捨，月影空如，現於悟者。無量善衆，爲父爲師，露清熱惱，光射昏疑。冀將住世，萬壽無期，奈何過隙，一朝去之。嗟我門人，憂心斷續，進憶瞻仰，退思付囑。盡不離定，空非滅覺，念茲在茲，敢告無學。

（同上）

七、元識闍黎廬墓碑

夫孝者，法象乎天地，感通乎鬼神。故愛敬之中又有真報，哀戚之外更追冥福。元識禪師其人也，其姓桑氏，其先長樂人，漢尚書洪之後。曾祖梁州刺史，諱千秋；祖貴鄉令，諱信；考文林郎，名爽。自前代無德德，基於累仁，是生達者。禪師智周萬物，而理證本無；顧度四生，而見滅諸有。以爲空不離色，體念子之慈；業不忘緣，起思親之孝。乃於萬山北陌，榮陽東原，葬先考文林府君，先妣太原王氏。負土成墳，結廬其域。置義井，取施無求報；鑄洪鐘，取聞而悟道。修古寺，造尊容，取覩相生信。若夫信生攝，攝生靜，靜生定，定生慧。於生滅處，得常住心；於虛空中，立一切法，其定慧之門乎？禪師昔宴坐介山，羣虎自擾；今經行宰樹，四衆依德。至人凝寂，雖罕見全像；識者餘論，亦時存一隅。篆美豐石，寄詞短偈云爾：

邈矣上德，行密道高，哀哀父母，生我劬勞。禪心護念，神足遊遨，苦河雖廣，曾不容舠。甘井既湈，利物無竭，不增不減，不流不滯。仁静而鑒，智動而悦，華鐘既鏗，雄雄法聲。如來如去，如滅如生，不有奚得，不爲胡成。寶地嚴飾，金山晃耀，善惡無門，惟人所召。境因心起，理憑思照，愍者一心，混成衆妙。

（同上）

柳　宗　元

【簡介】　柳宗元,字子厚,生於公元七七三年（唐代宗大曆八年）,死於公元八一九年（唐憲宗元和十四年）,河東解縣（今山西永濟）人。他於二十一歲中進士,二十六歲第博學宏詞科,授集賢殿書院正字,後又任藍田縣尉,監察御史裏行等職。貞元二十一年（公元八〇五年）,他與劉禹錫等參加王叔文的政治改革活動,升任爲禮部員外郎。不久革新失敗,他先被貶爲永州（今湖南零陵縣）司馬,後又改貶爲柳州（今廣西柳州）刺史,最後病逝於柳州。舊唐書卷一六〇,新唐書卷一六八有傳。

柳宗元是唐代著名的文學家和思想家之一。他是唐代古文運動的倡導者之一,對當時文風的改革起過很大的推動作用,寫出許多寓意深刻,膾炙人口的作品。在哲學思想上,他基本上是一個唯物主義和無神論者。他繼承了我國古代的"元氣"思想,對傳統的天命論、天人感應等思想進行了批判。但是,當時社會上盛行的佛教唯心主義思想對他也有相當大的影響。他與當時許多名僧有交往,自稱"吾自幼好佛,求其道積三十年"（送巽上人赴中丞叔父召序）。並且認爲佛教中有許多思想是值得吸取的。尤其在貞元革新失敗被貶官後,他更藉佛教思想以爲精神上的寄託。

對於佛教思想在柳宗元整個思想中的地位,以及應當如何分析和評價他的"好佛",學術界歷來有不同的看法。本書選錄了柳宗元的一部分與佛教有關的文章,作爲瞭解佛教思想在當時一般士大夫中的影響和對柳宗元思想研究的參考。

一、曹溪大鑒禪師碑

扶風公廉問嶺南三年，以佛氏第六祖未有稱號，疏聞於上。詔諡大鑒禪師，塔曰靈照之塔。元和十年十月十三日，下尚書祠部，符到都府。公命部吏洎州司功掾，告于其祠。幢蓋鐘鼓，增山盈谷，萬人咸會，若聞鬼神。其時學者千有餘人，莫不欣踴奮厲，如師復生，則又感悼涕慕，如師始亡。因言曰：自有生物，則好鬬奪，相賊殺，喪其本實，誖乖淫流，莫克返于初。孔子無大位，没以餘言持世，更楊墨黄老益雜，其術分裂，而吾浮圖説後出，推離還源，合所謂生而静者。梁氏好作有爲，師達摩譏之，空術益顯。六傳至大鑒，大鑒始以能勞苦服役，一聽其言，言希以究，師用感動，遂授信具。遁隱南海上，人無聞知。又十六年，度其可行，乃居曹溪，爲人師，會學去來嘗數千人。其道以無爲爲有，以空洞爲實，以廣大不蕩爲歸。其教人，始以性善，終以性善，不假耘鋤，本其静矣。中宗聞名，使幸臣再徵，不能致，取其言以爲心術，其説具在，今布天下，凡言禪，皆本曹溪。大鑒去世百有六年，凡治廣部而以名聞者以十數，莫能揭其號，乃今始告天子，得大諡，豐佐吾道，其可無辭。

公始立朝，以儒重。刺虔州，都護安南，由海中大蠻夷，連身毒之西，浮舶聽命，咸被公德。受旂纛節戟，來莅南海，屬國如林，不殺不怒，人畏無噩。允克光於有仁，昭列大鑒，莫如公宜。其徒之老，乃易石于宇下，使來謁辭。其辭曰：

達摩乾乾，傳佛語心；六承其授，大鑒是臨。勞勤專默，終揖于深；抱其信器，行海之陰。其道爰施，在溪之曹；厖合猥附，不夷其高。傳告咸陳，惟道之褒；生而性善，在物而具；荒流奔軼，乃萬其趣；匪思愈亂，匪覺滋誤；由師內鑒，咸護于素；不植乎根，不耘乎苗；中一外融，有粹孔昭。在帝中宗，聘言于朝，陰翊王度，俾人逍遙。越百有六祀，號諡不紀，由扶風公，告今天子，尚書既復，大行乃誄，光於南土，其法再起。厥徒萬億，同悼齊喜，惟師教所被，洎扶風公所履，咸戴天子；天子休命，嘉公德美，溢于海夷，浮圖是視。師以仁傳，公以仁理，謁辭圖堅，永胤不已。

（選自中華書局一九七九年版柳宗元集卷六）

二、南嶽彌陀和尚碑

在代宗時，有僧法照，爲國師。乃言其師南嶽大長老有異德，天子南嚮而禮焉。度其道不可徵，乃名其居曰般舟道場，用尊其位。

公始居山西南巖石之下，人遺之食則食，不遺則食土泥，茹草木。其取衣類是。南極海裔，北自幽都，來求其道。或值之崖谷，羸形垢面，躬負薪樵，以爲僕役而媟之，乃公也。凡化人，立中道而教之權，俾得以疾至。故示專念，書塗巷，刻谿谷，丕勤誘掖，以援於下。不求而道備，不言而物成。人皆負布帛，斬木石，委之巖戶，不拒不營。祠宇既具，以洎於德宗，申詔褒立，是爲彌陀寺。施之餘，則與餓疾者，不尸其功。

公始學成都唐公，次資州詵公，詵公學於東山忍公，皆有道。至荊州，進學玉泉真公。真公授公以衡山，俾爲教魁，人從而化者以萬計。初，法照居廬山，由正定趨安樂國，見蒙惡衣侍佛者。佛告曰："此衡山承遠也。"出而求之，肖焉，乃從而學。傳教天下，由公之訓。

公爲僧凡五十六年，其壽九十一，<u>貞元</u>十八年七月十九日終於寺。葬於寺之南岡，刻石於寺大門之右。銘曰：

一氣迴薄茫無窮，其上無初下無終。離而爲合蔽而通，始末或異今焉同。虛無混冥道乃融，聖神無跡示教功。公之率衆峻以容，公之立誠教其中。服庇草木蔽穹隆，仰攀俯取食以充。形遊無極交大雄，天子稽首師順風。四方奔走雲之從，經始尋尺成靈宮。始自<u>蜀</u>道至<u>臨洪</u>，咨謀往復窮真宗。弟子傳教國師公，化流萬億代所崇。奉公寓形於南岡，幼曰弘願惟孝恭，立之茲石書玄蹤。

（同上）

三、岳州聖安寺無姓和尚碑

惟某年月日，<u>岳州</u>大和尚終於<u>聖安寺</u>。凡爲僧若干年，年若干。有名無姓，世莫知其閭里宗族。所設施者有問焉，而以告曰：“性，吾姓也。其原無初，其胄無終，承於<u>釋師</u>，以系道本，吾無姓耶？<u>法劍</u>云者，我名也。實且不有，名惡乎存？吾有名耶？性海，吾鄉也；法界，吾宇也。戒爲之墉，慧爲之户，以守則固，以居則安。吾閭里不具乎？度門道品，其數無極，菩薩大士，其衆無涯。吾與之戚而不吾異也，吾宗族不大乎？”其道可聞者，如此而止。讀《法華經》、《金剛般若經》，數逾千萬。或譏以有爲，曰：“吾未嘗作。”嗚呼！佛道逾遠，異端競起，唯<u>天台大師</u>爲得其説。和尚紹承本統，以順中道，凡受教者不失其宗。生物流動，趨向混亂，惟極樂正路爲得其歸。和尚勤求端愨，以成至願，凡聽信者，不惑其道。或譏以有跡，曰：“吾未嘗行。”

始居<u>房州龍興寺</u>中，徙居是州，作道場於<u>楞伽</u>北峯，不越閫者五十祀。和尚凡所嚴事，皆世高德。始出家，事而依者曰卓然師，居南陽立山，就受戒者曰道穎師，居荆州。弟子之首曰懷遠師，居長沙安國寺，爲南岳戒法，歲來侍師。會其終，遂以某月某日葬於卓然師塔東若干步。銘曰：

　　道本於一，離爲異門。以性爲姓，乃歸其根。無名而名，師教是尊。假以示物，非吾所存。大鄉不居，大族不親。淵懿內朗，冲虛外仁。聖有遺言，是究是勤。惟動惟默，逝如浮雲。教久益微，世罕究陳。爰有大智，出其真門，師以顯示，俾民惟新。情動生變，物由湮論。爰授樂國，參乎化源。師以誘導，俾民不昏。道用不作，神行無迹。晦明俱如，生死偕寂。法付後學，施之無斁。葬從我師，無忘真宅。薦是昭銘，刻茲貞石。

（同上）

四、龍安海禪師碑

　　佛之生也，遠中國僅二萬里，其没也，距今茲僅二千歲。故傳道益微，而言禪最病。拘則泥乎物，誕則離乎真，真離而誕益勝。故今之空愚失惑縱傲自我者，皆誣禪以亂其教，冒於冥昏，放於滛荒。其異是者，長沙之南曰龍安師。

　　師之言曰："由迦葉至師子，二十三世而離，離而爲達摩。由達摩至忍，五世而益離，離而爲秀爲能。南北相訾，反戾鬪狠，其道遂隱。嗚呼！吾將合焉。且世之傳書者，皆馬鳴龍樹道也。二師之道，其書具存，徵其書，合於志，可以不愿。"於是北學於惠隱，南求於馬素，咸黜其異，以蹈乎中。乖離而愈同，空洞而益實，作安禪通明論。推一而適萬，則事無非真，混萬而歸一，則真無非事。推而未嘗推，故無適；混而未嘗混，故無歸。塊然趣定，至於旬時，是之謂施用；茫然同俗，極乎流動，是之謂真常。

居長沙，在定十四日，人卽其處而成室宇，遂爲寶應寺。去於湘之西，人又從而負大木，礱密石，以益其居，又爲龍安寺焉。尚書裴公某、李公某，侍郎呂公某、楊公某，御史中丞房公某，咸尊師之道，執弟子禮。凡年八十一，爲僧五十三期，元和三年二月九日而没。

其弟子玄覺泊懷直、浩初等，狀其師之行，謁余爲碑。曰：師周姓，如海名也。世爲士，父曰擇交，同州錄事參軍。叔曰擇從，尚書禮部侍郎。師始爲釋，其父奪之志，使仕，至成都主簿，不樂也。天寶之亂，復其初心。嘗居京師西明寺，又居峋嶁山，終龍安寺，葬其原。銘曰：

浮圖之修，其奧爲禪，殊區異世，誰得其傳？遁隱乖離，浮游散遷，莫徵旁行，徒聽誣言。空有互鬭，南北相殘，誰其會之，楚有龍安。龍安之德，惟覺是則，苞並絕異，表正失惑。貌昧形静，功流無極，動言有爲，彌寂而默。祠廟之嚴，我居不飾，貴賤之來，我道無得。逝耶匪追，至耶誰抑？惟世之機，惟道之微，既陳而明，乃去而歸。象物徒設，真源無依，後學誰師，嗚呼茲碑！

（同上）

五、南嶽雲峯寺和尚碑

乾元元年某月日，皇帝曰："予欲俾慈仁怡愉沾於生人，惟浮圖道允迪。"乃命五嶽求厥元德，以儀於下。惟茲嶽上於尚書，其首曰雲峯大師法證，凡蒞事五十年，貞元十七年乃没。其徒曰詮，曰遠，曰振,曰巽,曰素,凡三千餘人。其長老咸來曰:"吾師軌行峻特,器宇弘大。有來受律者,吾師示之以爲尊嚴整齊,明列義類,而人知其所不爲,有來求道者,吾師示之以爲高廣通達,一其空有,而知其所必至。元臣碩老,稽首受教,髫童毀齒,踴躍執役。故從吾師之命而度者,凡五萬人。吾師冬不燠裘,飢不豐食。每歲會其類,讀羣經,俾聖言畢出,有以見其大。又率其仵,伐木輦土,作佛塔廟洎經典,俾像法益廣,有以見其用。將没,告問人曰:吾自始學至去世,未嘗有作焉,然後知其動無不虛,静無不爲,生而未始來,殁而未始往也。其道備矣,願刻山石,知教之所以大。"其詞曰:

　　師之教,尊嚴有耀,恭天子之詔,維大中以告,後學是效。師之德,簡峻淵默,柔惠以直,渙焉而不積,同焉而皆得,兹道惟則。師之功,勤勞以庸,維奧秘必通,以興祠宫,退邇攸從。師之族,由虢而郭,世德有奕,從佛於釋。師之壽,七十有八,維終始罔缺,丕冒遺烈。厥徒蒸蒸,維大教是膺,維憲言是徵。溥博恢弘,如川之增,如雲之興,如嶽之不崩。終古其承之。

(同上卷七)

六、南嶽般舟和尚第二碑

　　佛法至於衡山,及津大師始修起律教。由其壇場而出者,爲得正法。其大弟子曰日悟和尚,盡得師之道,次補其處,爲浮圖者宗。世家於零陵,蔣姓也。和尚心大而行密,體卑而道尊。以爲由定發慧,必用毗尼爲之室宇,遂執業於東林恩大師。究觀秘義,乃歸傳教。不視文字,懸判深微。登壇涖事,度比丘衆,凡歲千人者三十有七,而道不愿。以爲去凡即聖,必以三昧爲之軌道,遂服勤於紫霄遠大師。修明要奥，得以觀佛，浩入性海，洞開真源。道場專精，長跪右遶，不衡不倚，凡七日者百有二十，而志不衰。

初，開元中詔定制度，師乃居本郡龍興寺。肅宗制天下名山，置大德七人，茲嶽尤重，推擇居首。師乃卽崇嶺，是作精室。闢林莽，刳巖巒，殿舍宏大，廊廡脩直。不命而獻力，不祈而薦貨。凡南方顓念佛三昧者，必由於是，命曰般舟臺焉。和尚生十三年而始出家，又九年而受具戒，又十年而處壇場，又三十七年而當貞元二十年正月十七日，化於茲室。

嗚呼！無得而修，故念爲實相；不取於法，故律爲大乘。壞衣不飾，摶食不味。覆薦服役，凡出於生物者，擯而勿用，不自知其慈；攝取調御，凡歸於正真者，動而成羣，不自知其教。萬行方屬，一性恆如，寂用之涯，不可得也。有弟子曰景秀，嗣居法會，欲廣其師之德，延於罔極。故申明陳辭，俾刊之茲碑。銘曰：

像教南被，及津而尊，威儀有嚴，載闢其門。吾師是嗣，增濬道源，度衆逾廣，大明羣昏。乃興毗尼，微密是論，八萬總結，彰於一言。聲聞熙熙，遞邐來奔，如木旣拔，有植其根。乃法般舟，奧妙斯存，百億冥會，觀於化元。同道祁祁，功庸以敦，如水斯壅，流之無垠。帝求人師，登我先覺，赫矣明命，表茲靈嶽。於彼南皋，齋宮妥作，負揭致貨，時靡要約。祖奮程力，不呼而諾，是刘是鑿，旣塗旣斲。層構孔碩，以延後學。出不牛馬，服不絮帛，匪安其躬，亦菲其食。勤而不勞，在用恆寂，縱而不傲，在捨恆得。洪融混合，孰究其跡？懿茲遺光，式是嘉則。容貌往矣，軌儀無極，其徒追思，廣薦茲石。

（同上卷七）

七、南嶽大明寺律和尚碑

儒以禮立仁義，無之則壞；佛以律持定慧，去之則喪。是故離禮於仁義者，不可與言儒；異律於定慧者，不可與言佛。遠是道者，唯大明師。師姓歐陽氏，號曰惠開。唐開元二十一年始生，天寶十一載始爲浮圖，大曆十一年始登壇爲大律師，貞元十三年十一月十一日卒。元和九年正月，其弟子懷信、道嵩、尼無染等，命高道僧靈嶼爲行狀，列其行事，願刊之茲碑。

宗元今撮其大旨言曰：師先因官世家潭州，爲大姓，有勳烈爵位，今不言，大浮圖也。凡浮圖之道衰，其徒必小律而去經，大明恐焉。於是從峻洎侃，以究戒律，而大法以立。又從秀洎昱，以通經教，而奧義以修。由是二道，出入隱顯，後學以不惑，來求以有得。廣得二年，始立大明寺於衡山，詔選居寺僧二十一人，師爲之首。乾元元年，又命衡山立毗尼藏，詔選講律僧七人，師應其數。凡其衣服器用，勳有師法，言語行止，皆爲物軌。執巾匜，奉杖屨，爲侍者數百；翦髮鬇，被教戒，爲學者數萬。得眾若獨，居尊若卑，晦而光，介而大，灝灝焉無以加也。其塔在祝融峯西址下，碑在塔東。其辭曰：

儒以禮行，覺以律興，一歸真源，無大小乘。大明之律，是定是慧，丕窮經教，爲法出世。化人無疆，垂裕無際，詔尊碩德，威儀有繼。道徧大州，徽音勿替。祝融西麓，洞庭南裔，金石刻辭，彌億千歲。

（同上）

八、東　海　若

東海若陸遊，登孟諸之阿，得二瓠焉。刳而振其犀以嬉，取海水雜糞壤蟯蚘而實之，臭不可當也。窒以密石，舉而投之海。逾時焉而過之，曰："是故棄糞耶？"其一徹聲而呼曰："我大海也。"東海若呀然笑曰："怪矣，今夫大海，其東無東，其西無西，其北無北，其南無南，旦則浴日而出之，夜則滔列星、涵太陰，揚陰火珠寶之光以爲明，其塵霾之雜不處也，必泊之西澨。故其大也深也，潔也光明也，無我若者。今汝海之棄滴也，而與糞壤同體，臭朽之與曹，蟯蚘之與居，其狹陋也，又冥暗若是，而同之海，不亦羞而可憐哉！子欲之乎？吾將爲汝扶石破瓠，盪羣穢於大荒之島，而同子於向之所陳者可乎？"糞水泊然不悅曰："我固同矣，吾又何求於若？吾之性也，亦若是而已矣。穢者自穢，不足以害吾潔；狹者自狹，不足以害吾廣；幽者自幽，不足以害吾明。而穢亦海也，狹亦海也，幽亦海也，突然而往，于然而來，孰非海者？子去矣，無亂我。"其一聞若之言，號而祈曰："吾毒是久矣！吾以爲是固然不可異也。今子告我以海之大，又目我以故海之棄糞也，吾愈急焉。涌吾沫不足以發其室，旋吾波不足以穴瓠之腹也，就能之，窮歲月耳，願若幸而哀我哉！"東海若乃抉石破瓠，投之孟諸之陸，盪其穢於大荒之島，而水復於海，盡得向之所陳者焉。而向之一者，終與臭腐處而不變也。

今有爲佛者二人，同出於毗盧遮那之海，而汩於五濁之糞，而幽於三有之瓠，而窒於無明之石，而雜於十二類之蟯蚘。人有問焉，其一人曰："我佛也，毗盧遮那、五濁、三有、無明、十二類，皆空也，一也，無善無惡，無因無果，無脩無證，無佛無衆生，皆無焉，吾何求也！”問者曰："子之所言，性也，有事焉。夫性與事，一而二，二而一者也，子守而一定，大患者至矣。"其人曰："子去矣，無亂我。"其一人曰："嘻，吾毒之久矣！吾盡吾力而不足以去無明，窮吾智而不足以超三有、離五濁，而異夫十二類也。就能之，其大小刧之多，不可知也，若之何？"問者乃爲陳西方之事，使修念佛三昧，一空有之説。於是聖人憐之，接而致之極樂之境，而得以去羣惡，集萬行，居聖者之地，同佛知見矣。向之一人者，終與十二類同而不變也。夫二人之相遠也，不若二瓠之水哉！今不知去一而取一，甚矣！

（選自中華書局一九七九年版柳宗元集卷二十）

九、送文暢上人登五臺遂遊河朔序

昔之桑門上首，好與賢士大夫遊。晉宋以來有道林、道安、遠法師、休上人，其所與遊，則謝安石、王逸少、習鑿齒、謝靈運、鮑照之徒，皆時之選。由是真乘法印，與儒典並用，而人知嚮方。今有釋文暢者，道源生知，善根宿植，深嗜法語，忘甘露之味，服道江表，蓋三十年。謂王城雄都，宜有大士，遂躡虛而西，驅錫逾紀，而秦人蒙利者益衆。雲、代之間有靈山焉，與竺乾鷲嶺角立相望，而往解脫者，去來回復，如在步武。則勤求秘寶，作禮大聖，非此地莫可。故又捨筏西土，振塵朔陲，將欲與文殊不二之會，脱去穢累，超詣覺路，吾徒不得而留也。

天官顏公、夏官韓公、廷尉鄭公、吏部郎中楊公、劉公，有安石之德，逸少之高，鑿齒之才，皆厚於上人，而襲其道風，佇立瞻望，懼往而不返也。吾輩常希靈運、明遠之文雅，故詩而序之。又從而諭之曰："今燕、魏、趙、代之間，天子分命重臣，典司方岳，辟用文儒之士,以緣飾政令。服勤聖人之教,尊禮浮屠之事者,比比有焉。上人之往也,將統合儒釋,宣滌疑滯,然後蒙衣袽之贈,委財施之會不顧矣。其來也,盍亦徵其歌詩,以焜耀迴蹋,偉長、德璉之述作,豈擅重千祀哉!庶欲竊觀風之職,而知鄭志耳。"

(同上卷二十五)

十、送巽上人赴中丞叔父召序

或問宗元曰:悉矣!子之得於巽上人也,其道果何如哉?對曰:吾自幼好佛,求其道積三十年。世之言者罕能通其說,於零陵,吾獨有得焉。且佛之言,吾不可得而聞之矣,其存於世者,獨遺其書,不於其書而求之,則無以得其言,言且不可得,況其意乎?今是上人,窮其書,得其言,論其意。推而大之,逾萬言而不煩;總而括之,立片辭而不遺。與夫世之析章句,徵文字,言至虛之極則蕩而失守,辯群有之夥則泥而皆存者,其不以遠乎?

以吾所聞所知,凡世之善言佛者,於吳則惠誠師,荊則海雲師,楚之南則重巽師。師之言存,則佛之道不遠矣。惠誠師已死,今之言佛者加少。其由儒而通者,鄭中書泊孟常州。中書見上人,執經而師受,且曰:"於中道吾得以益邃。"常州之言曰:"從佛法生,得佛法分。"皆以師友命之。今連帥中丞公,具舟來迎,飾館而俟,欲其道之行於遠也,夫豈徒然哉!以中丞公之直清嚴重,中書之辯博,常州之敏達,且猶宗重其道,況若吾之昧昧者乎?

夫衆人之和,由大人之倡。洞庭之南,竟南海,其士汪汪也,求道者多半天下。一唱而大行於遠者,是行有之,則和焉者,將若群蟄之有雷,不可止也。於是書以爲巽上人赴中丞叔父召序。

(同上)

十一、送僧浩初序

儒者韓退之與余善，嘗病余嗜浮圖言，嘗余與浮圖遊。近隴西李生礎自東都來，退之又寓書罪余，且曰："見送元生序，不斥浮圖。"浮圖誠有不可斥者，往往與易論語合，誠樂之，其於性情奭然，不與孔子道異。退之好儒未能過揚子，揚子之書於莊、墨、申、韓皆有取焉。浮圖者，反不及莊、墨、申、韓之怪僻險賊耶？曰："以其夷也。"果不信道而斥焉以夷，則將友惡來、盜跖，而賤季札、由余乎？非所謂去名求實者矣。吾之所取者與易論語合，雖聖人復生不可得而斥也。

退之所罪者其迹也，曰："髡而緇，無夫婦父子，不爲耕農蠶桑而活乎人。"若是，雖吾亦不樂也。退之忿其外而遺其中，是知石而不知韞玉也。吾之所以嗜浮圖之言以此。與其人遊者，未必能通其言也。且凡爲其道者，不愛官，不爭能，樂山水而嗜閑安者爲多。吾病世之逐逐然唯印組爲務以相軋也，則舍是其焉從？吾之好與浮圖遊以此。

今浩初閑其性，安其情，讀其書，通易論語，唯山水之樂，有文而文之。又，父子咸爲其道，以養而居，泊焉而無求，則其賢於爲莊、墨、申、韓之言，而逐逐然唯印組爲務以相軋者，其亦遠矣。

李生礎與浩初又善。今之往也，以吾言示之。因北人寓退之，視何如也。

（同上）

十二、送元暠師序

中山劉禹錫，明信人也。不知人之實，未嘗言，言未嘗不讎。元暠師居武陵，有年數矣，與劉遊久且暱。持其詩與引而來，余視之，申申其言，勤勤其思，其爲知而言也信矣。

余觀世之爲釋者，或不知其道，則去孝以爲達，遺情以貴虛。今元暠衣粗而食菲，病心而墨貌。以其先人之葬未返其土，無族屬以移其哀，行求仁者，以冀終其心。勤而爲逸，遠而爲近，斯蓋釋之知道者歟？釋之書有大報恩十篇，咸言由孝而極其業。世之蕩誕慢訑者，雖爲其道而好違其書，於元暠師，吾見其不違，且與儒合也。

元暠，陶氏子，其上爲通侯，爲高士，爲儒先。資其儒，故不敢忘孝；跡其高，故爲釋；承其侯，故能與達者遊。其來而從吾也，觀其爲人，益見劉之明且信，故又與之言，重敍其事。

（同上）

十三、送琛上人南遊序

佛之迹，去乎世久矣，其留而存者，佛之言也。言之著者爲經，翼而成之者爲論，其流而來者，百不能一焉，然而其道則備矣。法之至，莫尚乎般若；經之大，莫極乎涅槃。世之上士，將欲由是以入者，非取乎經論則悖矣。而今之言禪者，有流蕩舛誤，迭相師用，妄取空語，而脫略方便，顛倒真實，以陷乎己，而又陷乎人。又有能言體而不及用者，不知二者之不可斯須離也。離之外矣，是世之所大患也。

吾琛則不然，觀經得般若之義，讀論悅三觀之理，晝夜服習而身行之。有來求者，則爲講説。從而化者，皆知佛之爲大，法之爲廣，菩薩大士之爲雄，修而行者之爲空，蕩而無者之爲礙。夫然，則與夫增上慢者異矣。異乎是而免斯名者，吾無有也。將以廣其道而被於遠，故好遊。自京師而來，又南出乎桂林，未知其極也。吾病世之傲逸者，嗜乎彼而不求此，故爲之言。

（同上）

十四、送文郁師序

柳氏以文雅高於前代，近歲頗乏其人，百年間無爲書命者。登禮部科，數年乃一人，後學小童，以文儒自業者又益寡。今有文郁師者，讀孔氏書，爲詩歌逾百篇，其爲有意乎文儒事矣，又遁而之釋。背笈篋，懷筆牘，挾海泝江，獨行乎山水間。偽偽然模狀物態，搜伺隱隙，登高遠望，悽愴超忽，遊其心以求勝語，若有程督之者。已則披緇艾，茹蒿芹，志終其軀。吾誠怪而譏焉。對曰："力不任奔競，志不任煩挐，苟以其所好，行而求之而已爾。"終不可變化。

吾思當世以文儒取名聲，爲顯官，入朝受憎媢訕嫉摧伏，不得守其土者，十恒八九。若師者，其可訕而嫉耶？用是不復譏其行，返退而自譏。於其辭而去也，則書以界之。

（同上）

十五、送玄舉歸幽泉寺序

　　佛之道，大而多容，凡有志乎物外而耻制於世者，則思入焉。故有貌而不心，名而異行，剛狷以離偶，紆舒以縱獨，其狀類不一，而皆童髮毀服以遊於世，其孰能知之！

　　今所謂玄舉者，其視瞻容體，未必盡思跡佛，而持詩句以來求余，夫豈耻制於世而有志乎物外者耶？夫道獨而跡狎則怨，志遠而形羈則泥。幽泉山，山之幽也。閑其志而由其道，以遯而樂，足以去二患，捨是又何爲耶？既曰爲予來，故於其去，不可以不告也。

（同上）

十六、送濬上人歸淮南覲省序

　　金仙氏之道，蓋本於孝敬，而後積以衆德，歸於空無。其敷演教戒於中國者，離爲異門，曰禪、曰法、曰律，以誘掖迷濁，世用宗奉。其有脩整觀行，尊嚴法容，以儀範於後學者，以爲持律之宗焉。上人窮討秘義，發明上乘，奉威儀三千，雖造次必備。嘗以此道宣於江湖之人，江湖之人悅其風而受其賜，攀慈航望彼岸者，蓋千百計。天子聞之，徵之闕下，御大明秘殿以問也，導揚本教，頗甚稱旨。京師士衆，方且翹然仰大雲之澤，以植德本，而上人不勝顧復之恩，退懷省侍之禮，懇迫上乞，遂無以奪。由是杖錫東顧，振衣晨征。

　　右司員外郎劉公，深明世典，通達釋教，與上人爲方外遊。始榮其至，今惜其去，於是合郎署之友，詩以貺之。退使孺子執簡而序之，因繫其辭曰：

上人專於律行，恒久彌固，其儀刑後學者歟？誨于生靈，觸類蒙福，其積衆德者歟？覲于高堂，視遠如邇，其本孝敬者歟？若然者，是將心歸空無，捨筏登地，固何從而識之乎？古之贈禮，必以輕先重，故鄭商之犒先乘韋，魯侯之贈後吳鼎。今餞詩之重，皆衆吳鼎也，故乘韋之比，得序而先之。且曰，由禮而不敢讓也。

（同上）

十七、永州龍興寺修淨土院記

中州之西數萬里，有國曰身毒，釋迦牟尼如來示現之地。彼佛言曰："西方過十萬億佛土，有世界曰極樂，佛號無量壽如來。其國無有三惡八難，衆寶以爲飾；其人無有十纏九惱，羣聖以爲友。有能誠心大願，歸心是土者，苟念力具足，則往生彼國，然後出三界之外。其於佛道無退轉者，其言無所欺也。"晉時廬山遠法師作念佛三昧詠，大勸于時。其後天台顗大師著釋淨土十疑論，弘宣其教。周密微妙，迷者咸賴焉，蓋其留異跡而去者甚衆。

永州龍興寺，前刺史李承晊及僧法林，置淨土堂于寺之東偏，常奉斯事，逮今餘二十年，廉隅毀頓，圖像崩墜。會異上人居其宇下，始復理焉。上人者，修最上乘，解第一義。無體空折色之跡，而造乎真源；通假有借無之名，而入於實相。境與智合，事與理并。故雖往生之因，亦相用不捨。誓葺兹宇，以開後學。有信士圖爲佛像，法相甚具焉。今刺史馮公作大門以表其位，余遂周延四阿，環以廊廡，績二大士之像，繪蓋幢幡，以成就之。嗚呼！有能求無生

之生者，知舟筏之存乎是。遂以天台十疑論書于牆宇，使觀者起
信焉。

（同上卷二十八）

劉 禹 錫

　　【簡介】 劉禹錫,字夢得,生於公元七七二年（唐代宗大曆七年）,死於公元八四二年（唐武宗會昌二年）,祖籍河北中山,後遷洛陽,他生於江蘇彭城（今徐州）。他二十二歲中進士,與柳宗元同榜。次年登吏部取士科,授太子校書,後入淮南節度使杜佑幕府,又調渭南縣主簿,監察御史等。貞元二十一年,他與柳宗元等參加王叔文的政治革新活動,任屯田員外郎。革新失敗後,他被貶爲朗州（今湖南常德）司馬。元和十年曾一度被召回長安,但不久又被貶爲連州刺史。太和二年復被召回長安,授集賢殿學士,禮部郎中。太和五年出任蘇州刺史,頗有政績。開成元年遷太子賓客。舊唐書卷一六〇,新唐書卷一六八有傳。

　　劉禹錫是唐代著名的文學家和思想家之一。他與柳宗元關係極爲親密,與著名詩人白居易等有大量的唱和詩。白居易很欽佩他的詩歌才能,曾把他們二人唱和的詩編爲劉白唱和集,流行於時。在哲學思想上,劉禹錫寫有著名的天論三篇,提出了"天人交相勝"的唯物主義觀點。但他與柳宗元一樣,也受到了當時盛行的佛教思想的影響,而且比柳宗元陷得更深。如他認爲佛教講慈悲、因果等能使善者得福,苦者消災,起到教化的作用,等等。而當他多次被貶,更把佛教的出世主義作爲精神的寄託。他曾説:"予策名二十年,百慮而無一得,然後知世所謂道,無非畏途,唯出世法可盡心爾"（送僧元暠南游序）。

　　對於佛教思想在劉禹錫整個思想中的地位,以及應當如何分析和評價他的信佛，學術界歷來有不同的看法。本書選録了劉禹錫一部分有關佛教的文章，作爲瞭解佛教思想在當時一般士大夫中的影響，和對劉禹錫思想研究的參考。

一、大唐曹溪第六祖大鑒禪師第二碑

元和十一年某月日，詔書追褒曹溪第六祖能公，謚曰大鑒，實廣州牧馬總以疏聞，繇是可其奏。尚道以尊名，同歸善善，不隔異教，一字之褒，華夷孔懷，得其所故也。馬公敬其事，且謹始以垂後，遂咨於文雄，今柳州刺史河東柳君爲前碑。

後三年，有僧道琳率其徒，由曹溪來，且曰：願立第二碑，學者志也。

維如來滅後中五百歲，而摩騰竺法蘭以經來，華人始聞其言，猶夫重昏之見智爽。後五百歲，而達磨以法來，華人始傳其心，猶夫昧旦之覩白日。自達磨六傳至大鑒，如貫意珠，有先後而無同異，世之言真宗者，所謂頓門。

初，達磨與佛衣俱來，得道傳付，以爲真印，至大鑒，置而不傳，豈以是爲筌蹄耶，芻狗邪，將人人之莫己若而不若置之邪？吾不得而知也。

按大鑒，生新州，三十出家，四十七年而没，百有六年而謚。始自蘄之東山從第五師，得授記以歸。中宗使中貴人再徵，不奉詔，第以言爲貢，上敬行之。銘曰：

至人之生，無有種類，同人者形，出人者智；蠢蠢南裔，降生傑異，父乾母坤，獨肖元氣；一言頓悟，不踐初地，五師相承，授以寶器，宴坐曹溪，世號南宗。學徒爰來，如水之東，飲以妙藥，瘳其痼聲，詔不能致，許爲法雄。去佛日遠，羣言積億，著空執有，各走其域。我立真筌，揭起南國，無修而修，無得而得。能使學者，還其天識，如黑而迷，仰見斗極。得之自然，竟不可傳，口傳手付，則癡於有。留衣空堂，得者天授。

（選自四部備要本劉賓客文集卷四）

二、佛衣銘並引

　　吾既爲僧琳撰曹溪第二碑，且思所以辯六祖置衣不傳之旨，作佛衣銘曰：

　　佛言不行，佛衣乃争，忽近貴遠，古今常情。尼父之生，土無一里，夢奠之後，履存千祀。惟昔有梁，如象之狂，達摩救世，來爲醫王。以言不痊，因物乃遷，如執符節，行乎復關。民不知官，望車而畏，俗不知佛，得衣爲貴。壞色之衣，道不在兹，由之信道，所以爲寶。六祖未彰，其出也微，既還狼荒，懼俗蚩蚩。不有信器，衆生曷歸，是開便門，非止傳衣。初必有終，傳豈無已？物必歸盡，衣胡久恃？先終知終，用乃不窮，我道無朽，衣於何有？其用已陳，孰非芻狗？

（同上）

三、唐故衡嶽大師湘潭唐興寺儼公碑

　　佛法在九州間，隨其方而化。中夏之人汩於榮，破榮莫若妙覺，故言禪寂者宗嵩山。北方之人鋭以武，攝武莫若示現，故言神通者宗清涼山。南方之人剽而輕，制輕莫若威儀，故言律藏者宗衡山。是三名山爲莊嚴國，必有達者與山比崇。南嶽律門以津公爲上首，津之後雲峰證公承之，證之後湘潭儼公承之。星月麗天，珠璣同貫，由其門者爲正法焉。

公號智儼，曹氏子，世爲郴之右姓。兆形在孕，母不嗜葷；成童在侶，獨不嗜戲，其夙植固厚者歟！生九年，樂爲僧，父不能奪其志。抱經笥入岣嶁山，從名師執業。凡進品受具，聞經傳印，皆當時大長老。我入明門，不住諸乘；我行覺路，徑入智地；居室方丈，名聞大千；護法大臣，多所賓禮。

嗣曹王皋之鎮湖南，請爲人師。自是登壇蒞事三十有八載。由我得度者，萬有餘人。人持寶衣、解瓔珞爲禮，公色受之，謂門弟子曰：“彼以有相求我，我以有爲應之。”凡建寶幢，修廢寺，飾大像，皆極其工，應物故也。

元和十三年九月二十七日中夜，具湯沐，剃頤頂，與門人告別，卽寂，而視身與色，無有壞相。嗚呼！豈生能全吾真，故死不速朽，將有願力邪？余不得而知也。問年八十二，問臘六十一，葬于寺東北隅。傳律弟子中巽、道準，傳經弟子圓皎、貞璨，與其徒圓静、文外、惠榮、明素、存政等，欲其師之道光且遠，故咨予乞詞。乃作長句偈以銘之曰：

祝融靈山禹所治，非夫有道不可止。中有毗尼出塵土，以津視儼猶孫子。登壇人師四十祀，南方學徒宗奧旨。幼無童心至兒齒，識滅形全異凡死。長沙潭西幾五里，陶侃故居石頭寺。門前一帶湘江水，吁嗟！律席之名兮，與湘流而不已！

（同上）

四、牛頭山第一祖融大師新塔記

初，摩阿迦葉授佛心印，得其人而傳之，至師子比丘凡二十五葉，而達摩得焉。東來中華，華人奉之為第一祖。又三傳至雙峰信公。雙峰廣其道而歧之，一為東山宗，能、秀、寂其後也；一為牛頭宗，嚴、持、威、鶴林、徑山其後也。分慈氏之一支，為如來之別子，咸有祖稱，粲然貫珠。

大師號法融，姓韋氏，延陵人。少為儒，博極羣書。既而歎曰：“此仁誼言耳，吾志求出世間法。”遂入句曲，依僧炅，改逢掖而緇之。徙居是山，宴坐石室。以慧力感通，故旱籠泉涌；以神功示現，故皓雪蓮生。巨蛇摧伏，羣鹿聽法。貞觀中，雙峰過江，望牛頭頓錫曰：“此山有道氣，宜有得之者。”乃來，果與大師相遇。性合神授，至于無言，同躋智地，密付貞印。揭立江左，名聞九圍，學徒百千，如水歸海。由其門而為天人師者，皆脈分焉。

顯慶二年，報身不滅，道在後覺，神依故山，戒香不絶。龕坐未飾，夫豈不思乎？蓋神期冥數，必有所待。太和三年，潤州牧浙江西道觀察使、檢校禮部尚書、趙郡李公在鎮三閏，百為大備，尚理信古，儒玄交修，始下令禁桑門皈佛以眩人者，而於真實相深達焉。常謂大師像設宜從本教，言自我啓，因自我成，乃召主吏，籍我月日得緡錢二十萬，俾秣陵令，如符經營之。三月甲子，新塔成。事嚴而工人盡藝，誠達而山神來護。願力既從，衆心知歸。撞鐘告白，龍象大會，諸天聲香之蘊，如見如聞，卽相生敬，明幽同感。尚書欲傳信于後，遠命愚志之夫，上士解空而離相，中士著空而嫉有。不因相，何以不覺，不由有，何以悟無？彼達真諦而得中道者，當知為而不有賢乎，以不修爲無爲也。

（同上）

五、袁州萍鄉楊岐山故廣禪師碑

天生人而不能使情欲有節，君牧人而不能去威勢以理至有。乘天工之隙，以補其化；釋王者之位，以遷其人。則素王立中樞之教，戀建大中；慈氏起西方之教，習登正覺。至哉！乾坤定位，有聖人之道參行乎其中。亦猶水火異氣，成味也同德；輪轅異象，致遠也同功。然則，儒以中道御羣生，罕言性命，故世衰而寢息；佛以大悲救諸苦，廣啓因業，故刼濁而益尊。自白馬東來，而人知象教，佛衣始傳，而人知心法。弘以權實，示其攝修。味真實者，卽清淨以觀空；存相好者，怖威神而遷善。厚於求者，植因以覬福；罹於苦者，證業以銷冤。革盜心於冥昧之間，泯愛緣於生死之際。陰助教化，總持人天，所謂生成之外，別有陶冶。刑政不及，曲爲調柔，其方可言，其旨不可得而言也。惟四海之大，羣倫之富，必有以得其門而會其宗者，爲世導師焉。

禪師諱乘廣，其生容州，姓張氏。七歲尚儒，以俎豆爲戲，十三慕道，遵壞削之儀。至衡陽依天柱想公，以啓初地。至洛陽依荷澤會公，以契真乘。洪鐘蘊聲，扣之斯應，陽燧含燄，晞之乃明。始由見性，終得自在。常謂機有淺深，法無高下。分二宗者，衆生存頓漸之見；説三乘者，如來開方便之門。名自外得，故生分別；道由內證，則無異同。遂以攝化爲心，經行不倦，愍彼南裔，不聞佛經，由是結廬此山，心與境寂，應念以起教，隨方而立因。居涉旬而善根者知歸，逮周月而帶縛者漸悟。以月倍日，以年倍時，瘖矇洞開，荒憬潛革。邑中長者，十方善衆，咸發信願，大其藩垣，法堂四阿，服引僧舍，身心恒寂，象馬交馳，墮其去來，皆得利益。踰嶺之北，涉湘而南，仰兹高山，知道有所在。

此地緣盡，翛然化俱，神歸佛境，悲結人世。自跌坐而滅，至于荼毗，三百有六旬矣，爪髮加長，容澤差衰。真子號呼，圍繞薪火，得舍利如珠璣者，數十百焉。於戲！肖圓方之形，故寂滅以示盡；入菩提之位，故殊相以現靈。亦猶鳳毛成字，麟角生肉，必有以異，不知其然。於是服勤聞法之上首曰甄升，乃率其徒圓寂、道弘、如亮、如海等，相與扢涙，具役建塔於禪室之右端，從衆也。

初，廣公始生之辰，歲在丁巳，當玄宗之中元，生三十而受具，更臘五十二而終。終之夕，歲直戊寅，當德宗之後元三月既望之又十日也。後九年，其門人還源以爲崇塔以存神，與建銘以垂休，皆憑像寄懷，不可以闕一。謬謂余爲習於文者，故繭足千里，以誠相攻。大懼其先師德音，與時寖遠，且曰："白月中黑，東川無還，颺于金石，傳信百刼。"彼墮涙之感，豈儒家者流專之？敬酬斯言，銘示真俗。文曰：

如來說法，徧滿大千，得勝義者，强名爲禪。至道不二，至言無辯，心法東行，羣迷丕變。七葉無詞，四魔潛扇，佛衣生塵，佛法如綫。吾師覺者，冥極道樞，承受密印，端如貫珠。一室寥然，高山之隅，爲法來者，千百人俱。裔民嗤嗤，户有犀渠，攝以方便，家藏佛書。願力既普，度門斯盛，合爲一乘，散爲萬行。卽動求静，故能常定，絶緣離覺，乃得究竟。生非我樂，死非我病，現滅者身，常圓者性。本無言説，付囑其誰，等空無礙，後覺得之。像闊虛塔，迹留仁祠，十方四輩，瞻禮於斯。

（同上）

六、毗盧遮那佛華藏世界圖讚

佛説華嚴經直入妙覺，不由諸乘，非大圓智不能信解。德宗朝有龍象觀公能於是經了第一義，居上都雲華寺，名聞十方。沙門嗣肇是其上足，以經中九會，纂成華藏，俾人瞻禮，即色生敬。因請余讚之。即説讚曰：

清淨不染花中蓮，捧持世界百億千，湧出香海浩無邊，風輪負之晝夜旋。大雄九會化諸天，釋梵八部來森然，從昏至覺不依緣，初初極極性自圓。寫之綃素色相全，是色非色言非言。

（同上）

七、贈別君素上人並引

曩予習禮之中庸，至“不勉而中，不思而得”，慔然知聖人之德，學以至于無學。然而斯言也，猶示行者以室廬之奧耳。求其經術而布武，未易得也。晚讀佛書，見大雄念物之普，級寶山而梯之，高揭慧火，巧鎔惡見，廣疏便門，旁束邪徑。其所證入，如舟泝川，未始念於前而日遠矣。夫何勉而思之邪？是余知突奧於中庸，啟鍵關於内典，會而歸之，猶初心也。不知予者，誚予困而後援佛，謂道有二焉。夫悟不因人，在心而已。其證也，猶暗人之享太牢，信知其味，而不能形於言，以聞于耳也。口耳之閒兼寸耳，尚不可使聞，他人之不吾知宜矣。開士君素偶得予於所親，一麻棲草，千里來訪。素以道眼視予，予以所視視之。不由陛級，攜手智地。居數

日,告有得而行,乃爲詩以見志云:

　　窮巷唯秋草,高僧獨扣門,相歡如舊識,問法到無言。水爲風生浪,珠非塵可昏,去來皆是道,此別不銷魂。

(同上卷二九)

八、送僧元暠南遊並引

　　予策名二十年,百慮而無一得,然後知世所謂道無非畏途,唯出世間法可盡心耳。縣是,在席硯者多旁行四句之書;備將迎者,皆赤顏白足之侶。深入智地,静通道源,客塵觀盡,妙氣來宅。内視胸中,猶煎煉然。開士元暠,姓陶氏,本丹陽名家,世有人爵,不藉其資。於毗尼禪那極細密之義,於初中後日習總持之門,妙音奮迅,願力昭答。雅聞予事佛而佞,亟來相從。或問師瓌形之自,對曰:“小失怙恃,推棘心以求上乘,積四十年有羸,老將之而不懈。始悲浚泉之有冽,今痛防墓之未遷。塗芻莫備,薪火恐滅,諸相皆離,此心長懸。雖萬性歸佛,盡爲釋種,如河入海,無復水名。然具一切智者,豈遺百行求無量義者,寧容斷思?今聞南諸侯,雅多大士,思扣以苦調,而希其末光,無容至前,有足悲者。”予聞是說,已力不足而悲有餘,因爲詩以送之。庶乎踐霜露者,聆之有惻。

　　寶書翻譯學初成,振錫如飛白足輕,彭澤因家凡幾世,靈山預會是前生。傳鐙以悟無爲理,濡露猶懷罔極情,從此多逢大居士,何人不願解珠瓔。

(同上)

九、送慧則法師上都因呈廣宣上人並引

　　佛示滅後，大弟子演聖言而成經，傳心印曰法，承法而能專曰宗，由宗而分教曰支。坐而攝化者，勝義皆空之宗也；行而宣教者，摧破邪山之支也。釋子慧則，生於像季，思濟刼濁，乃學于一支，開彼羣迷。以爲盡妙理者，莫如法門；變凡夫者，莫如佛土；悟無染者，莫如散花。故業于淨名，深達實相。自京師涉漢沔，歷鄒郢，登衡湘，聽徒百千，耳感心化，法無住道行而歸，顧予有社內之因，故言別之日，愛緣瞥起。時也秋盡，詠江淹雜擬以送之。前見宣上人爲我多謝。

　　昨日東林看講時，都人象馬蹴瑠璃，雪山童子應前世，金粟如來是本師。一錫言歸九城路，三衣曾拂萬年枝，休公久別如相問，楚客逢秋心更悲。

（同上）

十、秋日過鴻舉法師寺院便送歸江陵並引

　　梵言沙門，猶華言去欲也。能離欲，則方寸地虛，虛而萬景入，入必有所泄，乃形乎詞。詞妙而深者，必依于聲律，故自近古而降，釋子以詩名聞于世者，相踵焉。因定而得境，故翛然以清；由慧而遣詞，故粹然以麗。信禪林之蕙蕚，而誠河之珠璣耳。初，鴻舉學詩於荆郢閒，私試竊詠發於餘習，蓋榛楛之翠羽，弋者未之盼焉。今年至武陵，二千石始奇之，有起予之歎。以方袍親絳紗者，十有

餘句，縣是名稍聞而藝愈變。閏八月，余步出城東門謁仁祠，而鴻舉在焉。與之言移時，因告以將去，且曰："貧道雅聞東諸侯之工爲詩者，莫若武陵，今幸承其話言，如得法印寶山之下，宜有所持。豈徒衣袺之中，衆花而已。" 余聞是説，乃叩商而吟成一章，章八句。郡守以坐嘯餘詠，激清徵而應之。師其行乎，足以資一時中之學矣。

　　看盡長廊徧，尋僧一巡幽，小池兼鶴淨，古木帶蟬秋。客至茶煙起，禽歸講席收，浮栢明日去，相望水悠悠。

　　　　　　　　　　　　　　　　　　　　　　　　　　　（同上）

白 居 易

【簡介】　白居易，字樂天，晚號香山居士，生於公元七七二年（唐代宗大曆七年），死於公元八四六年（唐武宗會昌六年），其先爲太原（今屬山西）人，後遷居下邽（今陝西渭南東北）。他在德宗貞元間中進士，憲宗元和間任左拾遺及左善贊大夫，後因得罪權貴，被貶爲江州司馬。穆宗長慶初年，任杭州刺史，敬宗寶曆初年任蘇州刺史，後官至刑部尚書。舊唐書卷一六六，新唐書卷一一九有傳。

　　白居易是我國唐代中期著名的詩人，他的長篇叙事詩長恨歌、琵琶行等千餘年來傳誦不絕。白居易對佛教有極大興趣，雖然他對佛教思想的瞭解並不深刻，但他晚年尤其篤信佛教宣揚的淨土樂國，以佛教思想爲精神寄托之所在。本書選錄部分白居易的有關佛教文章，可以瞭解佛教當時在一般士大夫中的影響。

一、病中詩十五首序

　　開成己未歲，余蒲柳之年，六十有八。冬十月甲寅旦，始得風痹之疾，體瘝目眩，左足不支，蓋老病相乘時而至耳。余早棲心釋梵，浪跡老莊，因疾觀身，果有所得。何則？外形骸而内忘憂患，先禪觀而後順醫治。旬月以還，厥疾少間，杜門高枕，澹然安閑。吟諷興來，亦不能遏，因成十五首，題爲病中詩，且貽所知，兼用自廣。

昔劉公幹病漳浦，謝康樂臥臨川，咸有篇章，抒詠其志。今引而序之者，慮不知我者，或加誚焉。

（據中華書局一九七九年版白居易集卷三五）

二、八漸偈並序

唐貞元十九年秋八月，有大師曰凝公，遷化于東都聖善寺〔鉢〕塔院。越明年二月，有東來客白居易，作八漸偈，偈六句四言以讚之。初，居易常求心要於師，師賜我八言焉：曰觀、曰覺、曰定、曰慧、曰明、曰通、曰濟、曰捨。由是入於耳，貫於心，達於性，于茲三四年矣。嗚呼！今師之報身則化，師之八言不化。至哉八言！實無生忍觀之漸門也。故自觀至捨，次而讚之，廣一言爲一偈，謂之八漸偈，蓋欲以發揮師之心教，且明居易不敢失墜也。既而升于堂，禮于牀，跪而唱，泣而去。偈曰：

觀　偈

以心中眼，觀心外相，從何而有？從何而喪？觀之又觀，則辯真妄。

覺　偈

惟真常在，爲妄所蒙，真妄苟辯，覺生其中，不離妄有，而得真空。

定　偈

真若不滅，妄卽不起，六根之源，湛如止水，是爲禪定，乃脱生死。

慧　偈

慧之以定，定猶有繫，濟之以慧，慧則無滯，如珠在盤，盤定珠慧。

明　偈

定慧相合，合而後明，照彼萬物，物無遁形，如大圓鏡，有應無情。

通　偈

慧至乃明，明則不昧，明至乃通，通則無礙，無礙者何？變化自在。

濟　偈

通力不常，應念而變，變相非有，隨求而見，是大慈悲，以一濟萬。

捨　揭

衆苦既濟，大悲亦捨，苦既非真，悲亦是假，是故衆生，實無度者。

（同上卷三九）

三、傳法堂碑（節選）

王城離域有佛寺，號興善。寺之次也，有僧舍，名傳法堂。先是大徹禪師宴居于是寺，説法于是堂，因名焉。有問師之名迹，曰：號惟寬，姓祝氏，衢州信安人。祖曰安，父曰皎。生十三歲出家，二十四具戒，僧臘三十九，報年六十三，終與善寺，葬灞陵西原，詔謚曰大徹禪師元和正直之塔云。……有問師之心要，曰：師行禪演法垂三十年，度白黑衆殆百千萬億，應病授藥，安可以一説盡其心要乎？然居易爲贊善大夫時，常四詣師，四問道。第一問云：既曰禪師，何故説法？師曰：無上菩提者，被於身爲律，説於口爲法，行於心爲禪，應用有三，其實一也。如江湖河漢，在處立名，名雖不一，水性無二。律卽是法，法不離禪，云何於中妄起分別？第二問云：既無分別，何以修心？師曰：心本無損傷，云何要修理？無論垢與淨，一切勿起念。第三問云：垢卽不可念，淨無念可乎？師曰：如人眼睛上，一物不可住，金屑雖珍寳，在眼亦爲病。第四問云：無修無念，亦何異於凡夫耶？師曰：凡夫無明，二乘執著，離此二病，是名真修。真修者不得動，不得忘，動卽近執著，忘卽落無明。……。

（同上卷四一）

四、與濟法師書

　　月日，弟子太原白居易白濟上人侍左：昨者頂謁時，不以愚蒙，言及佛法，或未了者，許重討論。今經典間未諭者，其義有二，欲面問答，恐彼此卒卒，語言不盡，故粗形於文字，願詳覽之。敬佇報章，以開未悟，所望所望！

　　佛以無上大慧觀一切衆生，知其根性大小不等，而以方便智説方便法。故爲闡提説十善法，爲小乘説四諦法，爲中乘説十二因緣法，爲大乘説六波羅蜜法。皆對病根，救以良藥，此蓋方便教中不易之典也。何以？若爲小乘人説大乘法，心則狂亂、狐疑不信，所謂無以大海内於牛迹也。若爲大乘人説小乘法，是以穢食置於寶器，所謂彼自無創勿傷之也。故維摩經總其義云："爲大醫王應病與藥。"又，首楞嚴三昧經云："不先思量而説何法，隨其所應而爲説法。"正是此義耳。猶恐説法者不隨人之根性也，故又法華經戒云："若但讚佛乘，衆生没在罪苦，不能信是法，破法不信故。"如此，非獨慮説者不能救病，亦懼聞者不信，没入罪苦也，則佛付囑，豈不丁寧也！何則？法王經云："若定根基，爲小乘人説小乘法，爲闡提人説闡提法，是斷佛性，是滅佛身，是説法人當歷百千萬劫，墮諸地獄，縱佛出世，猶未得出。若生人中缺唇無舌，獲如是報。"何以故？衆生之性，即是法性，從本已來，無有增減，云何於中，分別病藥？又云："於諸法中，若説高下，即名邪説，其口當破，其舌當裂。"何以故？一切衆生，心垢同一垢，心淨同一淨，衆生若病，應同一病，衆生須藥，應同一藥，若説多法，即名顛倒。何以故？爲妄分別拆善惡法，破一切法，故隨基説法，斷佛道故。此又了然不壞之義也。又，金剛經云："是法平等，無有高下，是名阿耨多羅三藐三菩提。"又，金剛三昧經云："皆以一味道終，不以小乘，無有諸雜味，猶如一雨潤。"據此後三經，則與前三經義甚相戾也。其故何哉？若云：依維摩詰謂富樓那云，先當入定，觀此人心，然後説法。又云："不觀人根，不應説法。"夫以富樓那之通慧，又親奉如來爲大弟子，尚未能觀知人心，況後五百歲末法中弟子，豈盡能觀知人心，而後説法乎？設使觀知人心，若彼發小乘心，而爲説大乘法，可乎？若未能觀彼心，而率己意説，又可乎？既未能觀，與默然不説，又可乎？若云依義不依語，則上六經之義互相違反，其將孰依乎？若云依了義經，則三世諸佛，一切善法，皆從此六經出，孰名爲不了義經乎？況諸經中，與維摩、法華、首楞嚴之説同者非一也，與法王、金剛、金剛三昧之说同者亦非一也；不可遍舉，故於二義中，各舉三經。此六經，皆上人常所講讀者，今故引以爲問，必有甚深之旨焉。今且有人，忽問法於上人，上人或能觀知其心，或未能觀知其心，將應病與藥而爲説耶？將同一病一藥而爲説耶？若應病與藥，是有高下，是有雜味，即反法王等三經義。豈徒反其義，又獲如上所説之罪報矣。若同一病一藥爲説，必當説大乘，大乘即佛乘也。若讚佛乘，且不隨應心，且不救病，即反維摩等三經之義。豈徒反其義，又使衆生没在罪苦矣。六者皆如來説，如來是真語，實語，不誑語，不異語者。今隨此則反彼，順彼則逆此。設有問者，上人其將何法以對焉？此其未諭者一也。

又，五陰者，色受想行識是也；十二因緣者，無明〔緣〕行，行緣識，識緣名，〔名緣〕識，色緣六入，六入緣觸，觸緣受，受緣愛，愛緣取，取緣有，有緣生，生緣老死病苦憂悲苦惱是也。夫五陰、十二因緣，蓋一法也，蓋一義也，略言之則爲五，詳言之則爲十二。雖名數多少或殊，其於倫次轉遷，合同條貫。今五陰中，則色受想行識相次，而十二緣中，則行識色入觸受相緣。一則色在行前，一則色次行後，正序之既不類，逆倫之又不同。若謂佛次第而言，則不應有此雜亂，若謂佛偶然而説，則不當名爲因緣。前後不倫，其義安在？此其未諭者二也。

上人耆年大德，後學宗師，就出家中，又以説法而作佛事，必能研精二義，合而通之。仍望指陳，著於翰墨。蓋欲藏於篋笥，永永不忘也。其餘疑義，亦續咨問。居易稽首。

（同上卷四五）

五、蘇州重玄寺法華院石壁經碑文

碑在石壁東次，石壁在廣德法華院西南隅，院在重玄寺西若干步，寺在蘇州城北若干里。以華言唐文譯刻釋氏經典，自經品衆佛號以降，字加金焉。夫開士悟入諸佛知見，以了義度無邊，以圓教垂無窮，莫尊於妙法蓮華經，凡六萬九千五百五言。證無生忍，造不二門，住不可思議解脫，莫極於維摩經，凡二萬七千九十二言。攝四生九類，入無餘涅槃，實無得度者，莫先於金剛般若波羅蜜經，凡五千二百八十七言。壞罪集福，淨一切惡道，莫急於佛頂尊勝陀羅尼經，凡三千二十言。應念順願，願生極樂土，莫疾於阿彌陀經，凡一千八百言。用正見觀真相，莫出於觀音普賢菩薩法行經，凡六千九百九十言。詮自性，認本覺，莫深於實相法密經，凡三千一百五言。空法塵，依佛智，莫過於般若波羅蜜多心經，凡二百五十八言。是八種經，具十二部，合一十一萬六千七百八十五七言。三乘之要旨，萬佛之秘藏，盡矣。是石壁積四重，高三尋，長十有五常，厚尺有咫，有石蓮敷覆其上下，有石神固護其前後，火水不能燒漂，風日不能搖消，所謂施無上法，盡未來際者也。唐長慶二年冬作，大和三年成。律德沙門清晃矢厥謀，清海繼厥志，門弟子南容成之，道則終之。寺僧契元捨藝而書之，郡守居易施詞而讚之。讚曰：

佛涅槃後，世界空虛，惟是經典，與衆生俱。設有人書貝葉上，藏檀龕中，非堅非久，如蠟印空。假使人刺血爲墨，剝膚爲紙，即壞即滅，如筆畫水。噫！畫水不若文石，印蠟不若字金，其功不朽，其義甚深。故吾謂石經功德，契如來付囑之心。

（同上卷六十九）

六、蘇州南禪院千佛堂轉輪經藏石記

千佛堂轉輪經藏者，先是郡太守居易發心，蜀沙門清閑矢謨，吳僧常敬、弘正、神益等僝功，商主鄧子成、梁華等施財，院僧法弘、惠滿、契元、惠雅等藏事。大和二年秋作，開成元年春成。堂之費計緡萬，藏與經之費計緡三千六百。堂之中，上蓋下藏，〔藏〕蓋之間，輪九層，佛千龕，彩繪金碧以爲飾，環蓋懸鏡六十有二。藏八面，面二門，丹漆銅鍇以爲固，環藏敷座六十有四。藏之內，轉以輪，止以柅，經函二百五十有六，經卷五千五十有八。南閻浮提內大小乘經凡八萬四千卷。按：唐開元經錄，名數與此經藏同於閻浮大數二十之一也。藏成經具之明年，蘇之緇白徒聚謀曰：今功德如是，誰其尸之？宜請有福智僧，越之妙喜寺長老元遂禪師爲之主，宜請初發心人，前本部守白少傅爲之記，僉曰然。師既來，教行如流，僧至如歸，供施達嚫，隨日而集。堂有羨食，路無飢僧，游者學者，得以安給，惠利饒益，不可思量。師又日與苾蒭衆升堂焚香，合十指，禮千佛，然後啓藏發函，鳴犍椎，唱伽陀，授持讀諷十二部經。經聲洋洋，充滿虛空，上下近遠，有情識者，法音所及，無不蒙福，法力所攝，鮮不歸心。佻然異風，一變至道，所得功德，不自覺知。由是而言，是堂是藏是經之用，信有以表㫖覺路也，脂轄法輪也，示火宅長者子之便門也，開毛道凡夫生之大寶也。詎其然乎？又明年，院之僧徒，三詣雒都，請予爲記。夫記者，不唯紀年月，述作爲，亦在乎辨興廢，示勸戒也。我釋迦如來有言：一切佛及一切法，皆從經出。然則法依於經，經依於藏，藏依於堂。若堂壞則藏廢，藏廢則經墜；經墜則法隱，法隱則無上之道幾乎息矣。嗚呼！凡我國土宰官支提上首暨摩摩帝輩，得不虔奉而護念之乎？得不保持而增修之乎？經有缺必補，藏有隙必葺，堂有壞必支。若然者，真佛弟子，得福無量；反是者，非佛弟子，得罪如律。開成二年，二月一日記。

（同上卷七〇）

七、蘇州南禪院白氏文集記

唐馮翊縣開國侯、太原白居易，字樂天，有文集七裘，合六十七卷，凡三千四百八十七首。其間根源五常，枝派六義，恢王教而弘佛道者，多則多矣，然寓興放言，緣情綺語者，亦往往有之。樂天，佛弟子也，備聞聖教，深信因果，懼結來業，悟知前非。故其集，家藏之外，別錄三本，一本寘于東都聖善寺鉢塔院律庫中，一本寘于廬山東林寺經藏中，一本寘于蘇州南禪院千佛堂內。夫惟悉索弊文，歸依三藏者，其意云何？且有本願，願以今生世俗文字，放言綺語之因，轉爲將來世世讚佛乘、轉法輪之緣也。三寶在上，實聞斯言。開成四年二月二日，樂天記。

（同上）

八、畫西方幀記開成五年三月十五日

我本師釋迦如來説，言從是西方過十萬億佛土，有世界號極樂，以無八苦四惡道故也；其國號淨土，以無三毒五濁業故也；其佛號阿彌陀，以壽無量、願無量、功德相好、光明無量故也。諦觀此娑婆世界，微塵衆生，無賢愚、無貴賤、無幼艾，有起心歸佛者，舉手合掌，必先嚮西方；〔有〕怖厄苦惱者，開口發聲，必先念阿彌陀佛。又，筞金合土，刻石織文，乃至印水聚沙，童子戲者，莫不率以阿彌陀佛爲上首，不知其然而然。由是而觀，是彼如來有大誓願於此衆生，此衆生有大因緣於彼國土明矣。不然者，東南北方，過去見在未來，佛多矣，何獨如是哉？何獨如是哉？唐中大夫、太子少傅、上柱國、馮翊縣開國侯、賜紫金魚袋白居易，當衰暮之歲，中風痹之疾，乃捨俸錢三萬，命工人杜宗敬按阿彌陀、無量壽二經，畫西方世界一部，高九尺，廣丈有三尺，彌陀尊佛坐中央，觀音、勢至二大士侍左右，天人瞻仰，眷屬圍繞，樓臺妓樂，水樹花鳥，七寶嚴飾，五彩彰施，爛爛煌煌。功德成就，弟子居易焚香稽首，跪於佛前，起慈悲心，發弘誓願：願此功德，迴施一切衆生。一切衆生，有如我老者，如我病者，願皆離苦得樂，斷惡修善，不越南部，便覩西方。白毫大光，應念來感，青蓮上品，隨願往生。從現在身，盡未來際，常得親近而供養也。欲重宣此願而偈讚云：

極樂世界清淨土，無諸惡道及衆苦，願如老身病苦者，同生無量壽佛所。

（同上卷七一）

九、畫彌勒上生幀記

南瞻部洲大唐國東都香山寺居士、太原人白樂天，年老病風，因身有苦，遍念一切惡趣衆生，願同我身離苦得樂。由是命繪事，按經文，仰兜率天宮，想彌勒內衆，以丹素金碧形容之，以香火花果供養之，一禮一讚，所生功德，若我老病苦者，皆得如本願焉。本願云何？先是樂天歸三寶，持十齋，受八戒者有年歲矣，常日日焚香佛前，稽首發願。願當來世，與一切衆生同彌勒上生，隨慈氏下降，生生劫劫，與慈氏俱，永離生死流，終成無上道。今因老病，重此證明，所以表不忘初心，而必果本願也。慈氏在上，實聞斯言。言訖作禮，自爲此記。時開成五年三月日記。

（同上）

十、修香山寺記

洛都四郊，山水之勝，龍門首焉。龍門十寺，觀遊之勝，香山首焉。香山之壞久矣，樓亭騫崩，佛僧暴露，士君子惜之，予亦惜之，佛弟子恥之，予亦恥之。頃予爲庶子、賓客，分司東都時，性好閑遊，靈跡勝概，靡不周覽，每至兹寺，慨然有葺完之願焉。追今七八年，幸爲山水主，是償初心，復始願之秋也。似有緣會，果成就之。噫！予早與故元相國微之，定交於生死之間，冥心於因果之際。去年秋，微之將薨，以墓誌文見託。既而元氏之老，狀其臧獲輿馬綾帛洎銀鞍玉帶之物，價當六七十萬，爲謝文之贄，來致於予。予念平生分，文不當辭，贄不當納。自秦抵洛，往返再三，訖不得已，〔乃〕迴施兹寺。因請悲智僧清閑主張之，命謹幹將士復掌治了。始自寺前亭一所，登寺橋一所，連橋廊七間，次至石樓一所，連〔樓一所〕，廊六間，次東佛龕大屋十一間，次南賓院堂一所，大小屋共間。凡支壞補缺，壘隤覆漏，圬慢之功必精，赭堊之飾必良，雖一日必葺，越三月而就。譬如長者壞宅，鬱爲導師化城。於是龕像無燥濕陊泐之危，寺僧有經行宴坐之安，游者得息肩，觀者得寓目。關塞之氣色，龍潭之景象，香山之泉石，石樓之風月，與往來者耳目一時而新。士君子、佛弟子豁然如釋憾刷恥之爲〔者〕。**清閑**上人與予及**微之**皆夙舊也，交情願力，盡得知之，感往念來，歡且贊曰：凡此利益，皆名功德，而是功德，應歸**微之**，必有以滅宿殃，薦冥福也。予應曰：嗚呼！乘此功德，安知他刼，不與**微之**結後緣於茲土乎？因此行願，安知他生不與**微之**復同遊於茲寺乎？言及於斯，漣而涕下！**唐大**和六年八月一日，**河南尹**、**太原白居易**記。

（同上卷六八）

十一、香山寺新修經藏堂記

先是**樂天**發願修**香山寺**，既就，事具前記。迨今七八年。寺有佛像，有僧徒，而無經典。寂寥精舍，不聞法音，三寶闕一，我願未滿。乃於諸寺藏外，雜散經中，得遺編墜軸者數百卷袟。以**開元經録**按而校之，於是絶者續之，亡者補之，稽諸藏目，名數乃足。合是新舊大小乘經律論集，凡五千二百七十卷。乃作六藏，分而護焉。寺西北隅有隙屋三間，土木將壞，乃增修改飾，爲經藏堂。堂東西間闢四窗，置六藏，藏二門，啓閉有時，出納有籍。堂中間置高廣佛座一座，上列金色像五百。像後設西方極樂世界圖一，菩薩影二。環座懸文幡二十有四，榻席巾几泊供養之器咸具焉。合爲道場，簡儉嚴淨。**開成**五年，九月二十五日，堂成，藏成，道場成。以香火爨之，以飲食樂之，以管磬歌舞供養之。與**閑**、**振**、**源**、**濟**、**釗**、**操**、**洲**、**暢**八長老及比丘衆百二十人圍繞讚歎之。又別募清淨七人，日日供齋粥，給香燭，十二部經次第諷讀。俾夫經梵之音晝夜相續，洋洋乎盈耳哉，忻忻乎滿願哉！爾時，道場主、佛弟子**香山居士樂天**，欲使浮圖之徒，游者歸依，居者護持，故刻石以記之。

（同上卷七一）

十二、香山寺白氏洛中集記

白氏洛中集者，樂天在洛所著書也。大和三年春，樂天始以太子賓客分司東都，及茲十有二年矣。其間賦格律詩凡八百首，合爲十卷，今納于龍門香山寺經藏堂。夫以狂簡斐然之文，而歸依支提法寶藏者，於意云何？我有本願：願以今生世俗文字之業，狂言綺語之過，轉爲將來世世讚佛乘之因，轉法輪之緣也。十方三世諸佛應知。噫！經堂未滅，記石未泯之間，乘此願力，安知我他生不復游是寺，復覩斯文，得宿命通，省今日事，如智大師記靈山於前會，羊叔子識金鐶於後身者歟？鳴呼！垂老之年，絕筆於此，有知我者，亦無隱焉。大唐開成五年十一月二日，中大夫、守太子少傅、馮翊縣開國侯、上柱國、賜紫金魚袋白居易樂天記。

（同上）

十三、六 讚 偈並序

樂天常有願，願以今生世俗文筆之因，翻爲來世讚佛乘、轉法輪之緣也。今年登七十，老矣病矣，與來世相去甚邇，故作六偈，跪唱於佛法僧前，欲以起因發緣，爲來世張本也。

讚 佛 偈

十方世界，天上天下；我今盡知，無如佛者。堂堂巍巍，爲人天師；故我禮足，讚歎歸依。

讚 法 偈

過見當來，千萬億佛；皆因法成，法從經出。是大法輪，是大寶藏；故我合掌，至心迴向。

讚 僧 偈

緣覺聲聞，諸大沙門；漏盡果滿，衆中之尊。假和合力，求無上道；故我稽首，和南僧寶。

衆 生 偈

毛道凡夫，火宅衆生；胎卵濕化，一切有情。善根苟種，佛果終成；我不輕汝，汝無自輕。

懺 悔 偈

無始刼來，所造諸罪；若輕若重，無大無小。我求其相，中間內外；了不可得，是名懺悔。

發 願 偈

煩惱願去，湼槃願住，十地願登，四生願度。佛出世時，願我得親，最先勸請，請轉法輪。佛滅度時，願我得值，最後供養，受菩提記。

（同上）

附　　録

李　世　民

【簡介】　李世民生於公元五九八年(隋文帝開皇十八年)，死於公元六四九年(貞觀二十三年)，唐高祖李淵的次子，卽歷史上有名的唐太宗。他十八歲帶兵，後平定天下，初封趙公，進爵秦王。武德九年(公元 626 年)，玄武門事變之後，被立爲太子；同年八月卽帝位。

　　唐太宗登基之後，鑒於梁武帝父子好佛老以致亡國的教訓，又看到秦始皇漢武帝好神仙方術造成的過失，比較重視儒家思想，强調"建禮作樂，偃武修文"(致蕭德言書，見舊唐書卷一八九儒學列傳)。他説過："朕今所好者，惟有堯舜之道，周孔之教，以爲如鳥有翼，如魚依水，失之必死，不可暫無耳"(貞觀政要卷六)。貞觀二年(公元 628 年)，就立孔子廟堂於國學，以孔子爲先聖，顏子爲先師。貞觀七年，又命顏師古考定五經，頒行天下；命孔穎達撰五經正義，令天下傳習。對於佛教，他並不篤信。早在貞觀三年，玄奘上表乞往天竺取經，太宗不許，玄奘私自成行；玄奘返國後，太宗也不全力支持玄奘譯經。他雖然敬愛玄奘，主要出於愛才，曾兩次勸玄奘還俗，共謀朝政。由於佛教在當時是一個很大的傳統勢力，他也注意加以利用。對於佛道二教，他往往先道後佛，曾詔令道士女冠今後齋供行立講論時，皆應在僧尼之前。但是，爲了朝廷點綴，雖"非意所遵"，他還是提倡一些譯經事業和修建一些佛寺。太宗晚年，似乎比早先較信佛些。

貞觀十五年(公元六四一年)，文成公主入藏，帶去許多佛像和佛經等，使中原的佛教深入到藏地。貞觀十九年，玄奘從印度回來，在洛陽謁見太宗，太宗勸其還俗不成，就令玄奘撰大唐西域記，並居弘福寺從事譯經。貞觀二十二年，玄奘請太宗爲自己所譯瑜伽師地論作序，李世民親自爲其撰寫了大唐三藏聖教序，並且命令有司寫玄奘新譯的經論，頒賜全國各地。貞觀二十三年(公元六四九年)，太宗與玄奘談玄論道，問及玄奘關於因果報應及佛教遺迹，頗留心佛法，並以多年來沒有"廣興佛事"爲嘆。同年病逝。

李世民的事蹟，見舊唐書和新唐書本紀，全唐文卷四，貞觀政要，集古今佛道論衡，唐護法沙門法琳別傳，以及大唐慈恩法師傳等。

一、三藏聖教序

蓋聞二儀有像，顯覆載以含生；四時無形，潛寒暑以化物。是以窺天鑑地，庸愚皆識其端；明陰洞陽，賢哲罕窮其數。然而天地包乎陰陽，而易識者，以其有像也；陰陽處乎天地，而難窮者，以其無形也。故知像顯可徵，雖愚不惑；形潛莫覩，在智猶迷。況乎佛道崇虛，乘幽控寂，弘濟萬品，典御十方；舉威靈而無上，抑神力而無下，大之則彌於宇宙，細之則攝於毫釐。無滅無生，歷千劫而不古；若隱若顯，運百福而長今；妙道凝玄，遵之莫知其際；法流湛寂，挹之莫測其源。故知蠢蠢凡愚，區區庸鄙，投其旨趣，能無疑惑者哉！然則大教之興，基於西土，騰漢庭而皎夢，照東域而流慈。昔者分形分跡之時，言未馳而成化；當常現常之世，民仰德而知尊。及乎晦影歸真，遷儀越世，金容掩色，不鏡三千之光；麗象開圖，空端四八之相。於是微言廣被，拯含類於三途；遺訓遐宣，導羣生於十地。然而真教難仰，莫能一其指歸；曲學易遵，邪正於焉紛糾。所以空有之論，或習俗而是非；大小之乘，乍沿時而隆替。

有玄奘法師者，法門之領袖也。幼懷貞敏，早悟三空之心；長契神情，先包四忍之行。松風水月，未足比其清華；仙露明珠，詎能方其朗潤？故以智通無累，神測未形，超六塵而迥出，隻千古而無對。凝心內鏡，悲正法之陵遲；栖慮玄門，慨深文之訛謬。思欲分條析理，廣彼前聞；截偽續真，開茲後學。是以翹心淨土，往遊西域，乘危遠邁，杖策孤征。積雪晨飛，途間失地，驚砂夕起，空外迷天。萬里山川，撥煙霞而進影；百重寒暑，躡霜雨而前蹤。誠重勞輕，求深願達，周遊西宇，十有七年，窮歷道邦，詢求正教。雙林八水，味道餐風；鹿苑鷲峯，瞻奇仰異。承至言於先聖，受真教於上賢，探賾妙門，精窮奧業。一乘五律之道，馳驟於心田；八藏三篋之文，波濤於口海。爰自所歷之國，總將三藏要文，凡六百五十七部，譯布中夏，宣揚聖業。引慈雲於西極，注法雨於東陲，聖教缺而復全，蒼生罪而還福。濕火宅之乾燄，共拔迷途；朗愛水之昏波，同臻彼岸。是知惡因業墜，善以緣升；升墜之端，唯人所託。譬夫桂生高嶺，零露方得泫其華；蓮出淥波，飛塵不能污其葉。非蓮性自潔，而桂質本貞，良由所附者高，則微物不能累；所憑者淨，則濁類不能沾。夫以卉木無知，猶資善而成善；況乎人倫有識，不緣慶而求慶？方冀茲經流施，將日月而無窮；斯福遐敷，與乾坤而永大。

（選自四部叢刊影印本廣弘明集卷二二）

二、於行陣所立七寺詔

門下：至人虛己，忘彼我於胸襟；釋教慈心，均異同於平等。是

知上聖惻隱,無隔萬方;大悲弘濟,義猶一子。有隋失道,九服沸
騰,朕親總元戎,致慈明罰,誓牧登陑, 曾無寧歲。其有桀犬愚惑,
嬰此湯羅;衛鶃義憤,終於握節。各徇所奉,咸有可嘉, 日往月來,
逝川斯遠。雖復項籍方命,封樹紀於丘墳;紀信捐生,丹青著於圖
象。猶恐九泉之下,尚淪鼎鑊;八難之間,永纏冰炭。愀然疚懷,用
忘興寢,思所以樹立福田,濟其譽魄。可於建義已來,交兵之處,爲
義士凶徒,隕身戎陣者,各建寺刹,招延勝侶。望法鼓所震,變炎火
於青蓮;清梵所聞,易苦海於甘露。所司宜量定處所,並立寺名,支
配僧徒,及修造院宇,具爲事條以聞,稱朕矜愍之意。破薛舉於豳州,
立昭仁寺;破霍老生於台州,立普濟寺;破宋金剛於晉州,立慈雲寺; 破劉武周於汾州,
立弘濟寺;破王世充於芒山,立昭覺寺;破竇建德於鄭州,立等慈寺; 破劉黑闥於洺州,
立昭福寺。右七寺並官造,又給家人車牛田莊,並立碑頌德。

(同上卷二八上)

三、爲戰亡人設齋行道詔

　　門下:刑期無刑,皇王之令典;以戰止戰,列聖之通規。是以湯
武干戈,濟時靜亂;豈其不愛黔首,肆行誅戮?禁暴戢兵, 蓋不獲
已。朕自隋末創義,志存拯溺,北征東伐, 所向平殄;然黃鉞之下,
金鏃之端,凡所傷殪,難用勝紀。雖復逆命亂常,自貽殞絕,惻隱之
心,追以愴恨。生靈之重,能不哀矜? 悄然疚懷, 無忘興寢。且釋
氏之教,深尚慈仁;禁戒之科,殺害爲重。承言此理,彌增悔懼, 今
宜爲自征討已來,手所誅翦,前後之數,將近一千, 皆爲建齋行道,
竭誠禮懺。朕之所服衣物,並充檀捨。冀三途之難,因斯解脫;萬
劫之苦,藉此弘濟。滅怨障之心,趣菩提之道。

(同上)

四、度僧於天下詔

門下：三乘結轍，濟度爲先；八正歸依，慈悲爲主。流智慧之海，膏潤羣生；翦煩惱之林，津梁品物。任真體道，理叶至仁，妙果勝因，事符積善。朕欽若金輪，恭膺寶命，至德之訓，無遠不思，大聖之規，無幽不察；欲使人免蓋纏，家登仁壽，冥緣顯膺，大庇含靈，五福著於洪範，三災終於世界。比因喪亂，僧徒減少，華臺寶塔，窺戶無人；紺髮青蓮，櫛風沐雨，眷言凋毁，良用憮然。其天下諸州有寺之處，宜令度人爲僧尼，總數以三千爲限。其州有大小，地有華夷，當處所度多少，委有司量定。務取精誠德業，無問年之幼長。其往因減省還俗，及私度白首之徒，若行業可稱，通在取限；必無人可取，亦任其闕數。若官人簡練不精，宜録附殿失。但戒行之本，唯尚無爲，多有僧徒，溺於流俗，或假託神通，妄傳妖怪；或謬稱醫筮，左道求財；或造詣官曹，囑致贓賄；或鑽膚焚指，駭俗驚愚；並自貽伊戚，動推刑網。有一於此，大虧聖教，朕情深護持，必無寬捨。已令依附內律，參以金科，具爲條制，務使法門清整。所在官司，宜加檢察，其部內有違法僧不舉發者，所司録狀聞奏。庶善者必採，惡者必斥，伽藍淨土，咸知法味，菩提覺路，絶諸意垢。

（同上）

五、答玄奘法師前表敕

省書，具悉來旨。法師鳳標高志，行出塵表，汎寶舟而登彼岸，搜妙道而闢法門，弘闡大猷，蕩滌衆累。是故慈雲欲卷，舒之而蔭四生；慧日將昏，朗之而照八極。舒朗之者，其唯法師乎！朕學淺心拙,在物猶迷;況佛教幽微,豈能仰測? 請爲經題者,非己所聞。又云新撰西域記者,當自披覽敕。

(同上卷二二)

六、令道士在僧前詔

老君垂範,義在清虛;釋迦貽則,理存因果。求其教也,汲引之迹殊途;窮其宗也,宏益之風齊致。然大道之興,肇於邃古,源出無名之始,事高有形之外,邁兩儀而運行,包萬物而亭育,故能經邦致治,反樸還淳。至如佛教之興,基於西域,逮於後漢,方被中華,神變之理多方,報應之緣匪一;洎乎近世,崇信滋深,人覬當年之福,家懼來生之禍。由是滯俗者聞玄宗而大笑,好異者望真諦而爭歸,始波涌於閭里,終風靡於朝廷。遂使殊俗之典,鬱爲衆妙之先,諸華之教,翻居一乘之後,流遯忘反,於茲累代。朕夙夜寅畏,緬惟至道,思革前弊,納諸軌物。況朕之本,系出於柱史,今鼎祚克昌,既憑上德之慶;天下大定,亦賴無爲之功,宜有改張,闡茲玄化。自今已後,齋供行立,至於稱謂,其道士女冠,可在僧尼之前。庶敦本之俗,暢於九有;尊祖之風,貽諸萬葉。告報天下,主者施行。

(選自全唐文卷六)

七、佛遺教經施行敕

往者如來滅後,以末代澆浮,付囑國王大臣,護持佛法。然僧尼出家,戒行須備,若縱情淫佚,觸塗煩惱,關涉人間,動違經律,既失如來玄妙之旨,又虧國王受付之義。遺教經者,是佛臨涅槃所説,誠勸弟子,甚爲詳要,末俗緇素,並不崇奉。大道將隱,微言且絶，永懷聖教，用思宏闡；宜令所司，差書手十人，多寫經本，務在施行。所須紙、筆、墨等，有司準給。其官宦五品已上，及諸州刺史，各付一卷，若見僧尼，行業與經文不同，宜公私勸勉，必使遵行。

（選自全唐文卷九）

李　　治

【簡介】　李治，生於公元六二八年（唐太宗貞觀二年），死於公元六八三年（弘道元年），唐太宗李世民的第九子，他就是歷史上的唐高宗。李治於貞觀五年（公元631年）受封晉王，貞觀十七年册爲皇太子；貞觀二十三年（公元649年）卽帝位，咸亨五年（公元674年）稱天皇。

李治繼承了李世民的基本國策，對儒、道、佛均加以利用。乾封元年（公元六六六年），他曾親臨孔子廟，下贈孔子爲太師詔。同年也東封泰山，至亳州謁老君廟，追尊老子爲太上玄元皇帝，老子妻曰先天太后。他還多處建立宏大華麗的道觀，賜予大量土地，給女冠和道士免除徭役租税。對於佛教，李治則比太宗更爲重視些。

李治早在作皇太子時，就於貞觀二十二年（公元六四八年）作述聖記（卽述三藏聖教序），贊美玄奘與佛教；同年，爲其母"薦福"而新建的慈恩寺落成，度僧三百人，請五十位高僧入住慈恩寺。他當皇帝不久，就於永徽二年（公元六五一年）廢玉華宫爲佛寺。永徽五年，又特旨度窺基爲大僧，入慈恩寺協助玄奘翻譯佛經。顯慶元年（公元六五六年），他又指派于志寧、來濟、許敬宗等朝廷大臣爲譯經潤文使，去幫助玄奘譯經；並親自撰寫慈恩寺碑，舉行了隆重的迎接碑文的儀式，製造了崇佛的興論。麟德元年（公元六六四年），玄奘病故，李治爲之廢朝數日，五次下敕經營玄奘的喪事，用金棺銀槨爲之成斂，給予特別優厚的待遇。

李治的事蹟，見舊唐書與新唐書本紀，全唐文卷十一，大唐慈恩法師傳，集古今佛道論衡卷丁等。

一、述三藏聖教序

夫顯揚正教，非智無以廣其文；崇闡微言，非賢莫能定其旨。蓋真如聖教者，諸法之玄宗，衆經之軌躅也。綜括宏遠，奧旨遐深，極空有之精微，體生滅之機要。詞茂道曠，尋之者不究其源；文顯義幽，履之者莫測其際。故知聖慈所被，業無善而不臻；妙化所敷，緣無惡而不剪。開法網之綱紀，弘六度之正教，拯羣有之塗炭，啟三藏之秘扃，是以名無翼而長飛，道無根而永固。道名流慶，歷遂古而鎮常；赴感應身，經塵劫而不朽；晨鍾夕梵，交二音於鷲峯；慧日法流，轉雙輪於鹿苑；排空寶蓋，接祥雲而共飛；莊野春林，與天花而合彩。伏惟皇帝陛下，上玄資福，垂拱而治八荒；德被黔黎，歛衽而朝萬國；恩加朽骨，石室歸貝葉之文；澤及昆蟲，金匱流梵説之偈。遂使阿耨達水，通神甸之八川；耆闍崛山，接嵩華之翠嶺。竊以法性凝寂，靡歸心而不通；智地玄奧，感懇誠而遂顯。豈謂重昏之夜，燭慧炬之光；火宅之朝，降法雨之澤？於是百川異流，同會於海；萬區分義，總成乎實。豈與湯武校其優劣，堯舜比其聖德者哉!玄奘法師者，夙懷聰令，立志夷簡，神清齠齔之年，體拔浮華之世。凝情定室，匿迹幽巖，栖息三禪，巡遊十地。超六塵之境，獨步迦維；會一乘之旨，隨機化物。以中華之無質，尋印度之真文；遠涉恆河，終期滿字；頻登雪嶺，更獲半珠；問道往還，十有七載；備通釋典，利物爲心。以貞觀十九年二月六日，奉敕於弘福寺翻譯聖教要文，凡六百五十七部。引大海之法流，洗塵勞而不竭；傳智燈之長燄，皎幽闇而恒明。自非久植勝緣，何以顯揚斯旨？所謂法相常住，齊三光之明，我皇福臻，同二儀之固。伏見御製衆經論序，照古騰今，理含金石之聲，文抱風雲之潤。治輒以輕塵足岳，墜露添流，略舉大綱，以爲斯記。

（選自四部叢刊影印本廣弘明集卷二二）

二、普光寺僧衆令

　　蓋聞正法沒於西域，像教被於東華，古往今來，多歷年所。而難陀、迦葉、馬鳴、龍樹，既同瓶瀉，有若燈傳，故得妙旨微言，垂文見意。是以三十二相，遍滿人天；十二部經，敷揚刹土。由其路者，則高騬四衢之上；迷其途者，則輪迴六趣之中。理窟法門，玄宗祕藏，非天下之至賾，孰能與於此乎！皇帝以神道設教，利益羣生，故普建仁祠，紹隆正覺；卜兹勝地，立此伽藍。請赤縣之名僧，徵帝城之上首，山林之士，擁錫來遊；朝廷之賓，摳衣趨座。義筵濟濟，法侶詵詵，實聚落之福田，黔黎之壽域。加以叢楹疊槦，寶塔華臺，洪鐘扣而弗諠，清梵唱而逾靜。若夫盧毗那佛，坐普光法堂，靈相葳蕤胗蠁，以今方古，闇與冥符，名器之間，豈容虛立？然僧徒結集，須有綱紀，詢諸大衆，罕值其人，積日搜揚，頗有僉議。咸云：紀國寺上座慧靜，自性清淨，本來有之，風神秀徹，非適今也。至於龍宮寶藏，象力尊經，皆挺自生知，無師獨悟，豈止四諦一乘之說，七處八會之談，要其指歸，得其真趣而已。固亦滌除玄覽，老氏之至言，潔淨精微，宣尼之妙義，莫不窮理盡性，尋根討源。其德行也如彼，其學業也如此。今請爲普光寺主，仍知本寺事。法師比者，逖巡靜退，不肯降重；殷勤固請，方始克從。但菩薩之家，體尚和合，若得無諍三昧，自然永離十纏，亦願合寺諸師，共宏此意。其迎請之禮，任依僧法。

（選自全唐文卷一一）

三、答沙門慧静辭知普光寺任令

忽辱來書，甚以傾慰，三復之後，自覺欣然。竊聞如來，雖迹起人間，而道籠天外，神功妙力，不可思議。寂爾無爲，則言語道斷；湛然常在，則心行處滅。但爲衆生煩惱，漂没愛河，得不大拯横流，令登彼岸。故出入三界，昇降六天，經營十方，良爲於此。若夫鹿園福地，鷲嶺靈山，灑甘露於禪林，轉法輪於淨域，付囑菩薩，濟拔黔黎，然後放光面門，滅影雙樹，寶船雖没，遺教猶存，即是如來法身，無有異也。然人宏道，非道宏人，遠有彌勒文殊，親承音旨；近則圖澄羅什，發明經教。五百一賢，信非徒説；千里一遇，蓋非虛言。法師昔在俗緣，門稱通德，飛纓東序，鳴玉上庠，故得垂裕後昆，傳芳猶子。嘗以詩稱三百，不離於苦空；曲禮三千，未免於生滅。故發宏誓願，迴向菩提，落彼兩髦，披兹三服。至如大乘小乘之偈，廣説略説之文，十誦僧祇，八部般若，天親無著之論，法門句義之談，皆剖判胷懷，激揚清濁。至於光臨講座，開置法筵，精義入神，隨類俱解；寫懸河之辯，動連環之辭，碧雞譽於漢臣，白馬稱於傲吏。以今做古，彼復何人？所以仰請法師，爲普光寺主，兼知紀國寺上座事。又聞若獨善之心有限，則濟物之理不宏；彼我之意未忘，則他自之情不坦。且普光紀國，俱是道場，舊住新居，有何差別？法師來狀云：“魚鹿易處，失燥濕之宜。”斯乃意在謙虛，假稱珍怪。昔聞流水長者，遂能救十千之魚；曠野獵師，豈得害三歸之鹿？但使筌蹄不用，則言象自忘。

（同上）

四、三藏聖教後序

蓋聞羲皇至賾精粹，止於龜文；軒后通幽雅奧，窮於鳥篆。考丹書而索隱，殊昧實際之源；徵緣錯以研幾，蓋非常樂之道。猶且事光圖史，振虞薰於八埏；德洽生靈，激堯波於萬代。伏惟皇帝陛下，轉輪垂拱，而化漸雞園；勝殿凝旒，而神交鷲嶺。總調御於徽號，匪文思之所窺；綜般若於綸言，豈繫象之能擬？由是教覃溟表，咸傳八解之音；訓浹寰中，皆踐四禪之軌。遂使三千法界，盡懷生而可期；百億須彌，入提封而作鎮。尼連德水，邇帝皇之滄池；舍衛庵園，接上林之茂苑。雖復法性空寂，隨感必通；真乘深妙，無幽不闡。所謂大權御極，導法流而靡窮；能仁撫運，拂劫石而無盡。體均具相，不可思議，校美前王，焉可同年而語矣。爰自開闢，地限流沙，震旦未融，靈文尚隱。漢王精感，託夢想於元宵；晉后翹誠，降修多於白馬。有同蠡酌，豈達四海之涯；取譬管窺，寧窮七曜之隩。洎乎皇靈遐暢，威加鐵圍之表；至聖發明，德被金剛之際；恆沙國土，普襲衣冠，開解脫門，踐真實路。龍宮梵說之偈，必萃清臺；猊吼貝葉之文，咸歸冊府。灑茲甘露，普潤芽莖，垂此慧雲，遍霑翾走，豈非歸依之勝業，聖政之靈感者乎！大菩薩藏經者，大覺義宗之要旨也。佛修此道，以證無生，菩薩受持，咸登不退；六波羅蜜，關鍵所資，四無量心，根力斯備，蓋彼岸之津，涉正覺之梯航者焉。貞觀中年，身毒歸化，越熱坂而頒朔，跨懸度以輸賝，文軌既同道路，無壅沙門。玄奘振錫尋真，出自玉關，長驅奈苑，至於天竺，力士生處，訪獲者經，歸而奏上，降詔翻譯，於是畢功。余以問安之暇，澄心妙法之寶，奉述天旨，微表贊揚，式命有司，綴於終卷。

（同上卷一五）

五、制沙門等致拜君親敕

　　敕旨：君親之義，在三之訓爲重；愛敬之道，凡百之行攸先。**然釋老**二門，雖理絕常境，恭孝之躅，事叶儒津；遂於尊極之地，不行跪拜之禮，因循自久，迄乎兹辰。宋朝暫革此風，少選還遵舊貫。朕稟天經以揚孝，資地義而宣禮，獎以名教，被兹真俗，而瀨鄉之基，克成天構，連河之化，付以國王，裁制之由，諒歸斯矣。今欲令道士、女冠、僧、尼，於君皇后及皇太子，其父母所，致拜。或恐爽其恆情，宜付有司，詳議奏聞。龍朔二年四月十五日，光禄大夫右相太子賓客上柱國高陽郡開國公臣許敬宗宣。

　　　　　　　　　　　　　　（選自四部叢刊影印本廣弘明集卷二五）

六、停沙門拜君詔

　　東臺：若夫華裔列聖，異軫而齊驅；中外裁風，百慮而同致。自周霄隕照，漢夢延輝，妙化西移，慧流東被，至於玄牝邃旨，碧落希聲，具開六順之基，偕叶五常之本；而於愛敬之地，忘乎跪拜之儀，其來永久，罔革兹弊。朕席圖登政，崇真導俗，凝襟解脱之津，陶思常名之境，正以尊親之道，禮經之格言；孝友之義，詩人之明準。豈可以絕塵峻範，而忘恃怙之敬；拔累貞規，迺遣温清之序？前欲令道士、女冠、僧、尼等致拜，將恐振駭恆心，爰俾詳定。有司咸引典據，兼陳情理，沿革二塗，紛綸相半。朕商榷羣議，沈研幽賾，然箕穎之風，高尚其事，退想前載，故亦有之。今於君處，勿須致拜。其父母之所，慈育彌深，祗伏斯曠，更將安設？自今已後，即不宜跪

拜。主者施行。龍朔二年六月八日，西臺侍郎弘文館學士輕騎都
尉臣上官儀宜。

（同上）

武　則　天

【簡介】　武則天，名曌，生於公元六二三年（唐高祖武德六
年），死於公元七〇五年（唐中宗神龍元年）并州文水人。她十四歲
時，就被唐太宗選進宮做才人；太宗死後，入感業寺爲尼。不久，又
被李治召進宮中。始爲昭儀，進號宸妃，永徽六年（公元六五五年）
被立爲皇后，上元元年（公元六七四年）進號天后，到中宗李顯卽位
（公元六八四年），被尊爲皇太后。同年，武則天廢子自立，當了皇
帝，並於公元六九〇年改國號曰周，共在位二十二年，公元七〇四
年退位，次年逝世。

　　唐高宗死後，武則天在奪取帝位的過程中，得到佛教徒的贊
助；她當皇帝後，佛教自然得到特別垂青。早在則天垂拱元年（公
元六八五年），她就着手修東都故白馬寺，以僧懷義爲寺主；同時，
她積極支持南天竺沙門菩提流支和于闐國沙門提雲般若從事譯經
工作。公元六九〇年，沙門懷義與法明等十人進大雲經，講武則天
是彌勒下生，應當代唐作閻浮提主。則天欣喜之餘，卽制頒於天
下，令兩京諸州各置大雲寺，各藏大雲經一本，並度僧千人。爾後
不久（公元六九三年），菩提流支等人譯出寶雨經，進一步爲則天受
命大造了輿論。因佛教幫武則天開了“革命”之階，她於天授二年
（公元六九一年）就明令釋教在道法之上，僧尼處道士女冠之前。這
時，道教徒自知失勢，有些則棄道當僧，崇佛之風興起。武則天還

封一些和尚爲縣公，又授僧懷義爲行軍總管，這就使佛教和政治的關係更加密切了。

　　武則天利用大雲、寶雨等佛經的同時，對華嚴經亦特別重視。她認爲晉譯六十卷的華嚴經不完備，決心重尋梵本，重新翻譯。公元六九五年，在大遍空寺，她命于闐國沙門實義難陀擔任主譯，菩提流支、義净、復禮、法藏等人助譯；至聖曆二年（公元六九九年），八十卷華嚴經新譯本乃成。武則天非常關心此經的翻譯，譯成以後，她親自作序，並敕法藏講授之。在武則天的支持下，由法藏集大成的華嚴宗也跟着成立。對已有很大影響的禪宗，武則天也加以利用。天授二年，她令北宗神秀入京行道，"肩輿上殿"，武則天對他"親加跪禮"。公元六九六年，根據神秀的奏請，她又詔慧能入都，慧能固辭不出；最後，把慧能"得法袈裟"弄到長安供養，遣使賜慧能水精鉢等物，並令韶州守臣安撫山門。武則天藉助傳統的宗教來爲自己服務，而佛教又利用武則天的政治力量擴大了影響。

　　武則天的事蹟，見全唐文卷九五、舊唐書卷六則天皇后本紀、新唐書卷四則天順聖皇后本紀、卷七六武皇后傳，以及宋高僧傳卷二實義難陀傳、卷三菩提流支傳、卷五法藏傳等。

一、方廣大莊嚴經序

　　朕聞真空無象，非象教無以譯其真；實際無言，非言緒無以詮其實。是以龍宮法鏡，圓照匝於三千；鷲嶺玄門，方廣周於百億。師無師之智，必藉修多；學無學之宗，終資祇夜。自金人感夢，寶偈方傳，貝葉靈文，北天之訓逾遠；貫華微旨，西秦之譯更新。大乘小乘，逗根機而演教；半字滿字，逐權實而相曉。叙唐御寓，載叶昌期，代傳三聖，年將七十，舜河與定水俱清，堯燭與慈燈並照。緇衣西上，寧惟法顯之流；白馬東來，豈直摩騰之輩？大宏釋教，諒屬兹辰。朕爰自幼齡，歸心彼岸，務廣三明之路，思崇八正之門。往者鳳搆閔凶，遽遘嚴蔭；近以孝誠無感，復背慈顏，露草之恨日深，風樹之悲鎮切。凡是二親之所蓄用，兩京之所舊居，莫不總結招提之宇，咸充無盡之藏。仍集京城大德等，凡有十人，共中天竺國三藏法師地婆訶羅，於西太原寺，同譯經論。法師等，並業隣初地，道駕彌天，爲佛法之棟梁，乃慧海之舟檝，前後翻譯，凡有十部。以垂拱元年，歲次大梁，月旅夷則，汗青方就，裝縹畢功。甘露之旨既深，大雲之喩方遠，庶永垂沙劫，廣濟塵區，傳火之義自明，瀉瓶之辯逾潤。朕以虛昧，欽承顧託，常願紹隆三寶，安大寶之鴻基；發揮八聖，固先聖之丕業。所以四句微言，極提河之深致；一音妙義，盡庵園之奥旨。擊大法鼓，響振於無間；吹大法螺，聲通於有頂。爲闇室之明矩，實昏衢之慧月，菩提了義，其在兹乎！部帙條流，列之於後。

（選自全唐文卷九七）

二、大周新譯大方廣佛華嚴經序

蓋聞造化權輿之首，天道未分；龜龍繫象之初，人文始著。雖萬八千歲，同臨有截之區；七十二君，詎識無邊之義。由是人迷四忍，輪迴於六趣之中；家纏五蓋，没溺於三途之下。及夫鷲巖西峙，象駕東驅，慧日法王，超四大而高視；中天調御，越十地以居尊，包括鐵圍，延促沙劫。其爲體也，則不生不滅；其爲相也，則無去無來。念處正勤，三十七品爲其行；慈悲喜捨，四無量法運其心。方便之力難思，圓對之機多緒，混太空而爲量，豈算數之能窮；入纖芥之微區，匪名言之可述，無得而稱者，其唯大覺歟！朕曩劫植因，叨承佛記: 金山降旨,大雲之偈先彰; 玉宸披祥,寶雨之文後及。加以積善餘慶,俯集微躬,遂得地平天成,河清海晏。殊祥絕瑞,既日至而月書; 貝牒靈文,亦時臻而歲洽。踰海越漠,獻琛之禮備焉; 架險航深,重譯之詞罄矣。大方廣佛華嚴經者,斯乃諸佛之密藏,如來之性海,視之者莫識其指歸,挹之者罕測其涯際。有學無學,志絕窺覦; 二乘三乘,寧希聽受。最勝種智,莊嚴之跡既隆; 普賢文殊,願行之因斯滿。一句之內,包法界之無邊; 一毫之中,置刹土而非隘。摩竭陀國,肇興妙會之緣; 普光法堂,爰敷寂滅之理。緬惟奧義,譯在晉朝,時踰六代,年將四百。然一部之典,纔獲三萬餘言,唯啟半珠,未窺全寶。朕聞其梵本,先在于闐國中,遣使奉迎,近方至此,既覩百千之妙頌,乃披十萬之正文。粵以證聖元年,歲次乙未,月旅姑洗,朔惟戊申,以其十四日辛酉,於大徧空寺,親受筆削,敬譯斯經。遂得甘露流津,預夢庚申之夕; 膏雨灑潤,後覃壬戌之辰; 式開實相之門,還符一味之澤。以聖曆二年,歲次己亥,十月壬午,朔八日己丑,繕寫畢功。添性海之波瀾,廓法界之疆域,大乘頓教,普被於無窮; 方廣真詮,遐該於有識。豈謂後五百歲,忽奉金口之言; 娑婆界中,俄啟珠函之祕? 所冀闡揚沙界,宣暢塵區,並兩曜而長懸,彌十方而永布。一窺寶偈,慶溢心靈; 三復幽宗,喜盈身意。雖則無說無示,理符不二之門; 然因言顯言,方闡大千之意。輒申鄙作,爰題序云。

(同上)

三、三藏聖教序

蓋聞大乘奧典,光祕賾於瓊編; 三藏玄樞,著靈文於寶偈,斯乃牢籠繫象,演暢幽深。雖第一義空,名言之路雙絕,諸法無相,聽説之理兼忘；然則發啟善根，實資開導，宏宣妙旨，終寄顯揚。至若鹿野初開，儼尊容於常住；龍宮載闢，緘舍利於將來。所以地涌全身，爲證說經之兆；空懸寶殿，爰標闡法之徵。八萬四千，分布閻浮之境；三十六億，莊嚴平等之居。敷演一音，則隨類而解；廣陳三句，則劫壽難窮。自夜掩周星，宵通漢夢，玉毫流彩，式彰東漸之風；金口傳芳，遂覿後秦之譯。修多祇夜之祕蹟，因緣譬喻之要宗，授記之與本生，方廣之與論議，雖立名差別，而究理不殊；同歸實相之源，並湊涅槃之會。朕幼崇釋教，夙慕歸依！思欲運六道於慈舟，迴超苦海；驅四生於彼岸，永離蓋纏；窮貝牒之遺文，集蜂臺之祕籙。今於大福先寺，翻譯院所，更譯斯經，所言入定不定印經者，此明退不退之心，前二後三，雖有遲速，如來設教，同趣菩提。既顯神咒之功，莊嚴最上；爰述下生之記，說法度人。三藏法師義淨等，並緇俗之綱維，紺坊之龍象，德包初地，道輔彌天，光我紹隆之基，更峻住持之業。以久視元年，歲次庚子，五月五日，繕寫畢功，重開甘露之門，方布大雲之蔭。所冀芥城數極，鳥筆猶傳；拂石年窮，樹經無泯；宏濟覃於百億，遷拔被於恆沙。部帙條流，列之於左。

（同上）

四、新譯大乘入楞伽經序

蓋聞摩羅山頂，既最崇而最嚴；楞伽城中，實難往而難入。先佛宏宣之地，曩聖修行之所，爰有城主，號羅婆那，乘宮殿以謁尊顏，奏樂音而祈妙法，因鷲峯以表興指，藏海以明宗所言。入楞伽經者，斯乃諸佛心量之玄樞，羣經理窟之妙鍵，廣喻幽旨，洞明深意，不生不滅，非有非無，絕去來之二途，離斷常之雙執。以第一義諦,得最上妙珍,體諸法之皆虛,知前境之如幻,混假名之分別,等生死於湼槃。大慧之問,初承法王之旨,斯發一百八義,應實相而離世間;三十九門,破邪見而宣正法,曉名相之並假,袪妄想之迷衿,依正智以會如如,悟緣起而歸妙理。境風既息,識浪方澄,三自性皆空,二無我俱泯;入如來之藏,遊解脫之門。原此經文,來自西國,至若元嘉建號,跋陀之譯未宏;延昌紀年,流支之義多舛。朕虔思付囑,情切紹隆,以久視元年,歲次庚子,林鐘紀律,炎帝司晨,於時避暑箕峯,觀風潁水,三陽宮內,重出斯經,討三本之要詮,成七卷之了教。三藏沙門,于闐國僧實〔又〕〔又〕難陀,大德大福先寺,僧復禮等,並名追安遠,德契騰蘭;襲龍樹之芳猷,探馬鳴之祕府。戒香與覺花齊馥,意珠共性月同圓,故能了達沖微,發揮奧賾。以長安四年正月十五日,繕寫云畢。自惟菲薄,言謝珪璋,顧四辯而多愧,瞻一乘而罔測。難違緇俗之請,强申翰墨之文,詞拙理乖,彌增愧惡。伏以此經微妙,最爲希有,所冀破重昏之暗,傳燈之句不窮;演流注之功,湧泉之義無盡。題目品次,列於後云。

(同上)

五、禁僧道毀謗制

佛道一教,同歸於善,無爲究竟,皆是一宗。比有淺識之徒,競生物我,或因戲怒,各出醜言。僧既排斥老君,道士乃誹謗佛法,更相訾毀,務在加諸人,而無良一至於此。且出家之人,須崇業行,非聖犯義,豈是法門?自今僧及道士,敢毀謗佛道者,先決杖,即令還俗。

(同上卷九五)

六、釋教在道法上制

朕先蒙金口之記，又承寶偈之文，歷教表於當今，本願標於曩劫。大雲闡奧，明王國之禎符；方等發揚，顯自在之丕業。馭一境而敦化，宏五戒以訓人，爰開革命之階，方啓惟新之運，宜叶隨時之義，以申自我之規。雖實際如如，理忘於先後；翹心懇懇，畏展於勤誠。自今已後，釋教宜在道法之上，緇服處黃冠之前，庶得道有識以皈依，極羣生以迴向。布告遐邇，知朕意焉。

（同上）

七、僧道並重敕

老君化胡，典誥攸著，豈容僧輩，妄請削除。故知偏辭，難以憑據，當依對定，僉議惟允。儻若史籍無據，俗官何忍虛承？明知化胡是真，作佛非謬。道能方便設教，佛本因道而生，老釋既自玄同，道佛亦合齊重。自今後，僧入觀不禮拜天尊，道士入寺不瞻仰佛像，各勒還俗，仍科違敕之罪。

（同上卷九六）

李　隆　基

【簡介】　李隆基，生於公元六八五年（武則天垂拱元年），死於公元七六二年（唐肅宗寶應元年），睿宗李旦的第三子，即歷史上的唐玄宗。他於則天垂拱三年（公元六八七年）受封楚王，長壽二年

（公元六九三年）降封臨淄郡王，殤帝唐隆元年（公元七一〇年）進封平王。睿宗即帝位後，立爲皇太子監國。延和元年（公元七一二年）七月即位，至德元年（公元七五六年）七月禪位，在帝位四十五年。

李隆基雖然還繼承唐初三教兼用的政策，但已看到佛教泛濫所包含的危險性，即位以後，就大興道教，其目的是想阻過佛教的無限發展。他託言夢見老子，因畫老子像，分送天下各州開元觀安置，並於開元二十一年（公元七三三年）親注道德經，叫人學習。天寶元年（公元七四二年），又封莊子爲南華真人，文子爲通玄真人，列子爲冲虛真人，庚桑子爲洞靈真人；尊莊子爲南華真經，文子爲通玄真經，列子爲冲虛至德真經，庚桑子爲洞靈真經，並在科舉中增設老、莊、文、列四子科。同時，尊老子爲聖祖大道玄元皇帝，册贈後漢張道陵爲天師，梁陶弘景爲太保。因此，道教大大得勢。道教得勢，就開始壓抑儒學。爲了解決儒道關係，玄宗於開元十年（公元七二二年），就頒佈自注孝經於天下；到開元十四年，又下詔訪求儒學之士；開元二十七年，追贈孔子爲文宣王；天寶三年（公元七四四年），更下詔天下民間家藏孝經一本，以維繫封建綱常。但是，他又説孔子是老子的學生，立孔子像侍老子側。

對於佛教，李隆基偏重於限制的政策。早在即位之初，他就問佛教徒：佛於衆生有何恩德，致捨君親妻子？説若有理，則當建立，否則削除。他曾經多次下詔，禁止百官與僧道往還，禁市坊隨便鑄佛寫經，禁士女施錢佛寺，禁僧道不守戒律，並括檢僧尼，令僧尼致敬父母，等等。同時，他也曾實際沙汰過僧尼。但是，佛教是一個很大的、有相當長歷史的傳統勢力，雖經整頓寺院、沙汰僧尼，全國仍有佛寺五千餘所，僧尼十三萬人，因而唐玄宗也不得不注意利用這一力量。公元七一三年，玄宗敕令，用他的寢殿材料，修建安國寺的彌勒佛殿。開元二十三年（公元七三五年），玄宗親注金剛經，次年詔頒天下，普令宣講。尤其重要的是，由印度沙門善無畏、金剛智、不空等人傳入的密教，因與道教類似，有助於鞏固封建統治，得到唐玄宗的信任與大力支持，結果促進了密宗的形成。當然，與道教比較起來，在玄宗一朝，佛教則相對地衰退。

李隆基的事蹟，見全唐文卷二十，舊唐書卷八至卷九玄宗本紀，新唐書卷五玄宗皇帝本紀，册府元龜卷五十一、卷五十三、卷五十四等。

一、禁坊市鑄佛寫經詔

佛教者，在於清淨，存乎利益。今兩京城内，寺宇相望，凡欲歸依，足申禮敬。下人淺近，不悟精微，視菜希金，逐餤思水，浸以流蕩，頗成蠹弊。如聞坊巷之内，開鋪寫經，公然鑄佛，口食酒肉，手漫羶腥，尊敬之道既虧，慢狎之心斯起。百姓等或緣求福，因致饑寒，言念愚蒙，深用嗟悼！殊不知佛非在外，法本居心，近取諸身，道則不遠；溺於積習，實藉申明。自今已後，禁坊市等，不得輒更鑄佛寫經爲業。須瞻仰尊容者，任就寺拜禮；須經典讀誦者，勒於寺取讀。如經本少，僧爲寫供。諸州寺觀，並準此。

（選自全唐文卷二六）

二、禁士女施錢佛寺詔

内典幽微，惟宗一相；大乘妙理，寧啓二門？聞化度寺及福先寺三階僧，創無盡藏。每年正月四日，天下士女施錢，名爲護法，稱濟貧弱，多肆奸欺，事非真正。卽宜禁斷其藏，錢付御史臺，京兆河南府,勾會知數,明爲文簿,待後處分。

(同上卷二八)

三、禁僧道掩匿詔

釋道二門,施其戒律,緇黃法服,衆亦崇尚,苟有踰濫,是無憲章。如聞道士僧尼,多有虛挂名籍,或權隸他寺,或侍養私門,託以爲詞,避其所管,互相掩匿,共成姦詐,甚非清淨之意也。自今已後,更不得於州縣權隸侍養,師主父母,此色者,並宜括還本寺觀。

(同上)

四、禁僧道不守戒律詔

緇黃二法,殊途一致;道存仁濟,業尚清虛。邇聞道僧,不守戒律,或公訟私競,或飲酒食肉,非處行宿,出入市廛,罔避嫌疑,莫遵本教,有一塵累,深壞法門。宜令州縣官,嚴加捉搦禁止。

(同上卷二九)

五、令僧尼無拜父母詔

道教釋教,其來一體,都忘彼我,不自貴高。近者道士女冠,稱臣子之禮;僧尼企踵,勤誠請之儀。以爲佛初滅度,付囑國王,猥當負荷,願在宣布,蓋欲崇其教而先於朕者也。自今已後,僧尼一依道士女冠例,無拜其父母;宜增修戒行,無違僧律,興行至道,俾在於此。

(同上卷三〇)

六、禁僧徒斂財詔

釋迦設教，出自外方；漢主中年，漸於東土。説兹因果，廣樹笙蹄，事涉虚玄，渺同河漢。故三皇作义，五帝乘時，未聞方便之門，自有離熙之化。朕念彼流俗，深迷至理，盡軀命以求緣，竭資財而作福。未來之勝因，莫效見在之家；業已空事等，繫風猶無所悔。愚人寡識，屢陷刑科，近日僧徒，此風尤甚。因緣講説，眩惑州閭，谿壑無厭，唯財是斂，津梁自壞，其教安施？無益於人，有蠹於俗。或出入州縣，假託威權；或巡歷鄉村，恣行教化。因其聚會，便有宿宵，左道不常，異端斯起。自今已後，僧尼除講律之外，一切禁斷，六時禮懺，須依律儀，午後不行，宜守俗制。如犯者，先斷還俗，仍依法科罪；所在州縣，不能捉搦，并官吏輒與往還，各量事科貶。

（同上）

七、澄清佛寺詔

夫釋氏之旨，義歸真寂，爰置僧徒，以奉法教。而趨末忘本，撼華棄實，假託權便之門，以爲利養之府，徒虧賦役，積有姦訛；至於浮俗奔馳，左道穿鑿，言念淨域，浸成逋藪。非所以叶和至理，宏振王猷；宜有澄清，以正風俗。朕先知此弊，故預塞其源，不度人來尚，二十餘載。訪聞在外，有三十已下小僧尼，宜令所司及州府，括責處分。

（同上）

八、答張九齡賀御註金剛經批

不壞之法，真常之性，實在此經，衆爲難説，且用稽合同異，疏決源流。朕位在國王，遠有傳法，竟依羣請，以道元元，與夫孝經道經，三教無闕。豈兹秘藏，能有探詳所賀知？

（同上卷三七）

九、答張九齡請御註經内外傳授批

此經宗旨，先離諸相，解説者衆，證以真空。僧徒固請，欲以宏教，心有所得，輒復疏之。今請頒行，慮無所益。

（同上）

十、御註金剛般若經序

述作者，明聖之能事也。朕誠寡薄，豈宜空爲好古？竊比前□□□□□□□，自爲矜飾，蓋欲弘奬風教爾。昔歲述孝經，以爲百行之首，故深覃要旨，冀闡微言。不唯先王至德，實謂君子務本。近又贊道德〔經〕，伏知聖祖垂教著□□□□□□□□□□禀訓。況道象使人精神專一，動合無爲，凡有以理天下之二經，故不可闕也。今之此註，則順乎來請。

夫衆竅並作，鼓之者風也；粗梨相殊，可口者味也。苟在□□□□□□□□□，將助我者，仍閒然乎？且聖人設教以盡理，因言以成教。悟教則言可忘，得理而教可遺。同乎大通者，雖分門而一致；攻乎異端者，將易性於多方。諒□□□□□，意在乎不著人我，不住福德，忘心於三伐，閴境於六塵，以音聲求，如夢幻法。故發菩提者，趣於中道；習無漏者，名爲入流。將會如如，故須遣遣。□□

□□□□同證，皆衆妙門，可不美歟！若文關事迹，理涉名數注，中粗舉而未盡明。及經中梵音應須翻譯者，並詳諸義訣云。

（選自文物出版社一九七八年版房山雲居寺石經）